# fuinneamh

Cúrsa le haghaidh na hArdteistiméireachta Gaeilge Gnáthleibhéal

Sophie Flynn
5 Earhart.

**Yvonne O'Toole**
**Elizabeth Wade**

An Comhlacht Oideachais

Arna fhoilsiú ag:
An Comhlacht Oideachais
Bóthar Bhaile an Aird
Baile Átha Cliath 12
Ball de Smurfit Kappa Group plc

©Yvonne O'Toole agus Elizabeth Wade 2010

Eagarthóirí: Julie O'Shea, Oisín Irish Language Consultancy
Eagarthóir cúnta: Catriona Lehane
Léitheoirí profaí: Eleanor Ashe, Dorothy Ní Uigín, Niall Ó Murchadha
Dearadh agus clóchur: One House Communications
Dearadh an chlúdaigh: One House Communications
Obair ealaíne: Robin Edmunds, Roger Fereday, Brian Fitzgerald, Stephen Hall

Grianghraif: Alamy, Bord Scannán na hÉireann, Breacadh, Cathal Ó Luain, Fotolia, Gael Linn, Getty, Imagefile, Inpho, ITV, Photocall, PhotoLibrary UK, Photos.com, Raidió na Life, RexFeatures, RTÉ Stills Library, Shutterstock, Sportsfile, Stephanie Joy Photography, TG4. Pictiúrlann Savoy, Sráid Uí Chonaill, Baile Átha Cliath: cóipcheart Ghrúpa Pictiúrlann IMC, atáirgthe le caoinchead na Stiúrthóirí.

### Cóipcheart

Gabhaimid buíochas leo seo a leanas a thug cead dúinn ábhar dá gcuid a úsáid sa leabhar seo: Eastát Chaitlín Maude as 'Géibheann' le Caitlín Maude; An Sagart as 'Colscaradh' le Pádraig Mac Suibhne agus 'Mo Ghrá-sa (idir lúibíní)' le Nuala Ní Dhomhnaill; Cló Iar-Chonnachta as 'An tEarrach Thiar' le Máirtín Ó Direáin, sliocht as 'Seal i Neipeal' le Cathal Ó Searcaigh, agus 'Dís' le Siobhán Ní Shúilleabháin; Cois Life as sliocht as *Hurlamaboc* le hÉilís Ní Dhuibhne; Déirdre Ní Ghrianna as 'An Gnáthrud'; An Gúm as 'Óisín i dTír na nÓg' le Niall Ó Dónaill; *An Lasair Choille* le Caitlín Maude agus Mícheál Ó hAirtnéide, le caoinchead Eastát Chaitlín Maude and by kind permission of the Estate of Michael Hartnett c/o The Gallery Press, Loughcrew, Oldcastle, County Meath.

Rinne na foilsitheoirí a ndícheall teacht ar úinéirí cóipchirt; beidh siad sásta na gnáthshocruithe a dhéanamh le haon duine eile acu a dhéanann teagmháil leo.

Ba mhaith leis na húdair buíochas a ghabháil le Marian Campbell, Ailbhe Nolan, agus gach duine i One House Communications agus sa Chomhlacht Oideachais, go háirithe le Suzanna Henry agus Emer Ryan as an tacaíocht, comhairle agus cúnamh a thug siad dúinn agus muid i mbun oibre.

# Réamhrá

- Cúrsa cuimsitheach Gaeilge Ardteistiméireachta, Gnáthleibhéal.

- Tá cur chuige dathannach taitneamhach soiléir sa leabhar.

- Tá Aonad Gramadaí cuimsitheach sa leabhar.

- Tá an Cheapadóireacht curtha in iúl ar bhealach soiléir, a chuimsíonn réimse leathan ábhar, le neart samplaí agus cleachtaí don rang agus don obair bhaile.

- Tá léamhthuiscintí grádaithe ann.

- Tá foclóir, ceisteanna agus freagraí samplacha san aonad faoin alt/blag/scrúdú cainte a ullmhóidh an dalta don scrúdú cainte — scrúdú ar fiú 40% de Scrúdú na hArdteistiméireachta anois é.

- Tá foclóir tábhachtach, cleachtaí athbhreithnithe agus nótaí fairsinge san aonad faoin scrúdú cainte.

- Déantar mionstaidéar ar an scannán, ar na sleachta próis agus ar an bhfilíocht.

- Tá achoimrí soiléire de na scéalta agus de na dánta ann.

- Tá ceisteanna scrúdaithe samplacha ann, chomh maith le freagraí samplacha a threisíonn na príomhphointí agus nathanna cainte.

- Tá an fhilíocht atá molta don scrúdú cainte le fáil ar CD an dalta — tabharfaidh sé deis don dalta a c(h)aighdeán a fheabhsú don scrúdú.

- Tá CD saor in aisce ar fáil don mhúinteoir leis na sleachta próis ar fad mar aon leis an bhfilíocht.

- Tá DVD saor in aisce ann do gach múinteoir leis an scannán ainmnithe *Cáca Milis*.

- Chomh maith leis an aonad cuimsitheach cluastuisceana le hathráite atá sa leabhar féin, faigheann an múinteoir CD saor in aisce le breis cluastuiscintí.

- Faigheann gach múinteoir Lámhleabhar ina bhfuil breis cleachtaí agus scrúduithe ranga.

- Chomh maith leis an CD ar an scrúdú cainte agus ar an bhfilíocht, faigheann gach dalta Leabhrán Scrúdaithe freisin.

# Clár

**Aonad a hAon:** Filíocht — 1

**Aonad a Dó:** Prós — 46

**Aonad a Trí:** An tAlt, An Blag agus An Scrúdú Cainte — 132

**Aonad a Ceathair:** An Scéal agus Sraith Pictiúr — 182

**Aonad a Cúig:** An Comhrá — 236

**Aonad a Sé:** An Blag agus An Ríomhphost — 254

**Aonad a Seacht:** An Léamhthuiscint — 286

**Aonad a hOcht:** An Scrúdú Cainte — 310

**Aonad a Naoi:** An Chluastuiscint — 368

**Aonad a Deich:** Gramadach — 392

# Fuinneamh

## Cúrsa Nua Gaeilge don Ardteistiméireacht – Gnáthleibhéal

| **Scrúdú Cainte** | 40% de scrúdú iomlán na Gaeilge | |
|---|---|---|
| **Scrúdú Cainte** | **240 marc** | **15 nóiméad** |
| Beannú | 5 marc | |
| Léamh Filíochta | 35 marc | |
| Pictiúir | 80 marc | |
| Comhrá | 120 marc | |

| **Páipéar 1** | **160 marc** | **1 uair 50 nóiméad** |
|---|---|---|
| Cluastuiscint | 60 marc | 20 nóiméad |
| Ceapadóireacht | 100 marc | 1 uair 30 nóiméad |

(alt / blag / scéal / comhrá / ríomhphost) (2 le déanamh: 50 marc × 2)

| **Páipéar 2** | **200 marc** | **2 uair 20 nóiméad** |
|---|---|---|
| Dhá léamhthuiscint | 50 marc × 2 | 1 uair 10 nóiméad |
| Dhá cheist ar an bprós | 25 marc × 2 | 35 nóiméad |
| Dhá cheist ar an bhfilíocht | 25 marc × 2 | 35 nóiméad |

**Níl aon rogha leis na ceisteanna próis agus filíochta.**

# Filíocht

## Aonad a hAon

# Filíocht

## Clár

### Géibheann le Caitlín Maude

Céim 1 – An dán agus an file ...................................................................... 2
Céim 2 – Cleachtaí ....................................................................................... 4
Céim 3 – Buntuiscint – Ceisteanna ............................................................. 6
Céim 4 – Teicnící filíochta ........................................................................... 7
Céim 5 – Ceist agus freagra samplach ........................................................ 9

### Colscaradh le Pádraig Mac Suibhne

Céim 1 – An dán agus an file .................................................................... 11
Céim 2 – Cleachtaí ..................................................................................... 13
Céim 3 – Buntuiscint – Ceisteanna ........................................................... 16
Céim 4 – Teicnící filíochta ......................................................................... 16
Céim 5 – Ceist agus freagra samplach ...................................................... 18

### Mo Ghrá-sa (idir lúibíní) le Nuala Ní Dhomhnaill

Céim 1 – An dán agus an file .................................................................... 19
Céim 2 – Cleachtaí ..................................................................................... 22
Céim 3 – Buntuiscint – Ceisteanna ........................................................... 25
Céim 4 – Teicnící filíochta ......................................................................... 25
Céim 5 – Ceist agus freagra samplach ...................................................... 27

### An Spailpín Fánach

Céim 1 – An dán agus an file .................................................................... 28
Céim 2 – Cleachtaí ..................................................................................... 30
Céim 3 – Buntuiscint – Ceisteanna ........................................................... 33
Céim 4 – Teicnící filíochta ......................................................................... 33
Céim 5 – Ceist agus freagra samplach ...................................................... 35

### An tEarrach Thiar le Máirtín Ó Direáin

Céim 1 – An dán agus an file .................................................................... 37
Céim 2 – Cleachtaí ..................................................................................... 40
Céim 3 – Buntuiscint – Ceisteanna ........................................................... 43
Céim 4 – Teicnící filíochta ......................................................................... 44
Céim 5 – Ceist agus freagra samplach ...................................................... 45

# Aonad a hAon – Filíocht

## Céim 1 – An dán agus an file

**Éist leis an dán seo ar an dlúthdhiosca.**

### Géibheann
**le Caitlín Maude**

Ainmhí mé

| | |
|---|---|
| ainmhí *allta* | wild |
| as na *teochreasa* | tropics |
| a bhfuil *cliú agus cáil* | fame |
| ar mo *scéimh* | beauty |

| | |
|---|---|
| *chroithfinn* crainnte na coille tráth | I would shake |
| le mo *gháir* | roar |

| | |
|---|---|
| ach anois | |
| luím síos | |
| agus *breathnaím trí leathshúil* | I look through one eye |
| ar an gcrann *aonraic* sin thall | lone |

tagann na céadta daoine
chuile lá

a dhéanfadh rud ar bith dom
ach mé a ligean amach

### Leagan próis

Is ainmhí mé

ainmhí fiáin
as ceann de na tíortha atá in aice leis an Meánchiorcal
táim cáiliúil
as m'áilleacht

Bhí uair ann
agus chroith mé na crainn sa choill
nuair a bhí mé ag búiríl

Ach anois
caithim an lá i mo luí
ag féachaint trí leathshúil
ar an aon chrann amháin atá in aice liom

Tagann a lán daoine
gach aon lá

agus dhéanfaidís rud ar bith dom
ach mo shaoirse a thabhairt dom.

# Filíocht — Aonad a hAon

### An file
### Caitlín Maude (1941–1982)

- Rugadh i Ros Muc i gCo. na Gaillimhe í.
- Bean lán le fuinneamh a bhí inti.
- Múinteoir scoile, ceoltóir, drámadóir, aisteoir agus file ab ea í.
- Bhí sí gníomhach i ngluaiseacht na Gaeilge ag lorg cearta do Ghaeilgeoirí.
- Fuair sí bás den ailse sa bhliain 1982.

### Téama/Príomhsmaointe an dáin

- Is é an daoirse (oppression) téama an dáin seo.
- Tá ainmhí fiáin ag caint, leon nó tíogar b'fhéidir.
- Tá an t-ainmhí bródúil (proud) as féin mar go bhfuil sé álainn agus láidir nó bhí sé láidir nuair a bhí sé saor.
- Ach anois tá sé i ngéibheann, i bpríosún sa zú, agus ní bhíonn sé ag búiríl ná ag cur eagla ar dhaoine.
- Caitheann sé gach lá ina luí síos; níl fuinneamh ar bith ann; níl suim aige in aon rud. Tagann daoine ag féachaint air sa zú.
- Tá an t-ainmhí míshona agus míshásta (unhappy) lena shaol.
- Tá brón an domhain ar an ainmhí mar nach bhfuil sé saor; níl a shaoirse (freedom) aige.
- Tá codarsnacht (contrast) idir an dá íomhá sa dán, idir saoirse agus daoirse.

### Véarsa a haon

Tá an t-ainmhí ag caint faoin saol a bhí aige uair amháin nuair a bhí sé saor. Deir sé go bhfuil sé fiáin agus álainn. Tá sé cáiliúil (famous) toisc go bhfuil sé fiáin agus álainn. Is cuimhin leis nuair a bhí sé saor sna teochriosanna gur chuir a ghlór eagla ar gach rud. Bhí sé saor sna foraoisí, na mílte crann timpeall air. Bhí sé lán le fuinneamh nuair a bhí sé saor. Bhí dínit (dignity) aige, ag búiríl agus ag cur eagla ar gach ainmhí agus ar gach rud eile.

### Véarsa a dó

Tá an t-ainmhí ag caint faoin saol atá aige anois. Níl fuinneamh ná dínit aige. Tá sé i ngéibheann, i bpríosún sa zú. Tá sé i ndaoirse. Níl aon saoirse aige. Caitheann sé gach lá ina luí ar an talamh. Níl ach crann amháin in aice leis agus ní osclaíonn an t-ainmhí ach súil amháin ag féachaint air. Is taispeántas (exhibit) é anois. Tá brón an domhain ar an ainmhí. Ba mhaith leis a bheith saor, ar ais arís sna teochriosanna ag rith timpeall agus ag búiríl, ach níl aon saoirse aige. Tá atmaisféar brónach agus éadóchasach (despairing) sa dán seo.

# Aonad a hAon / Filíocht

## Céim 2 – Cleachtaí

**A |** **Fíor nó bréagach?** Scríobh na habairtí go léir atá fíor i do chóipleabhar agus ansin beidh scéal an dáin agat!

|   | | Fíor | Bréagach |
|---|---|---|---|
| 1. | Caitlín Maude a scríobh an dán seo. | ☐ | ☐ |
| 2. | Tá an t-ainmhí sásta lena shaol anois. | ☐ | ☐ |
| 3. | Tá an t-ainmhí bródúil as féin. | ☐ | ☐ |
| 4. | Tá an t-ainmhí lán le fuinneamh anois. | ☐ | ☐ |
| 5. | Tá an t-ainmhí saor sna teochriosanna anois. | ☐ | ☐ |
| 6. | Caitheann an t-ainmhí na laethanta ina luí ar an talamh. | ☐ | ☐ |
| 7. | Tá an t-ainmhí i ndaoirse sa zú. | ☐ | ☐ |
| 8. | Chuir an t-ainmhí eagla ar gach rud uair amháin. | ☐ | ☐ |
| 9. | Is taispeántas é an t-ainmhí sa zú anois. | ☐ | ☐ |
| 10. | Ba mhaith leis an ainmhí a bheith ar ais sna teochriosanna. | ☐ | ☐ |

**B |** **Cuir na línte san ord ceart.**

| | | | |
|---|---|---|---|
| a | as m'áilleacht | a | ☐ |
| b | as ceann de na tíortha atá in aice leis an Meánchiorcal | b | ☐ |
| c | táim cáiliúil | c | ☐ |
| d | ach mo shaoirse a thabhairt dom. | d | ☐ |
| e | caithim an lá i mo luí | e | ☐ |
| f | Tagann a lán daoine | f | ☐ |
| g | Bhí uair ann | g | ☐ |
| h | Is ainmhí mé | h | ☐ |
| i | nuair a bhí mé ag búiríl | i | ☐ |
| j | Ach anois | j | ☐ |
| k | ainmhí fiáin | k | ☐ |
| l | ar an aon chrann amháin atá in aice liom | l | ☐ |
| m | agus chroith mé na crainn sa choill | m | ☐ |
| n | gach aon lá | n | ☐ |
| o | agus dhéanfaidís rud ar bith dom | o | ☐ |
| p | ag féachaint trí leathshúil | p | ☐ |

# Filíocht — Aonad a hAon

## C | Cuir Béarla ar na habairtí seo.

1. Tá an t-ainmhí i ngéibheann sa zú.
   _____

2. Tá an t-ainmhí cáiliúil as a áilleacht.
   _____

3. Níl fuinneamh ar bith ag an ainmhí anois.
   _____

4. Caitheann an t-ainmhí an lá ar fad ina luí ar an talamh.
   _____

5. Bhí an t-ainmhí ag búiríl nuair a bhí sé saor sna teochriosanna.
   _____

6. Is taispeántas é an t-ainmhí sa zú anois.
   _____

7. Tá codarsnacht sa dán seo.
   _____

## D | Líon na bearnaí.

### Ón liosta seo a leanas, líon na bearnaí sna habairtí.

*bródúil, daoirse, saor, taispeántas, zú*

1. Is é an _____ téama an dáin seo.
2. Ba bhreá leis an ainmhí a bheith _____ sna teochriosanna.
3. Tá an t-ainmhí i ngéibheann sa _____ anois.
4. Tá an t-ainmhí _____ as féin.
5. Is _____ é an t-ainmhí sa zú anois agus tagann a lán daoine ag féachaint air gach lá.

## E | Meaitseáil na ceisteanna agus na freagraí.

| | | | |
|---|---|---|---|
| 1) | Cé a scríobh an dán? | a) | Tagann na céadta daoine gach lá. |
| 2) | Cén cineál ainmhí atá ag caint? | b) | Daoirse is ea téama don dán seo. |
| 3) | Cén cháil atá ar an ainmhí? | c) | Tá atmaisféar brónach sa dán. |
| 4) | Cad a rinne sé nuair a bhí sé saor? | d) | Ba mhaith leis an ainmhí bheith saor. |
| 5) | Cad a dhéanann an t-ainmhí gach lá anois? | e) | Ainmhí allta. |
| 6) | Cad atá le feiceáil ag an ainmhí? | f) | Caitlín Maude. |
| 7) | Cad é téama an dáin seo? | g) | Crann amháin. |
| 8) | Cad a tharlaíonn gach lá? | h) | Tá sé cáiliúil as a áilleacht. |
| 9) | Céard ba mhaith leis an ainmhí? | i) | Chroith sé na crainnte lena gháir. |
| 10) | Cén t-atmaisféar atá sa dán? | j) | Luíonn sé síos ar an talamh. |

| 1 | 2 | 3 | 4 | 5 | 6 | 7 | 8 | 9 | 10 |
|---|---|---|---|---|---|---|---|---|---|
|   |   |   |   |   |   |   |   |   |    |

## Aonad a hAon — Filíocht

**F | Cuir Gaeilge ar na habairtí seo.**

1. A wild animal is speaking in the poem.
2. Oppression is the theme of this poem.
3. The animal has no dignity now.
4. The animal is proud of his beauty.
5. Perhaps a tiger or lion is speaking in the poem.
6. The animal has no energy now.
7. The animal was once beautiful and strong.
8. The animal spends his day lying on the ground.
9. There is a sad atmosphere in the poem.
10. Caitlín Maude wrote this poem.

## Céim 3 – Buntuiscint – Ceisteanna

1. Cé a scríobh an dán?
2. Cad is téama don dán?
3. Cé atá ag caint sa dán?
4. Cá bhfuil an t-ainmhí anois?
5. Cár chónaigh an t-ainmhí nuair a bhí sé saor?
6. Cén fáth a bhfuil an t-ainmhí cáiliúil?
7. Cad a rinne an t-ainmhí sna teochriosanna?
8. Cad atá le feiceáil ag an ainmhí anois?
9. Cad a dhéanann an t-ainmhí gach lá anois?
10. Céard ba mhaith leis an ainmhí?

# Céim 4 – Teicnící filíochta

## Íomhánna/pictiúir

Tá dhá íomhá sa dán, íomhá den ainmhí agus é saor sna tíortha teo agus an íomhá den ainmhí céanna agus é daor agus brónach sa zú.

Tá an chéad líne lán le dínit agus le bród – féach orm, is ainmhí beo mé, ní rud marbh mé, atá á rá aige.
*Ainmhí mé*

Molann an file an t-ainmhí – tá an t-ainmhí fiáin, álainn agus bródúil as féin.
*ainmhí allta*
*as na teochreasa*
*a bhfuil cliú agus cáil*
*ar mo scéimh*

Is cuimhin leis an ainmhí nuair a chuir sé eagla ar dhaoine agus ar ainmhithe eile agus é ag búiríl. Bhí sé láidir agus bhí fuinneamh aige.
*chroithfinn crainnte na coille*
*tráth*
*le mo gháir*

Sa dara híomhá, tá an t-ainmhí ag caint faoina shaol sa zú. Níl aon dínit ná fuinneamh aige mar go bhfuil sé sa zú.
*ach anois*
*luím síos*

Caitheann an t-ainmhí gach lá ina luí ar an talamh. Ní osclaíonn sé ach súil amháin. Cuireann sé seo in iúl nach bhfuil fuinneamh ag an ainmhí anois ná suim aige in aon rud.
*agus breathnaím trí leathshúil*
*ar an gcrann aonraic sin thall*

Tá saol leadránach (boring) ag an ainmhí anois. Lá i ndiaidh lae, luíonn sé ar an talamh ag féachaint ar chrann amháin. Tagann na céadta ag féachaint air ach ba bhreá leis bheith saor agus ar ais sna teochriosanna.

**Cabhair!**
**Le foghlaim**

| | | | |
|---|---|---|---|
| íomhá | image | dínit | dignity |
| tíortha teo | warm countries | fiáin | wild |
| daor | oppressed | fuinneamh | energy |

# Aonad a hAon — Filíocht

### Mothúcháin

**Bród**
Tá bród ar an ainmhí as féin. Tá bród air go bhfuil sé fiáin agus álainn. Tá a fhios aige go bhfuil sé cáiliúil as a áilleacht agus cuireann sé seo bród air. Bhí sé láidir nuair a bhí sé saor sna teochriosanna agus chuir sé eagla ar na hainmhithe eile nuair a bhúir sé; bhí sé chomh láidir gur chroith na crainn nuair a bhúir sé.

**Brón/éadóchas**
Tá brón ar an ainmhí anois. Níl sé saor chun rith timpeall. Tá sé i ngéibheann sa zú, ag féachaint ar chrann amháin. Níl suim aige in aon rud. Tá sé in éadóchas mar go dtuigeann sé ina chroí istigh nach mbeidh sé saor arís. Is taispeántas é sa zú anois. Níl aon dínit aige anois. Níl sé saor sna teochriosanna mar a bhí. Ba bhreá leis a bheith saor ach ní bheidh go deo (ever) agus tá sé in éadóchas faoi seo.

### Atmaisféar an dáin

Tá atmaisféar brónach éadóchasach sa dán. Tá an t-ainmhí bocht i bpríosún sa zú agus tuigeann sé nach mbeidh sé saor go deo. Níl fuinneamh ar bith aige anois agus ní chuireann sé suim i rud ar bith. Caitheann sé an lá ina luí ar an talamh, leath ina chodladh. Ní bhíonn sé ag búiríl ná ag rith timpeall mar a bhí. Ba mhaith leis a bheith ar ais sna teochriosanna ach tuigeann sé ina chroí istigh nach mbeidh sé saor arís agus mar sin tá atmaisféar éadóchasach sa dán.
*a dhéanfadh rud ar bith*
*dom*
*ach mé a ligean amach*

### Codarsnacht

Tá codarsnacht (contrast) idir an t-ainmhí nuair a bhí sé saor sna teochriosanna agus an t-ainmhí anois sa zú. Nuair a bhí sé saor, bhí sé láidir, ag rith timpeall, ag búiríl, agus bhí sé cáiliúil as a áilleacht.
*chroithfinn crainnte na coille*
*tráth*
*le mo gháir*

Anois tá sé sa zú. Níl suim aige in aon rud. Luíonn sé ar an talamh gach lá. Ní osclaíonn sé ach súil amháin; tá sé leath ina chodladh. Tarlaíonn na rudaí céanna gach lá, daoine ag teacht ag féachaint air.

Tá codarsnacht idir na teochriosanna agus an zú. Áit mhór atá sna teochriosanna, lán le crainn agus an dúlra. Bhí an t-ainmhí saor ann; bhí sé sona sásta san áit nádúrtha sin. Bhí sé láidir agus lán le fuinneamh nuair a bhí sé sna teochriosanna.
*chroithfinn crainnte na coille*

I gcodarsnacht leis sin, níl a lán crann ag fás sa zú. Is áit mhínádúrtha é. Tá an t-ainmhí i bpríosún sa zú. Níl fuinneamh ná dínit ar bith aige, ina luí ar an talamh agus daoine ag féachaint air.
*agus breathnaím trí leathshúil*
*ar an gcrann aonraic sin thall*

### Pearsantú

Tá pearsantú (personification) déanta sa dán seo. Tá an dán sa chéad phearsa. Tá an t-ainmhí fiáin ag caint faoin saol uafásach atá aige anois, gan aon saoirse nó dínit aige. Tá an pearsantú an-éifeachtach mar go dtuigimid cás (plight) an ainmhí níos fearr.

### Teideal an dáin

> Cuireann an teideal *Géibheann*, in iúl go bhfuil an t-ainmhí álainn fiáin ag fulaingt (suffering) mar go bhfuil sé i bpríosún. Is fuath leis an ainmhí an áit ina bhfuil sé agus b'fhearr leis bheith saor sna teochriosanna. Taispeánann an file gur príosún é an zú don ainmhí tríd na híomhánna agus an chodarsnacht sa dán.

## Céim 5 – Ceist agus freagra samplach

**An maith leat an dán? Cuir fáthanna le do fhreagra.**

> Is maith liom an dán seo ach tá sé brónach. Ceapaim go bhfuil an dá íomhá den ainmhí iontach. Is maith liom an chéad íomhá, nuair atá an t-ainmhí saor sna teochriosanna, ag rith timpeall, fiáin, láidir agus lán le fuinneamh.
> *chroithfinn crainnte na coille*
> *tráth*
> *le mo gháir*
>
> Tá codarsnacht an-mhaith ansin. Tá an cur síos ar an ainmhí sa zú an-bhrónach. Níl fuinneamh ar bith aige. Níl sé ag rith timpeall ná ag búiríl. Caitheann sé an lá ina luí ar an talamh. Nuair a bhí sé saor sna teochriosanna bhí na céadta crann ann ach anois, sa zú, níl ach crann amháin ann.
> *agus breathnaím trí leathshúil*
> *ar an gcrann aonraic sin thall*
>
> Is maith liom an dán seo mar go dtaispeánann sé an scéal ó thaobh an ainmhí de agus tuigimid mothúcháin an ainmhí.

# Aonad a hAon / Filíocht

## Ceisteanna Scrúdaithe

**A**

(i) Déan cur síos i d'fhocail féin ar an íomhá a thugann an file dúinn den ainmhí agus é sna teochriosanna.

(ii) Cad atá i gceist ag an bhfile sna línte seo?
*tagann na céadta daoine
chuile lá
a dhéanfadh rud ar bith
dom
ach mé a ligean amach*

(iii) Cén úsáid a bhaineann an file as codarsnacht sa dán? (Is leor dhá phointe a lua.)

(iv) Ar thaitin an dán leat? Tabhair fáthanna le do fhreagra. (Is leor dhá chúis.)

**B**

(i) Déan cur síos ar an atmaisféar atá sa dán.

(ii) Déan cur síos i d'fhocail féin ar an dara híomhá den ainmhí atá sa dán.

(iii) Cad atá i gceist ag an bhfile sna línte seo?
*ach anois
luím síos
agus breathnaím trí leathshúil
ar an gcrann aonraic sin thall*

(iv) Cad é téama an dáin seo?

**C**

Maidir leis an dán *Géibheann*, tabhair cuntas gairid ar phríomhsmaointe an dáin agus ar íomhá (phictiúr) amháin sa dán a thaitin go mór leat.

**D**

Maidir leis an dán *Géibheann*, roghnaigh mothúchán amháin as an liosta seo a leanas agus tabhair cuntas gairid ar a bhfuil sa dán faoin mothúchán sin atá roghnaithe agat.
*bród   éadóchas   uaigneas   brón*

**E**

Maidir leis an dán *Géibheann*, roghnaigh téama amháin as an liosta seo a leanas agus tabhair cuntas gairid ar a bhfuil sa dán faoin téama sin atá roghnaithe agat.
*saoirse   éadóchas   daoirse   dúlra*

# Filíocht — Aonad a hAon

## Céim 1 – An dán agus an file

 **Éist leis an dán seo ar an dlúthdhiosca.**

### Colscaradh
**le Pádraig Mac Suibhne**

| | |
|---|---|
| *Shantaigh* sé bean | desired |
| i *nead a chine,* | family home |
| *faoiseamh is gean* | comfort and love |
| ar leac a thine, | |
| *aiteas is greann* | fun |
| i dtógáil chlainne. | |
| | |
| Shantaigh sí fear | |
| is taobh den bhríste, | |
| *dídean is searc* | shelter and love |
| is leath den chíste, | |
| saoire thar lear | |
| is meas na mílte. | |
| | |
| Thángthas ar réiteach. | |
| Scaradar. | |

### Leagan próis

Ba mhaith leis go mór a bheith pósta le bean
iad ina gcónaí i dteach a shinsir
compord is grá
i gcroí a thí féin
áthas is spórt
ag tógáil páistí.
Ba mhaith léi go mór a bheith pósta le fear
is leath den údarás
teach is grá
is leath den airgead
dul ar laethanta saoire thar lear
agus meas ó na sluaite.

Tháinig siad ar shocrú – d'fhág siad a chéile.

# Aonad a hAon — Filíocht

## An file

### Pádraig Mac Suibhne (1942–)

→ Rugadh é ar Ard an Rátha, Co. Dhún na nGall, i 1942.
→ Bhí sé ina ábhar sagairt i gColáiste Phádraig, Maigh Nuad, agus bhain sé céim amach sa Ghaeilge agus sa stair.
→ Tá a shaol caite aige mar mhúinteoir iar-bhunscoile.
→ File agus gearrscéalaí é.
→ Tá trí chnuasach filíochta i gcló aige: *Taibhsí an Chreagáin* (An Clóchomhar, 1976); *Spaisteoireacht* (i gcomhar leis an Monsignór Ó Fiannachta – An Sagart, 1988); *Solas Uaigneach* (An Sagart, 1992).

### Téama/Príomhsmaointe an dáin

→ Is í an choimhlint (conflict) téama an dáin seo. Bhí mianta (desires) difriúla ag an bhfear agus ag an mbean faoin saol pósta.
→ Ba mhaith leis an bhfear pósadh traidisiúnta ach ba mhaith leis an mbean pósadh nua-aimseartha.
→ Bhí saol pósta an fhir dírithe (focused) ar an gclann agus ar an mbaile.
→ Ba mhaith leis an mbean rudaí eile – grá ach neamhspleáchas (independance) agus stádas freisin.
→ Bhí na rudaí sin ní ba thábhachtaí dóibh ná a bheith le chéile, agus scar siad.
→ Tá díomá mhór sa dán – bhí an fear agus an bhean ag lorg grá ach chuir siad béim ar rudaí difriúla agus sa deireadh scar siad.

### Véarsa a haon

Tá mianta (desires) an fhir sa véarsa seo. Tá an bhéim (emphasis) ar an gclann agus ar an mbaile – ba mhaith leis a bheith pósta, ba mhaith leis go mbeadh clann agus saol traidisiúnta aige. Bhí íomhá thraidisiúnta aige den phósadh – bheadh a bhean sa bhaile ag tabhairt aire do na páistí – *nead a chine*. Bhí sé ag súil le teacht abhaile go dtí a bhean agus a chlann – *ar leac a thine*. Bhí a mhianta go léir dírithe (focused) ar an gclann agus ar an mbaile – *nead, leac a thine, tógáil chlainne*. Ach ní raibh a mhianta dírithe ar a bhean. Níl a fhios againn cén t-ainm a bhí uirthi. Bhí an smaoineamh ar an bpósadh níos tábhachtaí ná a bheith leis an mbean a phós sé. Bhí a mhianta féin ní ba thábhachtaí dó ná a bhean.

### Véarsa a dó

Tá mianta na mná sa véarsa seo. Tá an bhéim anseo ar rudaí atá difriúil ó mhianta an fhir. Ba mhaith léi a bheith pósta ach cothrom (equal). Ba mhaith léi a roghanna (choices) féin a dhéanamh – *taobh den bhríste*. Níl aon chaint anseo faoi chlann. Ba mhaith léi a bheith sona agus i ngrá – *dídean is searc* – ach bhí a mianta dírithe ar rudaí taobh amuigh den bhaile. Ba mhaith léi a bheith neamhspleách (independent) – *leath den chíste* – agus ba mhaith léi dul thar lear ar laethanta saoire agus go mbeadh stádas aici – *meas na mílte*. Níl a fhios againn cén t-ainm a bhí ar a fear céile. Bhí an smaoineamh ar an bpósadh níos tábhachtaí ná a bheith leis an bhfear a phós sí. Bhí a mianta féin ní ba thábhachtaí di ná a fear.

### Véarsa a trí

Bhí bearna (gap) an-mhór idir an bhean agus an fear agus ní raibh siad ábalta fanacht pósta. Níor réitigh siad an fhadhb. Ní raibh siad sásta teacht ar aon chomhréiteach (compromise) agus mar sin d'fhág siad a chéile. Tá díomá agus brón sa dá líne seo, agus sa dán iomlán, mar go raibh siad i ngrá lena chéile uair (once) ach fuair siad amach go raibh mianta difriúla acu agus d'fhág siad a chéile.

# Filíocht — Aonad a hAon

## Céim 2 – Cleachtaí

**A |** Fíor nó bréagach? Scríobh na habairtí go léir atá fíor i do chóipleabhar agus ansin beidh scéal an dáin agat!

| | Fíor | Bréagach |
|---|---|---|
| 1. Pádraig Mac Suibhne a scríobh an dán seo. | ☐ | ☐ |
| 2. Ba mhaith leis an bhfear go mbeadh clann aige. | ☐ | ☐ |
| 3. Ba mhaith leis an mbean fanacht sa bhaile ag tabhairt aire do na páistí. | ☐ | ☐ |
| 4. Ba mhaith leis an bhfear go mbeadh saol traidisiúnta aige. | ☐ | ☐ |
| 5. Bhí an fear agus an bhean i ngrá lena chéile uair. | ☐ | ☐ |
| 6. Ba mhaith leis an mbean a roghanna féin a dhéanamh faoin saol. | ☐ | ☐ |
| 7. Bhí na mianta céanna ag an bhfear agus ag an mbean. | ☐ | ☐ |
| 8. D'fhan an fear agus an bhean lena chéile. | ☐ | ☐ |
| 9. Tá a lán bróin agus díomá sa dán seo. | ☐ | ☐ |
| 10. Bhí bearna an-mhór idir an bheirt sa dán seo. | ☐ | ☐ |

**B |** Cuir na línte san ord ceart.

| | | | |
|---|---|---|---|
| a | agus meas ó na sluaite | a | ☐ |
| b | áthas is spórt | b | ☐ |
| c | Ba mhaith léi go mór a bheith pósta le fear | c | ☐ |
| d | is leath den údarás | d | ☐ |
| e | compord is grá | e | ☐ |
| f | d'fhág siad a chéile. | f | ☐ |
| g | dul ar laethanta saoire thar lear | g | ☐ |
| h | iad ina gcónaí i dteach a shinsir | h | ☐ |
| i | i gcroí a thí féin | i | ☐ |
| j | Ba mhaith leis go mór a bheith pósta le bhean | j | ☐ |
| k | is leath den airgead | k | ☐ |
| l | ag tógáil páistí | l | ☐ |
| m | teach is grá | m | ☐ |
| n | tháinig siad ar shocrú | n | ☐ |

# Aonad a hAon / Filíocht

**C | Cuir Béarla ar na habairtí seo.**

1. Ba mhaith leis an bhfear go mbeadh saol pósta traidisiúnta aige.
   _____
2. Bhí mianta an fhir dírithe ar an gclann.
   _____
3. Bhí mianta éagsúla ag an bhfear agus ag an mbean.
   _____
4. Coimhlint is téama don dán seo.
   _____
5. Tá díomá mhór sa dán seo.
   _____
6. Ba mhaith leis an mbean a bheith cothrom agus a roghanna féin a dhéanamh.
   _____
7. Bhí bearna an-mhór idir an bhean agus an fear.
   _____
8. D'fhág an bhean agus an fear a chéile.
   _____
9. Tá atmaisféar brónach sa dán seo.
   _____
10. Bhí airgead agus stádas tábhachtach don bhean.
    _____

**D | Líon na bearnaí.**

**Ón liosta seo a leanas, líon na bearnaí sna habairtí.**
*bearna, roghanna, díomá, traidisiúnta, dírithe, béim, difriúla, mianta, choimhlint, nua-aimseartha*

1. Chuir an fear _____ ar an gclann agus ar an saol traidisiúnta.
2. Bhí mianta an fhir _____ ar an gclann agus ar an mbaile.
3. Bhí tuairimí _____ ag an bhfear agus ag an mbean faoin bpósadh.
4. Is í an _____ téama an dáin seo.
5. Tá _____ mhór sa dán seo.
6. Bhí pósadh _____ ag teastáil ón bhfear.
7. Bhí pósadh _____ ag teastáil ón mbean.
8. Bhí _____ éagsúla ag an bhfear agus ag an mbean.
9. Ba mhaith leis an mbean a _____ féin a dhéanamh.
10. Bhí _____ an-mhór idir an fear agus an bhean sa dán seo.

# Filíocht — Aonad a hAon

**E | Meaitseáil na ceisteanna agus na freagraí.**

| | |
|---|---|
| 1) Cé a scríobh an dán? | a) Níl a fhios againn cad is ainm don bheirt. |
| 2) Cad a bhí tábhachtach don fhear? | b) A bheith cothrom agus neamhspleách. |
| 3) Cén cineál íomhá den phósadh a bhí ag an bhfear? | c) Pádraig Mac Suibhne a scríobh an dán. |
| 4) Cad is ainm don bhean agus don fhear? | d) A roghanna féin. |
| 5) Cad a bhí tábhachtach don bhean? | e) Clann agus an baile. |
| 6) Cén réiteach a bhí ag an mbeirt? | f) Díomá. |
| 7) Cad é téama an dáin seo? | g) A mianta féin. |
| 8) Cad ba mhaith leis an mbean a dhéanamh? | h) Íomhá thraidisiúnta. |
| 9) Cad é an mothúchán is láidre sa dán? | i) Scar siad. |
| 10) Cad é an rud ba thábhachtaí don bheirt? | j) Coimhlint is téama don dán seo. |

**F | Cuir Gaeilge ar na habairtí seo.**

1. The man had a traditional view of marriage.

2. The man's desires were focused on family and home.

3. The woman wanted to be equal and independent.

4. His wants were more important to him than his wife.

5. Her wants were more important to her than her husband.

6. There was a huge gap between the man and the woman.

7. They divorced.

8. There is huge disappointment in this poem.

9. The man and woman wanted different things.

10. Pádraig Mac Suibhne wrote this poem.

# Aonad a hAon / Filíocht

## Céim 3 – Buntuiscint – Ceisteanna

1. Cad a bhí ag teastáil ón bhfear?
   _____
2. Cén ról a chonaic an fear dá bhean?
   _____
3. Cad ab ainm don bhean?
   _____
4. Cad a bhí ag teastáil ón mbean?
   _____
5. Cad ab ainm don fhear?
   _____
6. Cad ba mhaith leis an mbean a dhéanamh?
   _____
7. Cén réiteach a bhí ag an mbeirt acu?
   _____
8. Cad é an rud ba thábhachtaí don bheirt?
   _____
9. Cén íomhá den phósadh a bhí ag an bhfear?
   _____
10. Cén íomhá den phósadh a bhí ag an mbean?
    _____

## Céim 4 – Teicnící filíochta

### Íomhánna/pictiúir

**An fear**

Tá íomhá sa chéad véarsa d'fhear traidisiúnta. Ba mhaith leis a bheith pósta agus clann a bheith aige. B'shin an rud ba thábhachtaí dó. Ba mhaith leis go mbeadh a bhean chéile ag fanacht sa bhaile ag tabhairt aire do na páistí.

Bhí an baile an-tábhachtach don fhear. Ba mhaith leis teach te teolaí lán le páistí sona.
*aiteas is greann*
*i dtógáil chlainne*

Ba mhaith leis ról amháin dá bhean – máthair ag tabhairt aire do na páistí. Bhí na mianta seo ní ba thábhachtaí dó ná a bhean chéile. Tá sé suimiúil nach bhfuil ainm na mná sa dán mar go raibh an íomhá den saol pósta ní ba thábhachtaí dó ná a bhean.

### An bhean

Tá íomhá sa dara véarsa de bhean neamhspleách. Ba mhaith léi a bheith pósta.
*Shantaigh sí fear*
*dídean is searc*

ach ba mhaith léi a roghanna féin a dhéanamh. Ba mhaith léi taisteal. Bhí rudaí taobh amuigh den bhaile tábhachtach di, níos tábhachtaí di ná an fear a phós sí.

### Mothúcháin/Atmaisféar

> Tá brón agus díomá mhór sa dán seo. Tá atmaisféar brónach agus díomách sa dán. Ba mhaith leis an bhfear agus leis an mbean a bheith pósta ach toisc go raibh mianta difriúla acu níor fhan siad pósta. Ba mhaith leis an bhfear bean chéile a bheadh sa bhaile ag tabhairt aire do na páistí.
> *aiteas is greann*
> *i dtógáil chlainne*
>
> Ba mhaith leis an mbean a bheith neamhspleách agus a roghanna féin a dhéanamh. Bhí a saoirse níos tábhachtaí di ná an saol leis an bhfear.
> *is taobh den bhríste*
> *leath den chíste*
>
> Tá díomá sa dán mar nach raibh an grá chomh láidir leis na mianta a bhí acu agus tá sé i gcónaí díomách agus brónach nuair a chliseann (fail) ar an ngrá.

### Meafair

Is iomaí meafar (metaphor) cliste atá sa dán seo. Cuireann na meafair *nead a chine* agus *leac a thine* mianta an fhir in iúl. Seasann siad don teaghlach, don bhaile, don chlann, mianta an fhir. Tá atmaisféar tíriúil (homely) agus sona ag baint leo. Tá mianta an fhir dírithe ar an gclann. Samhlaíonn sé é féin ag filleadh tar éis lá oibre go dtí teach deas teolaí, agus a chlann agus a bhean ag fanacht leis.

Baineann na meafair *taobh den bhríste* agus *leath den chíste* le neamhspleáchas agus cothromaíocht (equality). Ba mhaith leis an mbean a bheith neamhspleách agus a bheith ábalta a roghanna féin a dhéanamh sa saol. Cuireann an meafar *meas na mílte* in iúl go bhfuil a gairm (career) tábhachtach don bhean. Tá mianta agus meafair an fhir dírithe ar an gclann amháin fad is a bhaineann mianta agus meafair na mná le rudaí taobh amuigh den bhaile agus den chlann.

### Teideal an dáin

> Is é teideal an dáin ná *Colscaradh*. Míníonn an file dúinn i rith an dáin an fáth a bhfuair an bheirt colscaradh. Déanann sé cur síos ar mhianta an fhir agus ar mhianta na mná agus léiríonn sé an chodarsnacht idir na mianta. Tá a fhios againn ón teideal nach raibh ach réiteach amháin ar na fadhbanna (problems) agus mar sin fuair siad colscaradh.

# Aonad a hAon — Filíocht

## Céim 5 – Ceist agus freagra samplach

> **An maith leat an dán? Cuir fáthanna le do fhreagra.**
>
> Is maith liom an dán seo mar go gceapaim go bhfuil sé gairid agus cliste agus go ndeir an file mórán i mbeagán focal. Is maith liom an bealach a ndéanann an file cur síos ar mhianta an fhir sa chéad véarsa agus is maith liom na meafair a úsáideann sé – *nead a chine, leac a thine*. Tá an fear ag smaoineamh ar chlann agus ar shaol traidisiúnta an t-am ar fad. Is maith liom an rím atá idir na línte, mar shampla *chine/thine/chlainne*. Is maith liom freisin an chaoi a dtaispeánann an file an difríocht idir mhianta an fhir agus mianta na mná – ní deir sé mórán agus taispeánann sé go bhfuil fadhb acu mar go bhfuil mianta difriúla ag an mbeirt acu.

 **Ceisteanna Scrúdaithe**

**A**

(i) Déan cur síos i d'fhocail féin ar mhianta an fhir.
(ii) Cad atá i gceist ag an bhfile sna línte seo?
   *Thángthas ar réiteach.*
   *Scaradar.*
(iii) Déan cur síos ar dhá mheafar atá sa dán.
(iv) Ar thaitin an dán leat? Tabhair fáthanna le do fhreagra. (Is leor dhá chúis.)

**B**

(i) Déan cur síos ar an atmaisféar atá sa dán.
(ii) Déan cur síos i d'fhocail féin ar mhianta na mná.
(iii) Cad tá i gceist ag an bhfile sna línte seo?
   *Shantaigh sé bean*
   *i nead a chine,*
   *faoiseamh is gean*
   *ar leac a thine,*
(iv) Cad é téama an dáin seo?

**C**

Maidir leis an dán *Colscaradh*, tabhair cuntas gairid ar phríomhsmaointe an dáin agus ar íomhá (phictiúr) amháin sa dán a thaitin go mór leat.

**D**

Maidir leis an dán *Colscaradh*, roghnaigh mothúchán amháin as an liosta seo a leanas agus tabhair cuntas gairid ar a bhfuil sa dán faoin mothúchán sin atá roghnaithe agat.  *brón   grá   uaigneas   díomá*

**E**

Maidir leis an dán *Colscaradh*, roghnaigh téama amháin as an liosta seo a leanas agus tabhair cuntas gairid ar a bhfuil sa dán faoin téama sin atá roghnaithe agat.  *brón   pósadh   coimhlint   díomá*

# Céim 1 – An dán agus an file

Éist leis an dán seo ar an dlúthdhiosca.

## Mo Ghrá-sa (idir lúibíní)

**le Nuala Ní Dhomhnaill**

Níl mo ghrá-sa
mar bhláth na n-airní                                  sloes
a bhíonn i ngairdín
(nó ar chrann ar bith)

is má tá aon ghaol aige
le *nóiníní*                                              daisies
is as a chluasa a fhásfaidh siad
(nuair a bheidh sé ocht dtroigh síos).

Ní haon *ghlaise cheolmhar*                               musical greeness
iad a shúile
(táid *róchóngarach* dá chéile                            too close
ar an gcéad dul síos)

is más slim é síoda                                       if silk is smooth
tá ribí a ghruaige
(mar bhean dhubh Shakespeare)
ina *wire deilgní*.                                       barbed wire

Ach is cuma sin.
Tugann sé dom
úlla
(is nuair a bhíonn sé i ndea-ghiúmar *caora fíniúna*).    grapes

# Aonad a hAon — Filíocht

**Leagan próis**

Níl mo stór
chomh hálainn le bláthanna na n-airní
a bhíonn ag fás i ngairdín
nó a fhásann in áit ar bith

agus má tá aon bhaint aige le nóiníní
fásfaidh siad as a chorp
nuair a bheidh sé marbh sa talamh.

Níl a shúile glas agus ceolmhar
tá siad róghar dá chéile ar aon nós

Agus níl a chuid gruaige cosúil le síoda
tá a chuid gruaige cosúil le sreang dheilgneach
cosúil leis an mbean sa dán ag Shakespeare.

Ach níl sé sin tábhachtach.
Tugann sé úlla dom agus
tugann sé caora finiúna dom
nuair a bhíonn aoibh mhaith air.

Stephanie Joy Photography 2010

**An file**

### Nuala Ní Dhomhnaill (1951–)

→ Nuala Ní Dhomhnaill a scríobh an dán seo.
→ Rugadh sa bhliain 1951 i Sasana í ach tógadh le Gaeilge in Aonach Urmhumhan, Co. Thiobraid Árann, í.
→ Rinne sí staidéar ar an nGaeilge agus ar an mBéarla i gColáiste na hOllscoile, Corcaigh.
→ Phós sí Dogan Leflef ón Tuirc agus chaith sí roinnt blianta ina cónaí ansin.
→ D'fhoilsigh sí a céad chnuasach filíochta, *An Dealg Droighin*, sa bhliain 1981.
→ Aistríodh a cuid filíochta go Béarla, Fraincis, Gearmáinis, Polainnis, Iodáilis agus Seapáinis.
→ Is duine de mhórfhilí na Gaeilge í.

**Téama/Príomhsmaointe an dáin**

→ Is dán grá é an dán seo ach ní dán grá nósmhar (conventional) é.
→ Sa dán grá nósmhar traidisiúnta (traditional) bíonn an duine muirneach (loved one) dathúil.
→ Sa dán seo, deir Nuala Ní Dhomhnaill nach bhfuil a grá dathúil sa bhealach nósmhar traidisiúnta. [quote]
→ Tá sí macánta (honest) faoina grá – níl súile ná gruaig álainn aige.
→ Molann an file carachtar a grá – tá sé fial flaithiúil (generous) leis an bhfile agus tugann sé aire mhaith di, rud atá níos tábhachtaí ná bheith dathúil.
→ Tá an file ag magadh nó ag aoradh (satirising) dánta grá a chuireann béim ar chuma an duine. Níl gruaig ná súile tábhachtach má tá an duine féin deas agus cneasta (kind), mar atá grá an fhile.
→ Tá greann sa dán nuair atá an file ag magadh faoina grá.

## Véarsa a haon agus a dó

Sna seanamhráin agus dánta grá, mhol (praised) na filí an duine muirneach (affectionate) nuair a chuir siad é/í i gcomparáid (compared) leis an dúlra, le bláthanna bána na n-airní (sloes).
Tá an file ag rá anseo nach bhfuil a grá dathúil sa bhealach nósmhar. Is cuma má tá na bláthanna ag fás i ngairdín nó in aon áit, níl a grá cosúil leo!
*Níl ní ar bith is áille ná grian os cionn gairdín*
*nó bláth bán na n-airne bhíos ag fás ar an draighean*
(as an dán 'Bríd Óg Ní Mháille')

Níl a grá cosúil leis na nóiníní bána ach an oiread (either) agus má tá sí chun labhairt faoina grá agus na nóiníní, beidh sí ag caint faoina bhás agus ní faoina aghaidh! Tá sí ag magadh faoi na seandánta agus is dócha ag magadh faoina grá féin anseo freisin.

## Véarsa a trí agus a ceathair

Sna hamhráin ghrá agus na dánta grá, mhol na filí cuma fhisiciúil (physical appearance) an duine. Mhol siad súile glasa agus gruaig álainn an duine. Anseo tá Nuala Ní Dhomhnaill ag rá nach bhfuil súile áille ag a stór; níl siad deas in aon chor. Agus tá gruaig aige atá cosúil le sreang dheilgneach in ionad síoda álainn (bhí dán ag Shakespeare, Sonnet 130 nuair a dúirt sé *If hairs be wires, black wires grow on her head*). Tá sí ag magadh faoi na seandánta agus is dócha ag magadh faoina grá féin anseo freisin.

## Véarsa a cúig

Tá an file ag moladh a grá anseo. Níl sí buartha nach bhfuil a grá dathúil, le súile deasa ceolmhara agus gruaig álainn. Tá a grá fial agus smaointeach (thoughtful). Tugann sé aire mhaith di – seasann na húlla do riachtanais (necessities) na beatha agus na caora finiúna do shónna an tsaoil (luxuries), rudaí a thugann a grá di. Tá grá mór ag an bhfile dá leannán toisc gur duine deas cneasta é.

# Aonad a hAon — Filíocht

## Céim 2 – Cleachtaí

**A** | Fíor nó bréagach? Scríobh na habairtí go léir atá fíor i do chóipleabhar agus ansin beidh scéal an dáin agat!

|  | Fíor | Bréagach |
|---|---|---|
| 1. Nuala Ní Dhomhnaill a scríobh an dán seo. | ✓ | |
| 2. Tá grá an fhile cosúil leis na bláthanna. | | ✓ |
| 3. Níl grá an fhile dathúil sa bhealach nósmhar. | ✓ | |
| 4. Fásfaidh nóiníní as cluasa a grá nuair a bheidh sé marbh. | ✓ | ✗ |
| 5. Níl súile glasa ceolmhara ag an ngrá. | ✓ | |
| 6. Tá gruaig an ghrá cosúil le sreang dheilgneach. | ✓ | |
| 7. Tugann grá an fhile aire mhaith di. | | ✗ |
| 8. B'fhearr leis an bhfile go mbeadh a grá dathúil. | | ✓ |
| 9. Tuigeann an file go bhfuil pearsantacht níos tábhachtaí ná cuma fhisiciúil (*physical appearance*). | ✓ | |
| 10. Ní dán grá nósmhar é an dán seo. | ✓ | ✓ |

**B** | Cuir na línte san ord ceart.

| | | | |
|---|---|---|---|
| a | Nuair a bheidh sé marbh sa talamh. | a | 7 |
| b | Fásfaidh siad as a chorp | b | 6 |
| c | Chomh hálainn le bláthanna na n-airní | c | 2 |
| d | Cosúil leis an mbean sa dán ag Shakespeare. | d | 12 |
| e | Ach níl sé sin tábhachtach. | e | 13 |
| f | nuair a bhíonn aoibh mhaith air. | f | 16 |
| g | Nó a fhásann in áit ar bith | g | 4 |
| h | Tugann sé úlla dom agus | h | 14 |
| i | Tá a chuid gruaige cosúil le sreang dheilgneach | i | 11 |
| j | Agus má tá aon bhaint aige le nóiníní | j | 5 |
| k | Níl a shúile glas agus ceolmhar | k | 8 |
| l | Tá siad róghar dá chéile ar aon nós | l | 9 |
| m | Níl a chuid gruaige cosúil le síoda | m | 10 |
| n | Níl mo stór | n | 1 |
| o | A bhíonn ag fás i ngairdín | o | 3 |
| p | tugann sé caora finiúna dom | p | 15 |

# Filíocht — Aonad a hAon

## C | Cuir Béarla ar na habairtí seo.

1. Is dán grá é an dán seo.
   _____

2. Níl grá an fhile dathúil sa bhealach nósmhar.
   _____

3. De ghnáth bíonn an duine muirneach dathúil.
   _____

4. Tá an file réalaíoch faoina grá.
   _____

5. Níl súile glasa ceolmhara ag an ngrá.
   _____

6. Tugann an grá aire mhaith don fhile.
   _____

7. Tá atmaisféar grámhar sa dán seo.
   _____

## D | Líon na bearnaí.

**Ón liosta seo a leanas, líon na bearnaí sna habairtí.**

*cneasta, dúlra, dán grá, riachtanais, níos tábhachtaí, ceolmhara, aire mhaith, smaointeach, molann, duine muirneach, traidisiúnta, scríobh*

1. Nuala Ní Dhomhaill a _____ an dán seo.
2. Níl an _____ _____ dathúil sa bhealach nósmhar.
3. Ní dán grá _____ é an dán seo.
4. Tugann an grá _____ _____ don fhile.
5. Tá grá an fhile _____ agus _____.
6. Tuigeann an file go bhfuil carachtar an ghrá _____ _____ ná a chuma.
7. Is _____ _____ é an dán seo.
8. Níl súile _____ ag an duine muirneach.
9. Ní chuireann an file a grá i gcomparáid leis an _____.
10. _____ an file carachtar a grá sa dán.

# Aonad a hAon — Filíocht

**E | Meaitseáil na ceisteanna agus na freagraí.**

1) Cé a scríobh an dán?
2) Cá mbíonn bláthanna na n-airní ag fás?
3) Cad atá cearr le súile a grá?
4) Cén chaoi a bhfuil gruaig an fhir?
5) Cad a thugann a grá di?
6) Cén cineál dáin é an dán seo?
7) Cén cineál duine é an file?
8) Cad atá níos tábhachtaí don fhile?
9) Cad é an mothúchán is láidre sa dán?
10) An dán grá nósmhar agus traidisiúnta é an dán seo?

a) Ní dán grá nósmhar agus traidisiúnta é.
b) Is dán grá é.
c) Nuala Ní Dhomhnaill a scríobh an dán.
d) Carachtar a grá.
e) I ngairdín.
f) Is é an grá an mothúchán is láidre sa dán.
g) Tugann sé úlla agus caora finiúna di.
h) Tá sé cosúil le sreang dheilgneach.
i) Tá sí réalaíoch agus macánta.
j) Tá siad róghar dá chéile.

**F | Cuir Gaeilge ar na habairtí seo.**

1. This is not a conventional love poem.

2. The poet does not praise her love's appearance.

3. The poet's love is not handsome.

4. Her love's hair is like barbed wire.

5. Nuala Ní Dhomhnaill shows what's important in a relationship.

6. Her love looks after her.

7. Usually the loved one is compared to nature.

8. The poet praises her love's character.

9. Nuala Ní Dhomhnaill is honest about her love.

10. Nuala Ní Dhomhnaill wrote this poem.

# Céim 3 – Buntuiscint – Ceisteanna

1. Cé a scríobh an dán?
2. Cén chomparáid a dhéanann an file idir a grá agus na hairní?
3. Cá mbeidh na nóiníní ag fás?
4. Cad atá cearr le súile a grá?
5. Cén cineál gruaige atá ag a grá?
6. Cad a thugann a grá don fhile?
7. Cad é téama an dáin seo?
8. Cad é an rud is tábhachtaí maidir le grá, dar leis an bhfile?
9. Conas a chuireann an file in iúl nach bhfuil a grá dathúil?
10. Cén difríocht atá idir an dán seo agus dán grá traidisiúnta?

# Céim 4 – Teicnící filíochta

**Íomhánna/pictiúir**

**An duine muirneach (loved one)**
Tugann an file íomhá an-mhacánta agus réalaíoch (realistic) dá grá. De ghnáth, bíonn an duine muirneach an-dathúil agus cuireann an file a grá i gcomparáid leis an dúlra. Úsáideann an file an dúlra sa dán seo ach ní sa bhealach nósmhar. Dar léi níl a grá chomh dathúil leis na bláthanna.
Níl mo ghrá(sa)
mar bhláth na n-airní

Níl a shúile ná a chuid gruaige go deas ach oiread (either).
ní haon ghlaise cheolmhar
iad a shúile

tá ribí a ghruaige
(mar bhean dhubh Shakespeare)
ina wire deilgní.

# Aonad a hAon — Filíocht

Is duine deas cneasta é a grá, rud a thuigeann an file atá níos tábhachtaí ná a bheith dathúil. Tugann sé aire mhaith di. Tá sé ann di i gcónaí; is féidir léi brath (depend) air.
*Tugann sé dom*
*úlla*
*(is nuair a bhíonn sé i ndea-ghiúmar caora fíniúna).*

"My love" (brackets).

### Mothúcháin/Atmaisféar

> Tá an grá chun tosaigh sa dán seo. Tá an file i ngrá agus tuigeann sí na rudaí atá tábhachtach sa ghrá. Tá sí macánta faoina grá. Níl sé dathúil sa bhealach nósmhar — níl a shúile ná a chuid gruaige iontach — ach tugann sé aire mhaith don fhile, rud atá níos tábhachtaí.
> *Ach is cuma sin.*
> *Tugann sé dom*
> *úlla*
> *(is nuair a bhíonn sé i ndea-ghiúmar caora fíniúna).*

### Siombailí

Is siombailí (symbols) iad na focail *úlla* agus *caora fíniúna*. Seasann na húlla do riachtanais na beatha (necessities) a thugann a grá di. Gnáthrud is ea úll; tá an file ag rá go bhfuil a grá ann di lá i ndiaidh lae agus gur féidir léi brath (depend) air. Seasann na caora fíniúna do na sónna (luxuries and treats) a thugann a grá di. Tá sí ag rá go bhfuil a grá cneasta agus, nuair atá sé ábalta, tugann sé rudaí breise di. Roinneann sé (shares) gach rud atá aige léi.

### Teideal an dáin

> Is é teideal an dáin ná *Mo ghrá-sa* (idir lúibíní). Cuireann an file in iúl (conveys) dúinn leis na lúibíní nach bhfuil a grá foirfe. Taispeánann an file dúinn tríd an dán ar fad an difríocht atá ann idir a grá(sa) agus an duine muirneach a bhíonn sna hamhráin agus sna dánta grá de ghnáth. Tuigimid ón teideal nach dán grá nósmhar é an dán seo.

# Filíocht — Aonad a hAon

## Céim 5 – Ceist agus freagra samplach

**An maith leat an dán? Cuir fáthanna le do fhreagra.**

Is maith liom an dán seo mar go bhfuil sé difriúil ó na dánta grá eile. Níl an file ag rá rudaí seafóideacha (silly) faoina grá, ag rá go bhfuil sé cosúil le bláth na n-airní ná leis na nóiníní. Tuigeann an file nach bhfuil gruaig an leannáin (loved one) tábhachtach. Féachann an file taobh thiar (behind) de chuma an duine agus feiceann sí an fíordhuine atá ann. Ceapaim go bhfuil an file ag magadh faoi na seandánta grá anseo agus is maith liom é sin freisin.

### Ceisteanna Scrúdaithe

**A**

(i) Cén chomparáid a dhéanann an file idir a grá agus an dúlra?
(ii) Cad atá i gceist ag an bhfile sna línte seo?
   is más slim é síoda
   tá ribí a ghruaige
   (mar bhean dhubh Shakespeare)
   ina wire deilgní.
(iii) Déan cur síos ar an mothúchán is treise sa dán.
(iv) Ar thaitin an dán leat? Tabhair fáthanna le do fhreagra. (Is leor dhá chúis.)

**B**

(i) Cad is téama don dán seo, dar leat?
(ii) Déan cur síos ar theideal an dáin.
(iii) Cad atá i gceist ag an bhfile sna línte seo?
   Ach is cuma sin.
   Tugann sé dom
   úlla
   (is nuair a bhíonn sé i ndea-ghiúmar caora fíniúna).
(iv) Cén cineál duine é an file, dar leat?

**C**

Maidir leis an dán *Mo Ghrá-sa* (idir lúibíní), tabhair cuntas gairid ar phríomhsmaointe an dáin agus ar íomhá (phictiúr) amháin sa dán a thaitin go mór leat.

**D**

Maidir leis an dán *Mo Ghrá-sa* (idir lúibíní), roghnaigh mothúchán amháin as an liosta seo a leanas agus tabhair cuntas gairid ar a bhfuil sa dán faoin mothúchán sin atá roghnaithe agat.
brón   grá   uaigneas   fearg

*[handwritten note: theme = • téama • príomhsmaointe • ábhar an dán]*

# Aonad a hAon — Filíocht

## Céim 1 – An dán agus an file

*Éist leis an dán seo ar an dlúthdhiosca.*

### An Spailpín Fánach
**File Anaithnid (unknown)**

Im spailpín fánach atáim le fada
ag seasamh ar mo shláinte,
ag siúl an drúchta go moch ar maidin
's ag bailiú galair ráithe;
ach glacfad fees ó rí na gcroppies,
cleith is píc chun sáite
's go brách arís ní ghlaofar m'ainm
sa tír seo, an spailpín fánach.

Ba mhinic mo thriall go Cluain gheal Meala
's as sin go Tiobraid Árann;
i gCiarraí na Siúire thíos do ghearrainn
cúrsa leathan láidir;
i gCallainn go dlúth 's mo shúiste im ghlaic
ag dul chun tosaigh ceard leo
's nuair théim go Durlas 's é siúd bhíonn agam –
"Sin chú'ibh an spailpín fánach!"

Go deo deo arís ní raghad go Caiseal
ag díol ná ag reic mo shláinte
ná ar mhargadh na saoire im shuí cois balla,
im scaoinse im leataoibh sráide,
bodairí na tíre ag tíocht ar a gcapaill
á fhiafraí an bhfuilim hireálta:
'téanam chun siúil, tá an cúrsa fada'
siúd siúl an spailpín fánach.

### Leagan próis

Is oibrí mé le fada an lá ag dul ó áit go háit
Ag brath ar mo shláinte
Bím amuigh ag siúl ar an bhféar fliuch ar maidin
Agus tolgaim galair a leanann trí mhí;
Ach táim sásta dul ag obair do na croppies
Beidh píc is bata agam chun daoine a shá
Agus ní ghlaofaidh éinne spailpín fánach orm
go deo arís sa tír seo.

Chuaigh mé go dtí Cluain Meala go minic
agus ansin go dtí Tiobraid Árann;
bhain mé féar nó arbhar i gCiarraí na Siúire.

Bhí mé níos fearr ag baint ná na spailpíní eile
Agus aon uair a théim go dtí Durlas
bíonn na daoine ag rá go bhfuil an spailpín ag teacht.

Ní rachaidh mé go dtí Caiseal arís choíche
Ag cur mo shláinte i mbaol
Agus ní bheidh mé ag an margadh híreála
Fear ard tanaí i mo shuí ar thaobh na sráide
Bithiúnaigh na tíre ag teacht ar a gcapaill
ag fiafraí an bhfuilim le híreáil
'ar aghaidh leat, tá turas fada'
agus téann an spailpín ag siúl arís.

# Filíocht — Aonad a hAon

## An file agus cúlra an dáin
*The poet and background of the poem*

### File anaithnid (unknown)

- Bhí uair ann agus bhí meas ag gach duine ar na filí in Éirinn. Bhí na filí an-saibhir agus bhí siad ag obair do na pátrúin, daoine saibhre. Nuair a tháinig na Sasanaigh i gcumhacht (in power) sa tír, d'fhág na pátrúin an tír nó cuireadh chun báis iad (killed) agus mar sin ní raibh post ar bith ag na filí. Bhí ar na filí taisteal ó áit go háit sa tír ag lorg oibre mar spailpíní. Ar ndóigh bhí siad míshasta leis an saol seo.
- Ní fios cé a chum an dán cáiliúil seo agus ceaptar gur cumadh é ag deireadh an 18ú haois.
- Bhí Réabhlóid na Fraince ar siúl ag an am sin agus bhí na Gaeil (na Croppies) ag súil le cabhair ón bhFrainc chun na Sasanaigh a chur amach as an tír. *Quote to support*
- Tá saol crua ag an bhfile. Tá sé beo bocht (very poor) agus níl meas madra (slightest respect) ag éinne air.
- Tá sé ag taisteal timpeall na tíre ag lorg oibre. *V.2*
- Tá sé tinn tuirseach (sick and tired) den saol atá aige agus i ndeireadh na feide (at least gasp).
- Tá sé réidh chun dul ag troid chun 'bodairí na tíre' a chaitheamh amach.

### Téama/Príomhsmaointe an dáin

- Baineann an dán seo le náire agus fearg. Tá náire an domhain (huge shame) ar an spailpín go bhfuil post mar sin aige mar nach bhfuil meas madra ag éinne air. Tá sé tinn tuirseach den saol seo agus tá fearg air go bhfuil saol mar seo aige.
- Tá an file beo bocht agus tá air taisteal ó áit go háit chun obair a fháil.
- Bíonn sé tinn go minic mar go mbíonn sé amuigh go moch ar maidin ag lorg oibre. Bíonn sé ag obair do na feirmeoirí.
- Téann sé go dtí an margadh híreálta (hiring fair) agus níl meas madra ag éinne air.
- Tá cuid de na Gaeil ag éirí amach (revolting) i gcoinne na Sasanach agus tá an spailpín sásta dul ag troid leo chun na Sasanaigh a chaitheamh amach.

### Véarsa a haon

Tá an spailpín ag gearán sa véarsa seo faoin saol atá aige. Bíonn air dul amach go moch ar maidin ag lorg oibre i ngach cineál aimsire agus mar sin bíonn sé breoite go minic. Tá náire an domhain air go bhfuil sé ina spailpín agus tá sé sásta dul ag troid leis na Croppies chun na Sasanaigh a chaitheamh amach as an tír. Ní bheidh sé ina spailpín má tharlaíonn sé seo.

### Véarsa a dó

Tá an spailpín ag caint sa véarsa seo faoin obair a dhéanann sé in áiteanna difriúla. Baineann sé féar nó arbhar agus tá bród air mar go bhfuil sé níos fearr ná daoine eile ag an obair seo. Tá náire air go mbíonn daoine ag glaoch spailpín air nuair a théann sé go dtí Durlas.

### Véarsa a trí

Tá an spailpín ag caint faoin margadh híreálta i gCaiseal. Cuireann sé náire an domhain air go bhfuil air fanacht ansin agus daoine gan bhéasaí (manners) ag teacht ag féachaint anuas air. Tá a shláinte ag fulaingt (suffering) mar go bhfuil air dul ag obair mar spailpín do na daoine seo. Tá sé ag rá go láidir anseo nach rachaidh sé go dtí aon mhargadh híreálta arís agus mar sin nach mbeidh sé ina spailpín arís.

# Aonad a hAon — Filíocht

## Céim 2 – Cleachtaí

**A | Fíor nó bréagach? Scríobh na habairtí go léir atá fíor i do chóipleabhar agus ansin beidh scéal an dáin agat!**

|   |   | Fíor | Bréagach |
|---|---|---|---|
| 1. | Tá an file ina chónaí i dTiobraid Árann. | ☐ | ☐ |
| 2. | Bíonn an file ag taisteal ó ait go háit. | ☐ | ☐ |
| 3. | Tá an file lánsásta lena shaol. | ☐ | ☐ |
| 4. | Níl sláinte an fhile go maith. | ☐ | ☐ |
| 5. | Bíonn ar an spailpín dul go dtí an margadh híreálta. | ☐ | ☐ |
| 6. | Is fuath leis an spailpín na feirmeoirí móra. | ☐ | ☐ |

**B | Cuir na línte san ord ceart.**

| | | |
|---|---|---|
| a | Ní rachaidh mé go dtí Caiseal arís choíche | a ☐ |
| b | Bhí mé níos fearr ag baint ná na spailpíní eile | b ☐ |
| c | Bím amuigh ag siúl ar an bhféar fliuch ar maidin | c ☐ |
| d | agus ansin go dtí Tiobraid Árann; | d ☐ |
| e | bíonn na daoine ag rá go bhfuil an spailpín ag teacht | e ☐ |
| f | agus téann an spailpín ag siúl arís. | f ☐ |
| g | Ach táim sásta dul ag obair do na croppies | g ☐ |
| h | 'ar aghaidh leat, tá turas fada' | h ☐ |
| i | Fear ard tanaí i mo shuí ar thaobh na sráide | i ☐ |
| j | Is oibrí mé le fada an lá ag dul ó áit go háit | j ☐ |
| k | Bithiúnaigh na tíre ag teacht ar a gcapaill | k ☐ |
| l | Agus ní ghlaofaidh éinne spailpín fánach orm | l ☐ |
| m | Chuaigh mé go dtí Cluain Meala go minic | m ☐ |
| n | go deo arís sa tír seo. | n ☐ |
| o | bhain mé féar nó arbhar i gCiarraí na Siúire. | o ☐ |
| p | Agus tolgaim galair a leanann trí mhí; | p ☐ |
| q | Ag brath ar mo shláinte | q ☐ |
| r | Agus aon uair a théim go dtí Durlas | r ☐ |
| s | Ag cur mo shláinte i mbaol | s ☐ |
| t | Agus ní bheidh mé ag an margadh híreála | t ☐ |
| u | Beidh píc is bata agam chun daoine a shá | u ☐ |
| v | ag fiafraí an bhfuilim le híreáil | v ☐ |

## C | Cuir Béarla ar na habairtí seo.

1. Tá an spailpín i ndeireadh na feide.
   _____

2. Bíonn an spailpín ag taisteal ó áit go háit.
   _____

3. Tá an file beo bocht.
   _____

4. Tá an file ag fulaingt agus bíonn sé breoite go minic.
   _____

5. Bíonn margadh híreálta i gCaiseal.
   _____

6. Tá náire ar an spailpín go bhfuil daoine ag féachaint anuas air.
   _____

7. Ba mhaith leis an spailpín na Sasanaigh a chaitheamh amach as an tír.
   _____

8. Tá an spailpín tinn tuirseach den saol atá aige.
   _____

9. Baineann an spailpín féar i gCallainn.
   _____

10. Níl meas madra ag daoine ar an spailpín.
    _____

## D | Líon na bearnaí.

### Ón liosta seo a leanas, líon na bearnaí sna habairtí.
*Sasanaigh, margadh, meas madra, tinn, beo bocht, ag taisteal, ag lorg, fuath, tuirseach, na feide*

1. Tá an spailpín _____ _____.
2. Tá an spailpín bocht i ndeireadh _____ _____.
3. Tá an spailpín tinn _____ den saol atá aige anois.
4. Bíonn an spailpín ____ _____ timpeall na tíre.
5. Níl _____ _____ ag aon duine ar an spailpín.
6. Éiríonn an spailpín _____ go minic mar go mbíonn sé amuigh sa bháisteach agus sa fuacht.
7. Bíonn an spailpín ____ _____ oibre i ngach áit.
8. Tá ar an spailpín dul go dtí an _____ híreálta chun obair a fháil.
9. Is _____ leis an spailpín an saol atá aige.
10. Ba mhaith leis an spailpín na _____ a chaitheamh amach as an tír.

# Aonad a hAon — Filíocht

## E | Meaitseáil na ceisteanna agus na freagraí.

1) Cé a scríobh an dán?
2) Cad é téama an dáin seo?
3) Cé atá ag iarraidh na Sasanaigh a chaitheamh amach as an tir?
4) Cad a dhéanann an spailpín i gCallainn?
5) Cad a deir na daoine i nDurlas?
6) Cén áit nach rachaidh an spailpín arís?
7) Cad a bhíonn ar siúl i gCaiseal?
8) Cé a thagann go dtí an margadh híreálta?
9) Cad a cheapann na bodairí faoin spailpín?
10) Cad a bheidh ag an spailpín chun na Sasanaigh a chaitheamh amach?

a) Sin chú'ibh an spailpín fánach.
b) Bíonn siad ag féachaint anuas air.
c) Cleith is píc.
d) Bodairí na tíre
e) Margadh híréalta.
f) Ní fios cé chum an dán.
g) Baineann sé féar agus arbhar.
h) Náire agus fearg.
i) Na Croppies.
j) Caiseal.

## F | Cuir Gaeilge ar na habairtí seo.

1. The *spailpín* is sick and tired of his life.

2. The poet is very poor.

3. The *spailpín* travels the country from place to place.

4. Shame and anger are the themes of the poem.

5. The *spailpín* often gets ill because he's out early in the dew.

6. People look down on the *spailpín*.

7. The *spailpín* goes to the hiring fair.

8. The poet is at the end of his tether.

9. The *spailpín* would like to throw the English out.

10. We don't know who wrote this poem.

# Céim 3 – Buntuiscint – Ceisteanna

1. Conas atá sláinte an spailpín?
2. Cé atá ag troid i gcoinne na Sasanach?
3. Cad a úsáidfidh an spailpín chun na Sasanaigh a chur as an tír?
4. Cá dtéann an spailpín ag obair?
5. Cad a dhéanann an spailpín i gCallainn?
6. Cad a deir na daoine i nDurlas?
7. Cad a dhéanann an spailpín i gCaiseal?
8. Cad a bhíonn ar siúl i gCaiseal?
9. Cén cineál duine atá sa spailpín?
10. Cé a híreálann an spailpín?

# Céim 4 – Teicnící filíochta

### Íomhánna/pictiúir

Faighimid íomhá bhrónach den spailpín sa dán seo. Tá air dul ó áit go háit ag lorg oibre agus bíonn sé tinn go minic mar gheall ar an obair chrua a dhéanann sé sa drochaimsir.
*ag siúl an drúchta go moch ar maidin*
*'s ag bailiú galair ráithe:*

Bíonn sé ag obair do na feirmeoirí, agus baineann sé féar nó arbhar. Tá sé go maith ag an obair seo agus tá sé bródúil (*proud*) as féin.
*i gCallainn go dlúth 's mo shúiste im ghlaic*
*ag dul chun tosaigh ceard leo*

Tá idir fhearg agus náire ar an spailpín nuair a smaoiníonn sé ar an saol atá aige. Tá air dul go dtí an margadh híreálta (*hiring fair*), fanacht thart nuair a thagann daoine gránna ag féachaint anuas air. Ceapann an spailpín go bhfuil sé níos fearr ná na daoine seo ach toisc go bhfuil sé bocht níl aon rogha (*choice*) aige ach dul ag obair do na bodairí seo.
*bodairí na tíre ag tíocht ar a gcapaill*
*á fhiafraí an bhfuilim híreálta:*

# Aonad a hAon — Filíocht

Tá an spailpín tinn tuirseach den saol seo agus tá sé sásta dul ag troid chun an saol a athrú (change). Má tá cabhair ag teacht ón bhFrainc, rachaidh sé ag troid chun na Sasanaigh a chaitheamh amach as an tír.

*ach glacfad fees ó rí na gcroppies,*
*cleith is píc chun sáite*

### Éire

Bhí cúrsaí in Éirinn míchothrom (unfair). Tá na filí, a bhí saibhir uair amháin, beo bocht anois agus níl meas madra ag aon duine orthu. Bhí na Sasanaigh i gcumhacht (in power) agus cuireann siad náire ar na filí agus ar na daoine. Glaonn an file *bodairí* orthu mar go gceapann sé nach raibh oideachas (education) ar bith orthu. Bíonn na Sasanaigh ag féachaint anuas ar na filí agus ar na spailpíní agus téann siad go dtí margadh híreálta (hiring market) chun spailpín a fháil. Is fuath leis an spailpín an chaoi a bhfuil cúrsaí sa tír anois.

## Mothúcháin

### Brón agus féintrua

Tá brón agus féintrua (self-pity) sa dán seo. Tá brón ar an spailpín go bhfuil saol mar seo aige, ag dul ó áit go háit agus daoine ag féachaint anuas air. Tá trua aige dó féin mar go mbíonn sé tinn go minic.

*Go deo deo arís ní raghad go Caiseal*
*ag díol ná ag reic mo shláinte*

### Fearg agus náire

Tá fearg agus náire ar an spailpín. Níl meas madra ag éinne air. Bíonn air taisteal ar fud na tíre ag lorg oibre ó na feirmeoirí. Bíonn náire an domhain air nuair a théann sé go dtí an margadh híreálta. Níl meas madra ag an bhfile ar na bodairí seo mar níl aon oideachas orthu mar atá ag an bhfile, ach tá siad saibhir agus tá an spailpín bocht agus mar sin níl aon rogha aige. Tá sé tinn tuirseach den saol seo anois agus tá sé réidh chun dul ag troid chun na bodairí seo a chaitheamh amach as an tír.

*ach glacfad fees ó rí na gcroppies,*
*cleith is píc chun sáite*

### Bród

Tá bród ar an spailpín as féin. Is fuath leis go bhfuil daoine ag féachaint anuas air mar go gceapann sé go bhfuil sé níos fearr ná na bodairí. Is fuath leis nuair a ghlaonn daoine spailpín air mar gur file é, ach tá sé beo bocht agus níl meas ag na bodairí ar na filí.

*'s go brách arís ní ghlaofar m'ainm*
*sa tír seo, an spailpín fánach.*

Ní maith leis saol an spailpín ach déanann sé an obair sin go maith agus tá sé bródúil as an obair. Baineann sé féar nó arbhar agus déanann sé an obair sin go han-mhaith.

*i gCallainn go dlúth 's mo shúiste im ghlaic*
*ag dul chun tosaigh ceard leo*

### Atmaisféar an dáin

Tá atmaisfear brónach sa dán seo. Tá an spailpín amuigh ag obair go dian agus bíonn sé breoite go minic mar gheall ar an obair seo. Ba mhaith leis a bheith ag obair mar fhile ach toisc go bhfuil sé beo bocht tá sé ag obair mar spailpín agus is fuath leis a shaol.

*Go deo deo arís ní raghad go Caiseal*
*ag díol ná ag reic mo shláinte*

Tá náire an domhain ar an spailpín toisc go bhfuil saol mar seo aige. Bíonn daoine ag féachaint anuas air nuair a théann sé go dtí an margadh híreálta. Is fuath leis nuair a ghlaonn daoine spailpín air mar gur file é.

*'s go brách arís ní ghlaofar m'ainm*
*sa tír seo, an spailpín fánach.*

## Céim 5 – Ceist agus freagra samplach

> **An maith leat an dán? Cuir fáthanna le do fhreagra.**
>
> Ní maith liom an dán seo mar go bhfuil sé an-bhrónach. Tá trua agam don spailpín mar go bhfuil sé beo bocht. Tá sé ag taisteal ó áit go háit ag lorg oibre.
> *Ba mhinic mo thriall go Cluain gheal Meala*
> *'s as sin go Tiobraid Árann;*
>
> Bíonn sé tinn go minic mar bíonn sé amuigh sa drochaimsir.
> *ag díol ná ag reic mo shláinte*
>
> Ní maith liom an dán mar nach bhfuil meas madra ag éinne ar an spailpín. Tá bodairí na tíre ag féachaint anuas ar an spailpín agus tá náire an domhain air nuair atá sé ag an margadh híreálta. Cuireann an dán brón agus fearg orm mar go raibh saol an-chrua (difficult) ag an spailpín.

### Ceisteanna Scrúdaithe

**A**

(i) Déan cur síos i d'fhocail féin ar an saol atá ag an spailpín.
(ii) Cad atá i gceist ag an bhfile sna línte seo?
*Im spailpín fánach atáim le fada*
*ag seasamh ar mo shláinte,*
*ag siúl an drúchta go moch ar maidin*
*'s ag bailiú galair ráithe:*
(iii) Cad é an mothúchán is láidre sa dán?
(iv) Ar thaitin an dán leat? Tabhair fáthanna le do fhreagra. (Is leor dhá chúis.)

# Aonad a hAon — Filíocht

**B**

(i) Déan cur síos ar an atmaisféar atá sa dán.
(ii) Déan cur síos i d'fhocail féin ar an íomhá atá i véarsa a trí.
(iii) Cad atá i gceist ag an bhfile sna línte seo?
*ach glacfad fees ó rí na gcroppies,*
*cleith is píc chun sáite*
*'s go brách arís ní ghlaofar m'ainm*
*sa tír seo, an spailpín fánach.*
(iv) Cad é téama an dáin seo?

**C**

Maidir leis an dán *An Spailpín Fánach*, tabhair cuntas gairid ar phríomhsmaointe an dáin agus ar íomhá (phictiúr) amháin sa dán a thaitin nó nár thaitin leat.

**D**

Maidir leis an dán *An Spailpín Fánach*, roghnaigh mothúchán amháin as an liosta seo a leanas agus tabhair cuntas gairid ar a bhfuil sa dán faoin mothúchán sin atá roghnaithe agat.
bród    grá    fearg    náire

# Filíocht — Aonad a hAon

## Céim 1 – An dán agus an file

**Éist leis an dán seo ar an dlúthdhiosca.**

### An tEarrach Thiar
**le Máirtín Ó Direáin**

Fear ag glanadh *cré*  clay
De ghimseán *spáide*  spade
Sa gciúnas *shéimh*  gentle
I mbrothall lae  in the heat of the day
Binn an fhuaim
San earrach thiar.

Fear ag caitheamh
*Cliabh* dhá dhroim  basket
Is an *fheamainn* dhearg  seaweed
Ag *lonrú*  shining
I dtaitneamh gréine
Ar *dhuirling bháin*.  stony beach
*Niamhrach* an radharc  bright the sight
San earrach thiar.

Mná i *locháin*  pools
In íochtar diaidh-thrá,  on the lower shore at low-tide
A gcótaí *craptha*,  tucked up
*Scáilí* thíos fúthu:  reflections
*Támh-radharc síothach*  silent, peaceful sight
San earrach thiar.

*Toll-bhuillí fanna*  the hollow, gentle strokes
Ag *maidí rámha*  of the oars
Currach lán d'éisc
Ag teacht chun *cladaigh*  ashore
Ar *ór-mhuir* mhall  golden sea
I ndeireadh lae
San earrach thiar.

# Aonad a hAon — Filíocht

**Leagan próis**

Tá fear ag glanadh cré dá spáid
Tá sé ciúin agus te ar an oileán,
Tá an fhuaim sin go hálainn
San earrach san iarthar.

Tá fear ag baint cléibh dá dhroim
Agus tá an fheamainn dhearg
Ag soilsiú faoin ngrian
Ar chladach bán
Is radharc lonrach é
San earrach san iarthar.

Tá mná ina seasamh i bpoill uisce
Ar an trá
Tá a sciortaí fillte suas acu
agus a scáilí le feiceáil san uisce
Is radharc ciúin síochánta é
San earrach san iarthar.

Tá buillí ciúine
Ó na maidí rámha
Tá na curacha lán d'éisc
Ag teacht i dtír ar an bhfarraige órga
Ag deireadh an lae
San earrach san iarthar.

**An file**

### Máirtín Ó Direáin (1910–1988)

- Máirtín Ó Direáin a chum an dán seo.
- Rugadh é in Oileáin Árann sa bhliain 1910.
- D'fhág sé an t-oileán chun dul ag obair in Oifig an Phoist i nGaillimh sa bhliain 1928.
- Chuaigh sé ag obair i mBaile Átha Cliath ina dhiaidh sin.
- Níor fhill sé chun cónaithe ar an oileán ina dhiaidh sin.
- Cé nach ndeachaigh sé go dtí an mheánscoil riamh, bhí an-suim aige sa léitheoireacht.
- Fuair sé bás i mBaile Átha Cliath sa bhliain 1988.

# Filíocht — Aonad a hAon

### Téama/Príomhsmaointe an dáin

- Is é grá áite téama an dáin seo. Rugadh an file, Máirtín Ó Direáin, in Inis Mór, Árainn, agus bhí grá mór aige don oileán.
- Tá ceithre phictiúr nó íomhá sa dán, a bhaineann leis an saol álainn ciúin, síochánta atá ar an oileán san earrach.
- Tá cur síos sa dán ar an obair shimplí thraidisiúnta a dhéanann na daoine ar an oileán, saol a bhaineann leis an dúlra – ag cur fataí, ag baint feamainne, ag baint carraigín agus ag iascaireacht.
- Tá na daoine sona sásta (contented) leis an saol seo. Níl aon bhrú (pressure) orthu. Molann an file an áit i ngach véarsa, le gach cur síos ar obair an oileáin.

### Véarsa a haon (íomhánna)

Tá íomhá sa véarsa seo d'fheirmeoir ag rómhar (digging) sa talamh, ag cur fataí (potatoes), b'fhéidir. Tá sé amuigh ina gharraí agus tá an lá ciúin, síochánta agus te. Tá fuaim álainn le cloisteáil ón obair seo. Tá an fear sona sásta (contented) ag an obair thraidisiúnta agus tá atmaisféar síochánta sa véarsa seo freisin. Cuireann an file béim ar chomh ciúin síochánta is atá an lá. Tá béim freisin ar na fuaimeanna atá le cloisteáil – fuaim bhinn.

### Véarsa a dó

Ar Oileáin Árann, úsáideann na feirmeoirí feamainn (seaweed) mar leasú (fertiliser) ar an talamh. Tógann siad an fheamainn amach as an uisce agus cuireann siad ar an trá í. Nuair a bhíonn an fheamainn tirim cuireann siad isteach i gcliabh ar an droim í, tógann na feirmeoirí go dtí an garraí í agus cuireann siad ar an talamh ansin í. Bíonn dath álainn geal lonrach (shiny) ar an bhfeamainn nuair a bhíonn an ghrian ann. Arís, tá cur síos anseo ar an obair thraidisiúnta agus cuireann an file béim ar chomh hálainn geal is atá an lá. Obair mhall thraidisiúnta atá ann – níl aon deifir ag baint leis. Cuireann an file béim ar na dathanna sa véarsa seo – tá na dathanna geal agus lonrach.

### Véarsa a trí

Nuair a bhí Máirtín Ó Direáin óg agus ina chónaí ar an oileán, chuaigh sé ag baint carraigín (feamainn) leis na mná ar an trá. Sa véarsa seo tá cur síos (description) ar na mná thíos ar an trá nuair atá an taoide amuigh agus iad ag baint carraigín. Tá na sciortaí fillte suas acu agus tá an ghrian ag taitneamh. Tá an íomhá seo ciúin agus síochánta. Arís, tá cur síos anseo ar an obair thraidisiúnta agus cuireann an file béim ar an atmaisféar álainn síochánta ar an lá seo san earrach in Árainn.

### Véarsa a ceathair

Tá cur síos sa véarsa seo ar obair thraidisiúnta eile ar Árainn, an iascaireacht. Téann na fir amach ag iascaireacht go moch ar maidin agus filleann siad san oíche. Cloistear na maidí rámha san uisce agus arís tá fuaim dheas shéimh ag teacht ó na maidí. Bíonn na curacha lán d'éisc nuair a fhilleann siad agus bíonn dath órga ar an bhfarraige. Tá an íomhá agus an t-atmaisféar seo síochánta agus séimh.

# Aonad a hAon / Filíocht

## Céim 2 – Cleachtaí

**A** | **Fíor nó bréagach? Scríobh na habairtí go léir atá fíor i do chóipleabhar agus ansin beidh scéal an dáin agat!**

|   |   | Fíor | Bréagach |
|---|---|---|---|
| 1. | Máirtín Ó Diréain a scríobh an dán seo. | ✓ |   |
| 2. | Is aoibhinn leis an bhfile Árainn. | ✓ |   |
| 3. | Bíonn fuaimeanna gránna le cloisteáil ar an oileán. |   | ✓ |
| 4. | Tá na radhairc ar an oileán ciúin agus síochánta. | ✓ |   |
| 5. | Grá áite is téama don dán seo. | ✓ |   |

**B** | **Cuir na línte san ord ceart.**

| | | |
|---|---|---|
| a | San earrach san iarthar. | a ☐ |
| b | Tá sé ciúin agus te ar an oileán, | b ☐ |
| c | Agus tá an fheamainn dhearg | c ☐ |
| d | Ar chladach bán | d ☐ |
| e | Tá a sciortaí fillte suas acu | e ☐ |
| f | Tá fear ag glanadh cré dá spáid | f ☐ |
| g | Ag deireadh an lae | g ☐ |
| h | Tá an fhuaim sin go hálainn | h ☐ |
| i | San earrach san iarthar. | i ☐ |
| j | Tá fear ag baint cléibh dá dhroim | j ☐ |
| k | Ó na maidí rámha | k ☐ |
| l | Ag soilsiú faoin ngrian | l ☐ |
| m | Tá mná ina seasamh i bpoill uisce | m ☐ |
| n | Is radharc ciúin síochánta é | n ☐ |
| o | San earrach san iarthar. | o ☐ |
| p | Tá buillí ciúine | p ☐ |
| q | agus a scáilí le feiceáil san uisce | q ☐ |
| r | Tá na curacha lán d'éisc | r ☐ |
| s | Ar an trá | s ☐ |
| t | San earrach san iarthar. | t ☐ |
| u | Is radharc lonrach é | u ☐ |
| v | Ag teacht i dtír ar an bhfarraige órga | v ☐ |

# Filíocht — Aonad a hAon

## C | Cuir Béarla ar na habairtí seo.

1. Tá ceithre íomhá sa dán seo.

2. Bíonn na fir ag rómhar san earrach chun na fataí a chur.

3. Bíonn an ghrian ag soilsiú ar an bhfeamainn ar an trá.

4. Grá áite is téama don dán seo.

5. Baineann na mná carraigín ar an trá nuair a bhíonn an taoide amuigh.

6. Téann na fir amach ag iascaireacht ar maidin agus filleann siad san oíche.

7. Tagann fuaim dheas shéimh ó na curacha.

8. Tá cur síos sa dán ar an saol traidisiúnta a chaitheann na daoine ar an oileán.

9. Tá atmaisféar síochánta sa dán seo.

10. Baineann na fir feamainn agus cuireann siad ar an talamh mar leasú í.

## D | Líon na bearnaí.

### Ón liosta seo a leanas, líon na bearnaí sna habairtí.

*ciúnas agus síocháin, ag taitneamh, grá áite, leasú, síochánta, ag bailiú, feamainn, íomhá, ag rómhar, traidisiúnta, órga*

1. Bíonn na feirmeoirí **ag bailiú** sna garraithe san earrach thiar.
2. Tá **ciúnas** agus **síocháin** le fáil in Árainn.
3. Cuireann na feirmeoirí **feamainn** ar an talamh mar **leasú**.
4. Bíonn an ghrian **ag taitneamh** ar an bhfeamainn san earrach thiar.
5. Tá ceithre **íomhá** sa dán seo.
6. Bíonn na feirmeoirí **ag bailiú** feamainne agus na mná **ag baint** carraigín.
7. Tá atmaisfear **síochánta** le fáil sa dán seo.
8. Tá cur síos sa dán ar an saol **traidisiúnta** a chaitheann na daoine in Árainn.
9. Bíonn dath **órga** ar an bhfarraige ag deireadh lae.
10. Is é **grá áite** téama an dáin seo.

# Aonad a hAon — Filíocht

**E | Meaitseáil na ceisteanna agus na freagraí.**

| | | | |
|---|---|---|---|
| 1) | Cé a scríobh an dán? | a) | Tagann na hiascairí abhaile ag deireadh an lae. |
| 2) | Cad atá ar siúl ag an bhfeirmeoir sa chéad véarsa? | b) | Tá siad ag baint carraigín. |
| 3) | Cén dath atá ar an bhfeamainn? | c) | Tá radharc ciúin síochánta le feiceáil ar an trá. |
| 4) | Cá bhfuil na mná? | d) | Tá dath dearg ar an bhfeamainn. |
| 5) | Cén dath atá ar an bhfarraige? | e) | Tá sé ag rómhar sa gharraí. |
| 6) | Cad atá ar siúl ag na mná? | f) | Máirtín Ó Direáin. |
| 7) | Cad é téama an dáin seo? | g) | Tá dath an óir ar an bhfarraige. |
| 8) | Cén radharc atá le feiceáil thíos ar an trá? | h) | Ar Inis Mór, Árainn. |
| 9) | Cathain a thagann na hiascairí abhaile? | i) | Tá na mná thíos ar an trá. |
| 10) | Cár rugadh Máirtín Ó Direáin? | j) | Grá áite is téama don dán seo. |

**F | Cuir Gaeilge ar na habairtí seo.**

1. The farmer is digging in his field.

2. The red seaweed is shining in the sun.

3. The sight is peaceful and bright.

4. Love of place is the theme of this poem.

5. Women are collecting *carraigín* on the beach.

6. The fishermen come home at the end of the day.

7. There is a golden colour on the sea.

8. There are four beautiful images in the poem.

9. The poet describes the traditional and peaceful life on Inis Mór.

10. Máirtín Ó Direáin wrote this poem.

# Céim 3 – Buntuiscint – Ceisteanna

1. Cár rugadh an file?
   _____

2. Cén séasúr atá ann?
   _____

3. Cé mhéad íomhá atá sa dán?
   _____

4. Cén fhuaim a dhéanann an fear agus é ag glanadh cré den spáid?
   _____

5. Cén cineál aimsire atá ann?
   _____

6. Cad atá sa chliabh?
   _____

7. Cén dath atá ar an bhfeamainn?
   _____

8. Cén radharc atá le feiceáil sa dara véarsa?
   _____

9. Cad atá ar siúl ag na mná?
   _____

10. Cén radharc atá le feiceáil ar an trá leis na mná ag obair ann?
    _____

11. Cén fhuaim a dhéanann na maidí rámha?
    _____

12. Cad atá sna curacha?
    _____

13. Cathain a fhilleann na hiascairí abhaile?
    _____

14. Cén dath a bhíonn ar an bhfarraige ag deireadh an lae?
    _____

15. Cad atá á dhéanamh ag an bhfear sa chéad véarsa?
    _____

# Aonad a hAon — Filíocht

## Céim 4 – Teicnící filíochta

### An saol traidisiúnta in Árainn/Inis Mór      *Téama*

Tugann an file íomhánna áille dúinn den saol síochánta traidisiúnta ar Inis Mór. Bíonn na fir agus na mná ag obair amuigh faoin aer, ag cur is ag baint (*planting and reaping*). Cuireann na fir fataí, baineann siad feamainn agus téann siad amach ag iascaireacht.
*Fear ag glanadh cré*
*De ghimseán spáide*

Bailíonn na mná carraigín thíos ar an trá.
*Mná i locháin*
*In íochtar diaidh-thrá,*

Níl brú an tsaoil (*pressure of life*) ag cur isteach orthu; níl deifir orthu; tá siad sásta leis an saol. Tá Inis Mór foirfe (*perfect*), dar leis an bhfile; tá sé cosúil le neamh (*heaven*). Tá gach radharc agus gach fuaim álainn agus síochánta. Úsáideann an file a lán aidiachtaí sa dán agus molann siad go léir an t-oileán – *séimh, binn, niamhrach, síothach*. cuimhní · *na cuimhní – memories*

### Dathanna/Fuaimeanna

Baineann na híomhánna a úsáideann an file le dathanna agus fuaimeanna agus cuireann siad béim ar chomh geal agus síochánta is atá an t-oileán. Sa chéad véarsa tá fuaim na spáide, *binn an fhuaim*, le cloisteáil sa lá ciúin, síochánta.
Sa dara véarsa cuireann an file béim ar na dathanna agus chomh geal is atá an lá, an ghrian ag taitneamh ar an bhfeamainn dhearg ar an trá bhán.
*Is an fheamainn dhearg*
*Ag lonrú*
*I dtaitneamh gréine*
*Ar dhuirling bháin.*

Sa véarsa deiridh tá dath órga ar an bhfarraige agus fuaim álainn shéimh ag teacht ó na curacha nuair atá na hiascairí ag teacht abhaile ag deireadh an lae.
Tá an dúlra in Inis Mór go hálainn, ciúin agus síochánta, mar atá an t-atmaisféar ar an oileán.

### Mothúcháin/Atmaisféar

Tá sonas agus grá le fáil sa dán seo. D'fhás an file aníos in Inis Mór agus bhí grá mór aige don oileán. Tá an grá seo i ngach véarsa. Tugann an file cur síos ar dhaoine atá sona sásta leis an saol traidisiúnta atá acu ar an oileán. Bíonn na feirmeoirí ag cur fataí, ag bailiú feamainne agus ag iascaireacht. Bíonn na mná ag bailiú carraigín thíos ar an trá. Baineann a saol leis an dúlra, leis an saol amuigh faoin spéir. Tá gach fuaim agus gach radharc ar an oileán álainn, sona agus foirfe. Is é sonas an mothúchán is treise sa dán agus mar sin tá atmaisféar sona síochánta sa dán.

### Teideal an dáin

Is é teideal an dáin ná *An tEarrach Thiar*. Tugann an file ceithre íomhá áille den earrach in Inis Mór agus baineann gach íomhá le hobair thraidisiúnta amuigh faoin spéir ar an oileán – na feirmeoirí ag cur fataí agus ag baint feamainne, na mná ag baint carraigín agus na hiascairí ag filleadh abhaile ag deireadh an lae. Tá cuimhní áille ag an bhfile ar an earrach ar a oileán dúchais agus molann sé an áit i ngach véarsa.

# Céim 5 – Ceist agus freagra samplach

> **An maith leat an dán? Cuir fáthanna le do fhreagra.**
>
> Is aoibhinn liom an dán seo. Tugann an file ceithre íomhá áille den oileán agus baineann gach íomhá leis an saol taobh amuigh, leis an dúlra agus leis an saol traidisiúnta. Is aoibhinn liom an íomhá den fheamainn ina luí ar an trá agus na dathanna sa véarsa sin – dearg, *an fheamainn dhearg*, agus bán, *dhuirling bháin*, agus solas na gréine ag taitneamh orthu. Tá an ceart ag an bhfile nuair a deir sé go bhfuil an radharc sin geal – *niamhrach an radharc*.
>
> Is aoibhinn liom an cur síos ar an obair thraidisiúnta a bhíonn ar siúl ar an oileán – na feirmeoirí ag cur fataí agus na hiascairí ag teacht abhaile ag deireadh an lae ar an bhfarraige órga.
>
> *Currach lán d'éisc*
> *Ag teacht chun cladaigh*

## Ceisteanna Scrúdaithe

**A**
(i) Déan cur síos i d'fhocail féin ar an íomhá a thugann an file dúinn i véarsa a dó.
(ii) Cad atá i gceist ag an bhfile sna línte seo?
   *Toll-bhuillí fanna*
   *Ag maidí rámha*
   *Currach lán d'éisc*
   *Ag teacht chun cladaigh*
(iii) Cén úsáid a bhaineann an file as dathanna sa dán? (Is leor dhá dhath a lua.)
(iv) Ar thaitin an dán leat? Tabhair fáthanna le do fhreagra. (Is leor dhá chúis.)

**B**
(i) Déan cur síos ar an atmaisféar atá sa dán.
(ii) Déan cur síos i d'fhocail féin ar an íomhá atá i véarsa a trí.
(iii) Cad atá i gceist ag an bhfile sna línte seo?
   *Is an fheamainn dhearg*
   *Ag lonrú*
   *I dtaitneamh gréine*
   *Ar dhuirling bháin.*
(iv) Cad é téama an dáin seo?

**C**
Maidir leis an dán *An tEarrach Thiar*, tabhair cuntas gairid ar phríomhsmaointe an dáin agus ar íomhá (phictiúr) amháin sa dán a thaitin go mór leat.

**D**
Maidir leis an dán *An tEarrach Thiar*, roghnaigh mothúchán amháin as an liosta seo a leanas agus tabhair cuntas gairid ar a bhfuil sa dán faoin mothúchán sin atá roghnaithe agat.
*áthas   grá   uaigneas   síocháin*

# Aonad a Dó  Prós

# Prós

## Clár

**Hurlamaboc**  .................................................. 48
Éilis Ní Dhuibhne (Úrscéal do dhéagóirí, caibidil 1)

**Seal i Neipeal** ..................................................................... 59
Cathal Ó Searcaigh (Dírbheathaisnéis, sliocht lgh 78–83)

nó

**An Gnáthrud** ...................................................................... 70
Déirdre Ní Ghrianna (Gearrscéal)

**Oisín i dTír na nÓg** ........................................................... 81
Béaloideas/Fiannaíocht

**Dís** ....................................................................................... 92
Siobhán Ní Shúilleabháin (Gearrscéal)

**An Lasair Choille** ............................................................. 104
Caitlín Maude agus Micheál Ó hAirtnéide (Gearrdhráma)

nó

**Cáca Milis** ........................................................................ 124
Gearrscannán

Prós | Aonad a Dó

# Ag déanamh staidéir ar an bprós

- Léigh giota beag den scéal ar dtús agus scríobh na focail is tábhachtaí (most important) i do chóipleabhar.

- Cuir scrúdú ort féin go rialta ar na focail seo.

- Scríobh príomhthréithe (main traits) na gcarachtar agus foghlaim iad.

- Bí ag smaoineamh i gcónaí: an maith liom an carachtar seo? cén fáth? céard iad na rudaí a léiríonn an tréith sin sa charachtar?

- Scríobh achoimre bheag duit féin den scéal – tús, lár agus deireadh.

- Ansin téigh siar ar an scéal ar fad, ag díriú ar na focail nua agus ar na carachtair arís.

# Aonad a Dó — Prós

## Hurlamaboc
### le Éilis Ní Dhuibhne

**Caibidil 1: Fiche Bliain Faoi Bhláth**

**Ruán** — *caidreamh – Relationship*

Fiche bliain ó shin a pósadh Lisín agus Pól.

Bheadh an **ócáid** iontach á **ceiliúradh** acu i gceann seachtaine. Bhí an teaghlach ar fad **ag tnúth** leis. Sin a dúirt siad, **pé scéal é**.

*occasion; celebration*
*looking forward to; anyway*

'Beidh an-lá go deo againn!' a dúirt Cú, an mac ab óige. Cuán a bhí air, i ndáiríre, ach Cú a thugadar air **go hiondúil**. Bhí trí bliana déag slánaithe aige.

*usually*

'Beidh sé *cool*,' arsa Ruán, an mac ba shine. Ocht mbliana déag a bhí aige siúd. Níor chreid sé go mbeadh an chóisir *cool*; chreid sé go mbeadh sé *crap*. Ach bhí sé de **nós** aige an rud a bhí a mháthair ag iarraidh a chloisint a rá léi. Bhí an nós sin ag gach duine.

*custom*

Agus bhí Lisín sásta. Bhí a fhios aici go mbeadh an ceiliúradh go haoibhinn, an fhéile **caithréimeach**, mar ba chóir di a bheith. **Caithréim** a bhí bainte amach aici, dar léi. Phós sí Pól nuair nach raibh ann ach **ógánach anabaí**, gan maoin ná **uaillmhian**. Ag obair i siopa a bhí sé ag an am. Ise a d'aithin na **féidearthachtaí** a bhí sa bhuachaill **aineolach** seo. Agus anois fear saibhir, léannta a bhí ann, fear a raibh meas ag cách air, ardfhear. Teach breá aige, clann mhac, iad cliste agus dathúil.

*victorious; victory*
*immature youth*
*ambition; possibilities*
*ignorant*

*Lisín — Bródúil, ardnósach, uaigh + mingy, lán le muinín*

Bhí a lán le ceiliúradh acu.

Maidir leis an gcóisir féin, bhí gach rud idir lámha aici – bhí sí tar éis gloiní agus fíon a chur ar ordú sa siopa fíona; bhí an **reoiteoir** lán le pióga agus ispíní agus **bradán** agus arán **lámhdhéanta** den uile shórt. Bhí an dara reoiteoir tógtha **ar cíos** aici – is féidir é seo a dhéanamh, ní thuigfeadh a lán daoine é ach thuig Lisín, b'in an

*freezer; salmon*
*handmade/homemade; rented*

saghas í – agus bhí an ceann sin líonta freisin, le rudaí deasa le hithe. Rudaí milse den chuid is mó de, agus rudaí nach raibh milis ach nach raibh i Reoiteoir a hAon. Dá mbeadh an lá go breá bheadh an chóisir acu amuigh sa ghairdín, agus bhí boird agus cathaoireacha le fáil **ar iasacht** aici ó na comharsana. Agus mura mbeadh an lá go breá bhí an teach mór go leor do **na haíonna** ar fad. Bhí gach rud ann glan agus néata agus álainn: péint nua ar na ballaí, snas ar na hurláir, bláthanna sna **prócaí**.

*on loan*
*the guests*
*vases*

Mar a bhí i gcónaí, sa teach seo. Teach Mhuintir Albright. Teach Lisín.

Bean tí **den scoth** a bhí i Lisín. Bhí an teach i gcónaí néata agus álainn, agus ag an am céanna bhí sí féin néata agus álainn. De ghnáth is rud amháin nó rud eile a bhíonn i gceist ach **níorbh amhlaidh** a bhí i gcás Lisín.

*the best*

*it wasn't the case*

'Ní chreidfeá go raibh do mháthair pósta le fiche bliain,' a dúirt an tUasal Mac Gabhann, duine de na comharsana, le Ruán, nuair a tháinig sé go dtí an doras lá amháin chun glacadh leis an gcuireadh chuig an chóisir. 'Agus go bhfuil **stócach** mór ar do nós féinig aici mar mhac! Tá an chuma uirthi gur cailín óg í.'

*young man*

'*Yeah*,' arsa Ruán, gan mórán **díograise**. Ach d'fhíor dó. Bhí an chuma ar Lisín go raibh sí ina hógbhean fós. Bhí sí tanaí agus bhí gruaig fhada fhionn uirthi. Bhuel, bhí an saghas sin gruaige ar na máithreacha go léir ar an mbóthar seo, Ascaill na Fuinseoige. Bóthar **fionn** a bhí ann, cé go raibh na fir dorcha: dubh nó donn, agus, a bhformhór, liath. Ach ní raibh gruaig liath ar bhean ar bith, agus rud ab iontaí fós ná sin ní raibh ach bean amháin dorcha ar an mbóthar – Eibhlín, máthair Emma Ní Loingsigh. Ach bhí sise **aisteach** ar mhórán bealaí. Ní raibh a fhios ag aon duine conas a d'éirigh léi teach a fháil ar an mbóthar. Bhí na mná eile go léir fionn, agus dathúil agus faiseanta, b'in mar a bhí. Bhí **caighdeán** ard ar an mbóthar maidir leis na cúrsaí seo. Ní bheadh sé **de mhisneach** ag bean ar bith dul amach gan **smidiú** ar a haghaidh, agus éadaí deasa uirthi. Fiú amháin agus iad ag rith amach leis an mbruscar bhíodh

*enthusiasm*

*blonde*

*strange*

*standard*
*courage; make-up*

gúnaí oíche deasa orthu, agus an ghruaig **cíortha** go néata acu, ionas go dtuigfeadh na fir a bhailigh an bruscar gur daoine deasa iad, cé nár éirigh siad in am don bhailiúchán uaireanta. Ach bhí rud éigin **sa bhreis** ag Lisín orthu ar fad. Bhí sí níos faiseanta agus níos néata ná aon duine eile. I mbeagán focal, bhí sí **foirfe**.

*combed*
*extra*
*perfect*

Lig Ruán osna ag smaoineamh uirthi. Bhí grá aige dá mháthair. Níor thuig sé cén fáth gur chuir sé **lagmhisneach** air an t-am ar fad, nuair nár thug sí dó ach moladh. **Moladh agus spreagadh**.

*low spirits*
*praise and encouragement*

'Inseoidh mé di go mbeidh tú ag teacht. Beidh áthas uirthi é sin a chloisint.' Dhún sé an doras, **cuibheasach** tapa. Bhí rud éigin faoin uasal Mac Gabhann a chuir isteach air. Bhí sé cairdiúil agus **gealgháireach**, agus ba mhinic **grinnscéal** de shaghas éigin aige. Ach bhí **súile géara** aige, ar nós na súl a bhíonn ag múinteoirí. Fiú amháin agus é ag caint ag an doras bhí na súile sin **ag stánadh** ar Ruán, agus an chuma orthu go raibh x-ghathú á dhéanamh acu ar a raibh **laistigh** dá intinn agus ina chroí.

*quite*
*cheerful; funny story*
*sharp eyes*
*staring*
*inside*

Bean thanaí, dhathúil, ghealgháireach, bean tí iontach, agus ag an am céanna bhí a lán rudaí eile ar siúl ag Lisín. Ní raibh post aici. Cén fáth go mbeadh? Bhí ag éirí go sármhaith le Pól; bhí sé ina **léachtóir** san ollscoil, i gcúrsaí gnó, ach ní sa **chomhthéacs** sin a rinne sé a chuid airgid, ach ag ceannach stoc ar an Idirlíon. Bhí sé **eolach** agus cliste agus ciallmhar, agus bhí **raidhse** mór airgid aige um an dtaca seo, agus é go léir **infheistithe** sa chaoi is nach raibh air **mórán cánach** a íoc. Bhí árasáin agus tithe aige freisin, anseo is ansiúd ar fud na hEorpa, agus cíos á bhailiú aige uathu.

*lecturer*
*context*
*knowledgeable; plenty*
*invested; much tax*

Ní raibh gá ar bith go mbeadh Lisín ag dul amach ag obair. Mar sin d'fhan sí sa bhaile, ach bhí sí **gnóthach**, ina **ball** de mhórán **eagraíochtaí** agus clubanna: clubanna a léigh leabhair, clubanna a rinne dea-obair ar son daoine bochta, clubanna a d'eagraigh léachtaí ar stair áitiúil agus **geolaíocht** áitiúil agus litríocht áitiúil, agus faoi conas do ghairdín a leagan amach ionas go mbeadh sé níos deise ná gairdíní na gcomharsan nó do theach **a mhaisiú** ionas go mbeadh do chairde go léir **ite le formad**. **Murar leor sin**, d'fhreastail sí ar ranganna teanga – Spáinnis, Rúisis, Sínis, Seapáinis. Bhí suim aici i scannáin agus i ndrámaí. Ní raibh sí riamh **díomhaoin** agus ba bhean spéisiúil í, a d'fhéadfadh labhairt ar aon ábhar ar bith faoin ngrian.

Dáiríre.

*busy; member; organisations*

*geology*

*decorate; consumed with envy*
*if that wasn't enough*
*idle*

### Achoimre ar an scéal

- Tá Lisín agus Pól pósta ar feadh fiche bliain agus beidh cóisir (*party*) mhór acu. Tá Lisín an-mhaith ag eagrú (*organising*) rudaí mar sin. Fuair sí gloiní agus fíon ar iasacht (*on loan*) ón siopa.

- Tá reoiteoir (*freezer*) amháin líonta le bia agus fuair sí an dara reoiteoir ar cíos (*hire*) agus tá sé sin lán le bia milis. Má bhíonn an aimsir go maith beidh an chóisir sa ghairdín. Má bhíonn sé ag cur báistí tá an teach mór go leor do gach duine. Tá gach rud glan agus néata agus álainn mar atá Lisín féin.

- Nuair a bhuail Lisín agus Pól lena chéile bhí Pól ag obair i siopa. Ní raibh sé saibhir ach chonaic Lisín go mbeadh sé saibhir lán amháin agus bhí an ceart aici. Is léachtóir (*lecturer*) i gcúrsaí gnó (*business*) san ollscoil é anois. Ceannaíonn sé stoc ar an idirlíon (*internet*) agus caitheann sé an t-airgead a dhéanann sé ar thithe agus árasáin agus faigheann sé cíos ar na tithe sin. Tá siad an-saibhir anois.

- Tá Lisín agus Pól ina gcónaí ar Ascaill na Fuinseoige lena mbeirt mhac, Cuán atá trí bliana déag d'aois agus Ruán atá ocht mbliana déag d'aois. Tá na daoine ar an mbóthar sin go léir saibhir. Tá gruaig fhionn (*blonde*) ar na máithreacha go léir agus ní théann siad amach gan smidiú (*make-up*) agus éadaí deasa orthu, fiú nuair atá siad ag cur na mboscaí bruscair amach.

- Tá Lisín foirfe (*perfect*). Tá gruaig fhionn uirthi agus tá sí tanaí, dathúil agus sona. Tá teach deas néata aici agus tá sí féin deas néata. Tá sí níos faiseanta (*fashionable*) agus níos néata ná aon duine eile ar an Ascaill.

- Níl aon phost ag Lisín ach tá sí gnóthach (*busy*) lena saol. Tá sí ina ball (*member*) de mhórán clubanna – clubanna leabhar, clubanna staire, clubanna a dhéanann obair ar son daoine bochta agus clubanna a thugann daoine isteach ag labhairt faoi ghairdíní deasa agus faoi thithe deasa. Téann sí go dtí ranganna teanga – Spáinnis, Rúisis, Sínis, Seapáinis. Is maith léi scannáin agus drámaí freisin. Tá sí an-suimiúil.

# Aonad a Dó — Prós

- Níl Ruán ag súil leis (*looking forward to*) an gcóisir mhór. Ceapann sé go mbeidh an chóisir go dona. Gránn Ruán a mháthair ach ní maith leis í. Bíonn sé in ísle brí (*depressed*) ag smaoineamh uirthi. Molann agus spreagann (*encourages*) Lisín Ruán an t-am ar fad ach fós bíonn sé in ísle brí.

- Tagann an tUasal Mac Gabhann go dtí an doras. Ní maith le Ruán an tUasal Mac Gabhann. Tá sé cairdiúil agus greannmhar ach tá súile géara (*sharp eyes*) aige cosúil le múinteoir. Mothaíonn Ruán go bhfuil sé ábalta a chroí agus a intinn a léamh.

## Téama/Príomhsmaointe an tsleachta

Baineann an sliocht seo as an úrscéal *Hurlamaboc* le cur síos ar bhean chéile darb ainm Lisín. Tá an saol atá ag na mná saibhre mar théama ann.

Tá cuma agus airgead an-tábhachtach di. Leagann sí a saol ar fad amach (*planned*), a teach, a fear céile, a páistí agus anois an chóisir. Bua (*victory*) atá sa saol aici, mar go bhfuil a saol foirfe. Is maith léi smacht a bheith aici ar gach rud ina saol, ar a teach, a fear céile, a páistí agus anois an chóisir.

Tá sí níos néata agus níos faiseanta ná aon bhean eile ar an mbóthar cé go bhfuil na mná eile go léir néata agus faiseanta. Tá sí an-uaillmhianach (*ambitious*). Phós sí a fear céile Pól mar go bhfaca sí go mbeadh sé saibhir lá amháin (lena cabhair is dócha). Tá teach foirfe aici, tá corp foirfe aici, tá an chuma ar an scéal go bhfuil saol foirfe aici. Ach níl a mac Ruán sásta. Cuireann a mháthair gruaim (*depression*) air. Níl gaol macánta (*honest*) ag Ruán ná ag aon duine eile léi.

Mothaímid ag léamh an tsleachta seo go bhfuil Lisín chomh gnóthach (*busy*) sin lena saol, ag eagrú na cóisire, ag coinneáil an tí glan, néata an t-am ar fad, ina ball de mhórán clubanna, go bhfuil eagla uirthi aghaidh a thabhairt ar an bhfírinne (*face the truth*), is é sin, nach bhfuil smacht (*control*) aici ar gach rud agus go bhfuil fadhbanna ina saol. Ní fheiceann sí go bhfuil Ruán míshona.

# Cleachtadh ag scríobh

**A** | Fíor nó bréagach? Scríobh na habairtí go léir atá fíor i do chóipleabhar agus ceartaigh na cinn atá mícheart.

|   | | Fíor | Bréagach |
|---|---|---|---|
| 1. | Tá Lisín agus Pól pósta ar feadh fiche bliain anois. | ☐ | ☐ |
| 2. | Tá triúr páistí acu. | ☐ | ☐ |
| 3. | Tá Ruán ag súil go mór leis an gcóisir mhór. | ☐ | ☐ |
| 4. | Tá clann Lisín beo bocht. | ☐ | ☐ |
| 5. | Tá teach álainn, néata ag Lisín. | ☐ | ☐ |
| 6. | Bean thanaí, dhathúil atá i Lisín agus tá sí níos faiseanta ná na mná eile. | ☐ | ☐ |
| 7. | Déanann Pól a chuid airgid as stoc, tithe agus árasáin a cheannach. | ☐ | ☐ |
| 8. | Cónaíonn an chlann ar Ascaill na Fuinseoige. | ☐ | ☐ |
| 9. | Tá gaol oscailte, macánta idir Lisín agus Ruán. | ☐ | ☐ |
| 10. | Is duine an-suimiúil í Lisín. | ☐ | ☐ |

**B** | Cuir Béarla ar na habairtí seo.

1. Tá Lisín agus Pól pósta ar feadh fiche bliain anois.

2. Tá Lisín uaillmhianach agus tá teach agus airgead an-tábhachtach di.

3. Tá teach Lisín glan, néata, cosúil léi féin.

4. Bhí gruaig fhionn ar na máithreacha ar fad ar Ascaill na Fuinseoige.

5. Chaith na mná go léir éadaí faiseanta agus smidiú.

6. Chuir a mháthair lagmhisneach ar Ruán.

7. Bhí saol foirfe ag Lisín.

8. Tá Lisín ina ball de mhórán clubanna.

9. Níl Ruán ag súil leis an gcóisir mhór.

10. Níl caidreamh oscailte, macánta idir Lisín agus Ruán.

## Aonad a Dó — Prós

### C | Líon na bearnaí leis na focail ón liosta thíos.

foirfe, gnóthach, macánta, smacht, saibhir, suimiúil, ag eagrú, teanga, faiseanta, uaillmhianach

1. Tá an chuma ar an scéal go bhfuil saol _____ ag Lisín agus Pól.
2. Tá Lisín agus Pól fiche bliain pósta agus tá Lisín _____ cóisir mhór.
3. Is duine _____ í Lisín agus bhí a fhios aici go mbeadh Pól saibhir.
4. Is í Lisín an bhean is _____ ar an mbóthar.
5. Níl gaol oscailte, _____ idir Lisín agus Ruán.
6. Téann Lisín go dtí a lán ranganna _____, Rúisis agus Sínis ina measc.
7. Ba mhaith le Lisín go mbeadh _____ aici ar gach rud ina saol.
8. Caitheann Lisín saol _____.
9. Is teaghlach _____ iad teaghlach Albright.
10. Is duine _____ í Lisín.

### D | Meaitseáil na ceisteanna agus na freagraí ó A agus B.

**A**
1. Cé mhéad bliain atá Lisín agus Pól pósta?
2. Cad a cheapann Ruán faoin gcóisir a bheidh ag a thuismitheoirí?
3. Conas a dhéanann Pól a chuid airgid?
4. Cén cineál tí atá ag Lisín?
5. Cén aois é Ruán?
6. Cad a cheapann Ruán faoina mháthair?
7. Cén cineál duine í Lisín?
8. Cén fáth nach maith le Ruán an tUasal Mac Gabhann?
9. Cá gcónaíonn an chlann?
10. Conas a chaitheann Lisín a cuid ama?

**B**
a) Ar Ascaill na Fuinseoige.
b) Uaillmhianach, gnóthach agus tanaí.
c) Cuireann sí lagmhisneach air.
d) Ag foghlaim teangacha agus ag eagrú rudaí.
e) Mar go bhfuil súile géara aige cosúil le múinteoir.
f) Ocht mbliana déag d'aois.
g) Ceapann sé go mbeidh sé go dona.
h) Tá teach deas, néata aici.
i) Ceannaíonn sé stoc ar an idirlíon, árasáin agus tithe.
j) Fiche bliain.

**E | Cuir Gaeilge ar na habairtí seo.**

1. Lisín and Pól are 20 years married.
2. Lisín depresses Ruán.
3. Lisín is very busy and very ambitious.
4. Pól makes his money buying stocks, apartments and houses.
5. Lisín has two fridges full of food for the party.
6. Lisín is thin, pretty and perfect.
7. Lisín is a member of lots of clubs.
8. All the women on the road are blonde and pretty.
9. Appearances are the most important thing to Lisín.
10. Lisín is perfect.

**F | Buncheisteanna.**

1. Cad atá á cheiliúradh ag Lisín agus Pól?
2. Cén cineál gaoil atá idir Ruán agus a mháthair?
3. Cén post a bhí ag Pól nuair a phós Lisín é?
4. Conas a dhéanann Pól a shaibhreas anois?
5. Cá bhfuil cónaí ar Lisín agus a clann?
6. Déan cur síos ar na mná eile ar an mbóthar.
7. Conas a chaitheann Lisín a cuid ama?
8. An bhfuil Ruán sona? Cá bhfios duit?
9. Cén fáth nach maith le Ruán an tUasal Mac Gabhann?
10. An bhfuil saol Lisín foirfe? Cén fáth?

# Staidéar ar an scéal

## Lisín

**Uaillmhianach** — Tá airgead agus stádas (*status*) an-tábhachtach do Lisín. Ní raibh Pól saibhir nuair a bhuail sí leis ach tá sé anois. Caitheann sí saol na mná saibhre – teach foirfe, féachann sí óg agus álainn (tá dath fionn – *dye* – curtha ina cuid gruaige), tá sí ina cónaí ar bhóthar faiseanta, tá sí ina ball de mhórán clubanna. Ón taobh amuigh féachann sí an-sásta.

**Údarásach** (*bossy*) — Tá Lisín i gceannas (*in charge*) ar a teach, ar a fear céile, ar a cuid páistí, ar a saol ar fad (nó sin a cheapann sí). Níl na páistí ábalta a bheith macánta léi. Ceapann Ruán go mbeidh an chóisir go dona ach tá eagla air é sin a rá. Leagann sí (*plans*) saol gach duine amach agus anois leagann sí an chóisir amach.

**Foirfe** — Tá Lisín foirfe. Féachann sí óg agus tanaí, níos fearr ná aon bhean eile ar an mbóthar. Tá a teach níos áille ná aon teach eile ar an mbóthar. Beidh an chóisir foirfe freisin. Tá pósadh foirfe aici. Ach ní luann (*mention*) aon duine an focal grá.

**Gnóthach** (*busy*) — Is bean an-ghnóthach í Lisín. Tá sí gnóthach ag eagrú a saoil ar fad agus saol a clainne. Tá a fear céile saibhir mar gur spreag sí é, tá na buachaillí cliste mar go spreagann sí iad. Tá sí ina ball de mhórán clubanna agus téann sí go dtí a lán ranganna. Cén fáth a bhfuil sí chomh gnóthach sin?

## Pól

**Saibhir agus rathúil** (*successful*) — Ní raibh Pól i gcónaí saibhir ach bhí sé cliste. Is léachtóir le gnó é agus tá a lán airgid déanta aige ar an idirlíon. Leis an airgead a rinne sé, cheannaigh sé tithe agus árasáin san Eoraip agus faigheann sé airgead as an gcíos ar na tithe sin. Ní íocann sé a lán cánach (*tax*). Tá airgead agus stádas an-tábhachtach dó. Tá sé pósta le Lisín, tá beirt mhac aige chomh maith le teach mór. Níl aon rud eile ar eolas againn faoi.

## Ruán

Is é Ruán an mac is sine ag Lisín agus Pól. Tá sé ocht mbliana déag d'aois. Níl sé ag súil leis an gcóisir seo ach deir sé lena mháthair go bhfuil. Níl gaol macánta aige le Lisín. Cuireann a mháthair brú air, rud a chuireann brón agus gruaim (*depression*) air. Tá Ruán míshona. Ní maith leis an tUasal Mac Gabhann mar go gceapann sé go bhfuil sé ag féachaint isteach ina chroí.

## Ceisteanna Scrúdaithe

**A**

(i) Cén t-eolas a fhaighimid sa sliocht seo ar an gcineál duine í Lisín?
(ii) Cén sórt duine é Pól (an t-athair), dar leat? Déan cur síos gairid air agus inis cén fáth ar thaitin (nó nár thaitin) sé leat. (Is leor *dhá* fháth.)

**B**

(i) Déan cur síos ar na hullmhúcháin atá á ndéanamh ag Lisín don chóisir.
(ii) Cén sórt duine é Ruán, dar leat? Déan cur síos gairid air agus inis cén fáth ar thaitin (nó nár thaitin) sé leat. (Is leor *dhá* fháth.)

**C**

Maidir leis na trí shaothar *Lasair Choille, Hurlamaboc* agus *Dís* (a ndearna tú staidéar orthu i rith do chúrsa), roghnaigh *saothar amháin* díobh a bhfuil ceann amháin de na *téamaí* seo a leanas i gceist ann agus tabhair cuntas gairid ar a bhfuil sa saothar faoin *téama* sin atá roghnaithe agat.
saint, greann, uaillmhian, clann, draíocht (iontas), gliceas

**D**

Maidir leis na trí shaothar *Lasair Choille, Hurlamaboc* agus *Dís* (a ndearna tú staidéar orthu i rith do chúrsa), roghnaigh *saothar amháin* díobh agus tabhair cuntas *gairid* ar *dhá* phearsa (charachtar) ann, pearsa amháin a thaitin leat agus pearsa amháin nár thaitin leat.

## Ceisteanna agus Freagraí Samplacha

### Ceist shamplach B

(i) Déan cur síos ar na hullmhúcháin atá á ndéanamh ag Lisín don chóisir.
(ii) Cén sórt duine é Ruán, dar leat? Déan cur síos gairid air agus inis cén fáth ar thaitin (nó nár thaitin) sé leat. (Is leor *dhá* fháth.)

### Freagra samplach B

(i) Tá Lisín agus Pól pósta ar feadh fiche bliain agus beidh cóisir mhór acu. Fuair Lisín gloiní agus fíon ar iasacht ón siopa. Tá reoiteoir amháin líonta le bia agus fuair sí an dara reoiteoir ar cíos (*hire*) agus tá sé sin lán le bia milis. Tá bláthanna aici. Tá an teach réidh agus glan don chóisir – tá péint nua ar na ballaí.
　　Má bhíonn an chóisir sa ghairdín tá boird agus cathaoireacha aici ó na comharsana. Má bhíonn sé ag cur báistí beidh an chóisir sa teach.

(ii) Tá Ruán ocht mbliana déag d'aois. Níl sé ag súil leis an gcóisir seo. Tá sé míshona. Cuireann a mháthair brú air, rud a chuireann brón air. Is maith liom Ruán mar gur duine óg é cosúil liom féin. Tá sé beagáinín caillte (*lost*). Tá a mháthair gnóthach leis an gcóisir agus le saol maith a dhéanamh. Níl sé macánta lena thuismitheoirí. Is maith liom Ruán mar cé go bhfuil airgead tábhachtach dóibh níl sé tábhachtach do Ruán.

### Ceist shamplach D

Maidir leis na trí shaothar *Lasair Choille, Hurlamaboc* agus *Dís* (a ndearna tú staidéar orthu i rith do chúrsa), roghnaigh *saothar amháin* díobh agus tabhair cuntas *gairid* ar *dhá* phearsa (charachtar) ann, pearsa amháin a thaitin leat agus pearsa amháin nár thaitin leat.

### Freagra samplach D

*Hurlamaboc*
Is maith liom Ruán. Tá sé ocht mbliana déag d'aois agus tá sé caillte. Tá grá aige dá mháthair ach tá sé míshona. Tá grá ag a mháthair dó ach tá airgead an-tábhachtach di agus ní thuigeann sí Ruán. Tá Ruán míshona mar nach bhfuil an t-am ag a thuismitheoirí dó. Tá siad gnóthach ag déanamh airgid agus ag a saol foirfe.

Ní maith liom Lisín. Tá cuma agus airgead an-tábhachtach di. Tá sí níos néata agus níos faiseanta ná aon bhean eile ar an mbóthar. Tá sí an-uaillmhianach. Tá gach rud foirfe ina saol, ceapann sí, ach ní fheiceann sí go bhfuil a mac Ruán míshona. Níl gaol macánta ag Ruán ná ag aon duine eile léi.

# Seal i Neipeal

### le Cathal Ó Searcaigh

**(sliocht as Dírbheathaisnéis/Leabhar Taistil)**

I ndiaidh dom an dinnéar a chríochnú agus mé ar tí babhta léitheoireachta a dhéanamh, tháinig fear beag, **beathaithe** isteach chugam, **gnúis dhaingean** air, a thóin le talamh. Sheas sé, a dheireadh leis an tine, gur thug sé róstadh **maith dá mhásaí**.

*fat; determined face*
*good roasting to his thighs*

Ansin tharraing sé cathaoir chuige féin agus theann isteach leis an tine, a **lámha crágacha** spréite os a choinne, ag ceapadh teasa. Bhí sé **do mo ghrinniú** an t-am ar fad lena shúile beaga **rógánta**. Níl mórán le himeacht ar an **diúlach** seo, arsa mise liom féin. Ansin thosaigh **an cheastóireacht**, **tiubh agus crua**. Cén tír as a dtáinig mé? Cad é mar a **shaothraigh mé** mo chuid? An raibh bean agam? An raibh **cúram teaghlaigh** orm? An raibh Éire **rachmasach**? An raibh sé éasca cead isteach a fháil chun na tíre? An raibh cairde agam i Neipeal? An Críostaí a bhí ionam? An raibh gnó de mo chuid féin agam sa bhaile? An raibh mé ag tabhairt **urraíochta** d'aon duine i Neipeal? Cad é an méid airgid a chaithfinn sa tír seo? An de bhunadh saibhir mé i mo thír féin? Ós rud é nach **mórán muiníne** agam as cha dtug mé dó ach **breaceolas** agus bréaga, agus tuairimí **leathcheannacha**.

*large hands*
*examining me*
*roguish; boyo*
*questions; thick and fast*
*I earned*
*family responsibility; wealthy*

*sponsorship*

*much trust*
*limited information; slanted*

## Aonad a Dó — Prós

Bhí **gaol gairid** aige le bean an tí agus sin an fáth a raibh sé ag fanacht ansin. Bhí sé ar a bhealach ar ais go Kathmandu, áit a raibh lámh aige i **ngníomhaíochtaí** éagsúla, a dúirt sé: cairpéid, **seálta** pashmina, **earraí páipéir**. Bhí an tuile **shí** as a bhéal agus é ag maíomh as a **ghaisce gnó**. Ar ndóigh, bhí daoine **ceannasacha** ar a chúl ach sin ráite ní raibh cosc dár cuireadh ina shlí ariamh nár sháraigh sé. Duine acu seo a bhí ann, a dúirt sé, a bhí ábalta rud ar bith **a chur chun somhaoine dó féin**. Dá thairbhe sin agus an dóchas **dochloíte** a bhí ann ó dhúchas rith an saol leis. Bhí an **dá iarann déag** sa tine aige **i dtólamh**, arsa seisean, **mórchúis** ina ghlór, ach bíodh thíos thuas, ar **uair na cruóige**, arsa seisean cinnte de go ndéanfaí cibé obair a bhí le déanamh **ar an sprioc**. Fear **faobhair** a bhí ann ina óige, arsa seisean, ag ligean **gothaí troda** air féin go bródúil. Bhí an fuinneamh sin chomh géar agus a bhí ariamh, a dúirt sé, ach anois, bhí sé **i bhfearas** aige i gcúrsaí gnó. Bhí an-chuid **earraíochta** ar siúl aige sna ceantair seo fosta, a dúirt sé. Bhí **fir phaca** aige a théann thart ag díol éadaigh i mbailte scoite an tsléibhe, bhí mná ag cniotáil dó cois teallaigh, bhí dream eile ann a dhéanann páipéar dó. Bhí **cuma an ghustail**, ceart go leor, ar an **chóta** throm **clúimh** agus ar na bróga sléibhe de scoth an leathair a bhí á gcaitheamh aige. Ligfinn orm féin go raibh mé bog go bhfeicfinn cad é mar a bhí sé ag brath buntáiste a ghlacadh orm. Thairg mé **buidéal leanna** a cheannach dó agus ba eisean féin nár dhiúltaigh an deoch. Cha raibh an buidéal ina lámh aige i gceart gur ól sé a raibh ann d'aon **slog cíocrach** amháin. D'ofráil mé an dara buidéal dó agus nach oiread leis an chéad cheann char chuir sé suas dó.

'Nach **ádhúil** gur casadh ar a chéile sinn,' a dúirt sé, agus é ag cothú na tine le tuilleadh **adhmaid chonnaidh**. 'Seo lá ár leasa,' arsa seisean agus é do **mo ghrinniú** lena shúile beaga **santacha**. Bhí a fhios aige chomh luath agus a leag sé súil orm, a dúirt sé, gurb é ár **gcinniúint** é a bheith **i mbeartas páirte** lena chéile. Ba mhór ab fhiú domh suim airgid **a infheistiú** láithreach **sa chomhlacht** déanta páipéir a raibh dlúthbhaint aige leis. Bheadh **toradh fiúntach** ar an infheistíocht seo gan aon dabht sa chruth go mbeadh ciste airgid fá mo choinne i gcónaí nuair a d'fhillfinn ar Neipeal. De réir mar a bhí sé **ag téamh leis an racht ceana** seo, mar dhea, bhí sé ag tarraingt **níos clósáilte** domh ionas go raibh greim láimhe aige orm faoin tráth seo. Níor ghá, ar ndóigh, an socrú beag seo a bhí eadrainn a chur **faoi bhráid an dlí**. B'amaideach **baoth** dúinn airgead a chur amú **ar shéala an dlíodóra**. Conradh an chroí a bheadh ann, arsa seisean **go dúthrachtach**, ag teanadh a ghreama ar mo lámh. **Gníomh muiníne**. Ba leor sin agus an trust a bhí eadrainn. Bhí sé ag féachaint orm go géar go bhfeicfeadh sé an raibh an chaint **leataobhach** seo ag dul i bhfeidhm orm. Shíl sé go raibh mé **somheallta** agus go dtiocfadh leis **suí i mo bhun** agus ceann siar a chur orm. Bhí taithí aige, déarfainn, an ceann is fearr a fháil ar dhaoine. 'Dá gcreidfeá ann,' mar a deireadh na seanmhná sa bhaile fadó, 'chuirfeadh sé **cosa crainn** faoi do chuid cearc.' Ní raibh smaoineamh dá laghad agam dul i bpáirtíocht leis an **tslíodóir** seo. Ní rachainn fad mo choise leis. Is mairg a thaobhódh lena chomhairle. Ach lena choinneáil ar bís char lig mé a dhath orm féin. Shuigh mé ansin go stuama, smaointeach, amhail is dá mbeadh gach focal dá chuid **ag gabháil i gcion orm**.

---

*closely related*
*activities*
*shawls; paper goods; rushing/pouring*
*great business achievement;*
*powerful/important*
*turn to one's own benefit*
*invincible*
*very busy; always; pride*
*in an emergency*
*on the dot; sharp*
*fighting posture*
*working*
*trading*
*packmen*
*wealth/means*

*furcoat*

*bottle of beer*

*greedy gulp*

*lucky*
*firewood*
*examining; greedy*
*destiny; joint undertaking*
*invest; company*
*worthwhile; return*

*going on about*
*fit of affection; closer*

*submit to law; foolish*
*lawyer's seal*
*earnestly; act of trust*

*onesided*
*easily deceived; take advantage of me*
*he would work wonders*
*sneak*

*influencing me*

I rith an ama seo bhí Ang Wong Chuu agus Pemba ar a gcomhairle féin sa chisteanach, gach scairt cheoil acu féin agus ag bean an tí. Nuair a d'ordaigh mé an tríú buidéal leanna don **tsíogaire** seo – bhí a chuid airgid féin, a dúirt sé, chóir a bheith **reaite** i ndiaidh dó **díolaíocht** a thabhairt dá chuid oibrithe anseo sna cnoic, ach in Kathmandu dhéanfadh sé **an comhar** a íoc liom faoi thrí – thug Ang Wong Chuu i leathaobh mé agus cuma **an-tógtha** air. Is cosúil gur chuir bean an tí leid ina chluas go raibh an fear istigh do mo dhéanamh go dtí an dá shúil. D'iarr sé orm gan baint ná páirt a bheith agam leis agus ar a bhfaca mé ariamh gan mo shúil a thógáil de mo sparán. Dúirt mé leis nach raibh baol ar bith go nglacfadh an **breallán** seo lámh orm. Sa chluiche seo, gheall mé dó, bheadh an cúig deireanach agamsa. Bhí sé **i bhfách** go mór le dul isteach liom chun an tseomra le mé a chosaint **ar chrúba** an fhir istigh ach d'éirigh liom é a chur ar a shuaimhneas agus a sheoladh ar ais chun na cisteanadh. Bhí mise ag gabháil a imirt mo chuid **cnaipí ar mo chonlán féin**.

*precocious person*
*run out/spent; payment*
*debt*
*excited*

*fool*
*eager to*
*claws*
*tricks*
*in my own way*

Ba léir go raibh lúcháir ar an fhear eile mé a fheiceáil ag teacht ar ais. Shocraigh sé mo chathaoir san áit ba theolaí an teas. **Shoiprigh sé na cúisíní** go cúramach.

'Cá mhéad airgid a bheadh i gceist?' arsa mise **go bladarach** nuair a bhí mo **ghoradh** déanta agam.

Tháinig loinnir aoibhnis **ina ghnúis**. Shíl sé go raibh leis. 'Braitheann sin ort féin ach thabharfadh míle dollar seasamh maith duit sa ghnó. I do leith féin atá tú á dhéanamh.' Bhí sé **spreagtha**. Chrom sé síos **le séideog** a chur sa tine. Chuir sé luaith ar fud na háite le méid a dhíograise. Bhí mé ag baint sásaimh as an chluichíocht **chlúide** seo.

'An leor **banna béil**,' arsa mise go ceisteach, amhras i mo ghlór, 'mar **urrús** in aghaidh caillteanais?'

Bhí eagla air go raibh mé ag éirí **doícheallach**, ag tarraingt siar. Phreab sé aniar as an chathaoir agus chaith sé a dhá lámh thart orm **go cosantach**. 'Ná bíodh imní ar bith ort taobhú liom,' arsa seisean go muiníneach. 'Nach bhfuil mé chomh saor ó **smál** le gloine na fuinneoige sin?'

*settled the cushions*
*flattering*
*brooding*
*in his appearance*

*excited; blowing*

*fireside*
*oral agreement/bond*
*guarantee*
*unwilling*
*protectively*

*stain/sin*

## Aonad a Dó — Prós

**Fráimithe** san fhuinneog, bhí ceathrú gealaí **ag glinniúint** i bhfuacht na spéire, í chomh **faobhrach le béal corráin**.

'Féach isteach i mo shúile i leith is gur fuinneoga iad,' arsa seisean, 'agus chifidh tú gur duine nádúrtha mé ó dhúchas. Bí cinnte nach ndéanfainn a dhath ach an t-**ionracas** le duine.' Bhí **sramaí** lena shúile ar an mhéad is a bhí siad ar leathadh aige os mo chomhair in iúl is go n-amharcfainn síos isteach i n**duibheagán** a dhúchais is go gcreidfinn go raibh sé **gan choir**, **gan chlaonadh**.

D'amharc mé idir an dá shúil air agus mé ag rá liom féin, 'Ní rachaidh leat, a dhiúlaigh.' Leis an **tsaothar anála** a bhí air bhí **na ribí fionnaidh** ina **ghaosán** ar tinneall. Faoin am seo bhí sé siúráilte go raibh mé faoina anáil aige. 'Tabharfaidh mé suim airgid duit anois,' arsa mise **go saonta**, amhail is dá mbeadh muinín iomlán agam as. 'Agus an chuid eile in Kathmandu má bhíonn obair na comhlachta sásúil.'

Shamhlófá nár tháinig lá dá **leas** ach é. Bhí sé sna **flaithis** bheaga le lúcháir. Bhí sé do mo bheannú ionas go mba sheacht bhfearr a bheinn an bhliain seo chugainn. Bhí a fhios agamsa go raibh **slam** de lire **beagluachacha** na hIodáile

*framed; sparkling*
*as sharp as the edge of a hook/sickle*

*honesty; gum/discharge*
*depths of his being*
*without fault*

*breathlessness; strands of hair; nose*
*innocently*

*benefit; heavens*

*handful; cheap/ of little value*

sáite i leataobh agam le fada i dtóin mo mhála droma. D'aimsigh mé iad láithreach agus chuntas mé amach **lab nótaí** díobh **go mórluachach** go raibh **lán a chráige** aige. Shíl sé go raibh a **shaint de mhaoin** aige ina lámh nuair a chonaic sé na nótaí míle **ag carnadh ina bhois**. Ádhúil go leor, cha raibh a fhios aige, ach oiread lena thóin, cé chomh **beagthairbheach** agus a bhí a stór lire.

Chomh luath agus a bhí an t-airgead istigh i gcúl a dhoirn aige, thosaigh sé ag **méanfach** agus an ligean air féin go raibh **néal codlata** ag teacht air. Thabharfadh sé a sheoladh in Kathmandu agus **sonraí** iomlána an chomhlachta domh ar maidin

*considerable sum; valuable handful; all the wealth he wanted; piling in his hand worthless*

*yawning; sleep details*

ach anois, bhí an codladh ag fáil bua air agus chaithfeadh sé an leabaidh a bhaint amach láithreach. I ndiaidh dó mé **a mholadh is a mhóradh thug sé na sála** leis chun na leapa. Ba seo oíche a bhí chun a shástachta. Chodlódh sé go sámh. Ní sparán trom croí éadrom.

*praise; turned on his heels*

Bhí **aoibh an gháire** orm gur thit mé i mo chodladh. Is fuath liom an **míchothrom a dhéanamh le duine ar bith** ach d'fhóir sé i gceart **don chneámhaire** seo. Baintí **croitheadh** ceart as nuair a chuirfí ar a shúile dó i mbanc nó i mbiúro in Kathmandu nach raibh ina charnán lire ach **sop gan luach**. Beidh sé ag téamh ina chuid fola agus ag éirí de thalamh le fearg nuair a thuigfear dó gur buaileadh bob air.

*smile*
*deal unfairly with anyone;*
*served this crook right; jolt*
*worthless bundle*

Ar ndóigh, bhí sé **ar shiúl** nuair a d'éirigh mé ar maidin. **Bhain sé na bonnaí** as le bánú an lae, a dúirt bean an tí. Bhí **broid** air le bheith ar ais in Kathmandu. Bhí, leoga! Cé go raibh sé gaolta léi, a dúirt sí, is beag **dáimh** a bhí aici leis. Cha raibh ann ach **slíomadóir** agus b'fhearr léi gan é a bheith ag teacht faoin teach ar chor ar bith. Bhí seal i bpríosún déanta aige as a bheith **ag déanamh slad** ar **iarsmaí** beannaithe na dteampall agus á ndíol le turasóirí. Cha raibh fostaíocht ar bith aige, a dúirt sí, agus bhí an t-iomrá amuigh air gur ar bhuirgléireacht a bhí sé **ag teacht i dtír**. Bhí sé tugtha don ól ó bhí sé óg, a dúirt sí, agus **chuir sé críoch fhliuch ar ar shaothraigh sé** ariamh. Tá bean agus páistí aige ach bhí siad scartha óna chéile ón uair ar cúisíodh é as gadaíocht agus ar gearradh téarma príosúin air.

*gone; he left*
*hurry*
*fondness*
*hypocrite*
*plundering; relics*
*making a living*
*spent all he earned on drink*

## Achoimre ar an scéal

- Bhí an t-údar Cathal Ó Searcaigh ag fanacht i lóistín i Neipeal.

- Oíche amháin tháinig fear ramhar fiosrach (*inquisitive*) isteach. Chuir sé a lán ceisteanna ar an údar. Bhí sé ag iarraidh a fháil amach an raibh Cathal Ó Searcaigh saibhir. Bhí súile santacha (*greedy*) aige.

- Dúirt an fear go raibh baint aige le cúpla gnó (*business*) – cairpéid, seálta *pashmina* agus earraí páipéir.

- Cheannaigh an t-údar cúpla deoch dó agus d'ól an fear iad. Cheap an fear go raibh Cathal Ó Searcaigh bog, saonta (*gullible*) agus bhí súil aige go mbeadh sé ábalta airgead a fháil uaidh mar infheistíocht (*investment*).

- Bhí Cathal Ó Searcaigh cliste agus glic é féin – thuig sé cén cineál duine a bhí ann – ghlaoigh sé slíodóir (*sneak*), breallán (*fool*) agus cneámhaire (*crook*) air ina intinn ach lig sé air (*pretended*) gur chreid sé an fear.

- Bhí cairde an údair buartha mar cheap siad go raibh Cathal chun a lán airgid a thabhairt don fhear.

# Aonad a Dó — Prós

- Thosaigh Cathal ag caint leis an bhfear faoi ghnó a dhéanamh leis. Bhí áthas an domhain ar an bhfear. Bhuail Ó Searcaigh bob ar an bhfear (*get the better of*). Thug an t-údar lab nótaí lire don fhear. Bhí na nótaí beagluachach (*of little value*) ach cheap an fear go raibh sé saibhir anois.

- Nuair a fuair an fear an t-airgead chaill sé suim san údar. Thosaigh sé ag méanfach (*yawning*). Chuaigh sé a chodladh. Bhí sé imithe ar maidin nuair a d'éirigh an t-údar.

- Bhí aoibh an gháire (*smile*) ar an údar nuair a chuaigh sé a chodladh. Bhí sé ag smaoineamh ar an bhfear ag dul isteach go dtí an banc i Kathmandu agus ag fáil amach nach raibh mórán airgid aige.

- Bhí an fear gaolta le bean an tí agus d'inis sí a scéal do Chathal. Bhí bean agus páistí aige ach bhí siad scartha. Chaith sé tamall i bpríosún mar ghoid sé iarsmaí (*relics*) na dteampall agus dhíol sé iad leis na turasóirí.

- Ní raibh aon obair aige anois agus bhí sé ag buirgléireacht (*robbing*) i gcónaí. Bhí sé tugtha (*addicted*) don ól.

## Téama/Príomhsmaointe an tsleachta

**Mímhacántacht (*dishonesty*)/Gliceas (*slyness*)**

Baineann an sliocht seo le heachtra a tharla don údar nuair a bhí sé ar cuairt ar Neipeal. Bhí sé ag fanacht i lóistín nuair a bhuail sé le fear mímhacánta, glic. Cheap sé go raibh Cathal Ó Searcaigh bog agus saonta agus bhí sé ag iarraidh bob a bhualadh air agus airgead a fháil uaidh mar go raibh sé mímhacánta. Níorbh aon amadán (*fool*) é Cathal Ó Searcaigh. Bhí an gháir dheireanach (*last laugh*) ag an údar mar gur bhuail sé bob ar an bhfear nuair a thug sé nótaí lire beagluachacha don slíomadóir.

## Cleachtadh ag scríobh

**A** | Fíor nó bréagach? Scríobh na habairtí go léir atá fíor i do chóipleabhar agus ceartaigh na cinn atá mícheart.

|   |   | Fíor | Bréagach |
|---|---|---|---|
| 1. | Bhí Cathal Ó Searcaigh ar cuairt ar Neipeal. | ☐ | ☐ |
| 2. | Ní raibh aon suim ag an bhfear eile in airgead. | ☐ | ☐ |
| 3. | Dar leis an bhfear eile, bhí baint aige le cairpéid agus páipéar. | ☐ | ☐ |
| 4. | Cheannaigh an fear eile deochanna do Chathal Ó Searcaigh. | ☐ | ☐ |
| 5. | Thaitin an fear eile go mór le Cathal Ó Searcaigh. | ☐ | ☐ |
| 6. | Ghlaoigh an t-údar slíomadóir agus cneámhaire ar an bhfear eile. | ☐ | ☐ |
| 7. | Fear santach, glic ab ea an fear eile. | ☐ | ☐ |
| 8. | Bhí an fear gaolta le bean an tí. | ☐ | ☐ |
| 9. | Chaith an fear seal i bpríosún. | ☐ | ☐ |
| 10. | Thug Cathal Ó Searcaigh a lán lire don fhear. | ☐ | ☐ |

**B** | Fíor nó bréagach? Scríobh na habairtí go léir atá fíor i do chóipleabhar agus ceartaigh na cinn atá mícheart.

1. Bhí an fear fiosrach agus chuir sé a lán ceisteanna.
2. Bhí baint ag an bhfear lena lán gnóthaí.
3. Cheap an fear go raibh Ó Searcaigh bog, saonta.
4. Lig Cathal Ó Searcaigh air gur chreid sé an fear.
5. Dúirt an fear go raibh sé macánta.
6. Thug an t-údar a lán lire beagluachach don fhear.
7. Bhí an t-údar ag gáire, ag smaoineamh ar an bhfear ag dul isteach sa bhanc leis na lire.
8. Ghlaoigh bean an tí slíomadóir ar an bhfear.
9. Gadaí agus alcólach ab ea an fear.
10. Bhuail Cathal Ó Searcaigh bob ar an bhfear sa deireadh.

## Aonad a Dó — Prós

**C | Líon na bearnaí leis na focail ón liosta thíos.**

beagluachach, méanfach, fiosrach, gadaí, glic, cneámhaire agus slíomadóir, infheistíocht, fear gnó, santach, saonta

1. Bhuail Cathal Ó Searcaigh le fear beag _____ nuair a bhí sé i Neipeal.
2. Cheap an fear go raibh an t-údar bog agus _____.
3. _____ ____ _____ a bhí san fhear eile, dar leis an údar.
4. _____ _____ a bhí san fhear eile, dar leis féin.
5. Bhí an fear beag _____ ag lorg airgid ó Chathal Ó Searcaigh.
6. Duine _____ a bhí san fhear agus chuir sé a lán ceisteanna.
7. _____ ab ea an duine eile agus bhí sé ag goid iarsmaí na tíre.
8. Chomh luath agus a fuair an fear an t-airgead thosaigh sé ag _____ agus ag rá go raibh tuirse air.
9. Ba mhaith leis an bhfear go ndéanfadh Cathal Ó Searcaigh _____ i gcomhlacht páipéir.
10. Thug Ó Searcaigh slám lire _____ don fhear eile.

**D | Meaitseáil na ceisteanna agus na freagraí ó A agus B.**

A
1. Cad a rinne an fear beag nuair a bhuail sé le Cathal Ó Searcaigh?
2. Cén fáth a raibh an fear eile ag fanacht sa teach?
3. Céard iad na gnóthaí a bhí ag an bhfear?
4. Cén chaoi a raibh an fear gléasta?
5. Cén cineál súl a bhí ag an bhfear eile?
6. Cad a bhí ag teastáil ón bhfear?
7. Cad a cheap Ó Searcaigh den fhear?
8. Cad a thug Ó Searcaigh don fhear?
9. Cad a rinne an fear nuair a fuair sé an t-airgead?
10. Cad a dúirt bean an tí faoin bhfear?

B
a) Gnóthaí a bhain le cairpéid, seálta agus earraí páipéir.
b) Gur shlíomadóir agus chneámhaire a bhí ann.
c) Chuaigh sé a chodladh agus bhí sé bailithe leis ar maidin.
d) Súile beaga santacha.
e) Gur ghadaí a bhí ann agus go raibh sé tugtha don ól.
f) Bhí sé á ghrinniú lena shúile santacha.
g) Slám de lire beagluachacha.
h) Bhí gaol gairid aige le bean an tí.
i) I gcóta trom agus bróga sléibhe leathair.
j) Infheistíocht ó Chathal Ó Searcaigh.

### E | Buncheisteanna.

1. Conas a bhuail an t-údar leis an bhfear?
2. Luaigh dhá ainm a ghlaoigh Ó Searcaigh ar an bhfear.
3. Céard iad na gnóthaí a bhí ag an bhfear?
4. Cad a cheap an fear eile de Chathal Ó Searcaigh?
5. Cé mhéad airgead a raibh an fear ag súil leis ón údar?
6. Cad a thug Ó Searcaigh don fhear?
7. Cén fáth a raibh áthas ar an bhfear?
8. Conas a bhuail an t-údar bob ar an bhfear eile?
9. Cad a rinne an fear nuair a fuair sé an t-airgead?
10. Cén fáth a raibh an fear eile sa phríosún?

# Staidéar ar an scéal

## An fear eile

**Fiosrach** (*curious*) – Chuir an fear eile a lán ceisteanna ar Ó Searcaigh chun a fháil amach an raibh sé saibhir.

**Mímhacánta** – Chum sé scéalta faoi ghnóthaí (*businesses*) a bhí aige mar go raibh sé ag iarraidh airgead a fháil ón údar. Ní raibh gnó ar bith aige agus bhí sé tar éis seal a chaitheamh i bpríosún mar gur ghoid sé iarsmaí na tíre.

**Glic** (*sly*) – Chuir sé a lán ceisteanna agus cheap sé go raibh Ó Searcaigh saibhir. Mar sin rinne sé iarracht airgead a fháil uaidh. Chum sé scéalta, ag rá go raibh baint aige le gnóthaí, ach gadaí a bhí ann i ndáiríre.

**Santach** (*greedy*) – Bhí súile beaga santacha aige agus bhí sé ag iarraidh airgead a fháil gan aon obair a dhéanamh. Chomh luath is a fuair sé an t-airgead ón údar bhailigh sé leis.

## Cathal Ó Searcaigh

**Glic** (*clever/shrewd*) – Bhí an t-údar amhrasach (*suspicious*) faoin bhfear eile ón tús. Níor chreid sé a scéalta ach lig sé air gur chreid agus bhuail sé bob ar an bhfear eile nuair a thug sé na lire beagluachacha dó.

**Cliste** – Bhí Ó Searcaigh an-chliste agus bhuail sé bob ar an bhfear eile. D'éist sé lena scéalta agus lig sé air gur chreid sé na scéalta faoi na gnóthaí a bhí aige. Thug sé airgead beagluachach dó agus bhí a fhios aige go mbeadh fearg ar an bhfear nuair a rachadh sé go dtí an banc i Kathmandu.

## Mothúcháin an scéil

**Fuath** – Bhí fuath ag an údar agus ag bean an tí don fhear eile mar go raibh sé glic agus sleamhain. Bhí sé i gcónaí ag goid airgid. Ghoid sé iarsmaí na tíre agus anois bhí sé ag goid airgid ón údar (nó cheap sé go raibh). Ní raibh meas madra (*slightest respect*) ag an údar nó ag bean an tí ar an bhfear eile.

**Áthas/sásamh** – Bhí áthas ar an údar ag smaoineamh ar an bhfear ag dul isteach go dtí an banc i Kathmandu leis na lire. Cheap an fear go raibh sé an-saibhir anois ach bhí na lire beagluachach. Bhí an t-údar ag gáire ag smaoineamh ar an bhfear agus fearg an domhain air nuair a thuigfeadh sé gur bhuail an t-údar bob air. Bhí sé sách maith (*good enough*) aige.

## Ceisteanna Scrúdaithe

**A**
(i) 'Tháinig fear beag beathaithe isteach chugam, gnúis dhaingean air, a thóin le talamh.' Tabhair cuntas ar ar tharla ina dhiaidh sin sa scéal go dtí gur thug an t-údar na lire dó.
(ii) Cén sórt duine é an fear eile, dar leat? Déan cur síos gairid air agus inis cén fáth ar thaitin (nó nár thaitin) sé leat. (Is leor dhá fháth.)

**B**
(i) "Cá mhéad airgid a bheadh i gceist?" arsa mise go bladarach nuair a bhí mo ghoradh déanta agam.' Tabhair cuntas ar ar tharla ina dhiaidh sin go dtí deireadh an scéil.
(ii) Cén sórt duine é an t-údar, dar leat? Déan cur síos gairid air agus inis cén fáth ar thaitin (nó nár thaitin) sé leat. (Is leor dhá fháth.)

**C**
Maidir leis na trí shaothar *Lasair Choille, Seal i Neipeal* agus *Dís* (a ndearna tú staidéar orthu i rith do chúrsa), roghnaigh *saothar amháin* díobh a bhfuil ceann *amháin* de na *téamaí* seo a leanas i gceist ann agus tabhair cuntas gairid ar a bhfuil sa saothar faoin *téama* sin atá roghnaithe agat.
saint, greann, ól, gliceas, draíocht (iontas), gliceas

**D**
Maidir leis na trí shaothar *Lasair Choille, Seal i Neipeal* agus *Dís* (a ndearna tú staidéar orthu i rith do chúrsa), roghnaigh *saothar amháin* díobh agus tabhair cuntas gairid ar *dhá* phearsa (charachtar) ann, pearsa (carachtar) amháin a thaitin leat *agus* pearsa (carachtar) amháin nár thaitin leat.

# Ceisteanna agus Freagraí Samplacha

### Ceist shamplach C

Maidir leis na trí shaothar *Lasair Choille, Seal i Neipeal* agus *Dís* (a ndearna tú staidéar orthu i rith do chúrsa), roghnaigh *saothar amháin* díobh a bhfuil *ceann amháin* de na *téamaí* seo a leanas i gceist ann agus tabhair cuntas gairid ar a bhfuil sa saothar faoin *téama* sin atá roghnaithe agat. saint, greann, ól, gliceas, draíocht (iontas), gliceas

### Freagra samplach C

Tá *saint* le fáil sa scéal *Seal i Neipeal*.
Bhí an t-údar ar lóistín i dteach i Neipeal nuair a tháinig fear beag ramhar isteach. Bhí sé ag féachaint ar an údar agus chuir sé a lán ceisteanna chun a fháil amach an raibh an t-údar saibhir. Bhí an fear santach agus glic; gadaí a bhí ann. Bhí seal caite aige i bpríosún mar ghoid sé iarsmaí na tíre. Cheap an fear go raibh a lán airgid ag an údar agus thosaigh sé ag maíomh as gnóthaí a bhí aige (ní raibh aon ghnó aige). Mhol sé don údar airgead a infheistiú i ngnó páipéir. Chomh luath is a thug Cathal Ó Searcaigh airgead dó bhailigh sé leis agus ní fhaca an t-údar é arís. Bhí áthas ar Chathal Ó Searcaigh mar nár thug sé ach lire beagluachach don fhear agus bhuail sé bob ar an bhfear santach.

### Ceist shamplach D

Maidir leis na trí shaothar *Lasair Choille, Seal i Neipeal* agus *Dís* (a ndearna tú staidéar orthu i rith do chúrsa), roghnaigh *saothar amháin* díobh agus tabhair cuntas gairid *ar dhá* phearsa (charachtar) ann, pearsa (carachtar) amháin a thaitin leat *agus* pearsa (carachtar) amháin nár thaitin leat.

### Freagra samplach D

*Seal i Neipeal*
Thaitin sé liom nuair a bhuail an t-údar bob ar an bhfear a bhí ag iarraidh airgead a fháil uaidh. Cheap an fear go raibh Cathal Ó Searcaigh bog, saonta. Dúirt sé go raibh gnó aige agus ba mhaith leis airgead a fháil ón údar. Thug Ó Searcaigh a lán lire beagluachach dó agus cheap an fear go raibh sé an-saibhir anois. Ní raibh a fhios aige go raibh an t-airgead beagluachach. Chomh luath is a fuair sé an t-airgead bhailigh sé leis ach bhí an t-údar ag gáire ag smaoineamh ar an bhfear ag dul isteach go dtí an banc i Kathmandu agus ag fáil amach nach raibh sé saibhir in aon chor. Bhí sé seo greannmhar agus tuillte ag an bhfear (*served him right*).
Níor thaitin an fear sa scéal liom. Fear glic santach a bhí ann agus chaith sé a shaol ag goid ó dhaoine. Chaith sé seal sa phríosún mar gur ghoid sé iarsmaí na tíre agus anois bhí sé ag iarraidh airgead a fháil ón údar. Dúirt sé go raibh gnó aige ach ní raibh.

# An Gnáthrud
### le Déirdre Ní Ghrianna

Bhí pictiúir **gan fhuaim** ag teacht ón teilifís i g**coirnéal** an tseomra sa **bheár** seo i mBéal Feirste, a bhí lán ó chúl go doras. **D'amharc** Jimmy ar na **teidil** a bhí ag imeacht ón scannán roimh nuacht a naoi a chlog. Bhain sé **súimín** beag as an phionta a bhí roimhe agus smaointigh sé ar an **léirscrios** a bheadh ina dhiaidh sa bhaile.

*soundless; corner
looked; titles
a sup
devastation/chaos*

Bheadh Sarah, a bhean chéile, **ag streachailt** go crua ag iarraidh na páistí a chur a luí. Chuirfeadh John, an duine ba shine acu, gasúr crua **cadránta i gceann a cheithre mbliana**, chuirfeadh sé ina héadan go deireadh, cé go mbeadh fáinní dearga fá na súile aige ar mhéad is a **chuimil sé** leis an tuirse iad. Ach ní raibh **amhras** ar bith ar Jimmy cé aige a bheadh **bua na bruíne**. **Dá ndearcfadh sé** ar an am a chuaigh thart, déarfadh **geallghlacadóir** ar bith go mbeadh an bua ag Sarah arís eile.

*struggling
stubborn; he was four years of age; he would resist her
he rubbed
doubt; victory in the fight; if he looked; bookmaker*

Mhothaigh Jimmy i gcónaí **ciontach** nuair a chuaigh sé a dh'ól lena **chomrádaithe** tráthnóna Dé hAoine nuair a bheadh obair na seachtaine déanta acu; agus ba mhíle ba mheasa é ó tháinig an **cúpla** ar an tsaol sé mhí ó shin. Bhí a **choinsias** ag cur isteach chomh mór sin air is nach raibh pléisiúr dá laghad aige san **oilithreacht sheachtainiúil** go **tobar Bhacais** lena chomrádaithe, **Chan ea** gur **fear mór ólacháin** a bhí riamh ann; níorbh ea. Gan fiú a chairde féin nach dtug '**fear ólta sú**' air ar mhéad is a **chloígh sé** leis an **mheasarthacht i ngnoithe ólcháin**. Agus leis an fhírinne a dhéanamh, bhí **oiread dúile** sa chraic agus **sa chuideachta** aige is a bhí aige i gcaitheamh siar piontaí. Ar ndóigh, ba Sarah ba chúis le é **a leanstan** den **chruinniú** sheachtainiúil seo. Ní ligfeadh an **bród** di bheith **ar a athrach de dhóigh**, nó **níor lú uirthi**

*guilty
companions
twins
conscience
pilgrimage; weekly; pub
it wasn't that; big drinker
juice drinker; he stuck to
moderation; in matters of drink
as much interest; company; his
continuing; meeting
pride; change his habits; she'd prefer the devil*

**an diabhal** ná a chairde a rá go raibh sé **faoi chrann smola** aici. *under her thumb*
Mar sin de, bhí a fhios ag Jimmy **nár bheo dó a bheo** dá dtigeadh sé na *wouldn't be worth living*
bhaile roimh an deich a chlog, nó dá ndéanfadh, **bhéarfadh** Sarah **a sháith dó**. Bhí *she'd give out to him*
sé oibrithe amach ina intinn aige go raibh am aige le **cur eile a chur ar clár** agus *a round (of drinks); to buy*
ansin go dtiocfadh leis slán a fhágáil ag an chuideachta agus a bhealach a dhéanamh a
fhad leis an *Jasmine Palace*, áit a dtiocfadh leis curaí a fháil dó féin agus *chop suey* do
Sarah, cuid eile de **dheasghnátha** na hAoine. *rituals*

'Anois, a fheara, an rud céanna arís?'
'Beidh ceann beag agam an t-am seo, murar miste leat, a Jimmy.'
Tháinig **aoibh** ar bhéal Jimmy agus **chlaon** sé a cheann mar fhreagra. Bhí a fhios *smile; nodded*
aige go mbeadh Billy sa bheár go gcaithfí amach é nó bhí a bhean **ar shiúl** go Sasain *gone*
a dh'amharc ar an **ua** is **deireanaí** dá gcuid. Ar ndóigh, bhí Billy **ag ceiliúradh** an *grandson; latest; celebrating*
**linbh úir** i rith na seachtaine. Tháinig an *gaffer* air le **casaoid chrua fán dóigh** a *new child; harsh complaint*
raibh sé **ag leagan na mbrící**. B'éigean do Jimmy **tarrtháil** a thabhairt air agus *about the way; laying the bricks*
**geallstan** don *gaffer* go gcoinneodh sé **ag gabháil** mar ba cheart é. *help; promise; working*

Rinne Jimmy **cuntas** ina intinn ar an deoch a bhí le fáil aige agus tharraing sé *account*
ar an bheár. Bhí Micí, an **freastalaí**, ansin roimhe agus é ag éisteacht leis **na pótairí** *server; the drinkers*
a bhí ina suí ag an bheár, má b'fhíor dó. **Chonacthas** do Jimmy go raibh na pótairí *it seemed to*
céanna seo **greamaithe** do na stólta. D'aithin sé na haghaidheanna uilig agus thug *stuck*
sé **fá dear** go suíodh **achan mhac máthar** acu ar an stól chéanna gan teip. *notice; every single one*
Chuaigh sé **a smaointiú** ar an tsaol a chaithfeadh bheith acu sa bhaile; ní raibh a fhios *thinking*
aige **cad é mar a thiocfadh leo** suí ansin uair i ndiaidh uaire is gan **scrupall** *how they could; regret*
**coinsiasa** ar bith orthu.

Níor thuig Jimmy **cad chuige** nach raibh na fir seo ag iarraidh gabháil na bhaile. *why*
B'fhéidir gurbh airsean a bhí an t-ádh. Bhí Sarah agus na páistí aige; bhí, agus teach deas
**seascair**. **Ina dhaidh sin**, ní raibh an teach chomh maith sin nuair a cheannaigh siad *comfortable; even still*
é; ceithre mhíle punt a thug siad don *Housing Executive* **ar son ballóige**, féadaim a rá, *for a ruin*
a raibh brící sna fuinneoga ann. Bhain sé **bunús bliana** as **deis** a chur ar a theach, ag *almost a year; fix*
obair ag deireadh na seachtaine agus **achan** oíche, amach ó oíche Aoine, ar ndóigh. *every*

Ach ba í Sarah a rinne baile de, na cuirtíní a rinne sí as **fuílleach éadaigh** a *surplus cloth*
cheannaigh sí ag **aonach na hAoine**, nó na cathaoireacha nach dtug sí ach deich *Friday market*
bpunt orthu i *jumble* agus a chuir sí **snas úr** orthu. Ní raibh aon tseomra sa teach nár *new appearance*
**chóirigh sí** go raibh siad cosúil leis na pictiúir **a tchífeá** ar na h**irisí loinnearach** *prepared, you would see,*
**ardnósacha**. Anois, agus é ag fanacht **lena sheal** ag an bheár, **b'fhada le** Jimmy *magazines, glossy; posh; his*
**go dtaradh** oíche Shathairn nuair a bheadh sé féin agus Sarah ábalta **teannadh** *turn; couldn't wait; go dtiocfadh;*
lena chéile ar an **tolg** ag amharc ar *video* agus buidéal beag fíona acu. *sit close together; couch*

'Seacht bpionta Guinness agus ceann beag, le do thoil, a Mhicí.'
'Cad é mar atá na **girseacha** beaga, a Jimmy? Is dóiche nach bhfuil tú ag fáil *girls*
mórán codlata ar an aimsir seo …'
'Gabh mo leithscéal, a Mhicí, déan sé phionta agus ceann beag de sin, murar
miste leat.'

Thug caint Mhicí **mothú ciontach** chun tosaigh in intinn Jimmy, cé gur mhaith *a guilty feeling*
a bhí a fhios aige gurbh iad Elizabeth agus Margaret na páistí ab fhearr a cuireadh chun
tsaoil riamh. Anois, b'fhada le Jimmy go dtógadh sé iad, duine ar achan lámh, agus **go** *that he would hug them;*
**dteannadh sé** lena chroí iad agus **go dtéadh sé a cheol daofa** agus éisteacht *he would sing; for them*
leo **ag plobaireacht**. *prattling*

71

# Aonad a Dó / Prós

Chuir Micí dhá **losaid** fána lán gloiní ar an chuntar agus thug Jimmy chun tábla **fá dheifir** iad. Chaith sé siar deireadh a phionta, d'fhág sé slán ag an **chuideachta** agus rinne a bhealach a fhad le **biatheach** na Síneach.

*tray*
*in a hurry; company*
*restaurant*

Amuigh ar an tsráid, agus ceo na Samhna thart air, ní raibh in Jimmy ach duine gan ainm. **Thiontaigh sé** aníos **coiléar a chasóige** agus shiúil na cúpla céad slat a thug a fhad leis an *Jasmine Palace* é. Istigh ansin bhí an t-aer trom le **boladh spíosraí** agus **teas bealaithe**.

*he turned; collar of his coat*
*smell; spices*
*rich, greasy food*

Bhí triúr nó ceathrar de dhéagóirí istigh roimhe agus iad ar meisce ar **fíon úll**. Bhí a n-**aird** ar an **bhiachlár ghealbhuí** fána lán mílitriú agus bhí siad **ag cur is ag cúiteamh** eatarthu féin fá cad é a cheannódh siad ar na pinginí a bhí fágtha acu.

*cider*
*attention; bright yellow menu*
*debating;*

Bhí Liz, mar a thug achan chustaiméir uirthi, ag freastal – **girseach scór mbliain**, í **díomhaoin**, cé go raibh iníon bheag ceithre mbliain aici, rud a d'inis sí do Jimmy **i modh rúin**.

*20-year-old girl*
*unmarried*
*in confidence*

'An gnáthrud, a Jimmy. Ta tú rud beag luath anocht, nach bhfuil?'

'Tá, nó ba mhaith liom gabhail na bhaile go bhfeice mé cad é mar atá na páistí.'

'Níl mórán de **do mhacasamhail** ag gabháil ar an aimsir seo. **Bunús na bhfear**, ní bhíonn **ag cur bhuartha orthu** ach iad féin agus na cairde agus a gcuid piontaí.'

*like you; most of the men*
*worrying them*

Tháinig an **deargnáire** ar Jimmy. Ní raibh **lá rúin** aige an t**seanchuimhne nimhneach** sin a mhuscailt i gceann Liz – an **stócach** a bhí **seal** i ngrá léi agus a d'fhág ina dhiaidh sin í nuair **a theann an saol go crua** orthu. Bhí **tost míshuaimhneach** eatarthu agus bhí Jimmy sásta nuair a tháinig duine de na stócaigh óga chuige ag iarraidh **mionairgead briste** ar bith a bheadh

*embarrassment; no intention*
*old memory; painful; young man; time; when things got difficult; uncomfortable silence*
*change*

fá na pócaí aige. Thug Jimmy **traidhfil airgead rua** agus **boinn** chúig bpingine dó. Rinne sé **gnúsachtach** mar bhuíochas, phill ar a chairde agus **d'fhógair daofa** go raibh **a sáith** airgid anois acu le hiasc agus sceallóga a cheannach, agus **tobán** beag curaí **lena chois**.

*few pence; coins grunt; announced to them enough tub; as well*

Rinne Jimmy staidéar ar na stócaigh seo. Shílfeadh duine gur **bhaill** iad de **chumann rúnda inteacht** ina raibh sé de **dhualgas** ar gach ball **beannú dá chéile** sa chuid **ba ghairbhe** de chaint **ghraosta, ghraifleach, ghnéasach** na Sacsanach. **D'fhéach** Jimmy **lena** chluasa a **dhruidim in éadan** na **tuile** seo. Ach, ar ndóigh, ní féidir an **rabharta a chosc**.

*members secret society; some; duty; greet one another; ugliest; dirty; coarse; sexual; he tried; close; against; torrent of talk; torrent; stop; opening; hatch*

Rinneadh **foscladh** ar an **chomhla** bheag sa bhalla ar chúl an chuntair, agus cuireadh mála bia agus ticéad amach. Thiontaigh Liz a súile ó na stócaigh gharbha a bhí **ag diurnú** bhuidéal an *Olde English*.

*drinking*

'Seo duit, a Jimmy, oíche mhaith agus slán abhaile.'

Chlaon Jimmy a cheann mar fhreagra, thóg an mála donn agus d'fhoscail doras trom na sráide. Chonacthas dó gur éirigh an oíche iontach fuar. Chuir sé mála an bhia taobh istigh dá **chasóg** in aice **lena chliabhrach** leis an teas a choinneáil ann, cé nach raibh i bhfad le siúl aige.

*coat; his chest*

Chuaigh sé a smaointiú ar an **chraos tine** a bheadh sa **teallach** roimhe, agus ar an dá phláta agus an dá fhorc a bheadh réidh ag Sarah agus í ag súil leis na bhaile. Ba mhian leis **luí aici** agus **inse di** cad é chomh sona sásta is a bhí sé le linn iad bheith le chéile.

*warm fire; hearth*

*lie beside her; tell her*

Chonaic sé ina intinn féin í, **fána gruaig chatach bhán**. **Chóir a bheith go dtiocfadh leis a boladh a chur**, ach a Dhia, chomh mór agus ba mhaith leis a lámha a chur thart uirthi agus luí aici.

*with her curly blond hair; he should be able; get the scent*

**Caillte** ina smaointe féin, ní raibh a fhios ag Jimmy cad é a bhí **ag gabháil**

*lost; happening*

**ar aghaidh thart air**. Níor chuala sé an carr gan solas a bhí ag tarraingt air **go fadálach** as dorchadas na hoíche. Ní fhaca sé an **splanc solais**, ach ar an tsaol seo dáiríre, **scaoil** stócach a raibh caint **ní ba ghraifli** aige ná an mhuintir a bhí sa teach itheacháin, **scaoil sé urchar a shíob** leath an **chloiginn** de Jimmy agus a d'fhág ina luí ar an tsráid **reoite** é. Bhí an fhuil **ag púscadh** ar an talamh fhuar liath agus **ag meascadh** lena raibh sna boscaí aluminium.

*drawing close to him slowly; flash of light unleashed; uglier he fired a shot; that blew away; head; frozen; oozing mixing*

## Achoimre ar an scéal

- Oíche Aoine a bhí ann. Bhí Jimmy ag ól i dteach tábhairne i mBéal Feirste lena chairde tar éis lá oibre.

- Bhí sé ag smaoineamh ar a chlann agus ar a bhaile. Bhí triúr páistí aige, John a bhí ceithre bliana d'aois agus cúpla, Margaret agus Elizabeth, a bhí sé mhí d'aois.

- Bhí a fhios aige go mbeadh Sarah ag streachailt (*struggling*) leis na páistí nuair a bhí siad ag dul a chodladh. B'fhearr leis bheith sa bhaile lena chlann ach dúirt a bhean chéile Sarah leis dul amach lena chairde.

- Bhí a chara Billy leis sa teach tábhairne. Bhí Billy i dtrioblóid ag an obair i rith na seachtaine agus sheas Jimmy suas dó.

- Bhí Jimmy ag ceannach deochanna dá chairde. Chuir Micí an freastalaí (*barman*) ceist air faoina pháistí agus shocraigh (*decided*) Jimmy ansin dul abhaile agus gan an deoch a ól.

- Bhí sé go mór i ngrá lena bhean chéile Sarah agus sona sásta (*very happy*) sa bhaile. Nuair a cheannaigh Sarah agus é féin a dteach cúpla bliain ó shin ní raibh sé go deas. Ballóg (*ruin*) a bhí ann. Thóg sé bliain orthu teach deas a dhéanamh de agus rinne Sarah cuirtíní agus cheannaigh sí seantroscán (*old furniture*). Bhí an bheirt acu an-bhródúil (*proud*) as an teach.

- Chuaigh Jimmy isteach sa bhialann shíneach (*Chinese restaurant*), an *Jasmine Palace*, chun bia a cheannach dó féin agus do Sarah. Cheannaigh sé béile ann gach Aoine.

- Bhí cúpla déagóir ann. Thug Jimmy airgead dóibh. Bhí Jimmy cineálta (*kind*) agus deas le daoine. Bhí sé ag caint le Liz a bhí ag obair ann. Bhí leanbh amháin aici cé nach raibh sí pósta, rud a d'inis sí faoi rún (*in confidence*) do Jimmy uair amháin.

- Bhí Jimmy níos luaithe (*earlier*) ag an mbialann an Aoine seo mar bhí sé ag dul abhaile go dtí a chlann. Fuair Jimmy an bia agus amach leis ar an tsráid fhuar. Bhí sé ag súil le dul abhaile agus bheith ag spraoi (*playing*) agus ag canadh leis na páistí.

- Bhí sé caillte ina smaointe (*lost in thought*), ag tnúth (*longing*) lena rá le Sarah cé chomh sona is a bhí sé léi agus lena shaol. Ní fhaca sé an carr gan solas agus ní fhaca sé an buachaill a scaoil urchar leis (*shot him*) agus a mharaigh é.

- Thit Jimmy ar an tsráid, fuil a choirp ag meascadh (*mixing*) leis an mbia ón *Jasmine Palace*.

Prós   Aonad a Dó

## Téama an scéil

**Grá/bás/foréigean**

Scéal grá é seo ach tá an foréigean (*violence*) agus an brón ann. Tá an scéal suite (*set*) i dtuaisceart na hÉireann nuair a bhí na trioblóidí ar siúl. Bhí grá mór ag Jimmy, gnáthfhear, dá chlann. Bhí sé go mór i ngrá lena bhean chéile Sarah, gnáthbhean. D'fhág sé an teach tábhairne go luath chun dul abhaile chun súgradh leis na páistí, le John a bhí ceithre bliana d'aois agus leis an gcúpla, Margaret agus Elizabeth. Bhí Jimmy an-bhródúil as an obair iontach a rinne Sarah chun baile a dhéanamh den teach a cheannaigh siad. An Aoine seo cheannaigh Jimmy béile sa bhialann Shíneach mar a rinne sé gach Aoine eile. Bhí sé ag siúl abhaile ag smaoineamh ar Sarah agus ar an ngrá a bhí aige di agus do na páistí.
Ach mhill (*destroyed*) foréigean an Tuaiscirt an ghnáthchlann seo. Scaoil buachaill i gcarr urchar le Jimmy agus fuair sé bás.

## Cleachtadh ag scríobh

**A** | Fíor nó bréagach? Scríobh na habairtí go léir atá fíor i do chóipleabhar agus ceartaigh na cinn atá mícheart.

|     |     | Fíor | Bréagach |
| --- | --- | --- | --- |
| 1.  | Triúr páistí a bhí ag Jimmy. | ☐ | ☐ |
| 2.  | Bhí Jimmy sa bhaile ag cur a pháistí a chodladh. | ☐ | ☐ |
| 3.  | Bhí Jimmy sa teach tábhairne lena chairde. | ☐ | ☐ |
| 4.  | Bhí Jimmy go mór i ngrá le Sarah, a bhean chéile. | ☐ | ☐ |
| 5.  | Bhí teach deas ag Sarah agus Jimmy anois. | ☐ | ☐ |
| 6.  | Duine difriúil a bhí i Jimmy. | ☐ | ☐ |
| 7.  | Ní raibh Jimmy sásta lena shaol. | ☐ | ☐ |
| 8.  | Rinne Jimmy an rud céanna gach Aoine, dul go dtí an teach tábhairne agus go dtí an bhialann Shíneach. | ☐ | ☐ |
| 9.  | Duine cineálta a bhí i Jimmy. | ☐ | ☐ |
| 10. | Fuair Jimmy bás nuair a scaoileadh urchar leis. | ☐ | ☐ |

Aonad a Dó    Prós

**B | Cuir Béarla ar na habairtí seo.**

1. Gnáthfhear a bhí i Jimmy.
2. Bhí Jimmy sona sásta lena shaol.
3. Bhí triúr páistí ag Jimmy agus ag Sarah.
4. Sheas Jimmy lena chara nuair a bhí sé i dtrioblóid ag an obair.
5. D'fhág Jimmy an teach tábhairne níos luaithe an Aoine seo.
6. B'fhearr le Jimmy a bheith sa bhaile ná a bheith sa teach tábhairne.
7. Bhí Jimmy an-bhródúil as Sarah agus a dteach.
8. Cheannaigh Jimmy béile sa bhialann Shíneach.
9. Bhí Jimmy go mór i ngrá lena bhean chéile.
10. Mhill foréigean saol Jimmy agus Sarah.

**C | Líon na bearnaí leis na focail ón liosta thíos.**

foréigean, teach tábhairne, i ngrá, b'fhearr, bialann Shíneach, gnáthfhear, urchar, bródúil, millte, níos luaithe

1. Bhí Jimmy go mór __ _____ le Sarah.
2. Scaoil buachaill _____ le Jimmy agus fuair sé bás.
3. Chuir _____ an tuaiscirt deireadh le saol Jimmy.
4. Chuaigh Jimmy go dtí _____ _____ gach Aoine chun béile a cheannach dó féin agus do Sarah.
5. _____ le Jimmy a bheith sa bhaile ná a bheith ag ól lena chairde.
6. D'fhág Jimmy an teach tábhairne _____ _____ an oíche sin chun dul abhaile go dtí a chlann.
7. Bhí Jimmy _____ as Sarah agus as an mbaile a rinne siad le chéile.
8. Chuaigh Jimmy go dtí an _____ _____ gach Aoine lena chairde.
9. _____ a bhí i Jimmy a chaith gnáthshaol.
10. Bhí saol Jimmy agus saol a chlainne _____ ag foréigean an tuaiscirt.

**D | Meaitseáil na ceisteanna agus na freagraí ó A agus B.**

**A**
1. Cá raibh Jimmy an oíche seo?
2. Cé a bhí sa bhaile?
3. Cad a rinne Jimmy gach Aoine?
4. Cad a tharla do Billy i rith na seachtaine?
5. Cén fáth ar fhág Jimmy an teach tábhairne níos luaithe?
6. Cár imigh sé tar éis an teach tábhairne?
7. Cé a bhí ag obair sa bhialann?
8. Cad a rinne Jimmy nuair a bhí sé sa bhialann?
9. Cén fáth nach bhfaca Jimmy an carr?
10. Cad a tharla do Jimmy?

**B**
a) Bhí Liz ag obair ann.
b) Bhí sé ag smaoineamh ar Sarah.
c) Ba mhaith leis dul abhaile chun súgradh leis na páistí.
d) Bhí sé sa teach tábhairne.
e) Cheannaigh sé béile agus thug sé airgead do dhéagóir.
f) Fuair sé bás nuair a scaoileadh urchar leis.
g) Bhí Sarah agus na páistí sa bhaile.
h) Chuaigh sé go dtí an teach tábhairne lena chairde.
i) Bhí sé i dtrioblóid ag an obair.
j) Chuaigh sé go dtí an bhialann Shíneach.

| 1 | 2 | 3 | 4 | 5 | 6 | 7 | 8 | 9 | 10 |
|---|---|---|---|---|---|---|---|---|---|
|   |   |   |   |   |   |   |   |   |    |

**E | Cuir Gaeilge ar na habairtí seo.**

1. Jimmy was an ordinary man and Sarah was an ordinary woman.
2. Jimmy was madly in love with Sarah.
3. Jimmy and Sarah had three children.
4. Jimmy went to the pub every Friday.
5. Jimmy would have preferred to be at home playing with his children.
6. Jimmy was very proud of Sarah and their home.
7. Violence destroyed Jimmy and Sarah's life.
8. Jimmy left the pub earlier that night.
9. Jimmy didn't hear the car drawing near to him.
10. A boy in a car shot Jimmy.

# Aonad a Dó | Prós

**F | Buncheisteanna.**

1. Cé mhéad páiste a bhí ag Jimmy agus Sarah?
2. Cad a rinne Jimmy gach Aoine?
3. Cad ab fhearr le Jimmy a dhéanamh?
4. Cé a bhí sa teach tábhairne le Jimmy?
5. Cén fáth ar fhág Jimmy an teach tábhairne níos luaithe an Aoine seo?
6. Cá ndeachaigh Jimmy tar éis an teach tábhairne?
7. Cé a bhí sa teach tábhairne?
8. Cad a tharla nuair a d'fhág Jimmy an bhialann?
9. An raibh Jimmy sásta lena shaol?
10. Cad a deirtear sa scéal faoi theach Jimmy?

## Staidéar ar an scéal

### Sarah

**Gnáthbhean** atá inti. Tá sí pósta le Jimmy agus tá triúr páistí aici.

**Grámhar** (*loving*) agus **tuisceanach** (*understanding*) – Tá grá an-mhór ag Sarah do Jimmy. Cé go bhfuil triúr páistí an-óg aici agus go mbíonn sé deacair (*difficult*) iad a chur a chodladh san oíche, is maith léi go bhfuil Jimmy ag dul amach lena chairde. Níl sí leithleasach (*selfish*) in aon chor. Tá a clann agus a teach tábhachtach (*important*) di. Nuair a cheannaigh siad an teach rinne Sarah na cuirtíní í féin don teach agus cheannaigh sí seantroscán dó. Tá sí an-sona le Jimmy agus a páistí.

### Jimmy

**Gnáthfhear** atá ann. Tá sé pósta le Sarah agus tá triúr páistí aige.

**Grámhar** – Tá an-ghrá ag Jimmy dá chlann agus do Sarah, a bhean chéile. Téann sé amach ag ól lena chairde gach Aoine ach b'fhearr leis (*he'd prefer*) a bheith sa bhaile ag spraoi leis na páistí. Bíonn sé ag smaoineamh orthu an t-am ar fad nuair atá sé sa teach tábhairne. Tá sé ag dul abhaile go luath chun na páistí a fheiceáil. Tá Jimmy go mór i ngrá le Sarah. Is aoibhinn leis a bheith léi agus is aoibhinn leis an Satharn nuair a bhíonn buidéal fíona acu agus bíonn siad le chéile. Bhí sé ag dul abhaile chun na rudaí sin a rá léi.

**Bródúil** – Tá Jimmy bródúil as a chlann agus as a theach. Is cuimhin leis nuair a cheannaigh siad an teach; ballóg a bhí ann agus tá sé bródúil as an teach álainn atá acu anois.

**Cineálta** – Is duine cineálta é Jimmy. Tá sé cineálta le Liz, an freastalaí sa bhialann Shíneach. D'inis sí dó faoi rún go raibh leanbh aici. Bhí sé cineálta lena chara Billy nuair a bhí sé i dtrioblóid ag an obair. Tugann sé airgead don déagóir sa bhialann Shíneach freisin.

# Mothúcháin an scéil

**Grá** – Tá grá láidir sa scéal seo. Bhí Jimmy go mór i ngrá le Sarah, a bhean chéile, agus bhí grá mór aige dá pháistí. Bhí sé ag súil go mór le dul abhaile agus spraoi leis na páistí. Ba mhaith leis a rá le Sarah go raibh sé sona sásta lena shaol. D'fhág sé an teach tábhairne go luath mar go raibh sé ag brostú (*hurrying*) abhaile.

**Brón** – Tá brón mór sa scéal seo mar go bhfuair gnáthfhear cineálta bás agus cuireann sé brón mór orainn. Bhí Jimmy ag brostú abhaile dá chlann, chun béile a ithe le Sarah agus chun a rá léi go raibh sé sona sásta lena shaol.

**Trua** – Tá trua againn do Sarah mar gur chaill sí fear céile cineálta, grámhar. Tá trua againn do na páistí freisin mar gur chaill siad athair grámhar.

**Fearg** – Tá fearg orm ag deireadh an scéil seo. Tá fearg orm mar go bhfuair fear cineálta, grámhar bás. Ní dhearna sé aon rud. Bhí sé ag brostú abhaile chuig a chlann. Bhí sé ag smaoineamh ar a chlann an t-am ar fad. D'fhág sé an teach tábhairne go luath agus cheannaigh sé béile dó féin agus do Sarah. Gnáthfhear a bhí ann agus scaoil duine urchar leis agus mharaigh sé Jimmy.

# Ceisteanna Scrúdaithe

**A**
(i) 'Chaith sé siar deireadh a phionta, d'fhág sé slán ag an chuideachta agus rinne a bhealach a fhad le biatheach na Síneach.' Tabhair cuntas ar ar tharla ina dhiaidh sin sa scéal.
(ii) Cén sórt duine é Jimmy, dar leat? Déan cur síos gairid air agus inis cén fáth ar thaitin (nó nár thaitin) sé leat. (Is leor dhá fháth.)

**B**
(i) 'Bhí Sarah agus na páistí aige; bhí agus teach breá seascair.' Tabhair cuntas ar shaol Jimmy.
(ii) Cén sórt duine í Sarah, dar leat? Déan cur síos gairid uirthi agus inis cén fáth ar thaitin (nó nár thaitin) sí leat. (Is leor dhá fháth.)

**C**
Maidir leis na trí shaothar *Lasair Choille*, *An Gnáthrud* agus *Dís* (a ndearna tú staidéar orthu i rith do chúrsa), roghnaigh *saothar amháin* díobh a bhfuil *ceann amháin* de na *téamaí* seo a leanas i gceist ann agus tabhair cuntas gairid ar a bhfuil sa saothar faoin *téama* sin atá roghnaithe agat.
saint, míshonas, grá, bás, draíocht (iontas), gliceas

**D**
Maidir leis na trí shaothar *Lasair Choille, Seal i Neipeal* agus *An Gnáthrud* (a ndearna tú staidéar orthu i rith do chúrsa), roghnaigh *saothar amháin* díobh agus tabhair cuntas gairid ar *dhá* phearsa (charachtar) ann, pearsa (carachtar) amháin a thaitin leat *agus* pearsa (carachtar) amháin nár thaitin leat.

# Aonad a Dó — Prós

## Ceist shamplach B

(i) 'Bhí Sarah agus na páistí aige; bhí agus teach breá seascair.' Tabhair cuntas ar shaol Jimmy.

(ii) Cén sórt duine í Sarah, dar leat? Déan cur síos gairid uirthi agus inis cén fáth ar thaitin (nó nár thaitin) sí leat. (Is leor dhá fháth.)

## Freagra samplach B

(i) Gnáthfhear a bhí i Jimmy. Bhí sé pósta le Sarah agus bhí triúr páistí acu. Bhí Jimmy sona sásta lena shaol. Bhí sé go mór i ngrá le Sarah agus ba mhaith leis a bheith ag spraoi leis na páistí. Bhí sé an-bhródúil as a theach freisin. Nuair a cheannaigh siad an teach, ballóg a bhí ann ach rinne sé féin agus Sarah teach álainn. Rinne Sarah na cuirtíní ar fad agus cheannaigh sí seantroscán don teach. Gach Aoine chuaigh Jimmy ag ól lena chairde. An oíche seo bhí sé ag smaoineamh ar Sarah agus na páistí an t-am ar fad. D'fhág sé an teach tábhairne agus cheannaigh sé béile dó féin agus do Sarah sa bhialann Shíneach. Tháinig buachaill i gcarr agus mharaigh sé Jimmy. Bhí deireadh le saol Jimmy.

(ii) Máthair agus bean chéile iontach a bhí i Sarah. Bhí triúr páistí óga aici agus thug sí aire mhaith dóibh. Bhí sí go mór i ngrá le Jimmy agus bhí sí sásta nuair a bhí Jimmy amuigh lena chairde sa teach tábhairne. Rinne sí obair iontach ina teach agus rinne sí na cuirtíní ar fad agus cheannaigh sí seantroscán don teach. Bhí saol maith aici go dtí an oíche uafásach seo.

Thaitin Sarah go mór liom. Thug sí aire mhaith do na páistí agus bhí sí go mór i ngrá le Jimmy. Dúirt sí le Jimmy dul amach lena chairde ar an Aoine ag ól. Ní raibh sí leithleasach in aon chor. Bhí sí ag smaoineamh ar Jimmy.

## Ceist shamplach C

Maidir leis na trí shaothar *Lasair Choille*, *An Gnáthrud* agus *Dís* (a ndearna tú staidéar orthu i rith do chúrsa), roghnaigh *saothar amháin* díobh a bhfuil *ceann amháin* de na *téamaí* seo a leanas i gceist ann agus tabhair cuntas gairid ar a bhfuil sa saothar faoin *téama* sin atá roghnaithe agat.
saint, míshonas, grá, bás, draíocht (iontas), gliceas

## Freagra samplach C

*An Gnáthrud* – tá grá mar théama ann.
Tá Jimmy go mór i ngrá le Sarah, a bhean chéile. Tá triúr páistí acu agus is aoibhinn le Jimmy a bheith ag spraoi leis na páistí. Tá sé an-bhródúil as a bhean chéile agus as a theach. Nuair a cheannaigh sé féin agus Sarah an teach ar dtús, ballóg a bhí ann ach rinne sé féin agus Sarah a lán oibre air. Rinne Sarah na cuirtíní ar fad don teach agus cheannaigh sí seantroscán don teach. Tá Sarah agus Jimmy cineálta agus deas lena chéile. Bíonn Sarah sásta nuair a bhíonn Jimmy amuigh lena chairde. B'fhearr le Jimmy a bheith sa bhaile le Sarah agus ag spraoi leis na páistí. Tá Jimmy sona sásta lena shaol. Tá sé ag brostú abhaile ón teach tábhairne an Aoine seo go dtí Sarah agus na páistí. Is aoibhinn leis an Satharn nuair a fhéachann sé féin agus Sarah ar scannán lena chéile ina dteach. Tá deireadh an scéil uafásach (*terrible*) nuair a fhaigheann Jimmy bás.

# Oisín i dTír na nÓg

**Scéal Béaloidis**

Bhí trí chéad **ag baint chloch** i nGleann na Smól, **gleann** aoibhinn **seilge** na Féinne. Bhí **buíon** acu **crom** istigh faoi **leac** mhór agus **gan dul acu** a tógáil. **Luigh sí anuas orthu** go raibh siad **á gcloí** aici, agus cuid acu **ag titim i laige**. Chonaic siad chucu sa ghleann an fear mór álainn ar **each** bhán. Chuaigh duine de na **maoir ina araicis**.

    'Á **ríghaiscígh** óig,' ar seisean, 'tabhair **tarrtháil** ar mo bhuíon, nó ní bheidh aon duine acu beo.'

    'Is **náireach** le rá é nach dtig le **neart** bhur slua an leac sin a thógáil,' arsa an **marcach**. '**Dá mairfeadh Oscar**, chuirfeadh sé **d'urchar** í **thar mhullach** bhur gcinn.'

*digging up stones; glen; hunt*
*group; bent down; rock; unable*
*upset them; being defeated;*
*fainting; horse*
*leaders; to him*
*great warrior; help*

*shameful; strength*
*rider; if Oscar was alive, with*
*a throw/shot; over*

    Luigh sé anonn ar **a chliathán** deas agus rug ar an leac ina lámh. Le neart agus le **lúth a ghéag** chuir sé seacht b**péirse** as a háit í.

    Bhris **giorta** an eich bháin le **meáchan an urchair**, agus sular mhothaigh an **gaiscíoch** bhí sé ina sheasamh ar **a dhá bhonn** ar thalamh na hÉireann. D'imigh an t-each bán **chun scaoill** air agus fágadh é féin ina sheanduine bhocht **dhall** i measc an tslua i nGleann na Smól.

    Tugadh **i láthair** Phádraig Naofa é sa **chill**. B'iontach le gach uile dhuine an **seanóir críon liath** a bhí os méid gach fir agus an rud a tharla dó.

    'Cé thú féin, a sheanóir bhoicht?' arsa Pádraig.

*his side*
*strength of his limbs; perch*
*bellyband; the weight of*
*the shot; warrior; his two feet*
*in panic*
*blind*
*the presence; chapel*
*old man; wise and grey*

'Is mé **Oisín i ndiaidh na Féinne**,' ar seisean. 'Chaill mé **mo dheilbh agus mo ghnúis**. Tá mé i mo sheanóir bhocht dhall, gan bhrí, gan **mheabhair**, gan aird.'

'Beannacht ort, a Oisín uasail,' arsa Pádraig. 'Ná bíodh **gruaim** ort fá bheith dall, ach **aithris** dúinn cad é mar mhair tú i ndiaidh na 'Féinne'.

'Ní hé mo bheith dall is measa liom,' arsa Oisín, 'ach mo bheith beo i ndiaidh Oscair agus Fhinn. Inseoidh mé mo scéal daoibh, cé **gur doiligh liom** é.'

Ansin shuigh Oisín **i bhfianaise** Phádraig agus na **cléire** gur inis sé a scéal ar Thír na nÓg agus ar Niamh Chinn Óir a **mheall** ón Fhiann é.

*a lost soul; my appearance*
*my fineness; sense*

*depressed*
*tell*

*it's difficult for me*
*in the presence of; clergy*
*coaxed / attracted*

**Maidin cheo** i ndiaidh Chath **Ghabhra** bhí **fuílleach áir** na Féinne ag seilg fá **Loch Léin**. Níorbh fhada go bhfaca siad aniar chucu ar each bhán an **marcach mná áille gnaoi**. Rinne siad dearmad den tseilg le hiontas inti. Bhí **coróin ríoga** ar a ceann, agus **brat** donn **síoda** a bhí **buailte le réalta dearg-óir á cumhdach** go **sail**. Bhí a gruaig ina **duala** buí óir ar sileadh léi agus a gormshúile mar **dhrúcht** ar bharr an fhéir.

'Cé thú féin, a ríon óg **is fearr maise agus gnaoi**?' arsa Fionn.

'Niamh Chinn Óir is anim domh,' ar sise, 'agus is mé iníon Rí na nÓg.'

'An é do chéile a d'imigh uait, nó cad é an **buaireamh** a thug an fad seo thú?' arsa Fionn.

'Ní hé mo chéile a d'imigh uaim agus **níor luadh** go fóill le fear mé,' ar sise. 'Ach, a Rí na Féinne, tháinig mé le grá do do mhac féin, Oisín **meanmnach** na d**tréanlámh**.'

*a foggy morning; district in Dublin; remnants of the slaughter, in Killarney; female rider, of the most beautiful appearance; royal crown; clock, silken, studded with; a pure gold star; covering her, soles (of feet), ringlets, dew, most beautiful looking woman*
*sorrow*

*wasn't promised (in marriage)*
*brave*
*strong*

'A iníon óg,' arsa Fionn, 'cad é mar a thug tú grá do mo mhacsa thar fhir bhréatha an tsaoil?'

'Thug mé **grá éagmaise** dó as an méid a chuala mé i dTír na nÓg fána phearsa agus fána **mhéin**,' arsa Niamh.   *unrequited love / disposition*

Chuaigh Oisín é féin ina láthair ansin agus rug greim láimhe uirthi. 'Fíorchaoin fáilte romhat chun na tíre seo, a ríon álainn óg,' ar seisean.

'Cuirim **geasa** ort **nach bhfulaingíonn fíorlaoch**, a Oisín fhéil,' ar sise, 'mura dtaga tú ar ais liom go Tír na nÓg. Is í an tír í is aoibhne faoin ghrian. Tá a crainn **ag cromadh** le **toradh** is bláth agus **is fairsing** inti **mil** is **fíon**. Gheobhaidh tú gach ní inti dá bhfaca súil. Ní fheicfidh tú **meath** ná **éag** is beidh mise go deo agat mar bhean.'   *magic spells; that no true hero could endure / bending low; fruit; more plentiful / honey; wine; ageing; death*

'**Do dhiúltú** ní thabharfaidh mé uaim,' arsa Oisín. 'Is tú mo rogha thar mhná an domhain, agus rachaidh mé **le fonn** go Tír na nÓg leat.'   *refuse you / willingly*

Ansin chuaigh Oisín **ar mhuin** an eich bháin agus chuir Niamh Chinn Óir **ar a bhéala**. Rinne na Fianna an **dís** a **chomóradh** go béal na mara móire siar.   *on the back of / in front of him; two; celebrate*

'A Oisín,' arsa Fionn, 'mo **chumha** thú ag imeacht uaim agus gan súil agam le do theacht ar ais go brách.'   *sadness*

Shíl na **deora frasa** anuas le **grua** Oisín agus phóg sé a athair go caoin. B'iomaí lá aoibhinn a bhí ag Fionn agus Oisín i gceann na Féinne fá réim, **ag imirt fichille** is ag ól, ag éisteacht cheoil is ag bronnadh **séad**. B'iomaí lá eile a bhí siad **ag sealgaireacht i ngleannta míne** nó **ag treascairt** laoch **i ngarbhghleic**. **D'imigh a ghné** d'Fhionn ar scaradh lena mhac.   *many tears; cheek / playing chess / valuable possessions; hunting; smooth valleys; defeating; fierce battle / he looked sad*

## Aonad a Dó — Prós

Chroith an t-each bán é féin chun siúil. Rinne sé trí **sheitreach** ar an tráigh agus thug a aghaidh siar díreach ar an fharraige le hOisín is le Niamh. Ansin lig na Fianna trí **gártha cumha** ina ndiaidh.
    **Thráigh an mhínmhuir** rompu agus líon na tonnta tréana ina ndiaidh. Chonaic siad **grianáin lonracha** faoi luí gréine ar a n-aistear. Chonaic siad **an eilit mhaol** ar léim lúith agus an gadhar bán **á tafann**. Chonaic siad an **ainnir óg** ar each dhonn ag imeacht ar bharr na toinne, úll óir **ina deaslámh** agus an marcach ina diaidh ar each bhán le **claíomh chinn óir**.
    Tháinig siad i dtír ag **dún Rí na mBeo**, mar a raibh iníon an rí **ina brá** ag Fómhar Builleach. Chuir Oisín **comhrac** thrí oíche is thrí lá ar Fhómhar Builleach, gur bhain sé an ceann de agus gur lig saor iníon Rí na mBeo.
    Ansin ghluais siad leo thar an **gharbhmhuir** go bhfaca siad an tír aoibhinn lena dtaobh, na **machairí míne** fá bhláth, na grianáin **a cumadh** as **clocha solais**, agus an dún rí a raibh gach dath ann dá bhfaca súil. Tháinig **trí caogaid** laoch ab fhearr lúth agus céad bean óg ab áille gnaoi **ina n-araicis**, agus tugadh **le hollghairdeas** iad chuig Rí agus chuig Banríon Thír na nÓg.
    'Fáilte romhat, a Oisín mhic Fhinn,' arsa Rí na nÓg.
    'Beidh do shaol **buan** sa tír seo agus beidh tú choíche óg. Níl aoibhneas dár smaoinigh croí air nach mbeidh agat, agus Niamh Chinn Óir go deo mar chéile.'
    Chaith siad **fleá is féasta** a mhair deich n-oíche is deich lá i ndún an rí, agus pósadh Oisín agus Niamh Chinn Óir.
    Is iomaí bliain a chaith siad **fá aoibhneas** i dTír na nÓg, gan **meath** ná **éag** ná **easpa**. Bhí beirt mhac acu ar bhaist siad Fionn is Oscar orthu agus iníon álainn a dtug siad Plúr na mBan uirthi.
    Fá dheireadh smaoinigh Oisín gur mhaith leis Fionn agus na Fianna a fheiceáil arís. D'iarr sé an t-each bán ó Niamh go dtugadh sé cuairt ar Éirinn.
    'Gheobhaidh tú sin, cé **gur doiligh liom** do ligean uaim,' arsa Niamh. 'Ach, a Oisín, cuimhnigh a bhfuil mé a rá! Má chuireann tú cos ar thalamh na hÉireann ní thiocfaidh tú ar ais go brách.'
    '**Ní heagal domh**, a Niamh álainn,' ar seisean. 'Tiocfaidh mé slán ar ais ar an each bhán.'
    'Deirim leat fá dhó, a Oisín, má thig tú anuas den each bhán, nach bhfillfidh tú **choíche** go Tír na nÓg.'
    'Ná bíodh **cian** ort, a Niamh chaoin. Tiocfaidh mé slán ar ais go Tír na nÓg.'
    'Deirim leat fá thrí, a Oisín, má ligeann tú uait an t-each bán éireoidh tú i do **sheanóir chríon liath**, gan lúth, gan léim, gan **amharc súl**. Níl Éire anois mar a bhí, agus ní fheicfidh tú Fionn ná na Fianna.'
    D'fhág Oisín slán ag Niamh Chinn Óir, ag a dhís mhac agus ag a iníon. Chuaigh sé ar mhuin an eich bháin agus thug a chúl go **dubhach** le Tír na nÓg.
    Nuair a tháinig sé **i dtír** in Éirinn bhuail eagla é nach raibh Fionn beo. Casadh **marcshlua** air a chuir iontas ina mhéid agus ina ghnaoi, agus nuair a chuir sé ceist orthu an raibh Fionn beo nó ar mhair aon duine eile den Fhianna dúirt siad go raibh **seanchas** orthu **ag lucht scéalaíochta**.
    Bhuail tuirse agus cumha Oisín agus thug sé a aghaidh ar **Almhain Laighean**. Ní fhaca sé teach Fhinn in Almhain. Ní raibh ina ionad ach **fliodh agus neantóg**.

---

*Gluais:*
- **sheitreach** — neigh / whinny
- **gártha cumha** — shouts of sadness
- **Thráigh an mhínmhuir** — the calm sea subsided
- **grianáin lonracha** — bright sunhouses; **an eilit mhaol** — the hornless doe; **á tafann** — barking at her; **ainnir óg** — young woman; **ina deaslámh** — in her right hand; **claíomh chinn óir** — gold handled sword
- **dún Rí na mBeo** — the fortress of the King of the Living; **ina brá** — as a hostage; **comhrac** — fight
- **gharbhmhuir** — rough seas
- **machairí míne** — level plains; **a cumadh** — made from; **clocha solais** — precious stones; **trí caogaid** — 150; **ina n-araicis** — towards them; **le hollghairdeas** — with great joy
- **buan** — long / permanent
- **fleá is féasta** — party / celebration
- **fá aoibhneas** — happy; **meath** — decline / ageing; **éag** — death; **easpa** — need
- **gur doiligh liom** — it's difficult for me
- **Ní heagal domh** — I'm not afraid
- **choíche** — ever
- **cian** — sad
- **sheanóir chríon liath** — old man; wise and grey; **amharc súl** — eyesight
- **dubhach** — depressed
- **i dtír** — ashore; **marcshlua** — group of riders
- **seanchas** — stories; **lucht scéalaíochta** — story tellers
- **Almhain Laighean** — north Kildare
- **fliodh agus neantóg** — weeds and nettles

Prós    Aonad a Dó

'A Phádraig, sin duit mo scéal,' arsa Oisín. 'Nuair a fuair mé Almhain **folamh** thug mé m'aghaidh go dubhach ar ghnáthbhailte na Féinne. Ar theacht go Gleann na Smól domh thug mé **tarrtháil** ar an bhuíon gan bhrí agus chaill mé an t-each bán. Chaill mé mo lúth agus mo neart, **mo dheilbh** agus **amharc mo shúl**.'

'**Cúis luaíochta** do chumha, a Oisín, agus gheobhaidh tú Neamh dá bharr,' arsa Pádraig.

**Thairg Pádraig** ansin Oisín a choinneáil ar a theaghlach agus a thabhairt leis ar a thurais ar fud Éireann, **óir** bhí trua aige **don tseanóir dhall** agus ba mhaith leis **seanchas an tseansaoil** a fháil uaidh agus **soiscéal** Dé **a theagasc** dó i ndeireadh a aoise. **Thoiligh** Oisín dul leis mar gur **shantaigh** sé gach **cearn** agus gach baile ina mbíodh na Fianna a shiúl arís agus mar nach raibh **lúth a choirp** ná amharc a shúl aige le himeacht in aon áit leis féin, ná aon duine dá **lucht aitheantais** le fáil.

Ansin tháinig **a bproinn** agus d'fhiafraigh Pádraig d'Oisín an rachadh sé **chun an phroinntí** mar aon le cách.

'Tabhair mo chuid bia agus mo leaba **i leataobh** domh,' arsa Oisín, 'óir ní **lucht comhaimsire** domh na daoine anois.'

*empty*

*appearance*
*a cause of joy, a cause for rewarding*

*Pádraig invited him because; old blind man stories of the old days; gospel; teach; agreed; he wanted; corner; bodily strength; acquaintances*

*meal*
*to the dining room*
*on my own; contemporaries*

## Achoimre ar an scéal

- Lá amháin bhí trí chéad fear i nGleann na Smól agus bhí siad ag baint cloch. Ní raibh siad ábalta mar bhí na clocha róthrom.

- Chonaic siad fear láidir, dathúil ar chapall bán agus chabhraigh sé leo ach thit sé den chapall. Chomh luath is a bhí a chosa ar thalamh na hÉireann bhí sé sean agus dall.

- Thug na fir oibre é go dtí Naomh Pádraig. 'Is mé Oisín i ndiaidh na Féinne,' a dúirt sé le Pádraig. 'Tá brón orm go bhfuil mé beo anois agus go bhfuil Oscar (a mhac) agus Fionn Mac Cumhaill (a athair) marbh.'

- D'inis sé a scéal faoi Thír na nÓg agus Niamh Chinn Óir.

- Lá amháin bhí na Fianna ag seilg (*hunting*). Chonaic siad spéirbhean (*beautiful woman*) ar chapall bán. Bhí coróin ríoga (*crown*) ar a ceann, bhí gúna síoda (*silk*) le réalta dearg-óir uirthi, bhí dath an óir ar a cuid gruaige agus bhí dath gorm ar a súile áille.

- Niamh Chinn Óir ab ainm di agus tháinig sí go hÉirinn mar go raibh sí i ngrá le hOisín. Thit Oisín i ngrá le Niamh agus chuaigh sé go Tír na nÓg le Niamh ach bhí brón ar Oisín agus ar Fhionn (*a athair*). Bhí siad ag smaoineamh ar na laethanta a chaith siad ag seilg, ag imirt fichille (*chess*), ag ól agus ag éisteacht le ceol.

- D'imigh Niamh agus Oisín ar an gcapall bán trasna na farraige. Chuaigh siad go dtí dún Rí na mBeo. Bhí iníon ag an rí ach bhí sí ina brá (*hostage*) ag Fómhar Builleach. Bhí Oisín an-chróga (*brave*) agus chaith sé trí lá agus trí oíche ag troid leis. Mharaigh sé an Fómhar Builleach agus lig sé iníon an rí saor.

- Ansin chuaigh siad go dtí Tír na nÓg, tír álainn. Ní éiríonn aon duine sean nó tinn ansin. Bhí fleá is féasta a mhair deich lá is deich n-oíche acu. Bhí Oisín agus Niamh Chinn Óir sona sásta i dTír na nÓg. Bhí beirt mhac acu agus iníon amháin.

# Aonad a Dó — Prós

- Lá amháin dúirt Oisín gur mhaith leis dul ar ais go hÉirinn chun Fionn agus na Fianna a fheiceáil arís. Thug Niamh an capall dó ach thug sí trí rabhadh (*warning*) dó – gan a chos a chur ar thalamh na hÉireann.

- Chuaigh Oisín go dtí Almhain Laighean, áit chónaithe Fhinn, ach ní raibh ach fiailí (*weeds*) agus neantóga (*nettles*) ag fás ann. Bhí na Fianna go léir marbh mar bhí na céadta bliain caite ag Oisín i dTír na nÓg.

- Bhí trua ag Naomh Pádraig don seanfhear dall. Thug sé aire dó ag deireadh a shaoil (*end of his life*) agus fuair sé na scéalta faoi na Fianna uaidh. Mhúin an Naomh soiscéal Dé (*gospel*) d'Oisín freisin. Bhí Oisín sásta dul timpeall na tíre le Naomh Pádraig mar ba mhaith leis dul go dtí gach áit a mbíodh na Fianna uair.

## Téama an scéil

Is scéal béaloidis (*folklore*) é an scéal seo agus tá cur síos ann ar scéal cáiliúil (*famous*) de chuid na Fiannaíochta. Tá an grá, an brón agus an laochas (*heroism*) mar théamaí ann. Tá Niamh agus Oisín go mór i ngrá lena chéile ach tá grá mór ag Oisín dá mhuintir freisin. Tá coimhlint (*conflict*) idir an dá ghrá sin agus sa deireadh cailleann Oisín gach rud, a chlann agus a shaol i dTír na nÓg agus, ar ndóigh, a athair agus a chairde sna Fianna.

## Cleachtadh ag scríobh

**A** | Fíor nó bréagach? Scríobh na habairtí go léir atá fíor i do chóipleabhar agus ceartaigh na cinn atá mícheart.

|  | Fíor | Bréagach |
|---|---|---|
| 1. Bhí na fir ag iarraidh clocha a bhaint i nGleann na Smól. | ☐ | ☐ |
| 2. Bhí Oisín ag marcaíocht ar chapall dubh. | ☐ | ☐ |
| 3. Thit Oisín i ngrá le Niamh Chinn Óir. | ☐ | ☐ |
| 4. Ní éiríonn éinne sean ná tinn i dTír na nÓg. | ☐ | ☐ |
| 5. Níor éirigh le hOisín iníon Rí na mBeo a shábháil. | ☐ | ☐ |
| 6. Bhí triúr páistí ag Niamh Chinn Óir agus Oisín. | ☐ | ☐ |
| 7. Thug Niamh dhá rabhadh d'Oisín faoi dhul ar ais go hÉirinn. | ☐ | ☐ |
| 8. Bhí brón an domhain ar Oisín mar go raibh na Fianna go léir marbh. | ☐ | ☐ |
| 9. D'éirigh Oisín dall agus sean nuair a thit sé den chapall. | ☐ | ☐ |
| 10. Thug Naomh Pádraig aire d'Oisín ag deireadh a shaoil. | ☐ | ☐ |

## B | Cuir Béarla ar na habairtí seo.

1. Bhí na fir ag baint cloch i nGleann na Smól.
2. Thit Oisín dá chapall agus rinneadh seanfhear dall de.
3. Lá amháin bhí Oisín agus na Fianna ag seilg.
4. Bhí Niamh Chinn Óir i ngrá le hOisín.
5. Spéirbhean ab ea Niamh Chinn Óir.
6. Bhí Oisín an-chróga agus mharaigh sé an Fómhar Builleach.
7. Thug Niamh trí rabhadh d'Oisín nuair a bhí sé ag filleadh ar Éirinn.
8. Bhí brón an domhain ar Oisín mar go raibh na Fianna go léir marbh.
9. Chaith Oisín deireadh a shaoil le Naomh Pádraig.

## C | Líon na bearnaí leis na focail ón liosta thíos.

ag seilg, brá, béaloidis, dall, fiailí agus neantóga, rabhadh, seanchas, chapall bán, smól, spéirbhean

1. Bhí na fir ag baint cloch i nGleann na _____.
2. Tháinig Niamh Chinn Óir go hÉirinn ar _____ _____.
3. Bhí na Fianna amuigh ___ _____ in aice le Loch Léin nuair a chonaic siad Niamh Chinn Óir.
4. _____ a bhí i Niamh Chinn Óir; bhí sí an-álainn ar fad.
5. Shaor Oisín iníon Rí na mBeo a bhí ina _____ ag Fómhar Builleach.
6. Thug Niamh trí _____ d'Oisín sular fhág sé Tír na nÓg.
7. Seanfhear _____ a bhí in Oisín nuair a thit sé dá chapall.
8. Ní raibh ach _____ _____ _____ ag fás ag teach Fhinn.
9. Chuir Naomh Pádraig an-suim i _____ Oisín.
10. Is scéal _____ é an scéal seo.

## D | Meaitseáil na ceisteanna agus na freagraí ó A agus B.

**A**
1. Cá raibh na fir ag baint na gcloch?
2. Cad a tharla d'Oisín nuair a chabhraigh sé leis na fir?
3. Cad a dúirt Oisín le Naomh Pádraig?
4. Cá raibh cónaí ar Niamh Chinn Óir?
5. Cén cineál áite í Tír na nÓg?
6. Cé a bhí ina brá?
7. Cé mhéad páiste a bhí ag Niamh agus Oisín?
8. Cén fáth ar fhill Oisín ar ais go hÉirinn?
9. Cad a fuair Oisín ag Almhain Laighean?
10. Cé a thug aire d'Oisín ina sheanaois?

**B**
a) Ba mhaith leis na Fianna a fheiceáil arís.
b) Fiailí agus neantóga.
c) Naomh Pádraig.
d) Ní éiríonn tú tinn ná sean ann.
e) Triúr.
f) Thit sé dá chapall.
g) I nGleann na Smól.
h) I dTír na nÓg.
i) Iníon Rí na mBeo.
j) Is mé Oisín i ndiaidh na Féinne.

| 1 | 2 | 3 | 4 | 5 | 6 | 7 | 8 | 9 | 10 |
|---|---|---|---|---|---|---|---|---|---|
|   |   |   |   |   |   |   |   |   |   |

## Aonad a Dó — Prós

**E | Cuir Gaeilge ar na habairtí seo.**

1. One day 300 men were clearing stones in Gleann na Smól.
2. When Oisín helped the men he fell off his horse.
3. Oisín met Niamh when he was hunting near Loch Léin.
4. Niamh was a really beautiful woman.
5. Nobody gets old or sick in Tír na nÓg.
6. Oisín was very brave and rescued Rí na mBeo's daughter.
7. Niamh gave Oisín three warnings when he left Tír na nÓg.
8. Oisín only found weeds and nettles growing at Fionn's old house.
9. Oisín was old and blind at the end of his life.
10. St Patrick looked after Oisín at the end of his life.

**F | Buncheisteanna.**

1. Cad a bhí ar siúl ag na fir i nGleann na Smól?
2. Cad a tharla d'Oisín nuair a thit sé den chapall?
3. Déan cur síos ar Niamh Chinn Óir.
4. Cén cineál áite í Tír na nÓg?
5. Cad a rinne Oisín ag dún Rí na mBeo?
6. Cé mhéad páiste a bhí ag Oisín agus Niamh?
7. Cén fáth ar fhág Oisín Tír na nÓg?
8. Cén rabhadh a thug Niamh d'Oisín?
9. Cén fáth a raibh brón ar Oisín nuair a d'fhill sé ar Éirinn?
10. Cad a rinne Naomh Pádraig d'Oisín?

# Staidéar ar an scéal
## Oisín

Mac le Fionn Mac Cumhaill, ceannaire na Féinne, is ea Oisín.

**Cabhrach** (*helpful*) – Nuair a chonaic sé na fir ag baint cloch bhí sé sásta cabhrú leo.

**Laoch** (*hero/warrior*) atá ann – Chuala Niamh Chinn Óir faoi i dTír na nÓg agus thit sí i ngrá leis mar go raibh sé láidir agus deas.

**Cróga** (*brave*) – Shábháil sé iníon Rí na mBeo ó Fhómhar Builleach; chaith sé trí lá agus trí oíche ag troid agus bhain sé an ceann d'Fhómhar Builleach agus bhí an cailín saor.

**Brónach** – Bhí brón an domhain ar Oisín nuair a d'fhill sé ar Éirinn mar go raibh a chairde sna Fianna ar fad marbh: 'Is mé Oisín i ndiaidh na Féinne.' D'fhág sé an saol iontach a bhí aige i dTír na nÓg le Niamh Chinn Óir ach bhí na Fianna go léir marbh agus chaith Oisín deireadh a shaoil ina sheanfhear críonna caite agus é dall.

## Niamh

Iníon Rí na nÓg agus bean álainn ab ea í. Nuair a chonaic na Fianna í an chéad lá stop siad den seilg chun féachaint uirthi. Bhí a gruaig ina duala buí óir agus bhí a gormshúile go hálainn.

**Grámhar** – Tháinig sí go hÉirinn mar go raibh sí go mór i ngrá le hOisín. Bhí sí sona sásta nuair a bhí sí pósta le hOisín agus bhí triúr páistí aici.

**Buartha** – Bhí imní ar Niamh nuair a bhí Oisín ag filleadh ar Éirinn. Thug sí trí rabhadh (*warning*) dó gan cos a leagan ar thalamh na hÉireann. Is dócha go raibh brón uirthi nuair nár fhill Oisín agus bhí a fhios aici cad a tharla dá laoch dathúil.

## Naomh Pádraig

**Cineálta** – Bhí Naomh Pádraig an-chineálta agus an-deas le hOisín. Seanfhear críonna caite, dall a bhí in Oisín ansin agus thug an naomh aire mhaith dó.

**Naofa** – Mhúin Naomh Pádraig soiscéal Dé (*gospel*) d'Oisín mar págánach ab ea Oisín. Bhí suim ag Naomh Pádraig i stair agus i seanchas na hÉireann agus chuaigh sé timpeall na tíre le hOisín ag foghlaim na seanscéalta uaidh.

## Mothúcháin an scéil

### Grá

Bhí grá láidir ag Niamh Chinn Óir d'Oisín agus tháinig sí trasna na farraige ar a capall bán chun bualadh le hOisín. Chaith siad na blianta fada lena chéile i dTír na nÓg agus bhí siad an-sásta lena chéile agus bhí triúr páistí acu. Bhí imní mhór ar Niamh nuair a bhí Oisín ag filleadh ar Éirinn agus thug sí trí rabhadh dó.

### Brón

Bhí brón an domhain ar Oisín nuair a d'fhill sé ar Éirinn agus nuair a fuair sé amach go raibh na Fianna go léir marbh. Níor éirigh Oisín sean fad is a bhí sé i dTír na nÓg ach fuair a chairde go léir sna Fianna bás. Nuair a thit sé dá chapall d'éirigh sé sean agus dall ar an toirt (*immediately*). Ní raibh sé ábalta dul ar ais go dtí a bhean chéile agus a pháistí i dTír na nÓg. Ní raibh aon duine aige ansin; bhí brón agus uaigneas air.

## Ceisteanna Scrúdaithe

**A**

(i) 'Maidin cheo i ndiaidh Chath Ghabhra bhí fuílleach áir na Féinne ag seilg fá Loch Léin. Níorbh fhada go bhfaca said aniar chucu ar each bhán an marcach mná ab áille gnaoi. Tabhair cuntas ar ar tharla ina dhiaidh sin sa scéal go dtí gur fhill Oisín ó Thír na nÓg.

(ii) Déan cur síos gairid ar Naomh Pádraig agus inis cén fáth ar thaitin (nó nár thaitin) sé leat. (Is leor dhá fháth.)

# Aonad a Dó — Prós

**B**
(i) 'Fá dheireadh smaoinigh Oisín gur mhaith leis Fionn agus na Fianna a fheiceáil arís. D'iarr sé an t-each bán ó Niamh go dtugadh sé cuairt ar Éirinn.' Tabhair cuntas ar ar tharla i ndiaidh sin go dtí deireadh an scéil.

(ii) Déan cur síos gairid ar Niamh Chinn Óir agus inis cén fáth ar thaitin (nó nár thaitin) sí leat. (Is leor dhá fháth.)

**C**
Maidir leis na trí shaothar *Oisín i dTír na nÓg*, *Seal i Neipeal* agus *Dís* (a ndearna tú staidéar orthu i rith do chúrsa), roghnaigh *saothar amháin* díobh a bhfuil *ceann amháin* de na *téamaí* seo a leanas i gceist ann agus tabhair cuntas gairid ar a bhfuil sa saothar faoin *téama* sin atá roghnaithe agat.
saint, greann, brón, grá, draíocht (iontas), gliceas

**D**
Maidir leis na trí shaothar *Oisín i dTír na nÓg*, *Seal i Neipeal* agus *An Lasair Choille* (a ndearna tú staidéar orthu i rith do chúrsa), roghnaigh *saothar amháin* díobh agus tabhair cuntas gairid ar *rud amháin* a thaitin leat agus ar *rud amháin* nár thaitin leat.

## Ceisteanna agus Freagraí Samplacha

### Ceist shamplach C

Maidir leis na trí shaothar *Oisín i dTír na nÓg*, *Seal i Neipeal* agus *Dís* (a ndearna tú staidéar orthu i rith do chúrsa), roghnaigh *saothar amháin* díobh a bhfuil *ceann amháin* de na *téamaí* seo a leanas i gceist ann agus tabhair cuntas gairid ar a bhfuil sa saothar faoin *téama* sin atá roghnaithe agat.
saint, greann, brón, grá, draíocht (iontas), gliceas

### Freagra samplach C

Tá *draíocht agus iontas* le fáil sa scéal *Oisín i dTír na nÓg*.
Tá an scéal seo lán le draíocht agus iontas. Lá amháin nuair a bhí na Fianna ag seilg chonaic siad bean álainn ar chapall bán ag marcaíocht (*riding*) chucu. Tháinig Niamh Chinn Óir trasna na farraige ó Thír na nÓg. Ní éiríonn aon duine sean ná tinn sa tír sin. Nuair a bhí Oisín agus Niamh ag taisteal go dtí Tír na nÓg chonaic siad daoine eile ag marcaíocht ar na tonnta. Shábháil Oisín iníon Rí na mBeo ón bhfathach Fómhar Builleach. Ansin nuair a d'fhill Oisín ar Éirinn tar éis na gcéadta bliain d'éirigh sé sean agus dall nuair a thit sé ar an talamh. Gan aon dabht tá an scéal seo lán le draíocht agus le hiontas.

### Ceist shamplach D

Maidir leis na trí shaothar *Oisín i dTír na nÓg*, *Seal i Neipeal* agus *An Lasair Choille* (a ndearna tú staidéar orthu i rith do chúrsa), roghnaigh *saothar amháin* díobh agus tabhair cuntas gairid ar *rud amháin* a thaitin leat agus ar *rud amháin* nár thaitin leat.

**Freagra samplach D**

*Oisín i dTír na nÓg*

Thaitin an draíocht sa scéal liom mar go ndearna sé an scéal suimiúil agus difriúil. Thaitin an cur síos ar Thír na nÓg liom. Ní éiríonn aon duine tinn nó sean ann. Ní raibh a fhios ag Oisín go raibh na céadta bliain caite aige ann.

Níor thaitin tús agus deireadh an scéil liom nuair a thit Oisín den chapall. Ceapaim go bhfuil sé an-bhrónach mar gur seanfhear críonna caite, dall a bhí in Oisín ansin agus bhí a chairde go léir marbh. Bhí an-bhrón air agus bhí sé an-uaigneach. Is dócha go raibh an-bhrón ar Niamh agus ar a clann thiar i dTír na nÓg mar nár fhill Oisín ar ais arís.

# Aonad a Dó  Prós

## Dís
### le Siobhán Ní Shúilleabháin

'Sheáin?'
   'Hu?'
   'Cuir síos an páipéar agus bí ag caint liom.'
   'Á anois, muna bhféadfaidh fear suí cois tine agus páipéar a léamh tar éis a lá oibre.'
   'Bhíos-sa ag obair leis feadh an lae, sa tigh.'
   'Hu?'
   'Ó, tá go maith, **crom blúire** den bpáipéar agus ná habair, "**Gheobhair** é go léir tar éis tamaill".'    *give; piece; you will get*
   'Ní rabhas chun é sin a rá. Seo duit.'
   **Lánúin** cois tine tráthnóna.    *couple*
   Leanbh ina chodladh sa phram.
   **Stéig feola ag díreo** sa chistin.    *steak; defrosting*
   Carr **ag díluacháil** sa gharáiste.    *devaluing*
   **Méadar leictreach ag cuntas chuige a chuid aonad** …    *electric meter; calculating; its units (of electricity)*
   'Hé! Táim anso! 'Sheáin! Táim anso!'
   'Hu?'
   'Táim sa pháipéar.'
   'Tusa? Cén áit? N'fhacas-sa tú.'
   'Agus tá tusa ann leis.'
   'Cad tá ort? Léas-sa an leathanach san roimh é thabhairt duit.'
   'Tá's agam. Deineann tú i gcónaí. Ach chuaigh an méid sin i ngan fhios duit. Táimid **araon** anso. Mar gheall orainne atá sé.'    *both*
   'Cad a bheadh mar gheall orainne ann? Ní dúrtsa **faic** le héinne.'    *anything*
   'Ach dúrtsa. Cuid mhaith'.

'Cé leis? Cad é? Taispeáin dom! Cad air go bhfuil tú ag caint?'

'Féach ansan. **Toradh suirbhé** a deineadh. Deirtear ann go bhfuil an **ceathrú** cuid de mhná pósta na tíre **míshona**, míshásta. Táimse ansan, **ina measc**.'

*result; survey*
*quarter; unhappy; amongst them*

'Tusa? Míshona, míshásta? Sin é an chéad chuid a chuala de.'

'Tá sé ansan anois os comhair do dhá shúl. Mise duine des na mná a bhí sa tsuirbhé sin. Is cuimhin liom an mhaidean go maith. I mí Eanáir ab ea é; drochaimsir, **doircheacht**, **dochmacht**, billí, sales ar siúl agus gan aon airgead chucu, an sórt san. Eanáir, Feabhra, Márta, Aibreán, Bealtaine, Meitheamh. 'Cheart go mbeadh sé aici aon lá anois.'

*darkness; gloom*

'Cad a bheadh aici?'

'Leanbh. Cad eile bheadh ag bean ach leanbh!'

'Cén bhean?'

'An bhean a tháinig chugam an mhaidean san.'

'Cad chuige, in ainm Dé?'

'Chun an suirbhé a dhéanamh, agus **ísligh do ghlór** nó **dúiseoir** an leanbh. Munar féidir le lánúin suí síos le chéile tráthnóna agus labhairt go deas ciúin, **sibhialta** le chéile.'

*talk quietly; you will wake*

*civilised*

'Ní raibh uaim ach an páipéar a léamh.'

'Sin é é. **Is tábhachtaí** an páipéar ná mise. Is tábhachtaí an rud atá le léamh sa pháipéar ná an rud atá le rá agamsa. Bhuel, mar sin, seo leat agus léigh é. An rud atá le rá agam, tá sé sa pháipéar sa tsuirbhé. Ag an saol go léir le léamh. Sin mise **feasta** Staitistic. Sin é a chuirfidh mé síos leis in aon fhoirm eile bheidh le líonadh agam. *Occupation? Statistic.* Níos deise ná *housewife*, cad a déarfá?

*more important*

*from now on*

'Hu?'

'Is cuma leat cé acu chomh fada is dheinim obair *housewife*. Sin é a dúrtsa léi leis.'

'Cad **dúrais** léi?'

*you said*

## Aonad a Dó — Prós

'Ná **tugtar fé ndeara** aon ní a dheineann tú mar bhean tú, ach nuair ná deineann tú é. Cé thugann fé ndeara go bhfuil an t-urlár glan? Ach má bhíonn sé salach, sin rud eile.'  
'Cad eile a dúraís léi?'  
'Chuile rud.'  
'Fúmsa leis?'

*notices*

'Fúinn araon, a thaisce. Ná cuireadh sé isteach ort. Ní bhíonn aon ainmneacha leis an tsuirbhé – chuile rud **neamhphearsanta**, coimeádtar chuile eolas **go discréideach fé rún**. Compútar a dheineann amach an toradh ar deireadh, a dúirt sí. Ní cheapas riamh go mbeinn im **lón compútair**!'  
'**Stróinséir mná** a shiúlann isteach 'on tigh chugat, agus tugann tú gach eolas di fúinne?'  
'Ach bhí jab le déanamh aici. N'fhéadfainn gan cabhrú léi. An rud bocht, tá sí pósta le dhá bhliain, agus 'bhreá léi leanbh, ach an t-**árasán** atá acu **ní lomhálfaidh** an t-**úinéir** aon leanbh ann agus táid araon ag obair chun airgead tí **a sholáthar** mar anois tá leanbh chucu agus caithfidh siad a bheith amuigh as an árasán, agus níor mhaith leat go gcaillfeadh sí a post, ar mhaith? N'fhéadfainn an doras a dhúnadh **sa phus uirthi**, maidean fhuar fhliuch mar é, a bhféadfainn?'  
'Ach níl aon cheart ag éinne **eolas príobháideach** mar sin fháil.'  
'Ní di féin a bhí sí á lorg. Bhí **sraith** ceisteanna tugtha di le cur agus na freagraí le scrí síos. Jab a bhí ann di sin. Jab maith leis, an **áirithe** sin sa ló, agus **costaisí taistil**. Beidh mé ábalta an **sorn** nua san a cheannach as.'  
'Tusa? Conas?'  
'**Bog réidh** anois. Ní chuirfidh sé isteach ar an g**cáin ioncaim** agatsa. **Lomhálann siad** an **áirithe** sin: *working wife's allowance* mar thugann siad air – **amhail is** nach aon *working wife* tú aige baile, ach is cuma san.'  
'Tá tusa chun oibriú lasmuigh? Cathain, **munar mhiste dom a fhiafraí**?'  
'Níl ann ach **obair shealadach**, **ionadaíocht** a dhéanamh di faid a bheidh sí san ospidéal chun an leanbh a bheith aici, agus ina dhiaidh san. **Gheibheann siad ráithe** saoire don leanbh.'

*impersonal; discreetly in confidence*  
*material for a computer*  
*a stranger*

*flat; won't allow*  
*owner*  
*provide*

*in her face*  
*private information*  
*series*  
*so much; travel expenses*  
*cooker*

*easy; income tax*  
*they allow; portion*  
*just as if*  
*if I may ask?*  
*temporary; represent*

*they get; 3 months*

'Agus cad mar gheall ar do leanbhsa?'

'Tabharfaidh mé liom é sa bhascaed i gcúl an chair, nó má bhíonn sé **dúisithe**, **im bhaclainn**. **Cabhair** a bheidh ann dom. Is maith a thuigeann na tincéirí san.'

*awake in my arms; help*

'Cad é? Cén bhaint atá ag tincéirí leis an gcúram?'

'Ní dhúnann daoine doras ar thincéir mná go mbíonn leanbh ina baclainn.'

'Tuigim. Tá tú ag tógaint an jab seo, ag dul **ag tincéireacht** ó dhoras go doras.'

*begging*

'**Ag suirbhéireacht** ó dhoras go doras.'

*surveying*

'Mar go bhfuil tú míshona, míshásta sa tigh.'

'Cé dúirt é sin leat?'

'Tusa.'

'Go rabhas míshona, míshásta. Ní dúirt riamh.'

'Dúrais. Sa tsuirbhé. Féach an toradh ansan sa pháipéar.'

'Á, sa tsuirbhé! Ach sin scéal eile. Ní gá gurb í an **fhírinne** a inseann tú sa tsuirbhé.'

*truth*

'Cad a deireann tú?'

'Dá bhfeicfeá an liosta ceisteanna, fé rudaí chomh príobháideach! Stróinséir mná a shiúlann isteach, go dtabharfainnse fios gach aon ní di, **meas óinsí** atá agat orm, ab ea? D'fhreagraíos a cuid ceisteanna, a dúrt leat, sin rud eile ar fad.'

*the opinion that I'm a silly woman*

'Ó!'

'Agus maidir leis an jab, táim á thógaint chun airgead **soirn** nua **a thuilleamh**, sin uile. Ar aon tslí, **tusa fé ndear é**.'

*oven; to earn it's your fault*

'Cad é? Mise fé ndear é?'

'Na rudaí a dúrt léi.'

'Mise? Bhíos-sa ag obair.'

'Ó, bhís! Nuair a bhí an **díobháil** déanta.'

*damage*

'Cén diobháil?'

'Ní cuimhin liom anois cad a dheinis, ach dheinis rud éigin an mhaidean san a chuir an **gomh** orm, nó b'fhéidir gurb é an oíche roimh ré féin é, n'fheadar. Agus bhí an mhaidean chomh gruama, agus an tigh chomh **tóin-thar ceann** tar éis an deireadh seachtaine, agus an bille ESB tar éis teacht, nuair a **bhuail sí chugam** isteach lena liosta ceisteanna. Cheapas gur anuas **ós na Flaithis** a tháinig sí chugam. Ó, an sásamh a fuaireas **scaoileadh liom féin** agus é thabhairt ó thalamh **d'fhearraibh**. Ó, an t-**ualach** a thóg sé dem chroí! **Diabhail chruthanta** a bhí iontu, dúrt gach aon diabhal duine acu, bhíomar marbh riamh acu, dúrt, inár **sclábhaithe** bhíomar acu, dúrt. Cad ná dúrt! Na scéalta **a chumas** di! Níor cheapas riamh go raibh **féith na cumadóireachta** ionam.'

*annoyed upsidedown in she came from heaven giving out; giving out about men weight; absolute devils slaves; I made up the creative gift*

'Agus chreid sí go rabhais ag insint na fírinne, go rabhais ag tabhairt freagra **macánta** ar gach aon cheist a chuir sí?'

*honest*

'Bhuel, ní raibh aon *lie detector* aici, is dóigh liom. **N'fhaca é ar aon tslí**. Ní déarfainn gurb é a cúram é, **ní mhór dóibh síceolaí** a bheith acu i mbun an jaib mar sin. Ó, chuir sí an cheist agus thugas-sa an freagra, agus sin a raibh air. Agus bhí cupa caife againn ansin, agus bhíomar araon lánsásta.'

*I didn't see it anyway they would have to; psychologist*

'Ach ná feiceann tú ná fuil san ceart? Mná eile ag léamh torthaí mar seo. Ceathrú de mhná pósta na tíre míshásta? **Cothóidh sé** míshástacht iontusan leis.'

*it will create*

'**Níl aon leigheas agamsa ar** conas a chuireann siad rudaí sna páipéir. D'fhéadfaidís a rá go raibh **trí ceathrúna** de mhná na tíre sásta sona, ná féadfaidís,

*I've no control over three quarters*

# Aonad a Dó — Prós

ach féach a ndúradar? Ach sé **a gcúramsan** an páipéar a dhíol, agus **ní haon nath le héinne** an té atá sona, sásta. Sé an té atá míshásta, **ag déanamh agóide**, a gheibheann éisteacht sa tsaol so, ó chuile mheán cumarsáide. Sin mar atá: ní mise a chum ná a cheap. Aon ní amháin a cheapas féin **a bhí bunoscionn leis** an tsuirbhé, ná raibh a dóthain ceisteanna aici. Chuirfinnse **a thuilleadh** leo. Ní hamháin "An bhfuil tú sásta?" ach "an dóigh leat go mbeidh tú sásta **má mhaireann tú leis**?"

*their business; it's no good to anybody; protesting*

*wrong with*

*more*

*if you live with him*

'Conas?'
'Na Sínigh fadó, bhí an ceart acu, ta's agat.'
'Conas?'
'Sa nós san a bhí acu, **nuair a cailltí an fear**, a bhean chéile **a dhó** ina theannta. Bhí ciall leis.'
'Na hIndiaigh a dheineadh san, narbh ea?'
'Cuma cé acu, bhí ciall leis mar nós. Bhuel, cad eile atá le déanamh léi? Tá gá le bean chun leanaí a chur ar an saol agus iad a thógaint, agus nuair a bhíd **tógtha** agus **bailithe** leo, tá gá léi fós chun bheith **ag tindeáil** ar an bhfear. Chuige sin a phós sé í, nach ea? Ach nuair a imíonn seisean, cad air a mairfidh sí ansan? *Redundant!* Tar éis a saoil. Ach ní fhaghann sí aon *redundancy money*, ach pinsean beag **suarach** baintrí.'

*when the husband dies; burn*

*reared*

*gone; looking after*

*mean*

'Ach cad a mheasann tú is ceart a dhéanamh?'
'Níl a fhios agam. Sa tseansaol, chuirtí i g**cathaoir súgáin** sa chúinne í **ag riar seanchaíochta agus seanleigheasanna**, má bhí sí **mór leis** an mbean mhic, nó **ag bruíon is ag achrann** léi muna raibh, ach bhí a háit aici sa **chomhluadar**. Anois, níl faic aici. Sa tslí ar gach éinne atá sí. Bhí ciall ag na Sínigh. Meas tú an mbeadh fáil in aon áit ar an leabhar dearg san?'
'Cén leabhar dearg?'
'Le Mao? 'Dheas liom é léamh. 'Dheas liom rud éigin a bheith le léamh agam nuair **ná geibhim** an páipéar le léamh, agus nuair ná fuil éinne agam a labhródh liom. Ach beidh mo jab agam sara fada. Eanáir, Feabhra, Márta, Aibreán, Bealtaine, Meitheamh; tá sé in am. Tá sé **thar am**. Dúirt sí go mbeadh sí **i dteagbháil liom** mí roimh ré. Ní théann aon leanbh thar dheich mí agus a dhícheall a dhéanamh … Is é sin má bhí leanbh i gceist riamh ná árasán ach oiread. B'fhéidir ná raibh sí pósta féin. B'fhéidir gur **ag insint éithigh** dom a bhí sí chun go mbeadh trua agam di, agus go bhfreagróinn a cuid ceisteanna. Agus chaitheas mo mhaidean léi agus bhí **oiread le déanamh** agam an mhaidean chéanna; níochán is gach aon ní, ach shuíos síos ag freagairt ceisteanna di agus ag tabhairt caife di, agus gan aon fhocal den bhfírinne ag teacht as a béal! Bhuel, cuimhnigh air sin! Nach mór an **lúbaireacht** a bhíonn i ndaoine!'

*straw chair*

*providing old stories and cures*

*close to; fighting and arguing*

*family*

*I don't get*

*overdue; in contact with*

*telling a lie*

*so much to do*

*dishonesty, trickery*

Lánúin cois tine tráthnóna.
An leanbh ina chodladh sa phram.
An fear ina chodladh fén bpáipéar.
An stéig feola ag díreo sa chistin.
An carr ag díluacháil sa gharáiste.
An bhean
**Prioc preac**
**liom leat**
**ann as**.
Tic toc an mhéadair leictrigh ag cuntas chuige na n-aonad.

*picking (at each other)*

*together*

*there and not there*

## Achoimre ar an scéal

- Tá Seán agus a bhean chéile ina suí lena chéile san oíche. Bhí Seán amuigh ag obair don lá fad is a bhí a bhean chéile ag obair sa teach agus ag tabhairt aire don leanbh.

- Tá an bhean ag iarraidh caint ach tá Seán ag léamh an pháipéir. Tá sí cantalach (*cranky*) mar deir sí nach bhfuil aon suim ag Seán inti.

- Deir an bhean go bhfuil sí féin agus Seán sa pháipéar, i suirbhé. Deir sí gur tháinig bean thorrach (*pregnant*) go dtí an teach i mí Eanáir ag déanamh suirbhé. Bhí trua ag an mbean do bhean an tsuirbhé mar dúirt sí go raibh sí torrach agus go raibh sí féin agus a fear céile ag iarraidh teach nua a cheannach.

- Dar leis an suirbhé tá an ceathrú cuid (*quarter*) de mhná pósta na tíre míshona, míshásta agus tá an bhean seo ina measc. Tá ionadh ar Sheán go bhfuil a bhean míshona, míshásta.

- Beidh post an tsuirbhé ag bean Sheáin go luath (*soon*) fad is a bheidh an bhean eile as obair lena leanbh nua. Ceannóidh sí sorn (*oven*) leis an airgead a gheobhaidh sí.

- Tá Seán ag éirí feargach anois. Ní maith leis go bhfuil a bhean ag tabhairt eolais faoi agus ag gearán do strainséir ach anois tá sí ag caint faoi dhul ag obair. Tá a leanbh féin aici. Deir a bhean go dtógfaidh sí an leanbh léi mar ní dhúnfaidh éinne an doras ina haghaidh.

- Ansin deir a bhean leis nach bhfuil sí míshona, míshásta. Chum sí bréaga, bhí sí mímhacánta (*dishonest*) le bean an tsuirbhé. Tá an locht ar fad ar Sheán. Chuir sé fearg ar a bhean agus nuair a tháinig bean an tsuirbhé thosaigh sí ag gearán faoi na fir. Dúirt sí go raibh mná pósta cosúil le sclábhaithe (*slaves*). Is staitistic iad agus níl meas madra ag daoine ar an obair a dhéanann bean tí.

- Ceapann Seán go bhfuil sé sin mímhacánta agus go mbeidh mná pósta eile ag léamh an tsuirbhé agus go mbeidh siad míshona, míshásta anois.

- Tosaíonn an bhean ag caint faoi na Sínigh, ag rá gur dhóigh siad an bhean chéile nuair a fuair an fear céile bás mar nach raibh aon ról ag an mbean ach páistí a thabhairt ar an saol agus aire a thabhairt d'fhear.

- Tosaíonn sí ag smaoineamh ansin ar bhean an tsuirbhé. Ba cheart go mbeadh scéal aici anois faoi phost an tsuirbhé. Ceapann sí ansin go raibh an bhean ag insint bréag, faoin leanbh agus faoi gach rud. Tá fearg uirthi gur chaith sí an mhaidin ag caint léi, ag insint bréag di, mar b'fhéidir go raibh bean an tsuirbhé mímhacánta, ag insint bréag di!

- Críochnaíonn an scéal mar a thosaigh sé ach an uair seo tá Seán ina chodladh.

# Aonad a Dó — Prós

## Téama an scéil

Baineann an scéal leis an bpósadh agus leis an saol ag mná pósta.
Tá Seán pósta ach ní fhaighimid ainm a mhná céile, rud a léiríonn nach bhfuil aon stádas (*status*) aici. Déanann an bhean a lán gearán sa scéal faoina saol mar bhean chéile. Dar léi nach bhfuil meas madra (*slightest respect*) ag na fir ar mhná pósta, nach bhfuil aon saol ag mná pósta ach a bheith ag glanadh an tí agus ag tabhairt aire do na páistí. Tá siad cosúil le sclábhaithe. Níl siad neamhspleách (*independent*) mar nach bhfuil aon airgead acu agus tá siad ag brath go hiomlán (*totally dependent*) ar na fir chéile. B'fhéidir go bhfuil sí in éad (*jealous*) le bean an tsuirbhé mar go bhfuil a post féin aici.

Tá Seán sean-aimseartha (*old-fashioned*). Ní maith leis go raibh a bhean chéile ag labhairt le strainséir faoina saol pearsanta. Ceapann sé gur cheart dá bhean aire a thabhairt dá bpáiste féin.

## Cleachtadh ag scríobh

**A | Fíor nó bréagach? Scríobh na habairtí go léir atá fíor i do chóipleabhar agus ceartaigh na cinn atá mícheart.**

|    |                                                                                      | Fíor | Bréagach |
|----|--------------------------------------------------------------------------------------|------|----------|
| 1. | Tá an bhean sa scéal seo sona sásta lena saol.                                       |      |          |
| 2. | Níl suim ag Seán labhairt lena bhean tar éis lá oibre.                               |      |          |
| 3. | Dar leis an suirbhé, tá an cheathrú cuid de mhná pósta míshona.                      |      |          |
| 4. | D'inis an bhean sa scéal an fhírinne i gcónaí le bean an tsuirbhé.                   |      |          |
| 5. | Bhí bean an tsuirbhé torrach.                                                        |      |          |
| 6. | Chuir an bhean sa scéal an locht ar a fear toisc go raibh sí míshásta.               |      |          |
| 7. | Tá fearg ar Sheán go raibh a bhean ag caint le strainséir faoina saol.               |      |          |
| 8. | Ceapann an bhean nach bhfuil meas madra ag na fir ar mhná pósta.                     |      |          |
| 9. | Dhóigh na Sínigh na mná pósta fadó nuair a fuair a bhfir bás.                        |      |          |
| 10.| Cheap an bhean go raibh bean an tsuirbhé mímhacánta.                                 |      |          |

## B | Cuir Béarla ar na habairtí seo.

1. Tá Seán ag iarraidh an páipéar a léamh.
2. Tá an bhean crosta mar nach bhfuil a fear sásta labhairt léi.
3. Ghlac an bhean páirt i suirbhé agus dúirt sí go raibh sí míshásta lena saol.
4. Deir an bhean nach bhfuil meas madra ag na fir ar mhná pósta.
5. Deir an bhean go bhfuil mná pósta cosúil le sclábhaithe.
6. Níl an bhean sa scéal sásta lena saol.
7. D'inis an bhean a lán bréag do bhean an tsuirbhé.
8. Ceapann an bhean go mbeadh sí ag obair ar an suirbhé.
9. Cheap an bhean go raibh bean an tsuirbhé mímhacánta.
10. Níl Sean sásta go raibh a bhean ag insint bréag do bhean an tsuirbhé.

## C | Líon na bearnaí leis na focail ón liosta thíos.

mímhacánta, míshona, bréag, sclábhaithe, suirbhé, meas madra, gearán, staitistic, strainséir, sorn

1. Níor inis an bhean an fhírinne nuair a bhí sí ag freagairt ceisteanna sa _____.
2. Tá súil ag an mbean _____ nua a cheannach má théann sí ag obair.
3. D'inis an bhean a lán _____ do bhean an tsuirbhé.
4. Dar leis an suirbhé, tá an cheathrú cuid de mhná pósta _____ lena saol.
5. Tá fearg ar Sheán go raibh a bhean ag caint le _____.
6. Dar leis an mbean, níl _____ _____ ag daoine ar mhná pósta.
7. Bhí an bhean _____ le bean an tsuirbhé.
8. _____ atá sa bhean, dar léi féin.
9. Ceapann an bhean go bhfuil mná pósta cosúil le _____.
10. Is iomaí _____ a rinne an bhean sa scéal *Dís*.

## D | Meaitseáil na ceisteanna agus na freagraí ó A agus B.

| A | B |
|---|---|
| 1. Cad atá ar siúl ag Seán? | a) Mí Eanáir. |
| 2. Cad a deir an suirbhé? | b) Tá fearg air go raibh a bhean ag caint le strainséir. |
| 3. Cathain a rinneadh an suirbhé? | c) Beidh sí féin ag déanamh suirbhé. |
| 4. Cad a cheapann an bhean faoina saol? | d) Dhóigh siad iad nuair a fuair na fir chéile bás. |
| 5. Conas a mhothaíonn Seán faoina bhean ag déanamh suirbhé? | e) Beidh a bhean ag obair agus tá leanbh aici. |
| 6. Cén post a bheidh ag an mbean féin? | f) Ceapann sí go raibh bean an tsuirbhé mímhacánta léi. |
| 7. Cén fáth a bhfuil fearg ar Sheán? | g) Go bhfuil an cheathrú cuid de mhná pósta míshásta. |
| 8. Conas a bhí an bhean mímhacánta? | h) D'inis sí bréaga do bhean an tsuirbhé. |
| 9. Cad a rinne na Sínigh do na mná pósta fadó? | i) Tá sé ag iarraidh an páipéar a léamh. |
| 10. Cén fáth a bhfuil fearg ar an mbean? | j) Deir sí nach bhfuil inti ach staitistic. |

| 1 | 2 | 3 | 4 | 5 | 6 | 7 | 8 | 9 | 10 |
|---|---|---|---|---|---|---|---|---|---|
|   |   |   |   |   |   |   |   |   |    |

# Aonad a Dó — Prós

### E | Cuir Gaeilge ar na habairtí seo.

1. The woman says men have no respect at all for married women.
2. Seán is trying to read his newspaper.
3. The woman says she is just a statistic.
4. The woman is complaining.
5. The woman is angry with the survey woman because she was dishonest.
6. Seán is angry that his wife was dishonest with the survey woman.
7. The woman is going to buy an oven with the money.
8. The survey says that a quarter of married women are unhappy.
9. Seán is angry that his wife was complaining to a stranger.
10. The woman says that she is not unhappy.

### F | Buncheisteanna.

1. Conas a tharlaíonn sé go bhfuil Seán agus a bhean sa nuachtán?
2. Cathain a rinneadh an suirbhé?
3. Cad é toradh (*result*) an tsuirbhé?
4. Cad a chuireann ionadh ar Sheán?
5. Cad é dearcadh (*attitude*) na bhfear ar mhná pósta, dar leis an mbean?
6. Cad a rinne na Sínigh fadó leis na mná pósta?
7. Cén chaoi a raibh an bhean mímhacánta le bean an tsuirbhé?
8. Cén chaoi a raibh bean an tsuirbhé mímhacánta í féin?
9. Cad a chuireann fearg ar Sheán?
10. Cén chaoi a bhfuil Seán agus a bhean ag deireadh an scéil?

# Staidéar ar an scéal

## An bhean

Is bean tí í agus tá leanbh amháin aici agus ag Seán. Caitheann sí an lá sa bhaile ag tabhairt aire don leanbh agus don teach. Ceapann sí nach bhfuil meas madra ag na fir ar an obair a dhéanann bean tí. Ní thugtar aon ainm uirthi sa scéal, rud a léiríonn nach bhfuil aon stádas aici sa saol.

**Míshona/bréan den saol** – Ba mhaith léi labhairt le Seán faoin saol ach ba mhaith le Seán an nuachtán a léamh. Ceapann sí nach bhfuil inti ach staitistic agus deir sí nach bhfuil meas madra ag na fir ar mhná pósta. Nuair a tháinig bean an tsuirbhé go dtí a teach mí Eanáir seo caite bhí sí tuirseach den saol agus den drochaimsir agus bhí sí ag gearán le bean an tsuirbhé.

**Feargach** – Tá sí feargach le Seán mar gur mhaith léi labhairt leis ach b'fhearr leis an páipéar a léamh. Tá fearg uirthi mar go gceapann sí nach bhfuil meas madra ag na fir ar mhná pósta. Bhí fearg uirthi le Seán mí Eanáir seo caite nuair a tháinig bean an tsuirbhé go dtí an teach agus dúirt sí léi go raibh sí míshona lena saol.

## Seán

Tá Seán pósta leis an mbean sa scéal agus tá páiste amháin acu. Téann sé amach ag obair sa lá agus nuair a thagann sé abhaile sa tráthnóna is maith leis an páipéar a léamh. Cuireann sé seo fearg ar a bhean mar go gceapann sí nach bhfuil aon suim ag Seán inti ná ina saol. Titeann sé a chodladh ag deireadh an scéil nuair a tá a bhean fós ag caint.

**Traidisiúnta** – Is duine traidisiúnta é. Níl sé róshásta nuair a chloiseann sé go raibh a bhean ag caint le bean an tsuirbhé. Ní maith leis go bhfuil a bhean nó mná pósta eile míshona lena saol. Nuair a deir a bhean go bhfuil sí ag smaoineamh ar dhul ag obair ag déanamh suirbhé níl sé róshásta mar go bhfuil sé buartha faoin leanbh. Ceapann a bhean nach bhfuil meas madra aige ar an obair a dhéanann sí.

**Míbhéasach** (rude) – Tá Seán míbhéasach lena bhean. Ba mhaith léi labhairt leis faoin saol ag deireadh an lae ach níl aon suim aige ann. B'fhearr leis an páipéar a léamh. Ní deir sé ach 'Hu' mar fhreagra uirthi go minic. Ní thugann sé a hainm uirthi sa scéal.

## Bean an tsuirbhé

Tá saol difriúil aici. Tá sí ag obair. Tá sí neamhspleách mar go bhfuil a cuid airgid féin aici. Dar leis an mbean sa scéal, bhí sí mímhacánta mar nár inis sí an fhírinne faoina saol di nuair a tháinig sí ag déanamh an tsuirbhé.

## Mothúcháin an scéil

**Míshonas** – Tá an bhean sa scéal (agus mná pósta eile) míshona lena saol. Ceapann an bhean nach bhfuil meas madra ag daoine ar an obair a dhéanann mná pósta. Bíonn an bhean sa teach i gcónaí ag tabhairt aire don leanbh agus níl a lán airgid aici. Ba mhaith léi labhairt lena fear céile ag deireadh an lae faoin lá ach níl suim ag Seán labhairt léi; b'fhearr leis an páipéar a léamh.

**Uaigneas** – B'fhéidir go bhfuil an bhean sa scéal uaigneach. Tá sí léi féin an lá ar fad leis an leanbh. Níl siad saibhir (níl an t-airgead aici sorn nua a cheannach don chistin). Nuair a tháinig bean an tsuirbhé go dtí an teach bhí sí lánsásta suí síos agus labhairt léi. Bhí suim an-mhór aici sa bhean eile agus fuair sí a lán eolais amach faoina saol – go raibh sí torrach agus ina cónaí in árasán. Is duine cainteach í ach nuair a thagann a fear céile abhaile tar éis lá oibre níl fonn air labhairt léi agus cuireann sé seo idir uaigneas agus fhearg uirthi.

# Aonad a Dó — Prós

## Ceisteanna Scrúdaithe

**A**

(i) 'Féach ansan. Toradh suirbhé a deineadh. Deirtear ann go bhfuil an cheathrú cuid de mhná pósta na tíre míshona, míshásta. Táimse ansan, ina measc.' Déan cur síos ar an gcomhrá a bhí idir an bhean agus Seán ina dhiaidh sin.

(ii) Cén sórt duine é Seán, dar leat? Déan cur síos gairid air agus inis cén fáth ar thaitin (nó nár thaitin) sé leat. (Is leor dhá fháth.)

**B**

(i) 'Agus chaitheas mo mhaidean léi agus bhí oiread le déanamh agam an mhaidean chéanna di agus ag tabhairt caife di, agus gan aon fhocal den bhfírinne ag teacht as a béal!' Déan cur síos ar ar tharla nuair a tháinig bean an tsuirbhé go dtí an teach.

(ii) Cén sórt duine í an bhean tí, dar leat? Déan cur síos gairid uirthi agus inis cén fáth ar thaitin (nó nár thaitin) sí leat. (Is leor dhá fháth.)

**C**

Maidir leis na trí shaothar *Lasair Choille*, *An Gnáthrud* agus *Dís* (a ndearna tú staidéar orthu i rith do chúrsa), roghnaigh *saothar amháin* díobh a bhfuil *ceann amháin* de na *téamaí* seo a leanas i gceist ann agus tabhair cuntas gairid ar a bhfuil sa saothar faoin *téama* sin atá roghnaithe agat. saint, míshonas, grá, bás, draíocht (iontas), gliceas

**D**

Maidir leis na trí shaothar *Lasair Choille*, *An Gnáthrud* agus *Dís* (a ndearna tú staidéar orthu i rith do chúrsa), roghnaigh *saothar amháin* díobh agus tabhair cuntas gairid ar *dhá* phearsa (charachtar) ann, pearsa amháin a thaitin leat *agus* pearsa amháin nár thaitin leat.

## Ceisteanna agus Freagraí Samplacha

**Ceist shamplach B**

(i) 'Agus chaitheas mo mhaidean léi agus bhí oiread le déanamh agam an mhaidean chéanna di agus ag tabhairt caife di, agus gan aon fhocal den bhfírinne ag teacht as a béal!' Déan cur síos ar ar tharla nuair a tháinig bean an tsuirbhé go dtí an teach.

(ii) Cén sórt duine í an bhean tí, dar leat? Déan cur síos gairid uirthi agus inis cén fáth ar thaitin (nó nár thaitin) sí leat. (Is leor dhá fháth.)

**Freagra samplach B**

(i) Tháinig bean an tsuirbhé go dtí an teach i mí Eanáir nuair a bhí an bhean míshona. Bhí an aimsir go dona agus chuir Seán fearg uirthi. Nuair a tháinig bean an tsuirbhé isteach thug an bhean cupán caife di. Bhí a lán ceisteanna ag bean an tsuirbhé. D'fhreagair an bhean na ceisteanna. Dúirt sí go raibh sí míshona agus nach raibh meas madra ag na fir ar an obair a dhéanann mná pósta. Bhí fearg uirthi an mhaidin sin. Deir sí anois nach raibh sí ag insint na fírinne, gur chum sí na freagraí sin mar go raibh fearg uirthi le Seán.

(ii) Ceapaim go bhfuil an bhean sa scéal míshona agus uaigneach. Tá sí léi féin sa teach leis an bpáiste gach lá ach is duine cainteach (*talkative*) í. Nuair a tháinig bean an tsuirbhé go dtí an teach bhí sí lánsásta na ceisteanna a fhreagairt mar gur mhaith léi a bheith ag caint le duine. Ceapann sí nach bhfuil meas madra ag daoine ar an obair a dhéanann mná sa teach.

Níor thaitin an bhean liom. Tuigim go raibh sí míshona agus uaigneach ach ceapaim freisin go raibh sí amaideach agus mímhacánta. Bhí fearg uirthi le bean an tsuirbhé mar go raibh sí mímhacánta ach bhí sí féin mímhacánta mar gur inis sí féin bréaga do bhean an tsuirbhé.

## Ceist shamplach C

Maidir leis na trí shaothar *Lasair Choille*, *An Gnáthrud* agus *Dís* (a ndearna tú staidéar orthu i rith do chúrsa), roghnaigh *saothar amháin* díobh a bhfuil *ceann amháin* de na *téamaí* seo a leanas i gceist ann agus tabhair cuntas *gairid* ar a bhfuil sa saothar faoin *téama* sin atá roghnaithe agat.
saint, míshonas, grá, bás, draíocht (iontas), gliceas

## Freagra samplach C

*Dís* – tá *míshonas* mar théama ann.

Tá an bhean sa scéal seo míshona lena saol. Tá sí pósta le Seán agus tá leanbh amháin acu. Níl siad an-saibhir mar go bhfuil sí buartha (*worried*) faoi na billí. Téann Seán amach ag obair ach fanann an bhean sa bhaile ag tabhairt aire don leanbh agus don teach. Ceapann sí nach bhfuil meas madra ag daoine ar an obair a dhéanann mná tí agus tá sí míshona faoi seo. Tá fearg uirthi freisin. Tá sí míshona le Seán freisin. Nuair a thagann Seán abhaile ón obair is maith leis an páipéar a léamh ach is maith leis an mbean a bheith ag caint. Tá Seán míbhéasach mar nach bhfuil sé sásta labhairt lena bhean.

# An Lasair Choille (Dráma)
### le Caitlín Maude agus Mícheál Ó hAirtnéide

**Foireann**
**Séamas**: Fear óg (cúig bliana is fiche)
**Micil**: Seanfhear (**cláiríneach**)   *cripple*
**Míoda**: Cailín a thagann isteach
**Fear**: Fear a thagann isteach

*Suíomh:* Tá dhá sheomra ar an ardán. Tá leaba i seomra amháin agus is seanchistin é an seomra eile. Tá Micil sa leaba i seomra amháin agus tá Séamas sa gcistin. Tá **cás éin ar crochadh** sa gcistin agus **lasair choille** istigh ann. Tá Séamas ag caint le Binncheol (an lasair choille) agus ó am go chéile déanann sé **fead** leis an éan.   *bird cage; hanging goldfinch whistle*

| | |
|---|---|
| Séamas: | A Bhinncheoil! A Bhinncheoil! (*Fead.*) **Cas poirtín dom**. Tá tú an-chiúin inniu. Ní fhéadfadh aon **údar bróin** a bheith agat sa teach seo. Tú te **teolaí** agus **neart lena ithe** agat. (*Fead.*) Seo, cas port amháin. |
| Micil: | As ucht Dé ort, a Shéamais, agus éist leis an éan sin, nó an gceapann tú go dtuigeann sé thú? |
| Séamas: | Á, mhuis, ní raibh mé ach ag caint leis. Shíl mé go raibh tú i do chodladh. |
| Micil: | Cén chaoi a bhféadfainn codladh sa teach seo agus do leithéidse d'amadán **ag bladaireacht in ard do ghutha**? |
| Séamas: | Tá **aiféala** orm. |
| Micil: | Tá, má tá. Tabhair aníos an t-airgead anseo chugam. |

*sing me a tune*
*cause for sorrow*
*cosy; plenty to eat*

*chattering; top of your voice*
*sorry*

| | | |
|---|---|---|
| Séamas: | Tá go maith. (*Téann sé suas chuige.*) Tá **tuilleadh** i mo phóca agam. | more |
| Micil: | Cuir sa **sciléad** uilig é. | skillet |
| Séamas: | 2, 3, 4 agus sé pínne – a dhiabhail, ní hea. | |
| Micil: | Seo. Déan deifir. | |
| Séamas: | 5, -a, 1-2-3-4-5-6-7-8, agus sé pínne. | |
| Micil: | £9 – £10 – £11 – is mór an t-ionadh go raibh an ceart agat. Dhá phunt eile is beidh mé in ann an carr asail a cheannacht ó Dhúgán. Sin é an uair a dhéanfas mé an t-airgead. Meas tú, cé mhéad **lucht móna** atá agam faoi seo? | load of turf |
| Séamas: | Deich gcinn nó b'fhéidir tuilleadh. | |
| Micil: | Móin bhreá í. Ba cheart go bhfaighinn dhá phunt an lucht uirthi. Sin scór. **Slám** deas airgid. Tabhair dom peann is páipéar. | amount |
| Séamas: | Tá go maith. (*Téann síos.*) A Bhinncheoil, poirtín amháin. (*Fead.*) A Mhicil! (*Torann sa seomra.*) | |
| Micil: | A Shéamais, a Shéamais! Tá mé gortaithe. | |
| Séamas: | Go sábhála Mac Dé sinn céard d'éirigh dhuit? Cén chaoi ar thit tú as an leaba? Maróidh tú thú féin. | |
| Micil: | Ó! (**Osna**.) Tá an t-airgead ar fud an urláir. | sigh |
| Séamas: | Na bac leis an airgead. Fan go gcuirfidh mé isteach sa leaba thú. 'Bhfuil tú gortaithe? | |
| Micil: | Tá mé ceart. Tá mé ceart. Cruinnigh suas an t-airgead go beo. Breathnaigh isteach faoin leaba. 'Bhfuil sé agat? Chuile phínn? | |
| Séamas: | Tá. Tá. B'fhearr duitse aire a thabhairt duit féin. Céard a dhéanfá dá mbeinnse amuigh? | |
| Micil: | Imigh leat síos anois. Tá mé ceart. (*Téann Seamus síos leis an sciléad.*) | |
| Séamas: | Thit sé as a leaba, a Bhinncheoil. Nach air a bhí an t-ádh nach raibh mé amuigh? (*Fead.*) Féach a bhfuil d'airgead againn. | |
| Micil: | Ach an éistfidh tú leis an airgead? Ach ar ndóigh tá sé chomh maith dom a bheith ag caint leis an **tlú**. | tongs |
| Séamas: | A dhiabhail, a Mhicil, céard a dhéanfas muid leis? | |
| Micil: | Nár dhúirt mé leat cheana go gceannóinn carr asail leis? | |
| Séamas: | Ach leis an scór a dhéanfas tú ar an móin? | |
| Micil: | Nach mór a bhaineann sé dhuit? | |
| Séamas: | Ní raibh mé ach á fhiafraí dhíot. | |
| Micil: | Céard tá ort anois? Céard tá ag gabháil trí do cheann cipín anois? | |
| Séamas: | Dheamhan tada. (*Stad.*) Bhí **braith** orm imeacht. | intention |
| Micil: | Imeacht. Imeacht cén áit? | |
| Séamas: | Go Sasana. | |
| Micil: | Go Sasana! Céard sa diabhail a thabharfadh thusa go Sasana? Níl **gnó** ar bith acu d'amadáin i Sasana. | business |
| Séamas: | Ach shíl mé … | |
| Micil: | Ach shíl tú. Céard a shíl tú? Cé a bhí ag cur na **seafóide** sin i do cheann? | nonsense |
| Séamas: | Bhí mé ag caint leis an mBúrcach inné. | |
| Micil: | Hu! Coinnigh leis an mBúrcach, a bhuachaill, is beidh tú ceart. Ach céard a dhéanfása i Sasana? | |
| Séamas: | Is dóigh nach ndéanfainn mórán ach … | |

## Aonad a Dó — Prós

| | | |
|---|---|---|
| Micil: | Nuair a fhiafrós siad díot céard a bhí tú a dhéanamh sa mbaile céard a bheas le rá agat? 'Bhí mé **ar aimsir** ag cláiríneach.' Níl seanduine thall ansin ag iarraidh an dara péire cos agus lámh. Agus sin a bhfuil ionatsa. Níl **éirim sciortáin** ionat. Ní bhfaighidh tú an dara duine a inseos duit le chuile shórt a dhéanamh, mar a dhéanaimse. Ar ndóigh ní choinneoidh aon duine eile thú ach mé féin. | *in service* <br><br> *brains of a tick* |
| Séamas: | Tá a fhios agam. Ní raibh mé ach ag caint. | |
| Micil: | Bhuel, ná bíodh níos mó faoi anois. Nach bhfuil muid sona sásta anseo? Gan aon duine ag cur isteach ná amach orainn. | |
| Séamas: | Tá a fhios agam, ach ba mhaith liom rud éigin a dhéanamh **as mo chonlán féin**. | *for myself* |
| Micil: | Choíche, muis, ní dhéanfaidh tusa aon rud as do chonlán féin. Ach an fhad a bheas mise anseo le **comhairle** a thabhairt duit ní rachaidh tú i bhfad **amú**. | *advice* <br> *astray* |
| Séamas: | Déanfaidh tusa mo chuid smaoinimh dhom. B'in é atá i gceist agat. | |
| Micil: | Is maith atá a fhios agat nach bhfuil tú in ann smaoineamh a dhéanamh dhuit féin. Déanfaidh mise an smaoineamh dhuit. Beidh mise mar cheann agat. | |
| Séamas: | Is beidh mise mar chosa is mar lámha agatsa. B'in é é! | |
| Micil: | Céard atá ort, a Shéamais? Tá tú dhá bhliain déag anseo anois. Ar chuir mise **milleán** nó bréag nó **éagóir** ort riamh sa bhfad sin? | *blame; injustice* |
| Séamas: | Níor chuir. Níor chuir, ach dúirt an Búrcach… | |
| Micil: | Ná bac leis an mBúrcach. Níl a fhios aigesean tada fút. Níl a fhios aige go mbuaileann na *fits* thú. Céard a dhéanfá dá mbuailfeadh siad siúd thú thall i Sasana? | |
| Séamas: | Níor bhuail siad le fada an lá anois mé. | |
| Micil: | Hu! Bhuailfeadh siad siúd thú, an uair is lú a mbeadh súil agat leo. | |
| Séamas: | Ní raibh mé ach ag rá. Ní raibh mé dáiríre. Tá a fhios agat go maith nach bhféadfaidh mé gabháil in aon áit. Bheidís uilig ag gáirí fúm. | |
| Micil: | Nach bhfuil tú ceart go leor anseo? Mar a chéile muid. Beirt chláiríneach. **Easpa géag** ormsa agus **easpa meabhrach** ortsa. Ach ní bheidh aon duine ag gáirí fúinn anseo. | *missing limbs; lack of intelligence* |
| Séamas: | Tá aiféala orm. Nach **seafóideach an mhaise** dhom é ar aon chaoi? Ar ndóigh, ní bheadh tada le déanamh ag aon duine liomsa! | *silly thing* |
| Micil: | Déan dearmad air. Cuir an **clúdach** ar an sciléidín agus leag suas é. | *cover* |
| Séamas: | Níl aon **chall** clúdaigh air. | *need* |
| Micil: | Cad chuige nach mbeadh? Nach bhfuil sé beagnach **ag cur thar maoil**? (*Tógann Séamas trí nó ceathair de chlúdaigh as an gcófra. Titeann ceann. Titeann siad uilig.*) Céard sin? Céard tá tú a dhéanamh anois? | *overflowing* |
| Séamas: | Thit an clúdach. | |
| Micil: | As ucht Dé ort agus cuir an clúdach ar an sciléad! | |
| Séamas: | Cé acu an ceann ceart? | |
| Micil: | Níl ann ach aon cheann amháin. | |
| Séamas: | Thóg mé cúpla ceann as an bpreas. Ní raibh a fhios agam cérbh é an ceann ceart. | |
| Micil: | Bain triail as cúpla ceann eile. | |
| Séamas: | Tá siad róbheag. | |
| Micil: | Tá ceann acu ceart. | |

| | | |
|---|---|---|
| Séamas: | Ní gá é a chlúdach, a Mhicil. Tá a fhios agat go maith nach bhfuil mé in ann aon rud mar seo a dhéanamh. | |
| Micil: | Déan iarracht agus ná bí i do pháiste. Nach gcuirfeadh duine ar bith clúdach ar sciléad? | |
| Séamas: | Ach níl a fhios agam cé acu. A Mhuire anocht! Tá **creathaí** ag teacht orm. Tá mé réidh! | *trembling* |
| Micil: | Agus tusa an fear a bhí ag gabháil go Sasana! | |
| Séamas: | Éist liom. Éist liom. (*Sos.*) | |
| Micil: | Fág ansin é mar sin. | |
| Séamas: | (*Sos – ansin labhraíonn le Binncheoil.*) Níl **smid** asat anocht. Céard tá ort? (*Fead.*) A Mhicil! | *peep* |
| Micil: | Céard é féin? (*Leath ina chodladh.*) | |
| Séamas: | Cuirfidh mé síos an tae? | |
| Micil: | Tá sé **róluath**. Ná bac leis go fóill. | *too early* |
| Séamas: | Cén uair a gheobhas muid an carr asail? | |
| Micil: | Nuair a bheas an t-airgead againn. | |
| Séamas: | An mbeidh mise ag gabháil go Gaillimh leis? | |
| Micil: | Beidh má bhíonn tú **sách staidéarach**. (*Sos.*) | *work hard enough* |
| Séamas: | Scór punt! Slám breá. A Mhicil! | |
| Micil: | Céard sin? Is beag nach raibh mé i mo chodladh. | |
| Séamas: | Codail mar sin. (*Fead.*) A Mhicil! | |
| Micil: | Céard tá ort anois? | |
| Séamas: | Áit mhór í Sasana? | |
| Micil: | **Bíodh beagán céille agat**. Gabh i leith anseo chugam. Breathnaigh isteach sa scáthán sin. An dtuigfidh tú choíche nach mbeidh ionat ach amadán thall ansin? Ní theastaíonn uathu ansin ach fir atá in ann obair a dhéanamh, agus obair chrua freisin. Chomh luath is a labhraíonn duine leatsa tosaíonn tú **ag déanamh cnaipí**. | *have sense* *making mistakes* |
| Séamas: | Ní raibh mé ach á rá. | |
| Micil: | Síos leat anois agus bíodh céille agat. Bí ciúin nó ní bhfaighidh mé néal codlata. | |
| Séamas: | Tá go maith. (*Sos.*) | |
| Micil: | A Shéamais! | |
| Séamas: | Is ea. | |
| Micil: | Ná tabhair aon aird ormsa. Ar mhaithe leat a bhím. | |
| Séamas: | Tá sé ceart go leor. Ní raibh mé ach ag iarraidh a bheith ag caint le duine éigin. | |
| Micil: | Cuir na smaointe **díchéillí** sin faoi Shasana as do cheann. Níl tú ach do chur féin trína chéile. | *silly* |
| Séamas: | Tá a fhios agam. Téirigh a chodladh dhuit féin anois. (*Sos.*) A Bhinncheoil, tá tú chomh **balbh** le breac. Cas barra nó dhó. Fuar atá tú? Tabharfaidh mé **gráinne mine** chugat. (*Fead.*) Seo, cas port. (*Buailtear an doras.*) Gabh isteach. (*Míoda isteach.*) | *silent* *grain of meal* |
| Míoda: | Dia anseo. | |
| Séamas: | Go mba é dhuit. | |
| Míoda: | Go méadaí Dia sibh agus an mbeadh greim lena ithe agaibh? Cad chuige | |

# Aonad a Dó — Prós

|  |  |  |
|---|---|---|
|  | an bhfuil tú **ag breathnú** orm mar sin? | *looking* |
| Séamas: | Ar ndóigh ní tincéara thú? Ní fhaca mé do leithéid de chailín riamh cheana. | |
| Míoda: | Sílim gur fearr dom a bheith ag gabháil sa gcéad teach eile. | |
| Séamas: | Ná himigh, ná himigh. Ní dhéanfaidh mise tada ort. Ach ní cosúil le tincéara thú. | |
| Míoda: | Is maith atá a fhios agamsa céart tá ort. | |
| Séamas: | Ní leagfainnse lámh ort, a stór. A Bhinncheoil, an bhfaca tú a leithéid riamh cheana? A haghaidh bhog bhán. As Gaillimh thú? | |
| Míoda: | Leat féin atá tú anseo? | |
| Séamas: | Is ea. Ní hea. Tá Micil sa seomra. Tá sé ar an leaba. As Gaillimh thú? | |
| Míoda: | Ní hea. | |
| Séamas: | Ní faoi ghaoth ná faoi bháisteach a tógadh thusa. | |
| Míoda: | Ní hea. Is beag díobh a chonaic mé riamh. (*Go hobann.*) Meas tú an dtabharfá cabhair dom? | |
| Séamas: | Cad chuige? Céard a d'éirigh dhuit? | *you would tell* |
| Míoda: | Dá n-insínn mo scéal duit b'fhéidir go **sceithfeá** orm. | |
| Séamas: | Ní sceithfinn. | *sigh* |
| Míoda: | (*Osna.*) Níor ith mé greim le dhá lá ná níor chodail mé néal ach a oiread. | |
| Séamas: | Ach céard a d'éirigh dhuit? Cá bhfuil do mhuintir? | |
| Míoda: | Inseoidh tú orm má insím é. | |
| Séamas: | Ní inseoidh mé do dhuine ná do dheoraí é. | |
| Míoda: | Buíochas le Dia go bhfuil trua ag duine éigin dom. | |
| Séamas: | Déanfaidh mé a bhféadfaidh mé dhuit. Inis do scéal. | |
| Míoda: | Tá mé **ag teitheadh** ó m'athair? | *running away* |
| Séamas: | Ag teitheadh ó t-athair? Cérb as thú? | |
| Míoda: | As Baile na hInse. Is é m'athair an tIarla — Iarla Chonnacht. | |

| | | |
|---|---|---|
| Séamas: | Iarla Chonnacht! Tháinig tú an t-**achar** sin uilig leat féin. | distance |
| Míoda: | (**Go searbh**.) D'éirigh mé tuirseach den 'Teach Mór' is de na daoine móra. | bitterly |
| Séamas: | Fear **cantalach** é d'athair? | cranky |
| Míoda: | Ní hea ná ar chor ar bith. Níor dhúirt sé focal riamh liom a chuirfeadh brón ná fearg orm. Ach níor lig sé thar doras riamh mé. | |
| Séamas: | An bhfuil sé sean? | |
| Míoda: | Ceithre scór. Sin é an fáth a raibh sé chomh **ceanúil** orm. Tá a fhios aige gur gearr uaidh agus ní raibh aon rud eile le h**aiteas** a chur ar a chroí. Níor lig sé as a **amharc** riamh mé. D'fheicinn aos óg an bhaile as gabháil chuig an gcéilí agus mé i mo sheasamh i bhfuinneog mhór an pharlúis agus an brón agus an **doilíos** ag líonadh i mo **scornach**. | fond / delight / sight / sorrow; throat |
| Séamas: | Ach nach raibh neart lena ithe agus lena ól agat? Céard eile a bhí uait? | |
| Míoda: | Bhí ach cén mhaith a bhí ann. Ba chosúil le héinín lag **i ngéibheann** mé. Cosúil leis an éinín sin ansin. | in prison |
| Séamas: | Tá Binncheol lánsásta anseo. Nach bhfuilir, a Bhinncheoil? Ach céard a dhéanfas tú anois? | |
| Míoda: | Níl a fhios agam, ach ní rachaidh mé ar ais chuig an gcaisleán ar aon chaoi. Cé go mbeidh dinnéar mór agus **coirm cheoil** ann anocht. Beidh na boic mhóra uilig ann faoi éide is faoi **sheoda áille soilseacha**. Ach, ní bheidh an dream óg ann. Ní bheidh **sult** ná sórt ná **suirí** ann. Fir mhóra, le boilg mhóra, leath ina gcodladh le tinneas óil. | concert / beautiful shiny jewels / fun / courting |
| Séamas: | Beidh do mháthair uaigneach. | |
| Míoda: | Níl aon mháthair agam. Is fada an lá **básaithe** í. Dá mbeadh deirfiúr nó dearthair féin agam. | dead |
| Séamas: | Ní hionadh go raibh d'athair chomh ceanúil ort is gan aige ach thú. | |
| Míoda: | Ach dhearmad sé go raibh mo shaol féin amach romham agus gur orm féin a bhí é a chaitheamh. Cén mhaith, cén mhaith a bheith beo mura bhféadfaidh tú a dhéanamh ach ithe agus ól? Tá mé ag iarraidh rud éigin níos fearr a dhéanamh dhom féin agus bualadh amach faoin saol. | |
| Séamas: | (Go simplí.) Níor fearr! Ní fhéadfá mórán níos fearr a dhéanamh, ná a bheith i d'iníon ag Iarla Chonnacht. | |
| Míoda: | B'fhearr **staid** ar bith ná an staid ina raibh mé. | state |
| Séamas: | Íosfaidh tú rud éigin? Tá tú caillte leis an ocras. | |
| Míoda: | Tá mé ceart go fóillín. Is mó an tuirse ná an t-ocras atá orm. Suífidh mé síos **scaithimhín** mura miste leat. | little while |
| Séamas: | Suigh, suigh. Cén t-ainm atá ort? | |
| Míoda: | Míoda. | |
| Séamas: | Míoda! Nach deas! Séamas atá ormsa. | |
| Míoda: | Ainm breá d'fhear breá. | |
| Séamas: | Tá sé maith go leor. Binncheol atá air féin. | |
| Míoda: | Ó, a leithéid d'ainm álainn! (Sos.) | |
| Séamas: | Cá rachaidh tú anois? | |
| Míoda: | Níl a fhios agam. Go Sasana b'fhéidir. | |
| Séamua: | Go Sasana? Ach ní fhéadfá a ghabháil ann leat féin. | |
| Míoda: | Dar ndóigh níl le déanamh ag duine ach gabháil go Baile Átha Cliath agus bualadh ar an mbád ag Dún Laoghaire. | |

## Aonad a Dó — Prós

| | | |
|---|---|---|
| Séamas: | Is ní bheidh leat ach thú féin? | |
| Míoda: | Nach liom féin a bhain mé amach an áit seo is nach beag a bhain dom. Ach tá **easpa airgid** orm. | *lack of money* |
| Séamas: | Nach bhféadfá a ghabháil go Gaillimh is jab a fháil? | |
| Míoda: | Faraor nach bhféadfaim. Tá **leath na dúiche** ar mo thóir ag m'athair cheana féin. Má bheirtear orm, **beidh mo chaiscín déanta**. Caithfidh mé filleadh ar an g**carcair** sin de chaisleán. Nár fhága mé an teach seo beo más sin é atá i ndán dom. | *half of district* *it will be all over* *prison* |
| Séamas: | Go sábhála Dia sinn, ná habair é sin! Ach céard a dhéanfas tú ar chor ar bith? | |
| Míoda: | Ná bíodh imní ar bith ort fúmsa. Nuair a bheas mo scíth ligthe agam, buailfidh mé bóthar arís, téadh sé olc, maith dom. (*Sos.*) Cén sort éin é sin? | |
| Séamas: | Lasair choille. | |
| Míoda: | Nach mór an spórt é? Go deimhin, is mór an náire é a choinneáil i ngéibheann mar sin. Nach mb'fhearr i bhfad dó a bheith saor amuigh faoin spéir? | |
| Séamas: | Níorbh fhearr dó, muis. Níl **sioc** ná **seabhac** ag cur isteach air anseo. (*Sos.*) **Gléas ceoil** é sin agat. An bhfuil tú in ann casadh? | *frost; hawk* *musical instrument* |
| Míoda: | Táim. Is minic a chaith mé an tráthnóna uilig ag casadh do m'athair sa bparlús. **Bratacha boga** an urláir, **coinnleoirí óir** is chuile shórt ann. Cé nár thaitnigh sé liom beidh sé **tairbheach** anois. | *soft covers; golden candlesticks* *useful* |
| Séamas: | Cén chaoi? | |
| Míoda: | Nach bhféadfaidh mé corrphort a chasadh i leataobh sráide má chinneann orm – gheobhainn a oiread is a choinneodh mé ar aon chaoi. | |
| Séamas: | Ní bheidh ortsa é sin a dhéanamh. Nach bhfuil scoil ort? Gheobhfása post in oifig go héasca? Ní bheidh ortsa gabháil ó dhoras go doras. | |
| Míoda: | Is dóigh gur fíor duit é. Ach cén fáth a mbeifeása ag bacadh liom? Níl ionam ach strainséara. | |
| Séamas: | Ní hea, ná ar chor ar bith. Seanchairde muid le deich nóiméad. Ní fhaca mé cailín taobh istigh den doras seo riamh cheana, agus riamh i mo shaol ní fhaca mé do leithéidse de chailín. | |
| Míoda: | Ach, is beag an chabhair a fhéadfas tú a thabhairt dom, a Shéamais. Dá mhéad míle bóthair a fhéadfas mé a chur idir mé agus Baile na hInse, is ea is fearr. Agus casfaidh mé ceol i leataobh sráide má chaithim … | |
| Séamas: | Ní chaithfidh tú, ná choíche, a stór. (*Sos.*) Cas port dom. B'fhéidir go dtosódh Binncheol é féin nuair a chloisfeadh sé thú. | |
| Míoda: | Ní maith liom thú a **eiteach** ach ní ceol a bheas ann ach **giúnaíl**. Céard a chasfas mé? | *refuse, deny; whining* |
| Séamas: | Rud ar bith. | |
| Míoda: | Céard faoi seo? (*Port sciobtha.*) | |
| Micil: | A Shéamais! Céard é sin? | |
| Míoda: | Cé atá ag caint? | |
| Séamas: | Níl ann ach Micil. Tá sé sa leaba. Tá cailín anseo, a Mhicil. | |
| Micil: | Céard tá uaithi? | |
| Séamas: | Greim lena ithe. | |

| | | |
|---|---|---|
| Micil: | Níl ár ndóthain againn dúinn féin, ní áirím do chuile **chailleach** bóthair is bealaigh dá mbuaileann faoin doras. | witch, hag |
| Séamas: | Ní cailleach ar bith í. | |
| Micil: | Céard eile atá inti! Tabhair an doras amach di. | |
| Míoda: | Imeoidh mé. Ná lig anuas é. | |
| Séamas: | Ara, níl sé i ndán siúl. | |
| Micil: | M'anam, dá mbeinn, ní bheinn i bhfad ag tabhairt bóthair duit. | |
| Séamas: | Ach ní tincéara í, a Mhicil. Nach í iníon Iarla Chonnacht í? | |
| Micil: | Iníon Iarla Chonnacht! Chreidfeá an diabhal é féin. Cuir ar an tsráid í, deirim. | |
| Séamas: | Tá sí ag teitheadh óna hathair. Tá siad **á tóraíocht**. | searching for her |
| Micil: | Gabh aníos anseo, a iníon Iarla Chonnacht, go bhfeicfidh mé thú. | |
| Míoda: | Ní rachaidh mise sa seomra. | |
| Micil: | Céard sa diabhal a bheadh iníon Iarla Chonnacht a dhéanamh ag imeacht ag casadh ceoil ó dhoras go doras? | |
| Míoda: | Mura gcreidfidh tú mé tá sé chomh maith dhom a bheith ag imeacht. | |
| Séamas: | Ná himigh. Cá rachaidh tú anocht? Fan scaithimhín eile. | |
| Micil: | Ní ar mhaithe liomsa ná leatsa a thaobhaigh sí sin muid ar chor ar bith. Iníon Iarla Chonnacht! Go dtuga Dia ciall duit. | |
| Míoda: | Ní raibh uaim ach greim lena ithe. | |
| Micil: | Tháinig tú isteach ag goid, a **raicleach**. Coinnigh súil uirthi, a Shéamais. Ghoidfeadh a leithéid sin an tsúil as do cheann. | vixen |
| Séamas: | Muise, éist leis an gcréatúr bocht. Tá ocras agus fuacht uirthi. | |
| Micil: | A Shéamais, a Shéamais, an t-airgead! Cá bhfuil sé? | |
| Séamas: | Ar an gcófra? | |
| Micil: | Cén áit ar an gcófra? | |
| Séamas: | Sa sciléad. Céard eile? | |
| Micil: | Dún do chlab is ná cloiseadh sí thú! | |
| Míoda: | Caithfidh sé go bhfuil an diabhal is a mháthair ann leis an gcaoi a bhfuil tú ag caint. | |
| Séamas: | Tá aon phunt déag ann. | |
| Micil: | Dún do chlab mór, a amadáin! | |
| Míoda: | Na bac leis sin. Ag magadh fút atá sé. Níl sé sin ach ag iarraidh **searbhónta** a dhéanamh dhíot. Chuile shórt a dhéanamh dhosán is gan **tada** a dhéanamh dhuit féin. | servant<br>nothing |
| Séamas: | Ach níl mé in ann aon rud a dhéanamh, a Mhíoda. | |
| Míoda: | Ná bíodh seafóid ort. Déarfaidh sé sin leat nach bhfuil tú in ann rud a dhéanamh, ionas go gcoinneoidh sé anseo thú **ag freastal air**. Agus cé leis an t-aon phunt déag sin? | serving him |
| Séamas: | Le Micil. | |
| Míoda: | Le Micil! Cé a shaothraigh é? An cláiríneach sin? | |
| Séamas: | Ní hé. Mise. | |
| Míoda: | Nach leatsa mar sin é? Níl baint dá laghad ag Micil dó. | |
| Micil: | Cuir amach í. | |
| Míoda: | Tá sé in am agatsa a bheith i d'fhear, agus mórán de do shaol á chur amú ag tabhairt aire don tseanfhear sin. | |

## Aonad a Dó — Prós

| | | |
|---|---|---|
| Séamas: | Níl a fhios agam céard a dhéanfas mé. | |
| Míoda: | Mura bhfuil a fhios agatsa é, tá a fhios agamsa é. Seo é do sheans. Tá an bheirt againn **sáinnithe** i ngéibheann ar nós an lasair choille sin. Tabharfaidh an t-aon phunt déag sin go Sasana muid. | stuck |
| Séamas: | Go Sasana! Is ea! | |
| Micil: | **As do mheabhair** atá tú, a Shéamais! Ní fhágfá anseo liom féin mé tar éis a ndearna mé dhuit riamh? | mad |
| Séamas: | Níl a fhios agam. Ba mhaith liom imeacht. | |
| Míoda: | Má ba mhaith féin tá an ceart agat. Nach fearr i bhfad dó sin a bheith thoir i dTeach na mBocht ná a bheith ag cur do shaoilse amú? | |
| Séamas: | An dtiocfása in éineacht liom, a Mhíoda? Ní imeoinn asam féin. | |
| Míoda: | Thiocfainn gan amhras. | |
| Micil: | A Shéamais! | |
| Míoda: | D'éireodh thar barr linn. Gheobhadsa post breá thall ansiúd agus d'fhéadfá gabháil in **do rogha áit** agus do rogha rud a dhéanamh. | wherever you like |
| Micil: | Ní fheicfidh tú aon amharc uirthi sin arís go brách má thugann tú dhi an t-airgead. Sin a bhfuil uaithi sin. | |
| Séamas: | Ach, céard tá uaitse? Mo chosa is mo lámha? Mo shaol trí chéile. | |
| Micil: | Tá tú **meallta** aici cheana féin. | taken in |
| Míoda: | Níl uaim ach an fear bocht a ligean saor uaitse. Bhí orm mé féin a scaoileadh saor ón ngéibheann cheana. Seanduine ag iarraidh beatha is misneach duine óig **a phlúchadh**. Ní **óinseach** ar bith mise. Tá an **deis** againn anois agus bainfidh muid **leas** as. Tá saol nua amach romhainn agus **luach saothair** an ama atá caite. | suffocate; fool<br>opportunity; advantage<br>payment |
| Séamas: | Tá mé ag gabháil go Sasana, a Mhicil. | |
| Micil: | Ar son anam do mháthar, a Shéamais! | |
| Séamas: | Tá mé ag iarraidh rud éigin a dhéanamh **ionas** nach mbeidh daoine ag gáirí fúm. | so that |
| Míoda: | Cé a dhéanfadh gáirí faoi fhear breá? | |
| Séamas: | An gceapfása gur fear breá mé, a Mhíoda? Ní dhéanfása gáirí fúm? | |
| Míoda: | Cad chuige a ndéanfainn? Tá mé **ag inseacht na fírinne**. (*Torann sa seomra.*) | telling the truth |
| Micil: | A Shéamais, a Shéamais! | |
| Séamas: | Thit sé as an leaba. | |
| Micil: | Gabh i leith, a Shéamais. Gabh i leith. | |
| Míoda: | Ara, lig dó. **Ag ligean** air féin atá sé sin go bhfeicfidh sé an bhfuil **máistreacht** aige ort fós. | pretending<br>mastery, control |
| Séamas: | Gabhfaidh mé suas chuige. | |
| Míoda: | Ná téirigh. Lig dó. Bíodh aige. | |
| Séamas: | Ní fhéadfaidh mé é a fhágáil ina luí ar an urlár. An bhfuil tú gortaithe? | |
| Micil: | Ar ndóigh, ní imeoidh tú, a Shéamais? Ní fhágfá anseo liom féin mé. An t-airgead! **Fainic** an t-airgead. | beware |
| Míoda: | Go deimhin, ní leagfainnse méar ar do chuid seanairgid lofa. | |
| Micil: | Ardaigh aníos mé. Cuir i mo shuí suas mé. Ní bheinn in ann tada a dhéanamh de **d'uireasa**. | without you |
| Míoda: | Ach, dhéanfadh Séamas **togha gnó** de d'uireasa-sa. | very well |
| Séamas: | Éist leis, a Mhíoda. | |

| | | |
|---|---|---|
| Micil: | Is fearr an aithne atá agamsa ortsa ná atá ag aon duine ort. Ag magadh fút a bheas siad. Titfidh an t-anam asat chuile uair a dhéanfas tú botún. Beidh an domhan mór **ag faire ort**. Níl anseo ach mise agus ní bheidh mise ag magadh fút. | *watching you* |
| Míoda: | Is maith atá a fhios agat go bhfuil an cluiche caillte agat, a sheanchlairínigh lofa. Éist leis. Lig dó a thuairim féin a bheith aige. | |
| Micil: | Tá a fhios agat go maith, a Shéamais, go bhfuil mé ag inseacht na fírinne. Níl maith ná maoin leat ná ní bheidh go deo. Níl meabhair ar bith ionat. Cuireann an **ruidín is lú trína chéile** thú. Fan anseo, áit nach gcuirfear aon aird ort. | *smallest thing; confuses* |
| Séamas: | Níl a fhios agam, a Mhicil, ach ar ndóigh, tá an ceart agat. Níl maith ná maoin liom. | |
| Míoda: | Stop ag caint mar sin. Fear breá láidir thú. Dhéanfá rud ar bith dá ndéanfá iarracht. Breathnaigh, tá ár ndóthain dár saol curtha amú againn **faoi bhois an chait** ag amadáin nach gcuirfeadh **smacht** ar mhadra beag. Seanfhear agus cláiríneach. Níl tada cearr leatsa. Dhéanfása rud ar bith. | *under the control; control* |
| Séamas: | Meas tú? | |
| Micil: | Má imíonn tú ní ligfidh mé taobh istigh den doras arís choíche thú. | |
| Míoda: | Thoir i dTeach na mBocht ba chóir duitse a bheith le fiche bliain. | |
| Séamas: | Bíonn **togha lóistín** ann ceart go leor, a Mhicil. B'fhearr an aire a thabharfaidís duit ná mise. Gheobhfá chuile shórt ann! | *excellent lodgings* |
| Micil: | B'fhearr liom a bheith in **ifreann**! Ná fág liom féin mé! **Ar son anam do mháthar**! | *hell; on the soul of your mother* |
| Séamas: | Mura n-imím anois ní imeoidh mé go deo. B'fhéidir gurb é an seans deireanach é. | |
| Micil: | Níl aon mhaith dhomsa a bheith ag caint mar sin. Imigh! Imigh! | |
| Míoda: | D'imeodh sé arís ar aon chaoi. | |
| Micil: | An imeodh? | |
| Míoda: | Céard a dhéanfadh sé dá bhfaighfeása bás? Fágtha leis féin é ag ceapadh nach raibh maith ná maoin leis. Dún suas anois. Tabhair freagra ar an gceist má tá tú in ann. | |
| Séamas: | Tá **cion** agam ort, a Mhicil. Níl aon rud in d'aghaidh agam. Ach tá mé tuirseach den áit seo. | *affection* |
| Micil: | Ní chuirfidh mise níos mó comhairle ort. | |
| Séamas: | Beidh mé ag imeacht mar sin. Tabharfaidh mé liom an t-airgead. | |
| Míoda: | Míle moladh le Dia, tháinig misneach duit sa deireadh. | |
| Séamas: | Meas tú gur ceart dom é? | |
| Míoda: | Má imíonn tú beidh a fhios agat sin. | |
| Séamas: | Ach ní raibh mé amuigh faoin saol **cheana riamh**. | *ever before* |
| Míoda: | Níl sa saol ach daoine. Cuid acu ar nós Mhicil. Cuid acu ceart go leor. Éireoidh thar barr leat. Má tá fúinn imeacht tá sé chomh maith dhúinn tosú ag réiteach. Céard a thabharfás tú leat? | |
| Séamas: | Níl agam ach a bhfuil ar mo chraiceann. Ar ndóigh, ní chaithfidh muid imeacht fós? | |
| Míoda: | Caithfidh muid. Gheobhaidh muid **marcaíocht** go Gaillimh fós. | *lift* |
| Séamas: | An dtabharfaidh muid Binncheol linn? | |
| Míoda: | Ní thabharfaidh. Bheadh sé sa mbealach. | |

| | | |
|---|---|---|
| Séamas: | Céard faoi Mhicil? Caithfidh muid a inseacht do dhuine éigin go bhfuil sé anseo leis féin. | |
| Míoda: | Ar ndóigh, buaileann duine éigin isteach anois is arís? | |
| Séamas: | Beidh siad ag teacht leis an mbainne ar maidin. | |
| Míoda: | Cén **chlóic** a bheas air go dtí sin? Seo, cá bhfuil do chóta? | harm |
| Séamas: | Sa seomra. | |
| Míoda: | Déan deifir. Faigh é. | |
| Séamas: | Níl mé ag iarraidh gabháil sa seomra. | |
| Míoda: | Ara, suas leat. Ná bíodh faitíos ort roimhe sin. B'fhéidir go dtosódh sé ag báisteach. | |
| Séamas: | Tá go maith. A Mhicil, sílim go bhfuil an ceart agam. A Mhicil, mura labhróidh tú liom, mar sin, bíodh agat. Cén áit i Sasana a rachfas muid? | |
| Míoda: | Londain. | |
| Séamas: | Nach mór an gar dom tusa a bheith liom, a Mhíoda. Ní dheachaigh mé ag taisteal riamh cheana. (*Osna.*) Meas tú an mbeidh sé ceart go dtí amárach leis féin? | |
| Míoda: | Déan dearmad air anois. Ní fheicfidh tú arís go brách é. | |
| Séamas: | Is dóigh nach bhfeicfead. | |
| Míoda: | Téanam. An bhfuil tú réidh? | |
| Séamas: | Tá, ach ní imeoidh muid fós. | |
| Míoda: | Mura n-imeoidh, beidh aiféala ort. Téanam go beo. Céard tá ort? | |
| Séamas: | Níl a fhios agam. B'fhéidir nach dtiocfainn ar ais go deo. | |
| Míoda: | Mura dtaga féin, ní **dochar** é sin. | harm |
| Micil: | Ná himigh, a Shéamais. | |
| Séamas: | Caithfidh mé, a Mhicil. | |
| Micil: | Caillfear i dTeach na mBocht mé. | |
| Míoda: | Is gearr uait ar aon chaoi. | |
| Micil: | Fágfaidh mé agat an teach is an talamh ar ball má fhanann tú. | |
| Séamas: | Cén mhaith **ar ball**. | later |
| Micil: | Fágfaidh mé agat anois é. | |
| Séamas: | Níl aon mhaith dhuit a bheith ag caint. Tá bean anseo agus bean dheas – nach gceapann gur amadán mé. Ar mhaithe leat féin a choinnigh tú anseo mé. Is beag an imní a bhí ort fúmsa riamh. | |
| Micil: | Admhaím gur beag a d'fhéadfainn a dhéanamh asam féin, ach cá bhfuil an dara duine a choinneodh thusa? Fuist, a bhean, tagann *fits* air. Céard a dhéanfas tú ansin? | |
| Míoda: | A Shéamais! | |
| Séamas: | Níor tháinig na *fits* orm riamh ó bhí mé i mo pháiste. | |
| Míoda: | Téanam! Cá bhfios dúinn nach bhfuil fir an Tí Mhóir sa **gcomharsanacht**? | neighbourhood |
| Séamas: | Fan scaithimhín eile. Gheobhaidh muid marcaíocht go Gaillimh go héasca. | |
| Míoda: | Cá gcuirfidh muid an t-airgead? Aon phunt déag! | |
| Micil: | Sin a bhfuil uaithi sin. Mar a chéile í féin agus chuile bhean eile. Coinneoidh siad leat a fhad is atá do phóca **teann**. | full |
| Míoda: | Éist do bhéal thusa! (*Buailtear an doras.*) Ó! | |

| | |
|---|---|
| Séamus: | Fir an Tí Mhóir! |
| Míoda: | Ná habair tada. (*Fear isteach*.) |
| Fear: | A Mhíoda! |
| Séamas: | Cé thú féin? |
| Fear: | Is mór an t-ádh ort, a bhuachaill, nó thabharfadh mise **crigín faoin gcluas** duit. Ceapann tú go bhféadfaidh tú do rogha rud a dhéanamh le cailín tincéara? |
| Séamas: | A Mhíoda! |
| Míoda: | Dún do bhéal, a amadáin! |
| Séamas: | Tincéara thú. |
| Míoda: | Ar ndóigh, ní cheapann tú gurb é seo Iarla Chonnacht agat? |
| Séamas: | Ach dúirt tú … |
| Míoda: | Dúirt mé – céard eile, céard eile a déarfainn, nuair a cheap amadán gur bean uasal a bhí ionam? 'Ar ndóigh, ní tincéara thú!' Há! Há! Há! |
| Fear: | Gabh abhaile, a óinseacháin, chuig do champa – áit a rugadh is a tógadh thú. |
| Míoda: | Níl ionam ach tincéara, a Shéamais, nach bhfuil in ann rud ar bith a dhéanamh ach goid is bréaga. |
| Séamas: | Céard faoi Shasana? |

*blow on the ear*

# Aonad a Dó — Prós

| | | |
|---|---|---|
| Míoda: | Sasana! **Brionglóidigh álainn ghlórmhar**! **Níl gnó dhíom** ach in áit amháin – sa gcampa. Tá mé chomh dona leat féin. Fan le do sheanchláiríneach. | beautiful glorious dream; no place for me |
| Fear: | Déan deifir. Ná bac le caint. Tá bóthar fada amach romhainn. | |
| Míoda: | (*Ag gabháil amach.*) Iníon Iarla Chonnacht. Há! Há! Há! A amadáin! Há! | |
| Fear: | Ba choir duit náire a bheith ort. Murach **leisce** a bheith orm, chuirfinnse **néal** ort. Ag coinneáil Mhíoda go dtí an tráth seo. Ag déanamh óinseach di. | reluctant<br>blow |
| Séamas: | Ach dúirt sí – | |
| Fear: | Dúirt sí! Ise ba **chiontach**. Cé a chreidfeadh tincéara? Agatsa atá an ceart, mo léan. Go maithe Dia dhuit é. (*Imíonn*) | guilty |
| Séamas: | (*Stad.*) A Bhinncheoil! Rinne sí amadán díom. | |
| Micil: | Anois, tá a fhios agat é, is níl aon ghá dhomsa é a rá leat. | |
| Séamas: | Tá a fhios agam é. | |
| Micil: | Rinne sí amadán críochnaithe dhíot. | |
| Séamas: | Rinne, ach, ar bhealach, ní dhearna. D'oscail sí mo shúile dhom. An bhfuil a fhios agat cén fáth a gcoinníonn an tincéara sin Míoda agus cén fáth a gcoinnímse Binncheol? Inseoidh mise dhuit cén fáth. Mar tá muid uilig **go truamhéalach**. Tá muid mar atá muid. Tá tusa i do chláiríneach agus bhí tú ag iarraidh cláiríneach a dhéanamh dhíomsa freisin. Agus, tá an tincéara ag iarraidh Míoda a choinneáil ina chuid **salachair** agus ina chuid **brocamais** féin. Agus coinnímse Binncheol i ngéibheann ionas go mbeidh sé chomh dona liom féin. Ceapaim, má cheapaim, go maródh an sioc is an seabhac é dá ligfinn saor é – ach níl ansin ach **leithscéal**. Ach ní i bhfad eile a bheas an scéal mar sin. (*Éiríonn. Ímíonn amach leis an gcás. Sos.*) | pitiful<br><br><br><br>dirt<br>litter<br><br><br>excuse |

| | | |
|---|---|---|
| Micil: | A Shéamais, cá raibh tú? | |
| Séamas: | **Scaoil mé amach** Binncheol. Agus an bhfuil a fhios agat céard é féin – chomh luath is a d'oscail mé an doras **sciuird sé** suas i mbarr an chrainn mhóir agus thosaigh sé ag ceol. | *I released* *rushed* |
| Micil: | An bhfuil tú ag imeacht, a Shéamais, nó ar athraigh tú d'intinn? | |
| Séamas: | Is ait an mac an saol. Ní bheadh a fhios agat céard a tharlódh fós. Tiocfaidh **athrú** ar an saol – orainne agus ar chuile short. Ach ní bheidh Binncheol ná éan ar bith i ngéibheann sa gcás sin arís **go brách**. (*Tógann suas an cás.*) | *change* *ever* |

*Brat Anuas*

## Achoimre ar an scéal

- Tá Séamas, fear óg 25 bliana d'aois, ina chónaí le Micil, cláiríneach (*cripple*) atá i bhfad níos sine ná é. Bhí Séamas ina chónaí le Micil ó bhí sé trí bliana déag d'aois. Déanann sé an obair go léir do Mhicil. Díolann sé móin (*turf*). Tá Micil suarach (*mean*) agus tá eagla air go n-imeoidh Séamas lá éigin. Mhill (*ruined*) sé saol Shéamais air.

- Tá lasair choille (*goldfinch*) mar pheata ag Séamas i gcás (*cage*). Ní thuigeann Séamas an fáth nach bhfuil an t-éan ag canadh mar, dar leis, tá gach rud aige, tá sé te teolaí (*cosy*) agus tá a lán bia aige.

- Deir Séamas go bhfuil sé ag smaoineamh ar dhul go Sasana. Deir Micil gur amadán é. Milleann sé muinín Shéamais – deir sé nach mbeidh sé in ann aon obair a fháil i Sasana, go mbíonn fits ag Séamas agus go mbeidh gach duine ag gáire faoi.

- Ansin tagann cailín álainn, Míoda, chuig an doras. Is tincéir í ach deir sí go bhfuil sí ag teitheadh (*running away*) óna hathair, Iarla Chonnacht. Ní thugann a hathair aon saoirse (*freedom*) di. Creideann Séamas í. Tá sí cosúil leis an lasair choille; tá go leor bia agus ceol ag Míoda sa Teach Mór ach níl a saoirse aici. Bhí sí uaigneach ag féachaint ar dhaoine óga an bhaile ag dul chuig an gcéilí le chéile agus bhí sise ina haonar, scartha ón saol. Ba mhaith léi dul go Sasana.

- Deir Micil le Séamas í a chaitheamh amach. Tá a fhios aige gur tincéir í atá ag iarraidh an t-airgead a ghoid. Tá trua ag Séamas di.

- Deir Míoda go bhfuil Micil ag déanamh searbhónta de Shéamas agus gur cheart dó an t-airgead a thógáil agus imeacht go Sasana mar go ndearna Séamas an obair go léir.

- Deir Míoda go rachaidh sí go Sasana leis agus go mbeidh saol iontach aige ann. Tugann sí misneach (*courage*) dó nuair a deir sí nach mbeidh daoine ag gáire faoi agus nach bhfuil sí féin ag gáire faoi.

- Impíonn (*pleads*) Micil ar Shéamas gan dul go Sasana. Tá eagla ar Mhicil go mbeidh air dul go dtí Teach na mBocht. Ba mhaith le Séamas imeacht ach tá trua aige do Mhicil.

- Tagann tincéir isteach ag lorg Míoda. Tosaíonn Míoda ag gáire faoi Shéamus ansin; glaonn sí amadán air. Imíonn sí ansin.

# Aonad a Dó — Prós

- Deir Micil go ndearna sí amadán de Shéamas. Deir Séamas gur oscail sí a shúile. Tuigeann sé anois go raibh Micil ag iarraidh cláiríneach a dhéanamh de Shéamas agus go raibh sé féin ag coimeád Binncheoil sa chás chun go mbeadh sé chomh dona leis féin. Deir sé go bhfuil siad go léir truamhéalach (*pathetic*) ag iarraidh daoine a choimeád i ngéibheann.

- Ligeann Séamas an lasair choille, Binncheol, saor. Chuir sé ionadh ar Shéamas mar don chéad uair chuala sé Binncheol ag canadh, rud nach ndearna sé nuair a bhí sé i ngéibheann (*imprisoned*) sa chás. Dúirt sé ansin go raibh athrú (*change*) ag teacht ar an saol, ar shaol gach duine, agus nach mbeadh Binncheol nó éan ar bith eile i ngéibheann sa chás aige arís.

## Téama an scéil

Baineann an scéal seo le saoirse agus dóchas. Ba bhreá le Séamas a bheith saor agus seasamh ar a bhoinn féin agus a bheith i measc daoine óga eile. Bhí brionglóid ag Míoda éalú ón saol a bhí aici, i ngéibheann ag a teaghlach agus a saol. Níl aon duine sa dráma saor – níl Micil saor mar gur cláiríneach é, níl Séamas saor mar nach bhfuil muinín ar bith aige mar go nglaonn Micil amadán air agus níl Míoda saor mar gur tincéir í.

## Cleachtadh ag scríobh

**A |** **Fíor nó bréagach?** Scríobh na habairtí go léir atá fíor i do chóipleabhar agus ceartaigh na cinn atá mícheart.

|  | Fíor | Bréagach |
|---|---|---|
| 1. Is cláiríneach é Micil. | ☐ | ☐ |
| 2. Tá an lasair choille sásta sa chás. | ☐ | ☐ |
| 3. Tá áthas ar Mhicil go bhfuil Séamas ag smaoineamh ar dhul go Sasana. | ☐ | ☐ |
| 4. Bhí Séamas ag obair do Mhicil ó bhí sé trí bliana déag d'aois. | ☐ | ☐ |
| 5. Is iníon Iarla Chonnacht í Míoda. | ☐ | ☐ |
| 6. Tá Míoda lansásta lena saol. | ☐ | ☐ |
| 7. Níl aon mhuinín ag Séamas as féin. | ☐ | ☐ |
| 8. Tá eagla ar Shéamas go mbeidh gach duine ag gáire faoi. | ☐ | ☐ |
| 9. Osclaíonn Míoda súile Shéamais agus tuigeann sé go bhfuil sé i ngéibheann. | ☐ | ☐ |
| 10. Tosaíonn Binncheol ag canadh nuair a ligtear saor í. | ☐ | ☐ |

## Prós — Aonad a Dó

### B | Cuir Gaeilge ar na habairtí seo a leanas.

1. Micil is a cripple.
2. Séamas would like to go to England.
3. Séamas has no confidence because Micil does all his thinking for him.
4. Míoda says that she is running away from her father, the Earl of Connacht.
5. Míoda was lonely, separated from the world.
6. Míoda gives Séamas courage and says that she's not laughing at him.
7. Míoda calls Séamas a fool and laughs at him.
8. Séamas sets the bird free.
9. Séamas will not be imprisoned again.

### C | Líon na bearnaí leis na focail ón liosta thíos.

cláiríneach, lasair choille, i ngéibheann, amadán, muinín, saoirse, searbhónta, truamhéileach, suarach, mhill, ag teitheadh

1. Bhí Séamas agus an lasair choille _ _____.
2. Rinne Míoda _____ de Shéamas.
3. Bhí Míoda agus Séamas ag lorg a _____.
4. Bhí saol _____ ag Séamas agus Míoda.
5. Bhí _____ _____ mar pheata ag Séamas sa chás.
6. Dúirt Míoda go raibh sí ___ _____ óna hathair.
7. _____ ab ea Micil a rinne _____ de Shéamas.
8. Ní raibh _____ ar bith ag Séamas.
9. Fear _____ ab ea Micil.
10. _____ Micil an saol ar Shéamas.

### D | Meaitseáil na ceisteanna agus na freagraí ó A agus B.

| A | B |
|---|---|
| 1. Cén aois é Séamas? | a) Ceapann sé gur amadán é. |
| 2. Cad a bhí cearr le Micil? | b) Mar nach bhfuil aon saoirse aici lena hathair. |
| 3. Cathain a chuaigh Séamas chun cónaí le Micil? | c) Go Sasana. |
| 4. Cad a cheapann Micil faoi Shéamas? | d) 25 bliana. |
| 5. Cén fáth a bhfuil Míoda ag teitheadh? | e) Is cláiríneach é. |
| 6. Cad a bhí cearr le saol Mhíoda agus saol Shéamais? | f) Go bhfuil níos mó sa saol seachas bia agus ól. |
| 7. Cá bhfuil Séamas agus Míoda ag iarraidh dul? | g) Lig sé Binncheol saor. |
| 8. Cén fáth a bhfuil eagla ar Shéamas imeacht? | h) Dhá bhliain déag ó shin. |
| 9. Cad a d'fhoghlaim Séamas ó Mhíoda? | i) Ní raibh aon saoirse acu. |
| 10. Cad a rinne Séamas ag deireadh an dráma? | j) Mar nach bhfuil aon mhuinín aige as féin. |

| 1 | 2 | 3 | 4 | 5 | 6 | 7 | 8 | 9 | 10 |
|---|---|---|---|---|---|---|---|---|---|
|   |   |   |   |   |   |   |   |   |    |

# Aonad a Dó — Prós

## E | Cuir Gaeilge ar na habairtí seo.

1. Micil is a mean cripple.
2. Both Séamas and the goldfinch are in captivity.
3. Séamas has no confidence in himself.
4. Micil has ruined Séamas's life.
5. Míoda says she is running away from her father.
6. None of the people in the story has any freedom.
7. Séamas and Míoda would like to go to England.
8. Míoda laughs at Séamas and calls him a fool.
9. Séamas sets the bird free at the end of the story.
10. Séamas understands that they are all pathetic.

## F | Buncheisteanna.

1. Cad tá cearr le Micil?
2. Cén aois é Séamas?
3. Cén fáth nach bhfuil an lasair choille ag canadh?
4. Cén scéal a chumann Míoda?
5. Céard ba mhaith le Séamas a dhéanamh?
6. Cén fáth nach bhfuil aon mhuinín ag Séamas?
7. Cén imní atá ar Mhicil?
8. Cad a dhéanann Míoda nuair a thagann an tincéir isteach sa teach?
9. Cad a dhéanann Séamas nuair a imíonn Míoda?
10. Cad a d'fhoghlaim Séamas ón eachtra le Míoda?

# Staidéar ar an scéal
## Séamas

Ógfhear 25 bliana d'aois. Tá sé in aimsir ag Micil le dhá bhliain déag.

**Uaigneach** – Tá sé uaigneach mar caitheann sé a shaol ag obair do Mhicil. Tá sé ag smaoineamh ar dhul go Sasana. Nuair a bhuaileann sé le Míoda déanann sé cara di taobh istigh de dheich nóiméad. Ba bhreá leis bheith le duine óg eile.

**Féinmhuinín** – Níl aon mhuinín aige as féin. Chaith Micil dhá bhliain déag anois ag rá gurbh amadán é, go mbeadh an saol go léir ag gáire faoi agus creideann sé é.

**Cneasta, cineálta** – Tá sé cneasta, cineálta (*gentle and kind*)
– leis an lasair choille
– le Míoda nuair a thagann sí go dtí an doras
– le Micil; níl sé éasca air imeacht go Sasana agus Micil a fhágáil.

**Saonta (*naïve*) agus simplí** – Creideann sé Míoda nuair a deir sí gurb í iníon Iarla Chonnacht í fiú nuair a deir Micil nach bhfuil sé sin fíor. Insíonn sé di cá bhfuil an t-airgead atá sa teach. Tá dearcadh (*attitude*) an-simplí aige ar an saol – go bhfuil gach rud agat má tá neart (*enough*) le hithe agus le hól agat.

**Saoirse** – Ba mhaith leis a bheith saor; ba mhaith leis imeacht go Sasana agus seasamh ar a bhoinn féin (*stand on his own feet*) agus smaoineamh dó féin.

## Micil

Seanfhear agus cláiríneach is ea é.

**Leithleasach** (*selfish*) – Níor smaoinigh sé ach air féin. Ba chuma leis go raibh sé ag goid shaol Shéamais uaidh. Ba chuma leis faoi thodhchaí (*future*) Shéamais. Cad a dhéanfadh sé nuair a bheadh Micil marbh? Rinne sé dúshaothrú (*exploitation*) ar Shéamas; chuir sé Séamas ag obair ach choimeád sé féin an t-airgead.

**Suarach** – Mhill sé muinín agus saol Shéamais chun é a choimeád sa teach leis. Dúirt sé leis gurbh amadán é agus go mbeadh an domhan go léir ag gáire faoi. Bhí eagla air roimh Theach na mBocht agus roimh an uaigneas. Dúirt sé gurbh fhearr leis bheith in ifreann ná i dTeach na mBocht.

## Míoda

Tincéir óg is ea í, nach bhfuil inti ach 'goid is bréaga'. B'fhéidir go bhfuil sí ag iarraidh éalú óna muintir nó b'fhéidir go bhfuil sí ag lorg déirce (*begging*).

**Cliste agus glic** – Thuig sí go raibh Séamas saonta agus chum sí scéal, gurbh ise iníon Iarla Chonnacht. Chonaic sí a seans chun airgead a fháil.

**Uaigneach** – Bhí brionglóid aici éalú agus a bheith saor. Thuig sí go raibh sí i ngéibheann cosúil leis an lasair choille. Bhí sí ag iarraidh bualadh amach faoin saol agus rud éigin níos fearr a dhéanamh di féin.

**Cruálach** (*cruel*) – Dúirt sí gur cheart Micil a chur isteach i dTeach na mBocht. Thosaigh sí ag gáire faoi Shéamas ag an deireadh agus ghlaoigh sí amadán air.

## Mothúcháin an scéil

**Dóchas** – Tá dóchas ag Séamas nuair a thagann Míoda isteach ina shaol, go mbeidh saol nua aige i Sasana. Tá dóchas ag Míoda imeacht go Sasana freisin agus a bheith saor cé nár imigh Séamas go Sasana le Míoda. Tá dóchas ann ag an deireadh go mbeidh athrú ar a shaol agus go mbeidh an misneach aige saol nua a thosú dó féin.

**Brón** – Is scéal brónach é seo mar go bhfuil saol brónach ag Séamas ina chónaí le Micil a ghoideann a shaol uaidh. Tá sé brónach ag an deireadh nuair atá ar Mhíoda imeacht ar ais go dtí saol an tincéara, go dtí an salachar (*dirt*).

**Eagla** – Tá eagla ar Shéamas roimh an saol mór, roimh aon saol nua. Tá eagla ar Mhicil roimh an uaigneas agus roimh Theach na mBocht.

# Aonad a Dó — Prós

## Ceisteanna Scrúdaithe

**A**

(i) 'Micil: As ucht Dé ort, a Shéamais, agus éist leis an éan sin, nó an gceapann tú go dtuigeann sé thú? Séamas: Á, mhuis, ní raibh mé ach ag caint leis. Shíl mé go raibh tú i do chodladh.' Tabhair cuntas ar Mhicil ón eolas atá sa dráma seo faoi.

(ii) Cén phearsa (carachtar), Séamas nó Míoda, is mó a raibh trua agat dó/di sa dráma seo? Déan cur síos gairid air/uirthi. Cuir fáthanna le do fhreagra. (Is leor dhá fháth.)

**B**

(i) 'Micil: Go Sasana! Céard sa diabhal a thabharfadh thusa go Sasana? Níl gnó ar bith acu d'amadáin i Sasana.' Tabhair cuntas ar ar tharla ina dhiaidh sin sa dráma go dtí go dtagann an tincéir fir (athair Mhíoda) isteach sa teach.

(ii) Cén sórt duine í Míoda, dar leat? Déan cur síos gairid uirthi agus inis cén fáth ar thaitin (nó nár thaitin) sí leat. (Is leor dhá fháth.)

**C**

Maidir leis na trí shaothar *Hurlamaboc*, *Oisín i dTír na nÓg* agus *An Lasair Choille* (a ndearna tú staidéar orthu i rith do chúrsa), roghnaigh *saothar amháin* díobh a bhfuil *ceann amháin* de na *téamaí* seo a leanas i gceist ann agus tabhair cuntas gairid ar a bhfuil sa saothar faoin téama atá roghnaithe agat.
éad, greann, saoirse (nó éalú), draíocht (iontas), grá (nó fuath), uaigneas (nó díomá)

**D**

Maidir leis na trí shaothar *Hurlamaboc*, *Oisín i dTír na nÓg* agus *An Lasair Choille* (a ndearna tú staidéar orthu i rith do chúrsa), roghnaigh *saothar amháin* díobh agus tabhair cuntas gairid ar dhá phearsa (carachtar) ann, pearsa amháin a thaitin leat agus pearsa amháin nár thaitin leat.

## Ceisteanna agus Freagraí Samplacha

### Ceist shamplach C

Maidir leis na trí shaothar *Hurlamaboc*, *Oisín i dTír na nÓg* agus *An Lasair Choille* (a ndearna tú staidéar orthu i rith do chúrsa), roghnaigh *saothar amháin* díobh a bhfuil *ceann amháin* de na *téamaí* seo a leanas i gceist ann agus tabhair cuntas gairid ar a bhfuil sa saothar faoin téama atá roghnaithe agat.
éad, greann, saoirse (nó éalú), draíocht (iontas), grá (nó fuath), uaigneas (nó díomá)

### Freagra samplach C

Tá saoirse mar théama sa dráma *An Lasair Choille*. Níl aon duine sa dráma saor. Tá Séamas, fear simplí saonta, ag obair do chláiríneach suarach, Micil. Níl Séamas saor mar nach bhfuil muinín ar bith aige as féin agus tá sé beagáinín simplí. Ba mhaith leis dul go Sasana agus seasamh ar a bhoinn féin ach milleann Micil a mhuinín. Níl Micil saor mar is cláiríneach é agus tá sé ag brath (*depending*) ar Shéamas. Níl Míoda saor ach an oiread. Is tincéir í agus tá sí scartha ó dhaoine eile. Ba mhaith léi éalú freisin, dul go Sasana. Tá sí féin agus Séamas ag brionglóidigh faoi shaoirse i Sasana ach ní fhaigheann siad an seans. Ag deireadh an dráma tugann Séamas a shaoirse do Bhinncheol, an lasair choille, agus tuigeann Séamas go bhfuil saoirse an-tábhachtach.

## Prós — Aonad a Dó

### Ceist shamplach D

Maidir leis na trí shaothar *Hurlamaboc*, *Oisín i dTír na nÓg* agus *An Lasair Choille* (a ndearna tú staidéar orthu i rith do chúrsa), roghnaigh *saothar amháin* díobh agus tabhair cuntas gairid ar dhá phearsa (carachtar) ann, pearsa amháin a thaitin leat agus pearsa amháin nár thaitin leat.

### Freagra samplach D

Níor thaitin Micil liom. Is cláiríneach é ach tá sé suarach leis. Níl sé ábalta aon obair a dhéanamh. Déanann Séamas an obair ar fad ach níl Micil deas leis in aon chor nó buíoch (*grateful*). Glaonn sé amadán air agus milleann sé muinín Shéamais. Bíonn sé ag gáire faoi Shéamas nuair a thosaíonn sé ag caint faoi dhul go Sasana. Tá eagla air go mbeidh sé ina aonar ach tá sé leithleasach mar nach bhfuil sé ag smaoineamh ar Shéamas in aon chor; níl sé ach ag smaoineamh air féin.

Is maith liom Séamas. Tá Séamas saonta agus beagáinín simplí. Tá sé an-deas le Micil agus leis an lasair choille. Ba mhaith leis a bheith saor agus an domhan a fheiceáil ach níl muinín aige mar go nglaonn Micil amadán air an t-am ar fad. Nuair a thagann Míoda go dtí an teach tá sé an-deas léi freisin. Ag deireadh an dráma scaoileann sé an lasair choille saor. Tá sé fós ina chónaí le Micil ach níl sé crosta ná suarach leis cé go bhfuil Micil fós ag glaoch amadáin air. Tá sé an-deas agus cneasta.

## Aonad a Dó — Prós

# Cáca Milis
**Gearrscannán le Brian Lynch**

**Stiúrthóir:** Jennifer Keegan
**Léiritheoir:** Brian Willis
**Scríbhneoir:** Brian Lynch
**Eagarthóir:** Gráinne Gavigan
**Comhlacht Léiriúcháin:** Igloo Films
**Aisteoirí:** Brendan Gleeson (Paul) agus Charlotte Bradley (Catherine)

## Scéal an scannáin

Tugann Catherine aire dá máthair. Tá a máthair sean agus tá **seafóid** bheag uirthi. Tá sí **faoi mhíchumas** anois (tá **cathaoir rotha** sa charr). Tá Catherine **i ndeireadh na feide** agus tá sí **teannasach**. Tiomáineann sí go dtí stáisiún traenach agus tagann **cúramóir** chun aire a thabhairt don mháthair don lá. Deir Catherine go mbeidh sí abhaile don tae, mar a bhíonn sí gach aon lá.
   *senility*
   *handicapped; wheelchair*
   *fed up; tense*
   *carer*

Tá Catherine **ag éalú** don lá. Léann sí leabhar grá nuair atá sí ar an traein. Suíonn sí siar sa suíochán agus tá sí ag súil le bheith ina haonar lena leabhar grá. Tagann Paul isteach sa charráiste. Tá Paul mór, dall agus **ciotach**. Caitheann sé a chás agus a mhaide bán ar an **raca** os cionn Catherine.
   *escaping*
   *clumsy*
   *rack*

Tá Paul sona agus **gealgháireach**. Tá sé cairdiúil agus cainteach. Tá asma air. Tá asma air ó bhí sé sé bliana d'aois agus tá sé go dona aige. Tá **análóir** aige. Bhí sé ar an raidió ag caint faoin asma uair. Tá sé **bródúil** as sin. Tá Paul ag dul ar a laethanta saoire go dtí carbhán a mháthar atá ar an trá. Tá sé ag súil go mór le dul ann. Tá sé ag dul **go ceann cúrsa**. Labhraíonn sé **gan stad gan staonadh**. Buaileann a chosa agus cosa Catherine in aghaidh a chéile. Tá sé ag cur isteach ar Catherine. Tá sí ag léamh leabhar grá faoi fhear **dathúil**, **nocht** agus feiceann sí Paul trasna uaithi.
   *cheerful*
   *inhaler*
   *proud*
   *the whole journey; endlessly*
   *handsome; naked,*

Níl aon **dochar** i Paul; tá sé **saonta** agus cairdiúil. Tá sé bródúil as rudaí beaga. Deir sé go bhfuil eolas aige ar gach **radharc** atá taobh amuigh den fhuinneog. Iarrann sé ar Catherine ceist a chur air faoi na radhairc. Sa deireadh cuireann sí ceist. Tugann sé cur síos ceart ach ansin cuireann Catherine **dallamullóg** air. Deir sí go bhfuil loch agus báid taobh amuigh den fhuinneog (níl). Tá Paul bocht **trína chéile** faoi seo agus tagann **taom asma** air. Úsáideann sé a análóir agus tá sé ceart go leor ach fós tá sé trína chéile.
   *harm; innocent*
   *view*
   *fool*
   *upset*
   *asthma attack*

Tagann an caife ansin. Iarrann Paul cabhair ar Catherine siúcra a chur ina chupán caife dó ach ní chuireann sí. Tosaíonn sé ag ithe a cháca milis bándearg ansin. Cuireann sé **samhnas** ar Catherine ag féachaint air. Líonann sé a bhéal leis an gcáca agus slogann sé an caife siar. Déanann sé torann mór leis an gcaife. Tá gach rud **ag prislíneach** amach as a bhéal. Díríonn an ceamara ar a bhéal, an cáca milis bándearg agus an caife araon ag prislíneach amach. I leabhar Catherine tá Eric, an laoch dathúil, ag luí síos le Catherine. Tosaíonn Paul ag caint ansin faoin Uasal Ó Catháin a thug an cáca milis dó. Creideann Paul é nuair a deir sé go bhfuil na cailíní go léir **craiceáilte** i ndiaidh Paul.
   *disgust*
   *dribbling*
   *mad about*

Tá Catherine **tinn tuirseach** de Paul agus a chuid cainte agus a chuid
   *sick and tired*

**béasa** faoin am seo. Féachann sí timpeall. Níl aon duine thart. Cumann sí scéal **mailíseach**. Deir sí le Paul go raibh **péist** ina cháca milis, nó go bhfuil **leathphéist** ina cháca, gur bhain sé **plaic** as an bpéist, go bhfuil an leathphéist ina bhéal. Tá **meangadh mailíseach** ar a haghaidh. Tá Paul bocht trína chéile arís. Tá a fhios ag Catherine cad a tharlóidh. Tagann drochthaom asma air. **Sciobann** Catherine a análóir ón mbord. Tagann **líonrith** ar Paul. Tá sé **ag súisteáil** thart; ní féidir leis **análú**.

Cuireann Catherine an t-análóir ar ais ar an mbord, **as greim** Paul. Fágann sí ansin. Faigheann Paul bás. Fágann sí an traein ansin. Feicimid an traein ansin ag fágáil an stáisiúin, ag dul ar aghaidh ar a thuras go mall, Paul bocht marbh ann.

*manners*
*malicous; worm*
*half a worm; bite*
*malicious smile*
*grabs*
*panic; flailing about*
*breathe*
*out of reach*

## Achoimre ar an scannán

- Fágann Catherine a máthair leis an gcúramóir agus téann sí ar an traein. Tá leabhar grá aici. Tá sí teannasach (*tense*) lena máthair. Tá sí ag éalú don lá.

- Tagann Paul isteach sa traein. Tá sé mór, dall agus ciotach. (*awkward*)

- Suíonn sé síos in aice le Catherine. Tá sé cairdiúil agus cainteach. Tá sé ag dul ar a laethanta saoire cois farraige. Tá sé ag caint gan stad gan staonadh. (*non stop*)

- Tá sé beagáinín saonta (*naive*) agus tá muinín aige as daoine. Tá asma air ó bhí sé sé bliana d'aois. Bíonn an asma go dona aige agus uair amháin bhí sé ar an raidió ag caint faoi.

- Tá sé ábalta cur síos a dhéanamh ar na radhairc taobh amuigh den fhuinneog. Iarrann sé ar Catherine ceist a chur air faoi na radhairc taobh amuigh den fhuinneog. Déanann sé cur síos ceart orthu.

- Insíonn Catherine bréag dó. Cuireann sí dallamullóg (*confuse*) air. Deir sí go bhfuil loch agus báid taobh amuigh. Tagann taom asma ar Paul; tá sé trína chéile mar go gceapann sé go raibh sé mícheart faoi na radhairc. Úsáideann sé a análóir agus tá sé ceart go leor.

- Tá Catherine cruálach (*cruel*). Ní chabhraíonn sí le Paul siúcra a chur ina chupán caife.

- Tosaíonn sé ag ithe a cháca milis bándearg. Níl béasa deasa ag Paul. Líonann sé a bhéal leis an gcáca milis agus slogann sé an caife siar. Déanann sé a lán torainn. Tá gach rud ag prislíneach (*dribbling*) amach as a bhéal.

- Cuireann sé samhnas (*disgust*) ar Catherine. Tá sise ag léamh scéil faoi fhear láidir, dathúil agus cuireann an difríocht idir a leabhar agus Paul fearg uirthi.

- Cumann sí scéal eile. Cuireann sí dallamullóg arís ar Paul. Deir sí gur ith Paul leathphéist (*worm*) a bhí ina cháca milis.

- Tá Paul trína chéile arís ach an uair seo níl a análóir aige mar sciobann Catherine é ón mbord.

- Tá Paul ag lorg cabhrach. Tá sé i bpian. Tá sé ag fáil bháis.

- Sa deireadh cuireann Catherine an t-análóir ar ais ar an mbord ach níl Paul ábalta greim a fháil air.

- Seasann Catherine suas agus fágann sí Paul ina aonar. Faigheann Paul bás.

# Aonad a Dó — Prós

## Téama an scannáin

**Cruálacht/Mí-úsáid/Duine gránna**

Baineann an scannán seo le bean ghránna chruálach. D'aon ghnó (*deliberately*) is í cúis le (*causes*) bás duine eile. Tugann sí aire dá máthair atá sean agus éilitheach (*demanding*) agus tá sí i ndeireadh na feide (*fed-up*). Nuair a bhuaileann sí le Paul, fear dall cainteach a chuireann isteach ar a cuid pleananna do thuras ciúin léi féin, baineann sí mí-úsáid as a dhaille chun é a mharú. Gan taise gan trócaire (*without mercy*) ach le sásamh mailíseach (*malicious*) is í is cúis le taom asma ann agus nuair a sciobann sí a análóir uaidh faigheann an fear bocht bás.

## Cleachtadh ag scríobh

**A |** Fíor nó bréagach? Scríobh na habairtí go léir atá fíor i do chóipleabhar agus ceartaigh na cinn atá mícheart.

|  |  | Fíor | Bréagach |
|---|---|:---:|:---:|
| 1. | Tá Catherine ag éalú óna máthair don lá. | ✓ |  |
| 2. | Fear ciúin, cúthail é Paul. |  | ✓ |
| 3. | Bhí asma ar Paul ó bhí sé sé bliana d'aois. | ✓ |  |
| 4. | Tá Paul ábalta cur síos a dhéanamh ar na radhairc taobh amuigh den fhuinneog. | ✓ |  |
| 5. | Is bean chabhrach, chairdiúil í Catherine. |  | ✓ |
| 6. | Tá Catherine cruálach d'aon ghnó agus cuireann sí Paul trína chéile. | ✓ |  |
| 7. | Creideann Paul go raibh péist ina cháca milis agus gur ith sé leath di. | ✓ |  |
| 8. | Tagann taom asma ar Paul. | ✓ |  |
| 9. | Sciobann Catherine a análóir ó ghreim Paul. | ✓ |  |
| 10. | Is í Catherine is cúis le bás Paul agus fágann sí é ina aonar ar an traein. | ✓ |  |

# Prós — Aonad a Dó

## B | Cuir Béarla ar na habairtí seo.

1. Tá Catherine teannasach lena máthair.
2. Tá Paul cainteach agus cairdiúil.
3. Tá asma ar Paul agus tá análóir aige.
4. Cuireann Catherine dallamullóg ar Paul.
5. Tá Catherine gránna agus cruálach.
6. Tá Paul trína chéile nuair a cheapann sé go bhfuil sé mícheart faoi na radhairc.
7. Cuireann Paul agus a cháca milis samhnas ar Catherine.
8. Tá gach rud ag prislíneach amach as béal Paul.
9. Tá Catherine ag léamh scéil faoi fhear láidir, dathúil.
10. D'aon ghnó tá Catherine ina cúis le bás Paul.

## C | Líon na bearnaí leis na focail ón liosta thíos.

teannasach, gránna, asma, análóir, dallamullóg, dall, gan stad, radhairc, péist, samhnas, trína chéile, torainn, ina cúis le

1. Bíonn Paul ag caint _____ _____ gan staonadh.
2. Tá Catherine _gránna_ agus cruálach.
3. Cuireann Paul agus a bhéasa _samhnas_ ar Catherine.
4. Tá _asma_ ar Paul agus úsáideann sé _análóir_.
5. Tá Paul _____ _____ nuair a cheapann sé go bhfuil sé mícheart faoi na _____ taobh amuigh den fhuinneog.
6. Tá Catherine _____ lena máthair ag tús an scannáin.
7. Bhí Paul _dall_ agus tá asma air.
8. Chuir Catherine _dallamullóg_ ar Paul agus dúirt sí go raibh _____ ina cháca milis.
9. Tá Catherine _ina cúis le_ bás Paul nuair a sciobann sí a análóir uaidh.
10. Déanann Paul a lán _torainn_ nuair a bhíonn sé ag ithe.

## D | Meaitseáil na ceisteanna agus na freagraí ó A agus B.

**A**
1. Cad a bhí Catherine ag déanamh don lá?
2. Cén cineál duine é Paul?
3. Conas a chuireann Paul isteach ar Catherine?
4. Conas a chuireann Catherine dallamullóg ar Paul an chéad uair?
5. Cad a tharlaíonn do Paul nuair a bhíonn sé trína chéile?
6. Cén cineál duine í Catherine?
7. Cén cineál leabhair atá á léamh ag Catherine?
8. Cad í an dara bréag a insíonn Catherine do Paul?
9. Conas atá Catherine ina cúis le bás Paul?
10. Cad a tharlaíonn ag deireadh an scannáin?

**B**
a) Tá sí gránna agus cruálach.
b) Sciobann sí a análóir uaidh.
c) Deir sí gur ith sé leathphéist.
d) Faigheann Paul bás le taom asma.
e) Bhí sí ag éalú óna máthair.
f) Tá sé ag caint gan stad gan staonadh.
g) Tagann taom asma air.
h) Deir sí go bhfuil loch agus báid taobh amuigh den fhuinneog.
i) Tá sé cainteach agus cairdiúil.
j) Leabhar grá.

| 1 | 2 | 3 | 4 | 5 | 6 | 7 | 8 | 9 | 10 |
|---|---|---|---|---|---|---|---|---|---|
|   | i | F | h | G | a | j | c | b | d |

# Aonad a Dó — Prós

### E | Cuir Gaeilge ar na habairtí seo.

1. Catherine is mean and cruel.
2. Paul talks endlessly.
3. Paul is upset when Catherine says there is a lake outside.
4. Paul had asthma since he was six.
5. Catherine is tense with her mother.
6. Catherine is reading about a handsome man in her book.
7. Paul's manners disgust Catherine.
8. Catherine fools Paul when she says there is a worm in his cake.
9. Catherine snatches the inhaler off the table.
10. Paul dies from an asthma attack.

### F | Buncheisteanna.

1. Cá raibh Paul agus Catherine ag dul?
2. Cén cineál duine é Paul?
3. Conas a chuireann Paul isteach ar Catherine?
4. Cad a chuireann Paul trína chéile?
5. Cad atá á ithe ag Paul? Conas a chuireann sé samhnas ar Catherine?
6. Conas a léirítear go bhfuil Catherine cruálach?
7. Meas tú cén fáth a bhfuil Catherine chomh cruálach sin?
8. Cad a tharlaíonn do Paul nuair a deir Catherine gur ith sé leathphéist?
9. Conas atá Catherine ina cúis le bás Paul?
10. Cad a dhéanann Catherine ag deireadh an scannáin?

## Staidéar ar an scéal

### Paul

*\*give evidence*

**Cainteach/cairdiúil** – Is duine cairdiúil, cainteach é Paul. Tá sé ag dul ar a chuid laethanta saoire agus tá áthas air. Tá sé ag caint le Catherine faoina asma, faoi bheith ar an raidió ag caint faoina asma uair amháin. Tá sé ag caint léi faoina cháca milis, faoi na radhairc *(views)* taobh amuigh den fhuinneog. Tá sé ag caint gan stad gan staonadh agus ní thuigeann sé go bhfuil sé ag cur isteach ar Catherine mar nach bhfuil sé ábalta a haghaidh a fheiceáil toisc go bhfuil sé dall.

*2 each*

**Saonta/sona** – Is duine saonta *(innocent)* agus sona é Paul. Tá deacrachtaí *(difficulties)* aige ina shaol ach fós tá sé sona sásta, ag dul ar a chuid laethanta saoire agus ag caint faoina bheith ar an raidió uair. Tá muinín aige as daoine. Creideann sé an tUasal Ó Catháin nuair a deir sé go bhfuil na cailíní go léir craiceáilte ina dhiaidh. Creideann sé Catherine nuair a deir sí go bhfuil loch agus báid taobh amuigh den fhuinneog. Creideann sé í freisin nuair a deir sé gur ith sé leathphéist.

**Neamhspleách** (*independent*) – Cé go bhfuil sé dall agus go bhfuil drochasma air, tá Paul neamhspleách. Tá sé ag dul ar a chuid laethanta saoire ina aonar. Cuireann sé muinín i ndaoine eile agus níl sé ábalta mar sin do dhuine chomh cruálach le Catherine. Tá trua an domhain againn dó gur bhuail sé le bean chomh gránna léi.

**Bródúil** – Tá Paul bródúil as na rudaí beaga a dhéanann sé sa saol. Tá sé bródúil go raibh sé ar an raidió uair ag caint faoina asma; tá sé bródúil as a cháca milis bándearg; tá sé bródúil go bhfuil a fhios aige cad atá taobh amuigh den fhuinneog; tá sé bródúil as a bheith ag dul ar a chuid laethanta saoire.

# Catherine

*codarsnacht – contrast between Catherine + Paul!*

**Teannasach** – Is duine teannasach í Catherine. Tá sí teannasach lena máthair ag tús an scannáin agus tá sí ag éalú don lá lena leabhar grá. Tá sí i ndeireadh na feide lena máthair.

**Míshona** – Tá Catherine míshona lena saol. Tugann sí aire dá máthair atá sean agus tá seafóid bheag uirthi. Is maith le Catherine éalú isteach i ndomhan eile, le fear dathúil Eric agus dearmad a dhéanamh ar an saol atá aici. Cuireann Paul deireadh leis na pleananna sin.

*2 each*

**Cruálach/gránna** – Is duine cruálach, gránna í Catherine. Ní léiríonn sí trua ar bith do Paul. Ní dhéanann Paul aon rud uirthi ach suí ina aice léi agus a bheith ag caint gan stad gan staonadh. Faigheann sí sásamh mailíseach nuair a chuireann sí dallamullóg air nuair a deir sí go bhfuil loch agus báid taobh amuigh den fhuinneog. Cuireann Paul samhnas uirthi nuair atá sé ag ithe a cháca milis agus ag ól a chupán caife. Cumann sí scéal eile ansin mar go bhfuil a fhios aici go mbeidh taom asma eile aige. An uair seo sciobann sí an t-análóir uaidh agus is í is cúis lena bhás. Is duine olc í.

*malicious satisfaction*
*weak/cruel*

# Mothúcháin an scéil

**Samhnas** – Tá samhnas (*disgust*) ar Catherine le Paul. Cuireann a chaint, a asma agus a bhéasa isteach uirthi. Nuair a fheiceann sí Paul ag ithe a cháca milis tagann samhnas uirthi agus cumann sí scéal cruálach faoin leathphéist agus is í is cúis lena bhás. Tá sí lán le fuath do Paul.

*disgust* *manners* *– PROOF* *hatred*

**Áthas/sonas** – Tá áthas agus sonas ar Paul mar go bhfuil sé ag dul ar a chuid laethanta saoire. Tá sé faoi mhíchumas ach fós tá sé sona mar dhuine. Tá muinín aige as daoine. Tá muinín aige as Catherine agus mar sin creideann sé í nuair a deir sí go raibh loch agus báid taobh amuigh den fhuinneog agus gur ith sé leathphéist. Ní dhéanann sé dochar d'aon duine ach fós féin is í is cúis lena bhás.

**Trua** – Tá trua againn do Paul. Duine deas atá ann agus ní dhéanann sé dochar d'aon duine. Cé go bhfuil sé faoi mhíchumas (*disabled*) tá sé neamhspleách, cairdiúil agus sona. Tá áthas air a bheith ag dul ar a chuid laethanta saoire agus mar sin tá trua againn dó go mbuaileann sé le bean chomh gránna le Catherine a chuireann deireadh lena shaol i mbealach an-chruálach ar fad.

**Uafás** – Cuireann an scannán uafás orainn. Tá sé deacair a chreidiúint gur tharla an eachtra seo. Is duine deas cairdiúil é Paul ach ag deireadh an scannáin tá sé marbh toisc go bhfuil sé de mhí-ádh air bualadh le duine chomh gránna, cruálach le Catherine. D'aon ghnó is í is cúis lena bhás, rud uafásach ar fad.

# Aonad a Dó — Prós

## Ceisteanna Scrúdaithe

**A**
(i) *Give an a/c of what happened to Paul after drinking the coffee*
Tabhair cuntas ar ar tharla tar éis do Paul a chupán caife a fháil go dtí deireadh an scannáin.
(ii) Cén sórt duine í Catherine, dar leat? Déan cur síos gairid uirthi agus inis cén fáth ar thaitin (nó nár thaitin) sí leat. (Is leor dhá fháth.)

**B**
(i) 'Tá me ag dul go ceann cúrsa,' arsa Paul. Tabhair *cuntas* ar ar tharla i ndiaidh do Paul suí in aice le Catherine go dtí gur tháinig an caife.
(ii) Cén sórt duine é Paul, dar leat? Déan cur síos gairid air agus inis cén fáth ar thaitin (nó nár thaitin) sé leat. (Is leor dhá fháth.)

**C**
Maidir leis na trí shaothar *Lasair Choille, Cáca Milis* agus *Dís* (a ndearna tú staidéar orthu i rith do chúrsa), roghnaigh *saothar amháin* díobh a bhfuil *ceann amháin* de na *téamaí* seo a leanas i gceist ann agus tabhair cuntas gairid ar a bhfuil sa saothar faoin *téama* sin atá roghnaithe agat.
saint, fuath, ól, gliceas, draíocht (iontas), samhnas

**D**
Maidir leis na trí shaothar *Oisín i dTír na nÓg, Dís* agus *Cáca Milis* (a ndearna tú staidéar orthu i rith do chúrsa), roghnaigh *saothar amháin* díobh agus tabhair cuntas gairid ar *dhá* phearsa (charachtar) ann, pearsa amháin a thaitin leat *agus* pearsa amháin nár thaitin leat.

## Ceisteanna agus Freagraí Samplacha

### Ceist shamplach A
(i) Tabhair cuntas ar ar tharla tar éis do Paul a chupán caife a fháil go dtí deireadh an scannáin.
(ii) Cén sórt duine í Catherine, dar leat? Déan cur síos gairid uirthi agus inis cén fáth ar thaitin (nó nár thaitin) sí leat. (Is leor dhá fháth.)

### Freagra samplach A
(i) Nuair a fuair Paul a chupán caife thosaigh sé ag ól agus ansin ag ithe a cháca milis. Déanann sé a lán torainn nuair atá sé ag ól agus ag ithe agus cuireann sé isteach go mór ar Catherine. Tá sí tinn tuirseach de Paul anois. Cumann sí scéal. Deir sí le Paul go raibh péist ina cháca milis agus gur bhain sé plaic as. Tá eagla agus imní ar Paul anois agus tagann taom asma air. Sciobann Catherine an t-análóir uaidh agus níl Paul ábalta análú. Faigheann sé bás agus fágann Catherine an traein.
(ii) Is duine gránna cruálach í Catherine. Is fuath léi Paul mar nach stopann sé ag caint agus déanann sé torann mór agus é ag ithe a cháca mhilis. Is í cúis lena bhás nuair a chumann sí an scéal faoin bpéist. Shuigh sí ansin ag féachaint air ag fáil bháis. Is duine gránna olc í gan aon agó.

## Ceist shamplach C

Maidir leis na trí shaothar *Lasair Choille, Cáca Milis* agus *Dís* (a ndearna tú staidéar orthu i rith do chúrsa), roghnaigh *saothar amháin* díobh a bhfuil *ceann amháin* de na *téamaí* seo a leanas i gceist ann agus tabhair cuntas gairid ar a bhfuil sa saothar faoin *téama* sin atá roghnaithe agat.
saint, fuath, ól, gliceas, draíocht (iontas), samhnas

## Freagra samplach C

Tá *samhnas* le fáil sa scéal *Cáca Milis*.
Tá Catherine ag éalú don lá óna máthair. Suíonn sí síos sa traein agus tá sí ag léamh a leabhar grá. Tagann Paul, fear atá faoi mhíchumas, isteach ar an traein. Tá sé sona, cainteach agus cairdiúil. Tá sé dall agus tá asma air. Ní stopann sé de bheith ag caint le Catherine. Tagann samhnas uirthi le Paul. Tá sí tuirseach de Paul agus a chuid cainte. Tá sí cruálach agus cumann sí scéalta chun taom asma a chur air. Deir sí go bhfuil loch agus báid taobh amuigh den fhuinneog. Nuair atá Paul ag ithe a cháca milis agus ag ól a chupán caife le gach rud ag prislíneach, tagann samhnas mór uirthi agus deir sí leis gur ith sé leathphéist a bhí ina cháca milis. Faigheann Paul bocht bás mar gur chuir sé samhnas ar Catherine.

## Ceist shamplach D

Maidir leis na trí shaothar *Oisín i dTír na n-Óg, Dís* agus *Cáca Milis* (a ndearna tú staidéar orthu i rith do chúrsa), roghnaigh *saothar amháin* díobh agus tabhair cuntas gairid ar *dhá* phearsa (charachtar) ann, pearsa (carachtar) amháin a thaitin leat *agus* pearsa (carachtar) amháin nár thaitin leat.

## Freagra samplach D

*Cáca Milis*
Thaitin Paul liom. Bhí sé cairdiúil agus cainteach. Bhí áthas air go raibh sé ag dul ar a chuid laethanta saoire. Bhí sé bródúil as rudaí beaga. Bhí sé ar an raidió uair amháin ag caint faoina asma agus bhí sé bródúil as sin. Tá Paul faoi mhíchumas, tá sé dall agus tá asma dona air, ach tá sé neamhspleách ag dul ar a chuid laethanta saoire leis féin. Is maith liom a charactar.
Is fuath liom Catherine agus an rud a rinne sí do Paul. Bhí Paul sona agus cainteach. Bhí áthas air ag dul ar a laethanta saoire. Bhí sé de mhí-ádh air suí síos in aice le bean ghránna, chruálach. D'aon ghnó chuir Catherine taom asma ar Paul nuair a dúirt sí leis gur ith sé leathphéist. Sciob sí an t-análóir uaidh agus fuair Paul bás. Is duine gránna, uafásach í agus ní maith liom í ná an scannán.

**Aonad a Trí** — An tAlt/Blag/Scrúdú Cainte

# An tAlt, An Blag agus An Scrúdú Cainte

## Clár

**Treoir don Scrúdú** .................................................................................. 134

**Briathra** .................................................................................................... 135

**Áit chónaithe** ........................................................................................... 136
Alt samplach 1: An áit is fearr le Clíodhna ............................................ 139
An scrúdú cainte: Blag: Áit chónaithe .................................................. 141
Alt samplach 2: Is í Éire an tír is fearr ar domhan ................................ 144

**An aimsir in Éirinn** .................................................................................. 145
Blag samplach 1: An aimsir in Éirinn ..................................................... 146
Blag samplach 2: An samhradh seo caite ............................................ 147
An scrúdú cainte: Na séasúir agus an aimsir ....................................... 148
An Ghaeltacht .......................................................................................... 149

**Caitheamh aimsire** ................................................................................. 150
Alt samplach 3: Ceol ............................................................................... 152
Alt samplach 4: An teilifís ....................................................................... 153
An scrúdú cainte: Blag: Caitheamh aimsire ......................................... 154

**Cairde** ...................................................................................................... 156
An scrúdú cainte: Blag: Cairde .............................................................. 159
Alt samplach 5: Mo chairde ................................................................... 160

**Spórt** ........................................................................................................ 161
An scrúdú cainte: Blag: Spórt ................................................................ 163
Alt samplach 6: An lá ab fhearr a bhí agam riamh .............................. 165

**Mo shaol ar scoil** .................................................................................... 166
Alt samplach 7: Ní maith liom an Luan ................................................. 168
An scrúdú cainte: Blag: Mo shaol ar scoil ............................................ 169
Alt samplach 8: Oíche Shathairn an oíche is fearr liom ...................... 171

An tAlt/Blag/Scrúdú Cainte  **Aonad a Trí**

### Mo shaol sa todhchaí ............................................................................................ 172
**An scrúdú cainte: Blag: Mo shaol sa todhchaí** ....................................................... 173
**Alt samplach 9: An cineál saoil a bheidh agam,
dar liom, tar éis na hArdteiste** ................................................................................. 174

### An brú atá ar dhaoine óga sa lá atá inniu ann ................................................. 175
**Alt samplach 10: Bíonn saol breá ag daoine óga sa lá atá inniu ann** .................... 176
**An scrúdú cainte: Blag: An brú atá ar dhaoine óga sa lá atá inniu ann** .............. 177
**Alt samplach 11: An fhadhb is mó in Éirinn** .......................................................... 178
**Alt samplach 12: Na fadhbanna (deacrachtaí) a bhíonn ag daoine
óga in Éirinn sa lá atá inniu ann** ............................................................................. 179
**An scrúdú cainte: Blag: Na fadhbanna (deacrachtaí) a bhíonn ag
daoine óga in Éirinn sa lá atá inniu ann** ................................................................. 180

### Timpistí bóthair ................................................................................................. 181
**Alt samplach 13: Timpistí bóthair** .......................................................................... 181

## Aonad a Trí — An tAlt/Blag/Scrúdú Cainte

# Treoir don Scrúdú

**Ceapadóireacht:
An tAlt/Blag
An Scrúdú Cainte**

- Tá 50 marc ag dul don cheist seo ar pháipéar a haon.
- Scríobh cúig líne dhéag i do chóipleabhar.
- Déan plean i do chóipleabhar agus cuir tús, lár agus deireadh soiléir ann.
- Bain úsáid as réimse leathan briathra san alt agus sa bhlag.
- Foghlaim laethanta na seachtaine/an t-am/míonna na bliana.
- Foghlaim liosta aidiachtaí agus léigh ailt shamplacha.
- Fág cúpla nóiméad ag an deireadh chun an t-alt nó an blag a athléamh agus na botúin a cheartú.

## Blag

**Céard é?**

- Is sórt dialainne oscailte é blag.
- Is féidir le do chairde an blag a léamh.
- De ghnáth scríobhann daoine faoina gcuid fadhbanna nó faoina mbeatha.
- Nochtann daoine a dtuairimí faoi ábhair éagsúla (people express their views about various subjects) nuair a scríobhann siad blag.
- Is féidir an blag a scríobh san aimsir chaite, san aimsir láithreach nó san aimsir fháistineach – braitheann sé ar ábhar an bhlag.
- Scríobh síos dáta agus am ag an tús.

An tAlt/Blag/Scrúdú Cainte     Aonad a Trí

# Briathra

 Le foghlaim

 Téigh chuig lch 18 sa Leabhrán Scrúdaithe agus déan an scrúdú gearr ar na briathra san aimsir láithreach.

### Briathra rialta

**Foghlaim na briathra thíos san aimsir láithreach agus déan na ceachtanna a bhaineann leo.**

| | | | | | |
|---|---|---|---|---|---|
| dúisím | I wake up | sleamhnaím | I slip | brostaím | I hurry |
| rithim | I run | labhraím | I speak | ceannaím | I buy |
| osclaím | I open | críochnaím | I finish | siúlaim | I walk |
| buailim le | I meet (with) | scríobhaim | I write | gortaím | I injure |
| fanaim | I stay | brisim | I break | gearraim | I cut |
| fágaim | I leave | caillim | I lose | leagaim | I set/knock down |
| braithim | I feel | geallaim | I promise | | |
| screadaim | I scream | ceanglaím | I tie | cónaím | I live |
| glaoim | I call | ullmhaím | I prepare | goidim | I steal |
| luím | I lie | imrím | I play | éistim | I listen |
| codlaím | I sleep | insím | I tell | troidim | I fight |
| líonaim | I fill | guím | I pray | léimim | I jump |
| ním | I wash | glanaim | I clean | cuirim | I put |
| féachaim | I watch | cuidím | I help | fillim | I return |
| tosaím | I start | éirím | I get up | tógaim | I take |
| dúnaim | I close | oibrím | I work | | |

### Briathra neamhrialta

 Téigh chuig lch 412 chun breis oibre a dhéanamh ar an aimsir láithreach.

| | | | | |
|---|---|---|---|---|
| bím | I am | faighim | I get |
| tugaim | I give | déanaim | I make |
| beirim | I grab/catch | cloisim | I hear |
| deirim | I say | ithim | I eat |
| feicim | I see | tagaim | I come |
| téim | I go | | |

### Comórtas sa rang!

Téigh timpeall an ranga agus faigh amach an bhfuil na briathra thuas ar eolas ag na daltaí. Déan an comórtas sa rang gach seachtain agus croch ainm na mbuaiteoirí ar an mballa sa seomra ranga. Cabhróidh na briathra seo leat ag ullmhú don scrúdú cainte freisin.

# Aonad a Trí — An tAlt/Blag/Scrúdú Cainte

## Áit chónaithe

### Cleachtadh ag scríobh

**A** | Meaitseáil na habairtí thíos agus ansin scríobh na habairtí i do chóipleabhar.

| | |
|---|---|
| 1. Cónaím sa Chlochán | a. ceol |
| 2. Is aoibhinn liom | b. i gcontae na Gaillimhe |
| 3. Tá mo chairde ina gcónaí | c. téimid chuig an bpictiúrlann |
| 4. Gach lá tar éis | d. scoile tagann mo chairde chuig mo theach |
| 5. Éistimid le | e. m'áit chónaithe |
| 6. Ag an deireadh seachtaine | f. dhéagóirí i m'áit chónaithe |
| 7. Tá na háiseanna thar cionn do | g. in aice láimhe |

| 1 | 2 | 3 | 4 | 5 | 6 | 7 |
|---|---|---|---|---|---|---|
|   |   |   |   |   |   |   |

**B** | Meaitseáil na habairtí thíos i nGaeilge agus i mBéarla agus ansin scríobh na habairtí i nGaeilge i do chóipleabhar.

| | |
|---|---|
| 1. Is áit álainn í | a. It is a peaceful, isolated place |
| 2. Ba mhaith liom tamall a chaitheamh ann sa todhchaí | b. The people are friendly and chatty there |
| 3. Is áit shíochánta, iargúlta í | c. I feel at ease there |
| 4. Tá na daoine cairdiúil, cuideachtúil ann | d. All my friends are living there |
| 5. Mothaím ar mo shuaimhneas ann | e. It is a beautiful place |
| 6. Tá mo chairde go léir ina gcónaí ann | f. I would like to spend time there in the future |

| 1 | 2 | 3 | 4 | 5 | 6 |
|---|---|---|---|---|---|
|   |   |   |   |   |   |

**C** | Scríobh abairtí leis na briathra thíos i do chóipleabhar.

- a. Ceannaím …
- b. Téim …
- c. Faighim …
- d. Cuirim …
- e. Fágaim …
- f. Dúnaim …
- g. Siúlaim …
- h. Déanaim …

**D** | Déan cur síos ar d'áit chónaithe don rang.

An tAlt/Blag/Scrúdú Cainte   Aonad a Trí

## Cá bhfuil cónaí ort?

Le foghlaim

**A** | Meaitseáil na habairtí thíos i nGaeilge agus i mBéarla agus ansin scríobh na habairtí i nGaeilge i do chóipleabhar. Scríobh alt gearr i do chóipleabhar faoi d'áit chónaithe.

1. Tá cónaí orm i nDún na nGall
2. Is áit ghleoite í
3. Tá mo theach suite cúpla ciliméadair ó Leitir Ceanainn
4. Is áit chiúin í
5. Téim isteach sa bhaile mór gach Satharn le mo chairde
6. Is iomaí áis atá i Leitir Ceanainn do dhéagóirí
7. Is aoibhinn linn an phictiúrlann agus téimid chuig an ionad spóirt go minic freisin
8. Sa samhradh téimid chuig an trá

a. It is a quiet place
b. I go into the town every Saturday with my friends
c. There are many facilities in Letterkenny for teenagers
d. I live in Donegal
e. We love the cinema and we often go to the sportscentre as well
f. It is a lovely place
g. My house is situated a few kilometres from Letterkenny
h. In summer we go to the beach

| 1 | 2 | 3 | 4 | 5 | 6 | 7 | 8 |
|---|---|---|---|---|---|---|---|
|   |   |   |   |   |   |   |   |

## Céard iad na háiseanna sa cheantar?

**B** | Meaitseáil na habairtí thíos i nGaeilge agus i mBéarla agus ansin scríobh na habairtí i nGaeilge i do chóipleabhar.

1. Táim i mo chónaí sa chathair
2. Tá na háiseanna thar cionn sa chathair
3. Gar do mo theach tá páirc peile agus cúirt leadóige
4. Gach deireadh seachtaine téim isteach sa chathair le mo chairde
5. Téimid ag siopadóireacht agus bíonn lón againn
6. Is aoibhinn le mo thuismitheoirí an chathair freisin
7. Anois is arís téann siad chuig an amharclann nó an bpictiúrlann
8. Fanfaidh mé sa chathair gan amhras ar bith

a. Every weekend I go into the city with my friends
b. We go shopping and we have lunch
c. My parents love the city as well
d. Now and then they go to the theatre or the cinema
e. I live in the city
f. I will stay in the city without any doubt
g. Close to my house there is a football pitch and a tennis court
h. The facilities are excellent in the city

| 1 | 2 | 3 | 4 | 5 | 6 | 7 | 8 |
|---|---|---|---|---|---|---|---|
|   |   |   |   |   |   |   |   |

**C** | Scríobh cúig abairt faoi d'áit chónaithe i do chóipleabhar.

# Aonad a Trí — An tAlt/Blag/Scrúdú Cainte

## Na háiseanna i mo cheantar

 **Le foghlaim**

Foghlaim na háiseanna thíos agus ansin scríobh alt nó blag i do chóipleabhar faoi na háiseanna i do cheantar.

| | | |
|---|---|---|
| club óige..................youth club | bialann......................restaurant | ospidéal...................hospital |
| pictiúrlann...............cinema | amharclann............theatre | meánscoil.................secondary school |
| banc.........................bank | teach tábhairne....pub | óstán........................hotel |

 **Cleachtadh ag scríobh**

*teach tábhairne, ollmhargadh, óstán, bhanc, phictiúrlann, gclub óige, amharclann, oifig an phoist, ospidéal, mheánscoil*

**A**

1. Téann daoine óga chuig an _____ gach seachtain agus buaileann siad lena gcairde ann.
2. Fanann daoine san _____ nuair atá siad tinn.
3. Ólann daoine deochanna sa _____.
4. Téann daoine chuig an _____ chun drámaí a fheiceáil.
5. Nuair a théann daoine ar saoire fanann siad in _____.
6. Féachann daoine ar scannán sa _____.
7. Ceannaíonn daoine stampaí in _____.
8. Foghlaimíonn daltaí Gaeilge agus ábhair eile sa _____.
9. Ceannaíonn daoine bainne, feoil agus glasraí san _____.
10. Cuireann daoine airgead i dtaisce sa _____.

 **Comórtas sa rang!**

Téigh timpeall an ranga agus faigh amach an bhfuil na focail thuas ar eolas ag na daltaí. Déan an comórtas sa rang gach seachtain agus croch ainm na mbuaiteoirí ar an mballa sa seomra ranga. Cabhróidh na nathanna cainte seo leat ag ullmhú don scrúdú cainte freisin.

 Inis don rang céard iad na háiseanna i do cheantar.

**B** Scríobh cúig abairt i do chóipleabhar ar na háiseanna atá i do cheantar.

## An tAlt/Blag/Scrúdú Cainte — Aonad a Trí

## Alt samplach 1

**Léigh an t-alt samplach thíos agus freagair na ceisteanna a ghabhann leis.**

### An áit is fearr le Clíodhna

*Bain úsáid as an alt seo agus tú ag ullmhú don scrúdú cainte.*

Is í **cathair** Nua-Eabhrac an áit is fearr liom ar domhan. Chuaigh mé ann an bhliain seo caite le mo mhuintir. Tá an chathair féin go hálainn agus **an-chorraitheach**. Chaitheamar an chéad dá lá ag siopadóireacht. D'fhéadfá mí a chaitheamh ann ag siopadóireacht, dá mbeadh an t-airgead agat! Bhí mo dheirfiúr agus mo mham ar neamh ag siopadóireacht. Bhí m'athair bocht ag éirí bréan de tar éis tamaill ach bhí go leor eile le déanamh ann dó.

B'aoibhinn leis na **dánlanna** ar fad atá ann. Tá an-suim aige san ealaín agus thug sé cuairt ar an Guggenheim agus ar Dhánlann na hEalaíne Nua-Aimseartha. Tá na mílte **bialann** ann agus chuamar amach gach oíche agus d'itheamar an iomarca! Thugamar cuairt ar Times Square oíche amháin agus chonaiceamar seó iontach ar Broadway. Baineamar an-taitneamh as. Lá eile chaitheamar tamall i Central Park agus chuamar ar an traein chuig Chinatown agus Little Italy.

**Cabhair! Le foghlaim**

| | | | |
|---|---|---|---|
| cathair | city | an-chorraitheach | very exciting |
| dánlanna | museums | bialann | restaurant |

### Ceisteanna

1. Cén áit is fearr le Clíodhna?
2. Céard a rinne siad an chéad lá?
3. Ainmnigh dhá áit i Nua-Eabhrac ar thug siad cuairt orthu.

**Scríobh na nathanna cainte a d'fhoghlaim tú san alt seo i do chóipleabhar.**

**Scríobh alt ar an ábhar thuas i do chóipleabhar.**

# Aonad a Trí — An tAlt/Blag/Scrúdú Cainte

## Cleachtadh ag scríobh

### An chathair is fearr liom ar domhan

**A** | Meaitseáil na habairtí thíos i nGaeilge agus i mBéarla agus ansin scríobh na habairtí i nGaeilge i do chóipleabhar. Scríobh alt i do chóipleabhar faoin gcathair is fearr leat ar domhan. Bain úsáid as na nótaí thíos.

1. Is cathair iontach í
2. Thug mé cuairt ar _____ an samhradh seo caite
3. Tá atmaisféar bríomhar ann
4. Bíonn an aimsir te agus grianmhar ann sa samhradh
5. Tá radhairc iontacha le feiceáil ann
6. Is iomaí áis atá ann do dhéagóirí
7. Tá a lán iarsmaí stairiúla ann
8. Chaith mé ceithre lá shona ann ag spaisteoireacht timpeall na cathrach

a. There are a lot of historical relics there
b. I spent four happy days there wandering around the city
c. It is a wonderful city
d. There are wonderful sights to be seen there
e. I visited _____ last year
f. The weather is warm and sunny there in summer
g. There is a lively atmosphere there
h. There are many facilities there for teenagers

### An áit is fearr liom ar domhan

**B** | Meaitseáil na habairtí thíos i nGaeilge agus i mBéarla agus ansin scríobh na habairtí i nGaeilge i do chóipleabhar. Scríobh alt i do chóipleabhar faoin áit is fearr leat ar domhan. Bain úsáid as na nótaí thíos.

1. Is í an áit is fearr liom ar domhan ná mo sheomra leapa
2. Ní roinnim an seomra le duine ar bith
3. Caithim a lán ama ann ag déanamh m'obair bhaile
4. Is seomra geal í agus tá deasc mhór agam in aice na fuinneoige
5. Nuair a thugann mo chairde cuairt orm éistimid le ceol i mo sheomra leapa
6. Tá ríomhaire agus teilifís agam sa seomra freisin
7. Coimeádaim mo sheomra leapa glan agus néata i gcónaí
8. Cuirim mo chuid éadaigh isteach sa vardrús agus tá scáthán mór agam chomh maith le leabhragán agus cófra mór

a. I spend a lot of time there doing my homework
b. I put my clothes into the wardrobe and I have a big mirror as well as a book shelf and a big press
c. I don't share my room with anyone
d. I have a computer and a TV in my room as well
e. My favourite place in the world is my bedroom
f. I keep my bedroom clean and neat always
g. It is a bright room and I have a big desk beside the window
h. When my friends visit me we listen to music in my bedroom

# An scrúdú cainte: Blag: Áit chónaithe

Téigh siar ar na nótaí ar leathanach 140 agus freagair na ceisteanna thíos ag ullmhú don scrúdú cainte. Faigh cóipleabhar speisialta don scrúdú cainte agus scríobh na freagraí ann.

### Ceisteanna

- Cén áit is fearr leat ar domhan?
- Cén fáth ar maith leat an tír sin?
- An raibh tú ar saoire thar lear riamh?
- An fearr leat an chathair nó an tuath?
- Ar mhaith leat tamall a chaitheamh i do chónaí thar lear?
- An bhfuil cairde nó gaolta leat atá ina gcónaí thar lear?

**Téigh siar ar na briathra san aimsir láithreach ar lch 412.**

### Freagra samplach 1:
### Cén áit is fearr leat ar domhan?

Is aoibhinn liom an Fhrainc. Is tír álainn í agus tá an aimsir ann i bhfad **níos teo** ná an aimsir in Éirinn. Sa samhradh caithim cúpla seachtain i mbaile beag i n**deisceart** na Fraince. Beaulieu-sur-Mer an t-ainm atá ar an mbaile. Éiríonn sé an-**te** ann i rith an tsamhraidh agus téim ag snámh san fharraige gach lá.

Tá na daoine **an-chairdiúil** in Beaulieu-sur-Mer freisin. Tá aithne ag gach duine ar a chéile agus caitheann siad a lán ama ag bualadh le daoine agus ag ól caife. Gan dabht ar bith is í an Fhrainc an áit is fearr liom ar domhan.

### Cabhair!
### Le foghlaim

| | |
|---|---|
| níos teo | warmer |
| deisceart | south |
| te | warm |
| an-chairdiúil | very friendly |

**Léigh na nótaí ar an ábhar seo ar lgh 324–332.**

**Déan cleachtadh ar na ceisteanna thuas le do chara sa rang.**

# Aonad a Trí — An tAlt/Blag/Scrúdú Cainte

**Freagra samplach 2:**
**An fearr leat an chathair nó an tuath?**

**Gan amhras ar bith** is fearr liom an tuath. Téim chuig teach mo charad i Loch Garman go minic agus **is aoibhinn liom** an áit. Tá an **ceantar ciúin** agus álainn. Tá **radhairc iontacha** aici óna teach ar an bhfarraige. Is é an radharc is fearr liom ar domhan é. Is feirmeoir é a Daid agus is saol **sláintiúil** é amuigh faoin aer. Tá baile beag **cóngarach** dá teach agus tá gach **áis nua-aimseartha** ann. Téann mo chara chuig an mbaile gach deireadh seachtaine.

### Cabhair! Le foghlaim

| | | | |
|---|---|---|---|
| gan amhras ar bith | without any doubt | is aoibhinn liom | I love |
| ceantar ciúin | quiet area | radhairc iontacha | wonderful views |
| sláintiúil | healthy | cóngarach | near |
| áis | facility | nua-aimseartha | modern |

**Freagra samplach 3:**
**An bhfuil cairde nó gaolta leat atá ina gcónaí thar lear?**

Tá mo chara ina cónaí i Perth san Astráil. **Bhog sí** ann lena teaghlach nuair a bhí sí dhá bhliain déag d'aois. **Seolann sí ríomhphoist** chugam go minic agus deir sí gur aoibhinn léi an áit. Éiríonn an aimsir an-te sa samhradh agus ní bhíonn sé rófhuar sa gheimhreadh. Tá a lán cairde nua déanta aici agus ba mhaith léi **filleadh** ar Éirinn lá éigin. Tá sé ar intinn agam cuairt a thabhairt uirthi i gceann bliain nó dhó.

### Cabhair! Le foghlaim

| | | | |
|---|---|---|---|
| bhog sí | she moved | seolann sí | she sends |
| ríomhphoist | e-mails | filleadh | to return |

**Déan cleachtadh ar na ceisteanna thuas le do chara sa rang.**

## An tAlt/Blag/Scrúdú Cainte — Aonad a Trí

### Le foghlaim

**Ceisteanna san Aimsir Láithreach**

Féach ar na ceisteanna agus na freagraí thíos.

| | |
|---|---|
| **An dtéann** tú ar saoire thar lear go minic? | **Téim/ní théim** ar saoire thar lear go minic. |
| **An maith** leat an tuath? | **Is maith liom/ní maith liom** an tuath. |
| **An bhfuil** a lán áiseanna i do cheantar? | **Tá/níl** a lán áiseanna i mo cheantar. |
| **An dtaitníonn** an phictiúrlann leat? | **Taitníonn/ní thaitníonn** an phictiúrlann liom. |
| **An gcaitheann** tú a lán ama ag imirt spóirt gach seachtain? | **Caithim/ní chaithim** a lán ama ag imirt spóirt. |
| **An bhfuil** seomra leapa mór agat? | **Tá/níl** seomra leapa mór agam. |
| **An ndéanann** tú d'obair bhaile sa seomra leapa? | **Déanaim** m'obair bhaile i mo sheomra leapa. |
| **Cá dtéann** tú ag an deireadh seachtaine? | **Téim** chuig an ionad spóirt/**téim** chuig an bpictiúrlann. |

Anois cuir na ceisteanna thuas ar do chara sa rang.

Freagair na ceisteanna breise agus téigh siar ar na briathra ar leathanach 135.

1. Ainmnigh na háiseanna i do cheantar.
2. Céard a dhéanann daoine óga sa cheantar?
3. An maith leat do cheantar?

# Aonad a Trí — An tAlt/Blag/Scrúdú Cainte

## Alt samplach 2

**Léigh an t-alt samplach thíos agus freagair na ceisteanna a ghabhann leis.**

### Is í Éire an tír is fearr ar domhan

*Bain úsáid as an alt seo agus tú ag ullmhú don scrúdú cainte.*

Seán is ainm dom. Sílim gurb í Éire an tír is fearr ar domhan. Is aoibhinn liom an tír seo agus is dóigh liom gurb é an rud is fearr fúithi ná **muintir na hÉireann**. Nuair a théim ar saoire bíonn gach duine i mbeagnach gach tír **an-fháilteach** romham toisc gur Éireannach mé. Cloisim daoine ó thíortha eile **ag moladh** mhuintir na hÉireann go minic, ag rá go bhfuil siad **fíorchairdiúil agus fíorfhlaithiúil**. Bím bródúil as bheith i m'Éireannach nuair a théim thar lear.

Tá tír álainn againn gan dabht ach sílim gurb é an cultúr agus na daoine **a mheallann** daoine arís agus arís. Tá go leor leor le feiceáil sa tír seo agus tá an-chuid áilleachta le feiceáil chomh maith ar ndóigh. Ní dóigh liom go bhfuil áiteanna ar bith ar domhan chomh hálainn le Contae Chiarraí, Contae na Gaillimhe agus Contae Dhún na nGall. **Ní nach ionadh** go dtagann **na mílte turasóir** chuig an tír seo gach bliain.

### Cabhair!
### Le foghlaim

| | | | |
|---|---|---|---|
| muintir na hÉireann | the people of Ireland | fíorchairdiúil | very friendly |
| ag moladh | praising | a mheallann | that entices |
| ní nach ionadh | it is no wonder | na mílte turasóir | thousands of tourists |
| an-fháilteach | very welcoming | | |

### Ceisteanna

1. Cén tír is fearr le Seán?
2. Cén sórt daoine iad muintir na hÉireann?
3. Ainmnigh áit álainn amháin sa tír, dar le Seán.

Scríobh na nathanna cainte a d'fhoghlaim tú san alt seo i do chóipleabhar.

Scríobh alt i do chóipleabhar ar an gcathair is fearr leat in Éirinn. Scríobh alt ar d'áit chónaithe.

An tAlt/Blag/Scrúdú Cainte   Aonad a Trí

# An aimsir in Éirinn

**Le foghlaim**

**Scríobh alt i do chóipleabhar ar an aimsir in Éirinn.
Bain úsáid as na nótaí thíos.**

| | |
|---|---|
| Is fuath liom an aimsir in Éirinn. | I hate the weather in Ireland. |
| Sa gheimhreadh éiríonn sé fuar agus dorcha. | In winter it becomes cold and dark. |
| Ní bhíonn sé te agus grianmhar sa samhradh ach an oiread. | It is not warm and sunny in the summer either. |
| Titeann an bháisteach sa tír seo beagnach gach lá. | Rain falls in this country almost every day. |
| Bíonn áthas orm nuair a éiríonn an aimsir níos gile agus níos teo san earrach. | I am happy when the weather gets brighter and warmer in the spring. |
| Tá ainmhithe le feiceáil sna páirceanna sa samhradh. | Animals can be seen in the fields in summer. |
| Fásann bláthanna áille fiáine sna páirceanna i rith an tsamhraidh. | Beautiful wild flowers grow in the fields during the summer. |
| Nuair a bhíonn lá brothallach againn sa samhradh tugaim aghaidh ar an trá le mo chairde. | When we have a sunny day in the summer I head for the beach with my friends. |
| Ní dóigh liom go bhfuil tír chomh hálainn leis an tír seo ar domhan. | I don't think that there is a country as beautiful as this one in the world. |
| Is mór an trua é go bhfuil an aimsir chomh dona ó cheann ceann na bliana. | It is a great pity that the weather is so bad from one end of the year to the other. |

**Anois léigh an blag samplach ar leathanach 146.**

**Scríobh cúig abairt ón mbosca thuas i do chóipleabhar.**

**Scríobh blag i do chóipleabhar ar an aimsir.
Pléigh an aimsir in Éirinn sa rang.
Féach ar réamhaisnéis na haimsire ar an suíomh idirlín TG4.ie/beo.ie.**

Aonad a Trí   An tAlt/Blag/Scrúdú Cainte

## Blag samplach 1

**Léigh an blag samplach thíos agus freagair na ceisteanna a ghabhann leis.**

### An aimsir in Éirinn

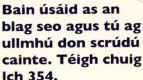

Bain úsáid as an blag seo agus tú ag ullmhú don scrúdú cainte. Téigh chuig lch 354.

Is minic a bhíonn an aimsir fliuch agus fuar in Éirinn. San fhómhar **titeann na duilleoga** de na crainn agus éiríonn an aimsir **níos fuaire**. Bíonn na laethanta **níos giorra** agus is minic a bhíonn sé **fliuch agus scamallach**.

Nuair a thagann an geimhreadh éiríonn sé dorcha go luath agus titeann **an teocht**. Go minic bíonn an aimsir fliuch agus **tais**. Nuair a thiteann sneachta trom sa gheimhreadh téann na páistí amach ag súgradh. Faigheann páistí scoile laethanta saoire na Nollag i rith an gheimhridh.

San earrach éiríonn an aimsir **níos teo** agus fásann bláthanna sa ghairdín. Bíonn na héin le feiceáil **ag tógáil a gcuid neadacha** agus léimeann na huain óga sna páirceanna. Taitníonn an t-earrach le gach duine agus éiríonn na laethanta **níos gile** agus níos faide.

Is aoibhinn liom an samhradh. Bíonn seans ag gach duine **áilleacht an dúlra** a fheiceáil. Faighim laethanta saoire ón scoil agus bíonn an aimsir te agus **grianmhar**. Ní éiríonn sé dorcha go luath agus caithim a lán ama le mo mhadra sa pháirc. An samhradh an séasúr is fearr liom.

### Le foghlaim
### Cabhair!

| | | | |
|---|---|---|---|
| titeann na duilleoga | leaves fall | tais | damp |
| níos fuaire | colder | níos teo | warmer |
| níos giorra | shorter | ag tógáil a gcuid neadacha | building their nests |
| fliuch agus scamallach | wet and cloudy | níos gile | brighter |
| an teocht | the temperature | áilleacht an dúlra | the beauty of nature |
| | | grianmhar | sunny |

### Ceisteanna

1. Céard a tharlaíonn san fhómhar?
2. Cén sórt aimsire a bhíonn in Éirinn san fhómhar?
3. Céard a dhéanann na héin san earrach?
4. Cathain a fhaigheann daltaí laethanta saoire ón scoil?
5. Cén sórt aimsire a bhíonn in Éirinn sa samhradh?

Scríobh na nathanna cainte a d'fhoghlaim tú sa bhlag seo i do chóipleabhar.

Scríobh alt ar an ábhar thuas i do chóipleabhar.

## An tAlt/Blag/Scrúdú Cainte — Aonad a Trí

### Blag samplach 2

Léigh an blag samplach thíos agus freagair na ceisteanna a ghabhann leis.

Bain úsáid as an blag seo agus tú ag ullmhú don scrúdú cainte. Téigh chuig lch 353.

### An samhradh seo caite

An bhliain seo caite bhain mé an-taitneamh as an samhradh. Chuaigh mé chuig an nGaeltacht don chéad uair. **D'fhreastail mé** ar choláiste samhraidh in Indreabhán i gContae na Gaillimhe. Bhí trí rang againn gach maidin, bhí na múinteoirí **an-spreagúil** agus d'fhoghlaim mé an-chuid Gaeilge.

D'fhan mé i dteach álainn díreach in aice an choláiste agus bhí an bhean tí iontach cairdiúil agus **cineálta**. Bhí deichniúr sa teach agus bhí na cailíní ar fad fíordheas agus réitíomar go han-mhaith le chéile. An rud ab fhearr faoin gcúrsa ná na céilithe; bhí siad **thar barr**. Bhí mé croíbhriste nuair a bhí mé ag fágáil ach tá sé ar intinn agam dul ar ais an bhliain seo chugainn mar **chinnire**.

Nuair a tháinig mé abhaile chaith mé mí ag obair san **ollmhargadh áitiúil**. Bhí an post **taitneamhach** toisc go raibh mé ann le mo chara agus bhí na custaiméirí an-chairdiúil. **Thuilleamar** deich euro in aghaidh na huaire agus tar éis míosa bhí ár ndóthain againn chun dul ar saoire.

Chuireamar na ticéid in áirithe ar an Idirlíon agus fuaireamar óstán álainn sa Spáinn ar feadh seachtaine. Chaitheamar na laethanta ar an trá, **ag ligint ár scíthe** agus san oíche chuamar amach ag damhsa. Ní dhéanfaidh mé dearmad go deo ar an samhradh seo caite. Bhí sé ar fheabhas ar fad.

### Cabhair! Le foghlaim

| | | | |
|---|---|---|---|
| d'fhreastail mé | I attended | an-spreagúil | very encouraging |
| cineálta | kind | thar barr | brilliant |
| cinnire | leader | ollmhargadh | supermarket |
| áitiúil | local | taitneamhach | pleasant |
| thuilleamar | we earned | ag ligint ár scíthe | relaxing |

Téigh chuig lch 400 chun breis oibre a dhéanamh ar an aimsir chaite.

### Ceisteanna

1. Cá raibh an coláiste samhraidh?
2. Cén saghas duine í bean an tí?
3. Cá raibh siad ag obair?
4. Céard a rinne siad gach lá sa Spáinn?

Scríobh na nathanna cainte a d'fhoghlaim tú san alt seo i do chóipleabhar.

Scríobh blag i do chóipleabhar ar an samhradh seo caite.

## An scrúdú cainte: Na séasúir agus an aimsir

Téigh siar ar na nótaí ar leathanach 145 agus freagair na ceisteanna thíos ag ullmhú don scrúdú cainte. Faigh cóipleabhar speisialta don scrúdú cainte agus scríobh na freagraí ann.

> Téigh siar ar na briathra san aimsir láithreach ar lch 412.

- Cén séasúr is fearr leat?
- Cén sórt aimsire a bhíonn againn in Éirinn sa gheimhreadh?
- An maith leat an aimsir in Éirinn?
- Cén sórt aimsire a bhíonn againn in Éirinn san earrach?
- An maith leat an samhradh in Éirinn?

**Freagra samplach 1: Cén séasúr is fearr leat?**

Is fearr liom an samhradh ná aon séasúr eile. Faighim saoire ón scoil agus taitníonn na **laethanta geala fada** liom. Téim amach le mo chairde ag rothaíocht faoin tuath agus bíonn picnic againn i lár an lae. Nuair a bhíonn an aimsir **te agus grianmhar** téim chuig an trá le mo chairde. Is aoibhinn liom snámh san fharraige agus imrím peil **ar an ngaineamh mín**. Téim ar saoire sa samhradh agus glacaim sos **ó bhrú an tsaoil**. Is aoibhinn liom an samhradh.

### Cabhair!
### Le foghlaim

| | |
|---|---|
| laethanta geala fada ............... long bright days | te agus grianmhar .................. hot and sunny |
| ar an ngaineamh mín ............ on the smooth sand | ó bhrú an tsaoil ....................... from the pressure of life |

**Freagra samplach 2: Cén sórt aimsire a bhíonn againn in Éirinn san earrach?**

Bíonn an aimsir fliuch agus fuar in Éirinn san earrach. Eiríonn na laethanta níos gile agus níos faide ach fós bíonn an aimsir fliuch agus scamallach. I mí Aibreáin bíonn a lán ceathanna báistí againn in Éirinn.
Ó am go ham bíonn an aimsir tirim agus bog san earrach ach go minic bíonn sé fuar agus tais san earrach.

 Cuir na ceisteanna thuas ar do chara sa rang.

 Scríobh blag ar an séasúr is fearr leat.

## An Ghaeltacht

**Ceisteanna**

→ An ndeachaigh tú chuig an nGaeltacht riamh?
→ Ar bhain tú taitneamh as?
→ Ar chaith tú saoire le do theaghlach i gceantar Gaeltachta riamh?

Léigh na nótaí ar an ábhar seo ar lch 272.

**Freagra samplach 3:
An ndeachaigh tú chuig an nGaeltacht riamh?**

Chaith mé saoire sa Ghaeltacht cúpla bliain ó shin. Bhain mé an-taitneamh as. Fuair mé an traein le mo chairde agus nuair a shroicheamar cathair na Gaillimhe bhí múinteoir **ag feitheamh linn**. Chaith mé trí seachtaine i gColáiste Chamuis agus bhí saoire iontach agam. Labhair mé Gaeilge ó mhaidin go hoíche agus bhí mé **líofa** ag teacht abhaile. Thaitin na ranganna, na cluichí spóirt agus na céilithe go mór liom. Bhí an-bhrón orm ag teacht abhaile.

### Cabhair! Le foghlaim

ag feitheamh linn........ waiting for us    líofa.......... fluent

**Freagra samplach 4:
Ar chaith tú saoire le do theaghlach i gceantar Gaeltachta riamh?**

Chaith mé saoire i gceantar Gaeltachta le mo theaghlach dhá bhliain ó shin. Chaitheamar seachtain i nGort a' Choirce, Contae Dhún na nGall. Thaitin an tsaoire go mór linn. D'fhanamar i dteach beag **ar imeall** an tsráidbhaile agus chaitheamar na laethanta **ag taisteal** timpeall na mbailte beaga i nDún na nGall. Is áit álainn í Gort a' Choirce agus tá muintir na háite **cairdiúil agus cabhrach**. Ba mhaith liom **filleadh** ar an áit lá éigin.

Téigh chuig Aonad a hOcht chun níos mó oibre a dhéanamh ar an scrúdú cainte.

### Cabhair! Le foghlaim

ar imeall....................................... on the outskirts of    ag taisteal ... travelling
cairdiúil agus cabhrach......... friendly and helpful    filleadh......... return

**Cuir na ceisteanna thuas ar do chara sa rang.**

# Aonad a Trí — An tAlt/Blag/Scrúdú Cainte

## Caitheamh aimsire

Bain úsáid as na nótaí thíos ag ullmhú don scrúdú cainte. Téigh chuig lch 355.

 **Le foghlaim**

| | |
|---|---|
| léitheoireacht..........reading | ag damhsa..............................dancing |
| ag imirt spóirt........playing sport | an ríomhaire..........................the computer |
| an phictiúrlann.......the cinema | ag siopadóireacht..................shopping |
| ag seinm ceoil........playing music | ag seoladh ríomhphost.........sending e-mails |

| | |
|---|---|
| corraitheach........exciting | leadránach..............boring |
| go hiontach..........wonderful | taitneamhach........pleasant |

Is aoibhinn liom ceol a íoslódáil
ón Idirlíon...................................................I love downloading music from the Internet.
Taitníonn m'iPod go mór liom...........I really like my iPod.
Ní maith liom an phictiúrlann...........I don't like the cinema.
Is fearr liom ceol rac ná ceol tíre.....I prefer rock music to traditional music.
Is fuath liom an teilifís...........................I hate the television.

| | |
|---|---|
| scannán cogaidh.............................war film | |
| scannán rómánsach.....................romantic film | |
| scannán grinn.................................comedy film | |
| scannán ficsin eolaíochta............science fiction | |
| scannán bleachtaireachta...........detective film | |

**Seinnim ... I play ...**
an giotár.............the guitar
an bodhrán.......the bodhrán
an veidhlín.........the violin
an piano.............the piano

**Comórtas sa rang!**

Téigh timpeall an ranga agus faigh amach an bhfuil na focail thuas ar eolas ag na daltaí. Déan an comórtas sa rang gach seachtain agus croch ainm na mbuaiteoirí ar an mballa sa seomra ranga. Cabhróidh na nathanna cainte seo leat ag ullmhú don scrúdú cainte freisin.

 **Pléigh an t-ábhar thuas sa rang.**

# An tAlt/Blag/Scrúdú Cainte — Aonad a Trí

## Cleachtadh ag scríobh

*ceol, siopadóireacht, teilifís, ríomhaire, leabharlann, téacsanna*

**1. Líon na bearnaí thíos.**

a. Is aoibhinn liom bheith ag éisteacht le _____.
b. Féachaim ar an _____ sa seomra suí gach oíche.
c. Tá fón póca agam agus seolaim _____ chuig mo chairde go minic.
d. Imrím cluichí ar mo _____ gach oíche.
e. Téim isteach sa chathair ag _____ gach Satharn.
f. Taitníonn léitheoireacht go mór liom agus téim chuig an _____ gach seachtain.

**2. Cuir Gaeilge ar na habairtí thíos.**

a. I love sport.
b. I don't like reading.
c. I prefer watching TV.
d. I like music.
e. I enjoy playing computer games.

**3. Scríobh alt i do chóipleabhar ar an gcaitheamh aimsire is fearr leat. Bain úsáid as na nótaí ar leathanach 150. Tá cabhair ar fáil sa bhosca thíos freisin.**

**4. Thug tú cuairt ar an bpictiúrlann le déanaí. Scríobh blag faoi i do chóipleabhar.**

|  |  |
|---|---|
| Is é an caitheamh aimsire is fearr liom ná dul chuig an bpictiúrlann. | My favourite pastime is going to the cinema. |
| Téim ann uair sa mhí le mo chairde. | I go there once a month with my friends. |
| Is aoibhinn liom scannáin bhleachtaireachta. | I love detective films. |
| Ceapaim go bhfuil siad beomhar agus corraitheach. | I think that they are lively and exciting. |
| Cuirim mo thicéad in áirithe ar an Idirlíon de ghnáth. | I usually book my tickets on the Internet. |
| Buailim le mo chairde taobh amuigh den phictiúrlann. | I meet my friends outside the cinema. |
| Ceannaímid grán rósta agus uachtar reoite sula dtéimid isteach sa phictiúrlann. | We buy popcorn and ice cream before we go into the cinema. |
| Is é Colin Farrell an t-aisteoir is fearr liom. | Colin Farrell is my favourite actor. |
| Is sáraisteoir é Johnny Depp agus taitníonn an tsraith *Pirates of the Caribbean* go mór liom. | Johnny Depp is a brilliant actor and I like the *Pirates of the Caribbean* series. |

# Aonad a Trí — An tAlt/Blag/Scrúdú Cainte

## Alt samplach 3

Léigh an t-alt samplach thíos agus freagair na ceisteanna a ghabhann leis.

### Ceol

Bain úsáid as an alt seo agus tú ag ullmhú don scrúdú cainte. Téigh chuig lch 356.

Is féidir **taitneamh agus tairbhe** a bhaint as an gceol. Deirtear go gcabhraíonn an ceol le daoine agus iad ag staidéar. Éistim le ceol gach oíche nuair atáim ag déanamh mo chuid obair bhaile. Nuair a chuirim an banna ceoil is fearr liom ar siúl ar m'iPod agus mé ag filleadh abhaile tar éis lá fada ar scoil, **mothaím** i bhfad níos fearr.

'The Kings of Leon' an grúpa is fearr liom. Chonaic mé iad i mBaile Átha Cliath cúpla mí ó shin. Téim chuig **ceolchoirmeacha** go minic agus ba mhaith liom taisteal chuig féile Glastonbury nuair a bheidh an Ardteist críochnaithe agam.

Is aoibhinn liom gach saghas ceoil. Taitníonn ceol tradisiúnta liom freisin. Seinnim an fhidil agus is breá liom dul chuig seisiún ceoil agus **cúpla port** a sheinm le mo chairde. Thosaigh mé ag seinm ceoil nuair nach raibh mé ach ceithre bliana d'aois. Is bealach iontach é an ceol le bualadh le daoine nua.

Tá sé **an-tábhachtach** i mo thuairim go bhfuil grúpa mór cairde ag chuile dhuine. Is caitheamh aimsire den chéad scoth é an ceol.

Pléigh an t-ábhar thuas sa rang.

### Cabhair! Le foghlaim

| | |
|---|---|
| taitneamh agus tairbhe ....... enjoyment and benefit | cúpla port .................... a few tunes |
| mothaím ............................ I feel | an-tábhachtach ............ very important |
| ceolchoirmeacha ............... concerts | |

### Ceisteanna

1. Conas a chabhraíonn ceol le daoine?
2. Ainmnigh an grúpa is fearr leis an buachaill.
3. Cá rachaidh sé nuair a bheidh an Ardteist críochnaithe?
4. Ainmnigh an gléas ceoil a sheinneann sé.

Scríobh alt i do chóipleabhar ar an ábhar thuas.

Scríobh blag faoin gceol is fearr leat.

An tAlt/Blag/Scrúdú Cainte    Aonad a Trí

## Alt samplach 4

Léigh an t-alt samplach thíos agus freagair na ceisteanna a ghabhann leis.

### An teilifís

> Bain úsáid as an alt seo agus tú ag ullmhú don scrúdú cainte.

Is aoibhinn le daoine idir óg agus aosta an teilifís. Sa lá atá inniu ann is féidir féachaint ar an teilifís ó mhaidin go hoíche. Caitheann seandaoine a lán ama ag féachaint ar **chláir nuachta** agus ar chláir faoi **chúrsaí reatha**. Is maith le daoine óga cláir spóirt agus **cláir réaltachta** agus féachann páistí óga ar chartúin agus ar **chláir shiamsaíochta**.

Is é an clár teilifíse is fearr liom ná *Scrubs*. Is clár grinn é agus tá sé thar a bheith **greannmhar** agus **siamsúil**. I mbliana ní chaithim ach leathuair an chloig ag féachaint ar an teilifís toisc go mbím gnóthach ag déanamh staidéir. Tá cara liom ar scoil agus níl teilifís ar bith aici ina teach. Ceapann a tuismitheoirí gur **cur amú ama** an teilifís agus is dócha go bhfuil an ceart acu. Is cailín **an-éirimiúil** agus aclaí í mo chara. Is léir nár chaill sí amach ar mhórán gan teilifís ina saol.

**Cabhair! Le foghlaim**

> Téigh chuig an Leabhrán Scrúdaithe agus déan an scrúdú gearr ar lch 20.

| | | | |
|---|---|---|---|
| cláir nuachta | news programmes | cúrsaí reatha | current affairs |
| cláir réaltachta | reality programmes | cláir shiamsaíochta | entertainment programmes |
| greannmhar | funny | siamsúil | entertaining |
| cur amú ama | waste of time | an-éirimiúil | very intelligent |

### Ceisteanna

1. Cén saghas clár a thaitníonn le seandaoine?
2. Ainmnigh na cláir a thaitníonn le páistí óga.
3. Cén saghas cláir é *Scrubs*?

Scríobh alt ar an ábhar thuas i do chóipleabhar.

Scríobh blag faoin gclár teilifíse is fearr leat.

Aonad a Trí — An tAlt/Blag/Scrúdú Cainte

 Téigh siar ar na briathra san aimsir láithreach ar lch 412.

## An scrúdú cainte: Blag: Caitheamh aimsire

Téigh siar ar na nótaí ar leathanach 150 agus freagair na ceisteanna thíos ag ullmhú don scrúdú cainte. Faigh cóipleabhar speisialta don scrúdú cainte agus scríobh na freagraí ann.

- → Céard iad na caithimh aimsire a thaitníonn leat?
- → Céard a dhéanann tú ag an deireadh seachtaine?
- → An maith leat ceol?
- → An dtéann tú chuig ceolchoirmeacha go minic?
- → Ainmnigh an grúpa is fearr leat.
- → An dtéann tú chuig an bpictiúrlann go minic?
- → An seinneann tú gléas ceoil?

**Freagra samplach 1:**
**Céard iad na caithimh aimsire a thaitníonn leat?**

Is aoibhinn liom **gach saghas** ceoil. Éistim le ceol ar m'iPod gach lá agus caithim a lán ama **ag íoslódáil** ceoil ón Idirlíon. Nuair a bhíonn an t-airgead agam téim chuig **ceolchoirmeacha**. The Script an grúpa is fearr liom. Is maith liom spórt freisin. Imrím leadóg agus peil agus téim amach le mo chairde nuair a bhíonn mo chuid obair bhaile críochnaithe agam. Gach oíche nuair a chríochnaím m'obair bhaile caithim tamall ag caint le mo chairde ar **m'fhón póca**.

**Cabhair!**
**Le foghlaim**

| | |
|---|---|
| gach saghas ................ every type of | ag íoslódáil .......... downloading |
| ceolchoirmeacha ...... concerts | m'fhón póca ....... my mobile phone |

**Freagra samplach 2:**
**Céard a dhéanann tú ag an deireadh seachtaine?**

Téim amach le mo chairde ag an deireadh seachtaine. Uair sa mhí téimid chuig an bpictiúrlann. Is aoibhinn liom an phictiúrlann. Ar an Satharn téim chuig an gclub leadóige agus imrím cluiche le mo chairde. Bíonn an-chraic againn. Anois is arís téim isteach sa chathair ag siopadóireacht. Is maith liom ceol agus téim chuig an siopa ceoil in éineacht le mo chairde.

 **Scríobh blag faoi na rudaí a dhéanann tú ag an deireadh seachtaine.**
**Cuir na ceisteanna thuas ar do chara sa rang.**

## An tAlt/Blag/Scrúdú Cainte — Aonad a Trí

**Freagra samplach 3:**
**An seinneann tú gléas ceoil?**

**Seinnim** an pianó agus an giotár. Thosaigh mé ag seinm an phianó nuair a bhí mé cúig bliana d'aois agus dhá bhliain ó shin cheannaigh mo thuismitheoirí giotár dom. Is aoibhinn liom ceol agus bíonn ranganna agam dhá uair sa tseachtain. Is **amhránaí** mé i ngrúpa ceoil freisin. The Rock an t-ainm atá ar an ngrúpa agus buailimid le chéile i ngaráiste mo charad gach Satharn agus bíonn **seisiún cleachtaidh** againn. Bíonn **na comharsana** ag gearán faoin gceol ach ní éistimid leo. Seinneann mo chara an pianó chomh maith leis an veidhlín. Ba mhaith linn a bheith **cáiliúil lá éigin**.

Scríobh blag faoi ghleás ceoil a sheinneann tú.

**Cabhair!**
**Le foghlaim**

| | | | |
|---|---|---|---|
| seinnim | I play | amhránaí | singer |
| seisiún cleachtaidh | practice session | na comharsana | the neighbours |
| cáiliúil | famous | lá éigin | some day |

**Freagra samplach 4:**
**An bhféachann tú ar an teilifís go minic?**

Is aoibhinn liom an teilifís. I rith na seachtaine bím an-ghnóthach le hobair scoile agus ní fhéachaim ar an teilifís. Ag an deireadh seachtaine caithim tamall sa seomra teilifíse le mo chairde. Is aoibhinn linn cláir spóirt agus cláir bhleachtaireachta. An clár is fearr liomsa ná *CSI Miami*. Is clár iontach é. Is maith liom cláir cheoil freisin.

Téigh chuig leathanach 356 agus léigh na freagraí samplacha ar na hábhair thuas.

1. An bhféachann tú ar an teilifís go minic?
2. Cén clár teilifíse is fearr leat?
3. An bhfuil ríomhaire i do theach?
4. Cathain a úsáideann tú an ríomhaire?
5. An bhfuil fón póca agat?

Téigh siar ar na briathra san aimsir láithreach ar lch 412.

# Aonad a Trí — An tAlt/Blag/Scrúdú Cainte

## Cairde

Téigh chuig an Leabhrán Scrúdaithe agus deán an scrúdú gearr ar lch 21.

 Le foghlaim

**Scríobh alt i do chóipleabhar faoi do chara.**

| | |
|---|---|
| Is é Pádraig an cara is fearr atá agam............. | Pádraig is my best friend. |
| Is í Aoife an cara is fearr atá agam.................. | Aoife is my best friend. |
| Is duine cairdiúil, tuisceanach í................. | She is a friendly, understanding person. |
| Is cailín foighneach í............................. | She is a patient person. |
| Is buachaill ceanndána é........................ | He is a headstrong person. |
| Tugann sé tacaíocht agus cabhair dom le m'obair scoile....................... | He gives me support and help with my homework. |
| Téimid amach le chéile ag an deireadh seachtaine............................. | We go out together at the weekend. |
| Buailimid le chéile ag am lóin............... | We meet at lunch time. |
| Is aoibhinn linn na rudaí céanna........... | We like the same things. |
| Réitímid go maith le chéile..................... | We get on well. |

### Aidiachtaí

| | | | | | |
|---|---|---|---|---|---|
| flaithiúil.................. | generous | goilliúnach............ | sensitive | greannmhar.......... | funny |
| cabhrach............... | helpful | foighneach........... | patient | macánta................ | honest |
| dearmadach........ | forgetful | cúthail.................... | shy | uaillmhianach...... | ambitious |
| cliste........................ | clever | cróga..................... | brave | sona....................... | happy |

### Briathra san aimsir láithreach

| | | | |
|---|---|---|---|
| téimid............... | we go | buailimid le chéile....... | we meet |
| suímid.................... | we sit | féachaimid..................... | we watch |
| imrímid................... | we play | déanaimid..................... | we do |
| foghlaimímid......... | we learn | cabhraímid.................... | we help |

 **Téigh siar ar na briathra san aimsir láithreach ar leathanach 412.**

| | | | |
|---|---|---|---|
| Téimid chuig an bpictiúrlann le chéile......... | We go to the cinema together. | Téimid ag siopadóireacht le chéile........................ | We go shopping together. |
| Imrímid ar fhoireann na scoile................................ | We play on the school team. | Is aoibhinn linn ceol................ | We love music. |

| | |
|---|---|
| Tá Úna ocht mbliana déag d'aois....................... | Úna is eighteen years old. |
| Tá Micheál seacht mbliana déag d'aois........... | Michael is seventeen years old. |

**An tAlt/Blag/Scrúdú Cainte** — **Aonad a Trí**

## Mo chara  **Le foghlaim**

**Déan cur síos ar do chara don rang.**

Báin úsáid as na nótaí seo agus tú ag ullmhú don scrúdú cainte.

| | |
|---|---|
| Tá dath dubh ar a cuid gruaige................... | Her hair is black. |
| Tá gruaig dhubh chatach uirthi................ | She has black curly hair. |
| Tá dath donn ar a chuid gruaige................ | His hair is brown. |
| Tá gruaig ghearr fhionn air........................ | He has short blond hair. |

| | |
|---|---|
| Is é Seán an páiste is óige sa teaghlach...... | Seán is the youngest child in the family. |
| Is í Nuala an páiste is sine sa teaghlach...... | Nuala is the eldest child in the family. |
| Tá Jeaic i lár na clainne............................. | Jeaic is in the middle of the family. |
| Is páiste aonair é Dónall ............................ | Dónall is an only child. |

| | |
|---|---|
| Tá mo chara ag freastal ar an ollscoil.......... | My friend is attending university. |
| Tá mo chara ag obair sa gharáiste............... | My friend is working in a garage. |
| Tá mo chara ag déanamh scrúdú na hArdteiste freisin................................. | My friend is doing the Leaving Cert exam as well. |
| Tá an-suim aige sa spórt .................................. | He has a great interest in sport. |
| Taitníonn ceolchoirmeacha go mór leis..... | He really likes concerts. |
| Is fuath leis obair bhaile........................................ | He hates homework. |
| Is maith leis féachaint ar spórt ar an teilifís................................................. | He likes watching sport on the TV. |

| | |
|---|---|
| Is buachaill ard agus tanaí é Niall ................ | Niall is a tall, thin boy. |
| Is cailín aislingeach í Niamh............................ | Niamh is a dreamy girl. |
| Tá dhá chat agus madra aige ......................... | He has two cats and a dog. |
| Ba mhaith leis freastal ar an ollscoil............. | He would like to attend university. |
| Ba mhaith leis cúrsa innealtóireachta a dhéanamh ......................................................... | He would like to do an engineering course. |
| Ba mhaith léi cúrsa ealaíne a dhéanamh .... | She would like to do an art course. |

## Cleachtadh ag scríobh

1. **Scríobh na habairtí thíos i nGaeilge.**

   a. Claire is my best friend.
   b. She is friendly and kind.
   c. She is an only child.
   d. Claire loves sport and music.
   e. She goes shopping at the weekend.
   f. She would like to attend university.

# Aonad a Trí — An tAlt/Blag/Scrúdú Cainte

**2. Líon na bearnaí thíos.**

a. Is buachaill _____ é Colm. Cabhraíonn sé liom mo chuid obair bhaile a chríochnú gach oíche.
b. Cheannaigh mo thuismitheoirí ticéad do cheolchoirm Justin Timberlake dom do mo _____.
c. Is mise Órlaith. Tá mé ocht _____ déag d'aois.
d. Ba mhaith liom freastal ar an _____ an bhliain seo chugainn.
e. Is cailín _____ í Clíodhna agus caitheann sí a lán ama in oifig an phríomhoide.
f. Téim amach le mo chairde ag an _____ seachtaine.

*ollscoil, deireadh, bhreithlá, mbliana, cabhrach, ceanndána*

**3. Scríobh na habairtí thíos i mBéarla i do chóipleabhar.**

a. Is buachaill dathúil é Conall.
b. Tá Ailbhe seacht mbliana déag d'aois.
c. Is é Cormac an páiste is sine sa teaghlach.
d. Tá mo chara ag déanamh scrúdú na hArdteiste.
e. Is cailín greannmhar í Áine.
f. Tá gruaig ghearr dhonn uirthi.

**4. Scríobh alt i do chóipleabhar ar do chara. Bain úsáid as na nótaí ar leathanach 157.**

**Comórtas sa rang!**

Téigh timpeall an ranga agus faigh amach an bhfuil na nathanna cainte ó lch 157 ar eolas ag na daltaí.

# An scrúdú cainte: Blag: Cairde

Téigh siar ar na nótaí ar leathanach 157 agus freagair na ceisteanna thíos ag ullmhú don scrúdú cainte. Faigh cóipleabhar speisialta don scrúdú cainte agus scríobh na freagraí ann.

- → Ainmnigh do chara.
- → Cén saghas duine é an cara is fearr atá agat?
- → Cá dtéann sibh le chéile?
- → Déan cur síos ar do chara.

Téigh siar ar na briathra san aimsir láithreach ar lch 412.

**Freagra samplach 1: Déan cur síos ar do chara.**

Aodhán an t-ainm atá ar mo chara. Tá sé ocht mbliana déag d'aois agus táimid sa rang céanna ar scoil. Is leaid cliste é Aodhán agus taitníonn obair scoile leis. Ba mhaith leis freastal ar an ollscoil an bhliain seo chugainn. Is aoibhinn le hAodhán gach saghas spóirt agus imríonn sé iománaíocht ar fhoireann na scoile. Ag an deireadh seachtaine oibríonn sé san ollmhargadh áitiúil.

**Freagra samplach 2: Cén saghas duine é an cara is fearr atá agat?**

Is duine cineálta í mo chara. Aisling an t-ainm atá uirthi. Tá Aisling ina cónaí in aice liomsa agus téimid ar scoil le chéile. Tá Aisling cabhrach agus tuisceanach. Nuair a bhíonn fadhb agam le mo chuid obair bhaile tugann sí cabhair dom. Is cailín spórtúil í Aisling freisin agus imríonn sí cispheil leis an gclub áitiúil. Ag an deireadh seachtaine téimid chuig an bpictiúrlann le chéile. Ba mhaith le hAisling a bheith ina gruagaire lá éigin.

Cuir na ceisteanna thuas ar do chara sa rang.

# Aonad a Trí — An tAlt/Blag/Scrúdú Cainte

## Alt samplach 5

Léigh an t-alt samplach thíos agus freagair na ceisteanna a ghabhann leis.

Bain úsáid as an alt seo agus tú ag ullmhú don scrúdú cainte.

### Mo chairde

Tá a lán cairde agam sa bhaile agus ar scoil. Nuair a théim ar scoil buailim le mo chairde scoile. Bíonn an-chraic againn le chéile sa rang agus ag am lóin téimid chuig an bpáirc agus imrímid peil nó iománaíocht. Sa rang is minic a bhímid **ag pleidhcíocht** agus ní bhíonn na múinteoirí róshásta linn. Anois is arís cuireann an múinteoir glao ar ár dtuismitheoirí. Ní mó ná sásta a bhíonn ár dtuismitheoirí linn ansin.

Sa bhaile tá a lán cairde agam freisin. Is é Niall Ó Murchú an cara is fearr atá agam. Is buachaill tuisceanach, cabhrach é. Tá **post páirtaimseartha** aige san ionad spóirt áitiúil. Ag an deireadh seachtaine buailimid le chéile agus téimid ag snámh nó ag imirt peile. Oíche Dé Sathairn buailimid le grúpa ónár n-**eastát tithíochta** agus téimid chuig club oíche nó chuig an bpictiúrlann.

Táim i mo **bhall** de Chumann Lúthchleas Gael i mo cheantar. Tá a lán cairde agam sa chlub. Bíonn an-áthas orainn nuair a fhaighimid ticéid do chluichí i bPáirc an Chrócaigh.

**Cabhair! Le foghlaim**

| | |
|---|---|
| ag pleidhcíocht ..... messing | post páirtaimseartha .... part-time job |
| eastát tithíochta ... housing estate | ball .......................... member |

### Ceisteanna

1. Cá dtéann na buachaillí ag am lóin?
2. Cén fáth nach mbíonn na múinteoirí róshásta leo?
3. Cá dtéann na buachaillí oíche Dé Sathairn?

Scríobh alt i do chóipleabhar ar an gcara is fearr atá agat. Bain úsáid as na nótaí thuas.

An tAlt/Blag/Scrúdú Cainte  Aonad a Trí

# Spórt

 **Le foghlaim**

**Téigh siar ar na nótaí ar leathanaigh 232–234 ar an ábhar seo.**

| | | |
|---|---|---|
| rothaíocht............ cycling | snámh............ swimming | leadóg bhoird....... table tennis |
| iománaíocht........... hurling | peil Ghaelach........ Gaelic football | sacar............ soccer |
| lúthchleasaíocht....... athletics | cispheil............ basketball | leadóg............ tennis |
| dornálaíocht........... boxing | haca............ hockey | badmantan............ badminton |

**Foghlaim na briathra thíos san aimsir láithreach. Téigh siar ar na briathra san aimsir láithreach ar leathanach 412.**

| | |
|---|---|
| imrím............ | I play |
| téim............ | I go |
| rithim............ | I run |
| freastalaím...... | I attend |
| feicim............ | I see |
| siúlaim............ | I walk |

**Foghlaim na briathra thíos san aimsir chaite. Téigh siar ar na briathra san aimsir chaite ar leathanach 400.**

| | |
|---|---|
| d'imir mé............ | I played |
| chaill mé............ | I lost |
| scóráil mé............ | I scored |
| chaith mé............ | I threw |
| bhuaigh mé......... | I won |
| chuaigh mé......... | I went |

Anois téigh chuig an Leabhrán Scrúdaithe lch 22 nó 24 agus déan scrúdú gearr ar an ábhar seo.

| | |
|---|---|
| Is maith liom/ní maith liom spórt............ | I like/I don't like sport. |
| Tá spórt corraitheach............ | Sport is exciting. |
| Tugann spórt faoiseamh dom ó obair scoile......... | Sport gives me relief from schoolwork. |
| Tugann spórt faoiseamh dom ó bhrú an tsaoil...... | Sport gives me relief from the pressures of the world. |
| Is aoibhinn liom féachaint ar chluichí spóirt ar an teilifís............ | I love watching sports matches on the TV. |
| Bíonn an-chraic agam le mo chairde nuair a bhuailimid le chéile chun cluiche a imirt............ | I have great fun with my friends when we meet to play a match. |

**Scríobh cúig abairt ar spórt i do chóipleabhar.**

# Aonad a Trí — An tAlt/Blag/Scrúdú Cainte

## Cleachtadh ag scríobh

**Le foghlaim** — Scríobh alt i do chóipleabhar ar 'Spórt in Éirinn inniu'. Bain úsáid as na nótaí san aonad seo.

|  |  |
|---|---|
| Is é an spórt an caitheamh aimsire is fearr le daoine óga inniu. | Sport is the favourite pastime of young people today. |
| Ag an deireadh seachtaine buaileann déagóirí lena gcairde agus imríonn siad spórt. | At the weekend teenagers meet their friends and they play sports. |
| Déanann spórt maitheas don chorp agus don intinn. | Sport is good for the body and mind. |
| Spreagann tuismitheoirí a bpáistí le spórt a imirt nuair atá siad óg. | Parents encourage their children to play sport when they are young. |
| Tá feabhas mór tagtha ar na háiseanna spóirt in Éirinn le blianta beaga anuas. | Sports facilities have improved greatly in recent years. |
| Tá cúpla linn snámha caoga méadar againn agus tugann siad deis do dhaoine óga traenáil do na cluichí idirnáisiúnta. | We have a few fifty metre pools and they give young people an opportunity to train for international competitions. |
| Foghlaimíonn daoine óga a lán scileanna ó bheith ag imirt spóirt. | Young people learn a lot of skills from playing sport. |
| Measaim go bhfuil níos mó suime ag déagóirí i gcúrsaí sláinte sa lá atá inniu ann. | I think that young people have more interest in health today. |
| Ag an deireadh seachtaine caitheann daoine a lán ama ag imirt rugbaí nó peil Ghaelach nó iománaíocht nó sacar. | At the weekend young people spend a lot of time playing rugby or Gaelic football or hurling or soccer. |
| Bíonn an-chraic ag déagóirí sna clubanna spóirt timpeall na tíre. | Teenagers have great fun in the sports clubs around the country. |
| Gan amhras is é an spórt an caitheamh aimsire is fearr liom. | Without doubt sport is my favourite pastime. |

**Scríobh blag ar na háiseanna spóirt i do cheantar.**

## An scrúdú cainte: Blag: Spórt

Téigh siar ar na nótaí ar leathanaigh 161–162 agus freagair na ceisteanna thíos ag ullmhú don scrúdú cainte. Faigh cóipleabhar speisialta don scrúdú cainte agus scríobh na freagraí ann.

→ An maith leat spórt?
→ Ainmnigh na spóirt a imríonn tú.
→ An imríonn tú ar fhoireann na scoile?
→ Cathain a bhíonn traenáil ag an bhfoireann?
→ Ar bhuaigh sibh an cluiche ceannais riamh?
→ Ar mhaith leat páirt a ghlacadh sna Cluichí Oilimpeacha lá éigin?
→ Ar mhaith leat imirt don chontae lá éigin?
→ An bhfaca tú cluiche i bPáirc an Chrócaigh riamh?
→ An dtéann tú chuig club spóirt?

Téigh siar ar na briathra san aimsir láithreach ar lch 412.

**Freagra samplach 1: An maith leat spórt?**

Is aoibhinn liom **gach saghas spóirt**. Imrím peil **ar fhoireann na scoile** agus imrím iománaíocht **leis an gclub áitiúil**. Bíonn traenáil againn tar éis scoile ar an gCéadaoin agus ar an Aoine agus bíonn cluiche againn ag an deireadh seachtaine. Cúpla mí ó shin bhuaigh an fhoireann cispheile **an cluiche leathcheannais** ach chailleamar an cluiche ceannais. Bhí díomá an domhain orainn i ndiaidh an chluiche.

**Cabhair!**
**Le foghlaim**

| | |
|---|---|
| gach saghas spóirt ....... every type of sport | ar fhoireann na scoile ............... on the school team |
| leis an gclub áitiúil ........ with the local club | an cluiche leathcheannais ........ the semi-final |

 **Scríobh blag i do chóipleabhar faoi na spóirt a imríonn tú.**

# Aonad a Trí    An tAlt/Blag/Scrúdú Cainte

**Freagra samplach 2:**
**Ainmnigh na spóirt a imríonn tú.**

Imrím rugbaí ar fhoireann na scoile agus leis an bhfoireann áitiúil. Is aoibhinn liom rugbaí agus caithim a lán ama thíos sa chlub le mo chairde ag an deireadh seachtaine. Nuair a bhíonn an t-am agam téim chuig an gclub spóirt le mo chairde. Téimid ag snámh nó imrímid cluiche cispheile le chéile. Sa samhradh imrím peil le mo chairde sa pháirc. Is aoibhinn liom gach saghas spóirt.

### Ceisteanna

1. Céard iad na spóirt a imrítear sa scoil seo?
2. Ar imir tú riamh ar fhoireann na scoile?
3. Céard iad na háiseanna spóirt atá sa scoil seo?
4. Conas is féidir feabhas a chur ar áiseanna na scoile?

 Téigh siar ar na briathra san aimsir láithreach ar lch 412.

**Freagra samplach 3:**
**Céard iad na háiseanna spóirt atá sa scoil seo?**

Is scoil nua-aimseartha í an scoil seo agus tá a lán aiseanna spóirt ann. Tá halla mór spóirt ann agus tá cúirteanna cispheile agus cúirt leadóige sa halla. Taobh thiar den scoil tá dhá pháirc mhóra agus imrímid peil agus iománaíocht orthu tar éis scoile. Ag am lóin buaileann na daltaí le chéile sa chlós agus imrímid cispheil nó peil.

**Freagra samplach 4:**
**Ar imir tú riamh ar fhoireann na scoile?**

Cinnte, d'imir me ar fhoireann cispheile na scoile nuair a bhí mé sa dara bliain agus anuraidh d'imir mé ar fhoireann peile na scoile. Bhuamar an cluiche ceannais sa pheil agus thug an príomhoide leathlá dúinn. Bhí áthas an domhain orainn go léir. D'imríomar an cluiche i bPáirc an Chrócaigh agus tháinig na daltaí go léir chun tacaíocht a thabhairt dúinn. Ba lá iontach é.

 **Scríobh blag faoi na háiseanna spóirt i do scoil.**
**Cuir na ceisteanna thuas ar do chara sa rang.**

## Alt samplach 6

Léigh an t-alt samplach thíos agus freagair na ceisteanna a ghabhann leis.

### An lá ab fhearr a bhí agam riamh

Ba é an lá ab fhearr a bhí agam riamh ná an lá a bhuaigh mé **Craobh na hÉireann** sa chispheil. Bhí **an cluiche ceannais** ar an dara lá déag de mhí Feabhra agus ní dhéanfaidh mé dearmad riamh ar an dáta sin. Bhí an lá ar fad **dochreidte**. Bhí mé ag imirt chun tosaigh agus bhí gach **ball** ar an bhfoireann an-sciliúil.

Bhíomar ag imirt sa **stad cispheile** i gcoinne na foirne ab fhearr sa tír (go dtí sin!). Bhí traenálaí **den scoth** againn agus rinne sé a sheacht ndícheall linn le linn na bliana.

Tháinig **chuile dhuine** ónár scoil chun **tacaíocht** a thabhairt dúinn agus bhí ceamaraí teilifíse ann chomh maith. Bhíomar ar crith le heagla. Nuair a chuamar amach ar an gcúirt fuair an cara is fearr atá agam an chéad phointe. Ina dhiaidh sin caithfidh mé a rá nach raibh seans ar bith ag an bhfoireann eile. D'imríomar ní b'fhearr ná riamh. Nuair a shéid an réiteoir an fheadóg ag deireadh an chluiche bhí **faoiseamh** orainn mar sin féin. Bhí an cluiche buaite againn. Daichead pointe in aghaidh fiche hocht. Ní dhéanfaidh mé dearmad ar an lá iontach sin go deo na ndeor.

 **Cabhair! Le foghlaim**

| | | | |
|---|---|---|---|
| Craobh na hÉireann | All-Ireland | an cluiche ceannais | final |
| dochreidte | unbelievable | ball | member |
| stad cispheile | basketball stadium | den scoth | excellent |
| chuile dhuine | everyone | tacaíocht | support |
| faoiseamh | relief | | |

### Ceisteanna

1. Cathain a imríodh an cluiche ceannais?
2. Cár imir siad an cluiche?
3. Cén fáth a raibh siad ar crith le heagla?
4. Cén scór a bhí ann ar deireadh?

Scríobh na nathanna cainte a d'fhoghlaim tú san alt seo i do chóipleabhar.

Scríobh alt i do chóipleabhar ar an ábhar thuas.

# Aonad a Trí — An tAlt/Blag/Scrúdú Cainte

## Mo shaol ar scoil

 **Cleachtadh ag scríobh**   **Le foghlaim**

**1. Meaitseáil na habairtí i nGaeilge agus i mBéarla thíos.**

1. Táim ag freastal ar scoil phobail
2. Táim ag freastal ar mheánscoil
3. Táim ag freastal ar scoil chónaithe
4. Tá atmaisféar iontach sa scoil
5. Réitíonn na daltaí agus na múinteoirí go han-mhaith le chéile
6. Eagraíonn na múinteoirí a lán turas suimiúil dúinn i rith na bliana
7. Is scoil chairdiúil í

a. It is a friendly school
b. The teachers organise a lot of interesting trips for us during the year
c. I am attending a community school
d. The teachers get on really well with the students
e. I am attending a secondary school
f. There is a wonderful atmosphere in the school
g. I am attending a boarding school

| 1 | 2 | 3 | 4 | 5 | 6 | 7 |
|---|---|---|---|---|---|---|
|   |   |   |   |   |   |   |

**2. Cuir na habairtí san ord ceart agus scríobh an t-alt i do chóipleabhar.**

1. Faighim a lán obair bhaile gach oíche agus caithim a lán ama ag staidéar ag an deireadh seachtaine freisin.
2. Is meánscoil í do chailíní.
3. Tá atmaisféar iontach sa scoil agus réitíonn na daltaí agus na múinteoirí go maith le chéile.
4. Táim ag freastal ar Mheánscoil an Chreidimh Naofa i gCluain Tarbh.
5. Ba mhaith liom freastal ar an ollscoil an bhliain seo chugainn.
6. Táim sa chúigiú bliain i mbliana agus beidh mé ag déanamh scrúdú na hArdteiste an bhliain seo chugainn.
7. Tógadh an scoil níos mó ná caoga bliain ó shin agus tá thart ar sé chéad dalta ag freastal ar an scoil.

Is scoil iontach í ó thaobh áiseanna de................. It is a wonderful school from the point of view of facilities.
Tá dhá shaotharlann thuas staighre........................ There are two laboratories upstairs.
Tá halla mór spóirt agus linn snámha inti............ There is a big sports hall and a swimming pool in it.
Tá seomra ceoil agus seomra ealaíne inti............ There is a music room and an art room in it.
Thíos staighre tá leabharlann agus bialann.......... Downstairs there is a library and a canteen.

# An tAlt/Blag/Scrúdú Cainte — Aonad a Trí

## Ábhair scoile

 **Le foghlaim**

**3.** Scríobh na hábhair scoile i mBéarla i do chóipleabhar.

| | |
|---|---|
| 1. Gaeilge | 10. Gearmáinis |
| 2. Fraincis | 11. tíos |
| 3. cuntasaíocht | 12. Iodáilis |
| 4. ceimic | 13. matamaitic |
| 5. tíreolaíocht | 14. fisic |
| 6. Spáinnis | 15. eacnamaíocht |
| 7. Béarla | 16. stair |
| 8. bitheolaíocht | 17. ceol |
| 9. staidéar gnó | 18. ealaín |

 **Le foghlaim**

**4.** Scríobh blag gearr i do chóipleabhar ar na hábhair a thaitníonn leat ar scoil. Bain úsáid as na nótaí thíos.

| | |
|---|---|
| Is aoibhinn liom Gaeilge | I love Irish. |
| Taitníonn na hábhair eolaíochta go mór liom | I really like the science subjects. |
| Ní maith liom Fraincis | I don't like French. |
| Measaim go bhfuil Béarla an-suimiúil | I think that English is very interesting. |
| Spreagann an múinteoir tíreolaíochta na daltaí sa rang | The geography teacher encourages the students in class. |
| Is í an ealaín an t-ábhar is fearr liom | Art is my favourite subject. |
| Is múinteoir spreagúil é an múinteoir staire | The history teacher is an inspiring teacher. |
| Cé go bhfuil brú orm ar scoil tá a lán cairde agam inti | Even though there is pressure on me in school I have a lot of friends there. |

**5.** Scríobh abairtí leis na briathra thíos i do chóipleabhar.

a. Téim ar scoil …
b. Scríobhaim i mo …
c. Déanaim m'obair …
d. Tagann an múinteoir …
e. Osclaím na leabhair …

**6.** Scríobh ailt i do chóipleabhar ar na hábhair thíos.

a. Mo scoil
b. Mo chairde scoile
c. Ní dhéanfaidh mé dearmad ar mo chuid laethanta scoile

 Téigh chuig an Leabhrán Scrúdaithe ar leathanach 23 agus déan an scrúdú gearr ar an ábhar seo.

# Aonad a Trí — An tAlt/Blag/Scrúdú Cainte

## Alt samplach 7

**Léigh an t-alt samplach thíos agus freagair na ceisteanna a ghabhann leis.**

### Ní maith liom an Luan

Ní dóigh liom go bhfuil mórán daoine ann a dtaitníonn an Luan leo. Tá amhráin scríofa ar an ábhar céanna ag cuid mhaith bannaí ceoil. **Mothaím díreach mar an gcéanna** – ní maith liom an Luan in aon chor. Go háirithe i mbliana agus mé ag déanamh Scrúdú na hArdteiste.

**Ní thuigim** an fáth a dtugann gach múinteoir an méid sin obair bhaile ar an Aoine. **Is dócha** go gceapann múinteoirí go mbeidh níos mó ama ag daltaí ag an deireadh seachtaine agus go mbeidh **níos mó fuinnimh** acu ar an gcéad lá den tseachtain. Ní hé sin mar atá sé **faraor** toisc go gceapann gach múinteoir an rud céanna. Téann daltaí abhaile ar an Aoine le liosta mór fada d'obair bhaile don Luan!

Rud eile faoin Luan nach maith liom ná éirí go luath. Ní bhím riamh in ann éirí in am agus cuireann sé sin **brú** sa bhreis orm ag tosnú seachtain eile ar scoil. Bíonn an **trácht** i gcónaí **go hainnis** maidin Dé Luain freisin agus bíonn drochaoibh ar chuile dhuine! De ghnáth bíonn daoine ag tnúth leis an deireadh seachtaine agus ar an Luan mothaíonn tú go bhfuil **feitheamh fada** romhat go dtí do chéad sos eile. Tá súil agam go bhfaighidh mé post deas tar éis na hArdteiste agus go mbeidh áthas orm ar an Luan as seo amach!

### Cabhair! Le foghlaim

| | |
|---|---|
| mothaím díreach mar an gcéanna | I feel the same |
| níos mó fuinnimh | more energy |
| brú | pressure |
| go hainnis | terrible |
| ní thuigim | I don't understand |
| is dócha | I suppose |
| faraor | unfortunately |
| trácht | traffic |
| feitheamh fada | a long wait |

### Ceisteanna

1. Cén fáth nach maith le hAoife an Luan i mbliana?
2. Cén fáth a dtugann múinteoirí a lán obair bhaile do dhaltaí ag an deireadh seachtaine?
3. Déan cur síos ar an trácht maidin Dé Luain.

**Scríobh na nathanna a d'fhoghlaim tú san alt thuas i do chóipleabhar.**

**Scríobh alt i do chóipleabhar ar na hábhair thíos:**

a. An lá is fearr liom sa tseachtain
b. An deireadh seachtaine.

**Bain úsáid as an alt seo ag ullmhú don scrúdú cainte.**

An tAlt/Blag/Scrúdú Cainte — Aonad a Trí

## An scrúdú cainte: Blag: Mo shaol ar scoil

Téigh siar ar na nótaí ar leathanach 166 agus freagair na ceisteanna thíos ag ullmhú don scrúdú cainte. Faigh cóipleabhar speisialta don scrúdú cainte agus scríobh na freagraí ann.

- → Cá bhfuil tú ag dul ar scoil?
- → Déan cur síos ar an scoil.
- → Céard iad na háiseanna sa scoil?
- → An maith leat an scoil?

**Freagra samplach 1: Déan cur síos ar an scoil.**

Tá mé ag freastal ar Phobalscoil Íosa i gCill Chainnigh. Is scoil mhór í. Tógadh an scoil deich mbliana ó shin agus tá seacht gcéad dalta ag freastal ar an scoil. Tá an scoil suite i lár na tuaithe agus tá páirceanna peile, rugbaí agus iománaíochta ar chúl na scoile. Os comhair na scoile tá clós mór agus imríonn na daltaí cispheil ann ag am lóin.

**Freagra samplach 2: Céard iad na háiseanna sa scoil?**

Tá a lán **áiseanna iontacha** sa scoil. Thuas staighre tá **saotharlann**, **seomra ealaíne** agus cistin. Thíos staighre tá seomra tíreolaíochta, leabharlann, seomra ceoil agus halla spóirt. In aice an dorais tá oifig an **rúnaí** agus oifig an phríomhoide. Tá seomra na múinteoirí in aice an halla. Tá **seomra ríomhaire** agus **seomra adhmadóireachta** againn sa scoil freisin.

**Cabhair!**
**Le foghlaim**

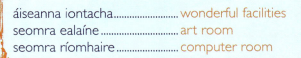
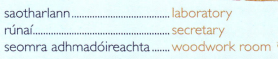

| | |
|---|---|
| áiseanna iontacha .......... wonderful facilities | saotharlann .......... laboratory |
| seomra ealaíne .......... art room | rúnaí .......... secretary |
| seomra ríomhaire .......... computer room | seomra adhmadóireachta .......... woodwork room |

**Cuir na ceisteanna thuas ar do chara sa rang.**

# Aonad a Trí — An tAlt/Blag/Scrúdú Cainte

## Ábhair scoile
### Ceisteanna

- Ainmnigh na hábhair scoile atá á ndéanamh agat i mbliana.
- Cén t-ábhar is fearr leat?
- Cén fáth a dtaitníonn an t-ábhar sin leat?
- An bhfuil aon ábhar nach maith leat?
- An bhfaigheann tú a lán obair bhaile?

Téigh chuig Aonad a hOcht ar lgh 333–346 chun níos mó oibre a dhéanamh ar an scrúdú cainte.

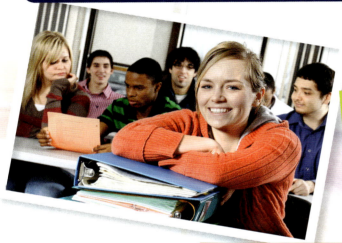

**Freagra samplach 1: Ainmnigh na hábhair scoile atá á ndéanamh agat i mbliana.**

I mbliana tá seacht n-ábhar **idir lámha agam**. Déanaim Gaeilge, Béarla agus matamaitic agus **roghnaigh mé** stair, bitheolaíocht, Fraincis agus cuntasaíocht.
Is aoibhinn liom Béarla agus Fraincis. Tá na hábhair sin suimiúil agus **níl siad ródhúshlánach**. Ní maith liom cuntasaíocht ar chor ar bith. Tugann an múinteoir **an iomarca** obair bhaile dúinn.

**Cabhair! Le foghlaim**

| | |
|---|---|
| idir lámha agam | I am doing |
| níl siad ródhúshlánach | they are not too challenging |
| roghnaigh mé | I chose |
| an iomarca | too much |

### Freagra samplach 2: An bhfaigheann tú a lán obair bhaile?

I mbliana faighim a lán obair bhaile. Nuair a thagaim abhaile ón scoil ithim mo dhinnéar agus ansin tosaím ar mo chuid obair bhaile. Tá **deasc** agam i mo sheomra leapa agus caithim an oíche ansin ag déanamh mo chuid obair bhaile agus ag staidéar. Gach oíche faighim obair bhaile Gaeilge agus matamaitice agus cúpla uair sa tseachtain faighim obair bhaile **sna hábhair eile**.

**Cabhair! Le foghlaim**

| | |
|---|---|
| deasc | desk |
| sna hábhair eile | in the other subjects |

**Scríobh blag faoi na hábhair scoile ata á ndéanamh agat i mbliana.**

## Alt samplach 8

Léigh an t-alt samplach thíos agus freagair na ceisteanna a ghabhann leis.

> Bain úsáid as an alt seo agus tú ag ullmhú don scrúdú cainte. Téigh chuig lch 360.

### Oíche Shathairn an oíche is fearr liom

Is aoibhinn liom oíche Shathairn. Ní bhíonn **brú** ar bith orm. Bím ag staidéar i rith an lae de ghnáth agus mothaím go mbíonn **sos tuillte agam** oíche Shathairn. Is minic a théim amach le mo chairde oíche Shathairn. Má bhíonn go leor airgid againn téimid amach ag damhsa sa chathair nó chuig **an dioscó áitiúil**. Anois is arís téimid chuig an bpictiúrlann nó chuig teach mo charad chun scannán a fheiceáil.

Is aoibhinn liom dul amach le mo chairde. Bíonn spraoi iontach againn le chéile. Sula dtéimid amach buailimid le chéile i mo theach nó i dteach mo charad agus éistimid le ceol agus réitímid don oíche. Fágaimid an teach timpeall a naoi a chlog agus faighimid an bus chuig an gcathair.

Ag an dioscó buailimid lenár gcairde scoile. Bíonn an-chraic againn le chéile agus caithimid an oíche ag damhsa agus ag caint. Críochnaíonn an dioscó ar a haon ar maidin agus fágaimid slán ag ár gcairde. De ghnáth tugann mo Dhaid síob dúinn agus **ar an mbealach** stopann mo Dhaid agus ceannaíonn sé sceallóga dúinn.

**Cabhair! Le foghlaim**

| brú............pressure | sos tuillte agam......I have earned a rest |
| an dioscó áitiúil......the local disco | ar an mbealach......on the way |

### Ceisteanna

1. Cén fáth ar maith le Niamh oíche Shathairn?
2. Ainmnigh áit amháin a dtéann sí oíche Shathairn.
3. Sula dtéann na cailíní amach cá dtéann siad?
4. Cén t-am a chríochnaíonn an dioscó?

Scríobh na nathanna cainte a d'fhoghlaim tú san alt seo i do chóipleabhar.

Scríobh alt i do chóipleabhar ar an ábhar thuas.

Scríobh blag i do chóipleabhar faoi oíche Shathairn seo caite.

# Aonad a Trí — An tAlt/Blag/Scrúdú Cainte

## Mo shaol sa todhchaí
### Le foghlaim

| | | |
|---|---|---|
| innealtóir...... engineer | bainisteoir....... manager | altra................ nurse |
| tréidlia............ vet | rúnaí.................. secretary | leictreoir....... electrician |
| múinteoir..... teacher | meicneoir........ mechanic | cuntasóir....... accountant |
| cócaire.......... chef | gruagaire ......... hairdresser | tógálaí ........... builder |

Bain úsáid as na nótaí thíos agus tú ag ullmhú don scrúdú cainte. Téigh chuig lch 347.

| | |
|---|---|
| Ba mhaith liom freastal ar an gcoláiste an bhliain seo chugainn..................... | I want to go to college next year. |
| Ba mhaith liom níos mó ama a chaitheamh ag imirt spóirt........................... | I want to spend more time playing sport. |
| Tá sé ar intinn agam an domhan a thaisteal tar éis na hArdteiste..................... | I want to travel the world after the Leaving Cert. |
| Glacfaidh mé sos ó na leabhair ar feadh tamaill............... | I will take a break from the books for a while. |
| Gheobhaidh mé post páirtaimseartha....... | I will get a part-time job. |
| Rachaidh mé thar lear an bhliain seo chugainn.................................. | I will go abroad next year. |

## Cleachtadh ag scríobh
### Briathra san aimsir fháistineach
**Scríobh abairtí leis na briathra thíos.**

| | |
|---|---|
| rachaidh mé........ I will go | gheobhaidh mé........ I will get |
| imreoidh mé....... I will play | déanfaidh mé............ I will do |
| tógfaidh mé......... I will take | buailfidh mé le......... I will meet with |
| cuirfidh mé.......... I will put | tabharfaidh mé......... I will give |

### Le foghlaim

| | |
|---|---|
| B'aoibhinn liom a bheith i mo rúnaí............................ | I would love to be a secretary. |
| Ba bhreá liom an post sin ...................................... | I would love that job. |
| Is post dúshlánach é............................................ | It is a challenging job. |
| Beidh níos mó ama agam chun leabhair a léamh.... | I will have more time to read books. |
| Buailfidh mé le mo chairde go mion minic............... | I will meet with my friends very often. |
| Glacfaidh mé an saol go bog réidh........................... | I will take life nice and easy. |

Scríobh blag i do chóipleabhar ar na rudaí a dhéanfaidh tú an bhliain seo chugainn. Bain úsáid as na nótaí thuas.

## An scrúdú cainte: Blag: Mo shaol sa todhchaí

Téigh siar ar na nótaí ar leathanach 172 agus freagair na ceisteanna thíos ag ullmhú don scrúdú cainte. Faigh cóipleabhar speisialta don scrúdú cainte agus scríobh na freagraí ann.

Téigh siar ar na briathra san aimsir fháistineach ar lch 424.

→ Céard a dhéanfaidh tú an bhliain seo chugainn?
→ Ar mhaith leat freastal ar an ollscoil?
→ Cá rachaidh tú?
→ An mbeidh post páirtaimseartha agat?

**Freagra samplach 1: Céard a dhéanfaidh tú an bhliain seo chugainn?**

An bhliain seo chugainn glacfaidh mé sos ó na leabhair ar feadh bliana. Rachaidh mé thar lear le mo chara Cian agus déanfaimid iarracht post a fháil ar feadh tamaill. Tá m'aintín ina cónaí i mBoston agus tá sé ar intinn againn tamall a chaitheamh **ina hárasán**. Rachaidh mé go dtí an ollscoil an bhliain ina dhiaidh sin. Ba mhaith liom **céim** innealtóireachta a bhaint amach.

**Cabhair!**
**Le foghlaim**

ina hárasán......in her apartment    céim..................degree

**Freagra samplach 2: Ar mhaith leat freastal ar an ollscoil?**

Níor mhaith liom freastal ar an ollscoil an bhliain seo chugainn. Ba mhaith liom cúrsa a dhéanamh sa choláiste áitiúil. Cúrsa gnó b'fhéidir. Braitheann sé ar thorthaí na hArdteiste, i ndáiríre. Bhí mé ag obair in oifig mo Dhaid an samhradh seo caite agus thaitin an post go mór liom.

Scríobh blag i do chóipleabhar faoi do shaol sa todhchaí.

Cuir na ceisteanna thuas ar do chara sa rang.

# Aonad a Trí — An tAlt/Blag/Scrúdú Cainte

## Alt samplach 9

Léigh an t-alt samplach thíos agus freagair na ceisteanna a ghabhann leis.

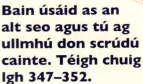

Bain úsáid as an alt seo agus tú ag ullmhú don scrúdú cainte. Téigh chuig lgh 347–352.

### An cineál saoil a bheidh agam, dar liom, tar éis na hArdteiste

Is cinnte nach bhfuil a fhios ag éinne cad atá i ndán dóibh sa todhchaí. Ba bhreá liom freastal ar an ollscoil tar éis na hArdteiste. Ba mhaith liom staidéar a dhéanamh ar an leigheas.

D'oibrigh mé go han-dian le dhá bhliain anuas ionas go bhfaighinn na pointí don chúrsa. Ní féidir liom aon phost eile **a shamhlú** dom féin. Ó bhí mé an-óg bhí mé ag iarraidh a bheith i mo dhochtúir. Beidh seacht mbliana deacra romham má éiríonn liom an cúrsa a fháil. Chuala mé ó chairde eile go bhfuil an chéad bhliain sa chúrsa ar cheann de na blianta **is deacra**.

Má éiríonn liom **céim leighis** a bhaint amach ba mhaith liom a bheith ag obair mar dhochtúir i **rannóg timpistí agus éigeandála**. Oibríonn mo mham sa phost sin agus deir sí gur post **dúshlánach** ach an-taitneamhach é.

Ba bhreá liom **taisteal** a dhéanamh tar éis na hArdteiste freisin. Tá sé ar intinn agam mí a chaitheamh san Iodáil le m'aintín tar éis na scrúduithe. Cónaíonn sí i gcathair na Róimhe agus tá mé ag tnúth go mór leis an gcathair sin a fheiceáil. Nuair a bheidh scrúdú na hArdteiste críochnaithe agam is cinnte go nglacfaidh mé sos breá fada. Is dóigh liom go bhfuil sé tuillte agam!

**Cabhair! Le foghlaim**

| | | | |
|---|---|---|---|
| a shamhlú | to imagine | rannóg timpistí agus éigeandála | accident and emergency department |
| is deacra | the hardest | dúshlánach | challenging |
| céim leighis | medical degree | taisteal | travel |

### Ceisteanna

1. Cén post ar mhaith le Tomás?
2. Cén post atá ag a Mham?
3. Cá rachaidh sé tar éis na hArdteiste?

Scríobh na nathanna cainte a d'fhoghlaim tú san aiste seo i do chóipleabhar. Scríobh alt ar an ábhar thuas i do chóipleabhar.

# An brú atá ar dhaoine óga sa lá atá inniu ann

Scríobh blag i do chóipleabhar ar an mbrú atá ar dhaoine óga sa lá atá inniu ann. Bain úsáid as na nótaí thíos.

**Le foghlaim**

| | |
|---|---|
| Is iomaí fadhb atá ag daoine óga sa lá atá inniu ann. | Young people have many problems today. |
| Cuireann tuismitheoirí agus múinteoirí an iomarca brú orainn. | Parents and teachers put too much pressure on us. |
| Faighimid an iomarca obair bhaile ar scoil. | We get too much homework at school. |
| Cuireann rás na bpointí brú uafásach orainn freisin. | The points race puts a lot of pressure on us as well. |
| Ní fhaighimid an deis taitneamh a bhaint as ár n-óige. | We don't get an opportunity to enjoy our youth. |
| Bíonn orainn laethanta fada a chaitheamh ag staidéar. | We have to spend long days studying. |
| Ní chuireann an córas oideachais béim ar spóirt. | The education system does not put an emphasis on sports. |
| Níl na háiseanna spóirt i scoileanna timpeall na tíre thar mholadh beirte. | The sports facilities in schools around the country are not worthy of praise. |
| An aon ionadh é go gcasann daoine óga i dtreo drugaí agus alcóil? | Is it any wonder that young people turn towards drugs and alcohol? |

| | |
|---|---|
| Ní fhaigheann siad faoiseamh ó obair scoile ó cheann ceann na seachtaine. | They don't get relief from schoolwork from one end of the week to the other. |
| Leis an gcúlú eacnamaíochta tá níos mó brú ar dhéagóirí. | With the economic recession there is more pressure on teenagers. |
| Tá níos mó daoine dífhostaithe ná riamh sa tír seo. | There are more people than ever unemployed in this country. |
| Gan amhras faighimid tacaíocht ónár dtuismitheoirí agus ár múinteoirí. | Without doubt we get support from our parents and our teachers. |
| Faighimid sos ó na leabhair ar feadh tamaill ag an deireadh seachtaine. | We get a break from the books for a while at the weekend. |
| Buailimid le chéile agus pléimid ár gcuid fadhbanna. | We meet and discuss our problems. |
| Caithfidh an rialtas iarracht a dhéanamh dul i ngleic le fadhbanna na n-óg go luath. | The government has to make an effort to solve the problems of the young soon. |
| Tá géarghá le straitéis chuimsitheach chun teacht i gcabhair ar aos óg na tíre. | There is a real need for a comprehensive strategy to help the youth of the country. |

# Aonad a Trí — An tAlt/Blag/Scrúdú Cainte

## Alt samplach 10

Léigh an t-alt samplach thíos agus freagair na ceisteanna a ghabhann leis.

### Bíonn saol breá ag daoine óga sa lá atá inniu ann

Bain úsáid as an alt seo agus tú ag ullmhú don scrúdú cainte. Téigh chuig lgh 347–351.

Ní aontaím go mbíonn saol breá ag daoine óga sa lá atá inniu ann. I mo thuairim tá saol **dúshlánach** agus deacair ag daoine óga an lae inniu. Deir mo thuismitheoirí go minic go bhfuil saol éasca agam agus cuireann sé isteach orm mar nach dóigh liom go bhfuil sé sin fíor in aon chor. Ar an gcéad dul síos tá an-bhrú ar dhaoine óga an lae inniu ar scoil. Chomh maith leis sin tá brú ar dhaoine óga maidir le drugaí, alcól agus **piarbhrú**. Tá **fadhb na bulaíochta** an-dainséarach agus **an-fhorleathan** sa lá atá inniu ann. Tá saol deacair ag daoine óga an lae inniu agus tá **tacaíocht agus treoir** agus cabhair ag teastáil uathu ó dhaoine fásta. Sílim go bhfuil sé **tábhachtach** go bhfaigheann daoine óga é sin ionas go mbeidh saol breá acu.

**Cabhair!**
**Le foghlaim**

| | | | |
|---|---|---|---|
| dúshlánach | challenging | piarbhrú | peer pressure |
| fadhb na bulaíochta | problem of bullying | an-fhorleathan | widespread |
| tacaíocht agus treoir | support and direction | tábhachtach | important |

### Ceisteanna

1. Cén sórt saoil a bhíonn ag daoine óga sa lá atá inniu ann?
2. Cén fhadhb atá an-dainsearach agus an-fhorleathan?
3. Céard atá ag teastáil ó dhaoine óga?

Scríobh alt i do chóipleabhar ar an ábhar thuas.

## An scrúdú cainte: Blag: An brú atá ar dhaoine óga sa lá atá inniu ann

**Téigh siar ar na nótaí ar leathanach 175 agus freagair na ceisteanna thíos ag ullmhú don scrúdú cainte. Faigh cóipleabhar speisialta.**

→ An bhfuil a lán brú ar dhaoine óga sa lá atá inniu ann?
→ Inis dom faoin mbrú atá ort.
→ Cé a chuireann brú ar dhéagóirí?
→ An gcuireann déagóirí brú orthu féin?

Téigh siar ar na briathra san aimsir láithreach ar lch 412.

**Freagra samplach 1:**
**An bhfuil a lán brú ar dhaoine óga sa lá atá inniu ann?**

Tá **brú dochreidte** ar dhaoine óga inniu. Tá brú orainn ar scoil agus sa bhaile. Faighimid a lán obair bhaile agus ní bhíonn seans againn sos a ghlacadh i rith na seachtaine. Tá eagla ar dhéagóirí freisin go mbeidh siad **dífhostaithe** sa **todhchaí**. Tá eagla orm nach bhfaighidh mé go leor pointí san Ardteist. Cé go dtugann ár dtuismitheoirí **a lán tacaíochta** dúinn fós braithimid faoi bhrú.

**Cabhair! Le foghlaim**
brú dochreidte ...... unbelievable pressure
todhchaí ................. in the future
dífhostaithe ............... unemployed
a lán tacaíochta ....... a lot of support

**Freagra samplach 2:**
**Cé a chuireann brú ar dhéagóirí?**

Is é mo thuairim go gcuireann daoine óga brú orthu féin. Ba mhaith leo marcanna arda a fháil san Ardteist agus mar sin déanann siad a ndícheall ar scoil. Cuireann córas na bpointí a lán brú ar dhaoine óga freisin.

# Aonad a Trí — An tAlt/Blag/Scrúdú Cainte

## Alt samplach 11

**Léigh an t-alt samplach thíos agus freagair na ceisteanna a ghabhann leis.**

### An fhadhb is mó in Éirinn

*Bain úsáid as an alt seo agus tú ag ullmhú don scrúdú cainte.*

Sílim gurb í **an fhadhb** is mó in Éirinn na laethanta seo ná **an dífhostaíocht**. Is fadhb uafásach í. Thosaigh na fadhbanna go léir nuair a theip ar **an gcóras bainc** i Meiriceá. Ní dóigh liom gur cheap éinne go mbeadh an **cúlú eacnamaíochta** chomh dona is atá sé ach faraor níl mórán de phobal na hÉireann **nár fhulaing dá bharr**. An rud ba mheasa a chonaiceamar ná an méadú ar an dífhostaíocht.

Tá aithne agam ar go leor daoine a chaill a gcuid post, m'athair féin **san áireamh**. Bhí sé ag obair mar innealtóir an bhliain seo caite agus thar oíche beagnach dhún an **comhlacht** lena raibh sé ag obair. Níor éirigh leis post eile a fháil ó shin toisc go bhfuil **easpa fostaíochta** fós againn sa tír. Tá an-trua agam dó mar go gcuireann sé brú air ó thaobh airgid de agus tá go leor **freagrachtaí** air le ceathrar páistí. Sílim go bhfuil an dífhostaíocht an-deacair ar dhaoine. Ní hamháin go bhfuil brú orthu le billí ach bíonn sé deacair taitneamh a bhaint as an saol gan post nuair a bhíonn taithí ag an duine ar an obair. Tá súil agam go dtiocfaidh feabhas ar scéal na dífhostaíochta in Éirinn ní hamháin do mo Dhaid ach don tír ar fad.

### Cabhair! Le foghlaim

| | | | |
|---|---|---|---|
| an fhadhb | the problem | an dífhostaíocht | unemployment |
| cúlú eacnamaíochta | economic recession | an córas bainc | the banking system |
| san áireamh | included | nár fhulaing dá bharr | that did not suffer as a result |
| easpa fostaíochta | a lack of employment | comhlacht | company |
| | | freagrachtaí | responsibilities |

### Ceisteanna

1. Céard í an fhadhb is mó in Éirinn na laethanta seo?
2. Cathain a thosaigh na fadhbanna go léir?
3. Cén post a bhí ag a athair?
4. Ar éirigh leis post a fháil ó shin?

**Aimsigh na nathanna cainte ón aiste thuas agus scríobh na nathanna cainte i do chóipleabhar. Scríobh alt i do chóipleabhar ar an ábhar thuas.**

## Alt samplach 12

**Léigh an t-alt samplach thíos agus freagair na ceisteanna a ghabhann leis.**

### Na fadhbanna (deacrachtaí) a bhíonn ag daoine óga in Éirinn sa lá atá inniu ann

*Bain úsáid as an alt seo agus tú ag ullmhú don scrúdú cainte.*

**Is iomaí fadhb** atá ag daoine óga in Éirinn inniu. Caithfidh siad **dul i ngleic le** fadhbanna nár smaoinigh a dtuismitheoirí riamh orthu. Sa lá atá inniu ann tá fadhbanna uafásacha ann maidir le **bulaíocht** ar an Idirlíon. Úsáideann formhór na ndaoine óga **suímh idirlín** ar nós Bebo agus Facebook. Is minic a úsáidtear na suíomhanna seo le h**ionsaí** a dhéanamh ar dhuine amháin nó ar ghrúpa faoi leith. Tá an fhadhb seo **go hainnis** mar nach mbíonn a fhios ag an duine cé a scríobh na **maslaí**. Bíonn sé an-deacair an duine nó na daoine atá ciontach a aimsiú.

Níos mó ná riamh sílim go bhfuil brú dochreidte ar dhaoine óga. Caithfidh siad a bheith **aclaí, acadúil, tanaí** agus gnóthach i gcónaí. Gan dabht tá i bhfad níos mó airgid sa tír seo ná mar a bhí fadó. Is minic faraor go gcruthaíonn an t-airgead céanna **neart** fadhbanna. Ceann de na rudaí is tábhachtaí i saol an duine óig is ea **an t-oideachas**.

Níl tuismitheoirí ná páistí sásta leis an mbrú a chuireann **an córas oideachais** ar dhaoine óga.
Má éiríonn le daoine óga an cúrsa a theastaíonn uathu a fháil sa choláiste ní chiallaíonn sé sin go bhfuil an cath buaite. Caithfidh siad **táillí ollscoile** a íoc ansin chomh maith le híoc as leabhair agus uaireanta lóistín. Gan aon dabht tá go leor fadhbanna ag daoine óga in Éirinn sa lá atá inniu ann.

**Cabhair! Le foghlaim**

| | |
|---|---|
| is iomaí fadhb............there are many problems | dul i ngleic le.................overcome |
| bulaíocht........................bullying | suímh idirlín..................Internet sites |
| ionsaí..............................attack | go hainnis........................terrible |
| maslaí.............................insults | aclaí, acadúil, tanaí.......fit, academic, thin |
| neart...............................plenty of | an t-oideachas..............education |
| an córas oideachais...the education system | táillí ollscoile.................university fees |

### Ceisteanna

1. Luaigh fadhb amháin atá ag daoine óga sa lá atá inniu ann.
2. Cén fáth a bhfuil an fhadhb seo go hainnis?
3. Cén brú atá ar dhaoine óga inniu?
4. Luaigh rud tábhachtach i saol an duine óig.
5. Céard iad na táillí a íocann daoine óga?

# Aonad a Trí — An tAlt/Blag/Scrúdú Cainte

## An scrúdú cainte: Blag: Na fadhbanna (deacrachtaí) a bhíonn ag daoine óga in Éirinn sa lá atá inniu ann

Téigh siar ar na nótaí ar leathanaigh 178–179 agus freagair na ceisteanna thíos ag ullmhú don scrúdú cainte. Faigh cóipleabhar speisialta don scrúdú cainte agus scríobh na freagraí ann.

- Luaigh na fadhbanna móra atá againn in Éirinn sa lá atá inniu ann.
- Céard iad na fadhbanna atá ag daoine óga?
- An bhfaigheann déagóirí tacaíocht ó aon duine?
- Céard atá ar eolas agat faoi fhadhb na ndrugaí?

**Freagra samplach 1:**
Luaigh na fadhbanna móra atá againn in Éirinn sa lá atá inniu ann.

Tá a lán fadhbanna againn in Éirinn. Tá **fadhb na dífhostaíochta** againn chomh maith le **fadhb na ndrugaí** agus ceapaim go bhfuil fadhb mhór againn **le halcól** agus toitíní. I gceantair áirithe tá fadhbanna móra **sóisialta** le feiceáil. Tá daoine fíorbhocht agus tá fadhbanna sláinte acu chomh maith le fadhbanna eile.

**Le foghlaim**

| | |
|---|---|
| fadhb na dífhostaíochta ........ the unemployment problem | fadhb na ndrugaí ....... the drug problem |
| le halcól ........................... with alcohol | sóisialta ........................ social |

**Freagra samplach 2:**
Céard atá ar eolas agat faoi fhadhb na ndrugaí?

Níl mórán ar eolas agam faoi fhadhb na ndrugaí. Tá a fhios agam go bhfuil na mílte **andúileach** timpeall na tíre. Creidim freisin go bhfuil **dlúthbhaint** idir fadhb na ndrugaí agus **fadhb na coiriúlachta** sa tsochaí. Goideann andúiligh ó charranna agus ó thithe chun teacht ar an airgead chun drugaí a cheannach. Is fadhb ollmhór í fadhb na ndrugaí **i measc na n-óg**.

**Cabhair! Le foghlaim**

| | |
|---|---|
| andúileach ................. addict | dlúthbhaint ............... close link |
| fadhb na coiriúlachta ....... the problem of crime | i measc na n-óg ...... amongst the young |

# Timpistí bóthair
## Alt samplach 13

Léigh an t-alt samplach thíos agus freagair na ceisteanna a ghabhann leis.

### Timpistí bóthair

Bain úsáid as an alt seo agus tú ag ullmhú don scrúdú cainte.

**Is fadhb scannallach í** an méid timpistí bóthair a tharlaíonn in Éirinn bliain i ndiaidh bliana. Ceaptar go bhfuil líon na dtimpistí chomh hard sin **de bharr luais** na gcarranna agus tiománaithe ólta ar na bóithre.

Le cúpla bliain anuas cuireadh dlíthe nua i bhfeidhm chun dul i ngleic leis an bhfadhb seo. Anois má bhriseann daoine **an teorainn luais** faigheann siad pointí ar **a gceadúnas tiomána**. Má fhaightear breis agus dhá phointe dhéag baintear an ceadúnas den tiománaí. **Má bheirtear ar dhuine** agus é ar meisce baintear an ceadúnas láithreach nó uaireanta bíonn ar an duine dul go priosún. Is dlíthe éifeachtacha iad agus deirtear go bhfuil **laghdú** tagtha ar líon na dtimpistí anois. Chomh maith leis sin **craoltar fógraí teilifíse** a thaispeánann timpistí bóthair. Tá na fógraí siúd **an-chonspóideach**. Bhíodh go leor daoine ag gearán fúthu nuair a thosaigh siad ar dtús. Taispeánann siad daoine sna timpistí ag fáil bháis agus tá sé an-deacair breathnú orthu. Mar sin féin má éiríonn leo daoine a scanrú ionas nach mbeidh siad ag tiomáint róthapa nó iad ólta is fiú go mór iad.

### Cabhair!
### Le foghlaim

| | |
|---|---|
| is fadhb scannalach í ............ it is a scandalous problem | de bharr luais ....................... as a result of speed |
| an teorainn luais .................... the speed limit | a gceadúnas tiomána ....... their driving licence |
| má bheirtear ar dhuine ...... if one catches a person | laghdú ................................. reduction |
| craoltar fógraí teilifíse .......... television ads are broadcast | an-chonspóideach ............. very controversial |

### Ceisteanna

1. Cén fáth a bhfuil líon na dtimpistí chomh hard sin?
2. Céard a tharlaíonn má bhriseann daoine an teorainn luais?
3. Céard a tharlaíonn má bheirtear ar dhuine agus é/í ar meisce?
4. Cén fáth a bhfuil na fógraí teilifíse an-chonspóideach?

**Scríogh blag faoi thimpiste a chonaic tú le déanaí.**

**Téigh siar ar na briathra san aimsir chaite ar leathanach 400.**

# Aonad a Ceathair
## An Scéal agus Sraith Pictiúr

# An Scéal agus Sraith Pictiúr

## Clár

**Treoir don Scrúdú**
An Scéal, An Scrúdú Cainte – Sraith Pictiúr ............ 184
Nótaí Ginearálta ............ 185
Briathra ............ 186

**Cabhair don Scéal/Scrúdú Cainte 1** ............ 188
**Cabhair don Scéal/Scrúdú Cainte 2** ............ 191

**Scéal Samplach 1**
Bhí na tuismitheoirí imithe don oíche ............ 193

**Scéal Samplach 2**
Bhí mé amuigh ag siúl cois farraige ............ 194

**An Scrúdú Cainte – Sraith Pictiúr**
Cuairt ar an bhfiaclóir ............ 195, 196

**Scéal Samplach 3**
Bhí gach duine sa seomra feithimh ............ 198

**An Scrúdú Cainte – Sraith Pictiúr**
Cuairt ar an dochtúir ............ 200

**Scéal Samplach 4**
Bhí mé féin agus mo chara ag ceolchoirm ............ 202

**Cabhair don Scéal/Scrúdú Cainte 3**
Timpiste ar an mbóthar, Dóiteán, Gadaí sa teach ............ 203, 206, 208

**Scéal Samplach 5**
Nuair a shroich mé mo theach ............ 210

**An Scrúdú Cainte – Sraith Pictiúr**
Rothar ar iarraidh, Geit a baineadh asam ............ 211, 212

**Scéal Samplach 6**
Bhí sé déanach san oíche. Bhíomar amuigh ............ 213

**Cabhair don Scéal/Scrúdú Cainte 4**
Ceolchoirm ............ 214

**Scéal Samplach 7**
Chuaigh mé go dtí an chóisir an oíche sin ............ 217

# An Scéal agus Sraith Pictiúr — Aonad a Ceathair

**Cabhair don Scéal/Scrúdú Cainte 5**
Eachtra sa scoil .................................................. 218

**Scéal Samplach 8**
Bhuaigh mé an comórtas don duais-aiste .................................................. 220

**An Scrúdú Cainte – Sraith Pictiúr**
Saoire .................................................. 222

**Scéal Samplach 9**
Is cuimhin liom go maith an lá iontach sin .................................................. 225

**Cabhair don Scéal/Scrúdú Cainte 6**
Duais a bhuaigh mé i gcrannchur na Nollag .................................................. 226

**Cabhair don Scéal/Scrúdú Cainte 7**
Ba mhaith liom a bheith i mo .................................................. 228

**Scéal Samplach 10**
Tá mé cinnte den phost ba mhaith liom anois .................................................. 230

**Scéal Samplach 11**
Is cuimhin liom go maith an lá sin .................................................. 231

**Cabhair don Scéal/Scrúdú Cainte 8**
Cluiche a chonaic mé ... cluiche a d'imir mé .................................................. 232

**Scéal Samplach 12**
Tá dea-scéala agam duit .................................................. 234

**Nathanna Cainte** .................................................. 235

# Aonad a Ceathair
## An Scéal agus Sraith Pictiúr

# Treoir don Scrúdú
## An Scéal

Ceapadóireacht:
An Scéal
An Scrúdú Cainte – Sraith Pictiúr

- Tá 50 marc ag dul don cheist seo ar pháipéar a haon.
- Scríobh cúig líne dhéag i do chóipleabhar.
- Déan plean i do chóipleabhar agus cuir tús, lár agus deireadh soiléir ann.
- Bain úsáid as réimse leathan briathra sa scéal.
- Foghlaim laethanta na seachtaine/an t-am/míonna na bliana.
- Foghlaim nathanna cainte chun mothúcháin a nochtadh.
- Foghlaim liosta aidiachtaí agus léigh scéalta samplacha.
- Léigh an cheist go cúramach agus scríobh plean i do chóipleabhar.
- Fág cúpla nóiméad ag an deireadh chun an scéal a athléamh agus na botúin a cheartú.

## An Scrúdú Cainte – Sraith Pictiúr

- Tá 80 marc ag gabháil leis an gcuid seo den scrúdú cainte.
- Beidh ort cur síos a dhéanamh ar shraith pictiúr a thabharfaidh an scrúdaitheoir duit.
- Inseoidh tú an scéal a fheicfidh tú sna pictiúir.
- Bain úsáid as na nótaí san aonad seo agus tú ag ullmhú don scrúdú cainte.
- Téigh chuig leathanach 363 chun níos mó oibre a dhéanamh ar an ábhar seo.

# Aonad a Ceathair

## An Scéal agus Sraith Pictiúr

## Nótaí Ginearálta

**Cabhróidh na nótaí san aonad seo leat agus tú ag ullmhú don scéal agus don scrúdú cainte.**

- → plean samplach
- → briathra
- → nathanna cainte
- → laethanta na seachtaine/na séasúir/míonna na bliana
- → mothúcháin
- → aidiachtaí
- → an t-am
- → tús an scéil/lár an scéil/deireadh an scéil

## An Scrúdú Cainte – Sraith Pictiúr

### Plean

Féach ar na pictiúir thuas. Cabhróidh na ceisteanna thíos leat ag scríobh faoi na pictiúir. Ná déan dearmad úsáid a bhaint as na nótaí san aonad seo.

1. Cá raibh tú? (an teach/an scoil/an pháirc peile/an lá/mí/an aimsir/séasúr/an t-am)
2. Cé a bhí in éineacht leat?
3. Ar thug duine éigin cuairt ort?
4. Céard a tharla?/céard a chonaic tú?/céard a chuala tú?/céard a léigh tú?
5. Cá ndeachaigh tú?/céard a rinne tú?
6. Déan cur síos ar an atmaisféar.
7. Conas a mhothaigh tú? (brónach/áthasach/freagach/uaigneach)
8. Ar thaitin sé leat?
9. Ar deireadh céard a tharla? Ar fhill tú abhaile?/An ndeachaigh tú chuig an ospidéal?
10. Ar bhuail tú le do chairde nó le do thuismitheoirí?
11. An raibh tú tuirseach/sásta/croíbriste …?
12. Ar bhain tú taitneamh as?

**Déan cur síos ar na pictiúir thuas sa rang.**

## Aonad a Ceathair — An Scéal agus Sraith Pictiúr

## Briathra

**A | Foghlaim na briathra thíos.**

### Le foghlaim

#### Na briathra rialta

| | | | | | |
|---|---|---|---|---|---|
| dhúisigh mé | I woke up | shleamhnaigh mé | I slipped | d'oibrigh mé | I worked |
| rith mé | I ran | labhair mé | I spoke | bhrostaigh mé | I hurried |
| d'oscail mé | I opened | chríochnaigh mé | I finished | cheannaigh mé | I bought |
| bhuail mé le | I met | scríobh mé | I wrote | shiúil mé | I walked |
| d'fhan mé | I stayed | bhris mé | I broke | ghortaigh mé | I injured |
| d'fhág mé | I left | chaill mé | I lost | ghearr mé | I cut |
| bhraith mé | I felt | gheall mé | I promised | leag mé | I set |
| scread mé | I screamed | cheangail mé | I tied | d'fhiosraigh mé | I investigated |
| ghlaoigh mé | I called | d'ullmhaigh mé | I prepared | ghoid mé | I stole |
| luigh mé | I lay | d'imir mé | I played | d'éist mé | I listened |
| chodail mé | I slept | d'inis mé | I told | throid mé | I fought |
| líon mé | I filled | ghuigh mé | I prayed | léim mé | I jumped |
| nigh mé | I washed | ghlan mé | I cleaned | chuir mé | I put |
| d'fhéach mé | I looked/watched | chuidigh mé | I helped | d'fhill mé | I returned |
| thosaigh mé | I started | d'éirigh mé | I got up | thóg mé | I took |
| dhún mé | I closed | | | | |

#### Na briathra neamhrialta

| | | | |
|---|---|---|---|
| bhí mé | I was | fuair mé | I got |
| thug mé | I gave | rinne mé | I made/did |
| rug mé | I grabbed/caught | chuala mé | I heard |
| dúirt mé | I said | d'ith mé | I ate |
| chonaic mé | I saw | tháinig mé | I came |
| chuaigh mé | I went | | |

### Comórtas sa rang!

Téigh timpeall an ranga agus faigh amach an bhfuil na briathra thuas ar eolas ag na daltaí. Déan an comórtas sa rang gach seachtain agus croch ainm na mbuaiteoirí ar an mballa sa seomra ranga. Cabhróidh na briathra seo leat agus tú ag ullmhú don scrúdú cainte freisin.

Téigh chuig lch 400 chun breis oibre a dhéanamh ar an aimsir chaite.

### An Scéal agus Sraith Pictiúr

## Aonad a Ceathair

### Cleachtadh ag scríobh

**B | Cuir Béarla ar na habairtí thíos.**

1. Labhair mé le mo chara ag an dioscó aréir.
2. Líon mé an citeal le huisce ar maidin.
3. D'fhéach mé ar an teilifís le mo chairde an Satharn seo caite.
4. Cheannaigh mé cóipleabhar sa siopa.
5. D'imir mé peil le mo chairde sa pháirc inné.
6. Ghearr mé mo mhéar le scian ar maidin.
7. Tháinig mé abhaile ón bpictiúrlann ar a deich a chlog.

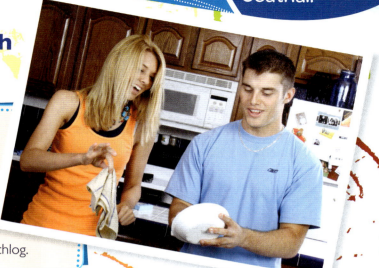

**C | Líon na bearnaí san alt thíos.**

Níor _____ mé an clog aláraim Dé Luain seo caite agus nuair a _____ mé ar a leath huair tar éis a deich bhí imní an domhain orm. _____ mé ón leaba agus rith mé isteach sa seomra folctha. Ansin _____ mé thíos staighre agus _____ mé mo bhrisfeasta. Nuair a bhí mo lón déanta agam líon mé mo mhála scoile agus _____ mé orm mo chóta. _____ mé an teach go tapa agus shiúil mé go tapa chuig stad an bhus.

**Cabhair! Le foghlaim**

chuir, rith, d'fhág, dhúisigh, léim, d'ith, chuala

Anois téigh chuig an Leabhrán Scrúdaithe agus déan an scrúdú gearr ar na briathra san aimsir chaite ar lch 24.

**D | Meaitseáil na habairtí thíos.**

1. Chonaic mé mo dhearthair lena chairde sa chathair inniu.
2. Fuair mé bronntanas iontach ó mo thuismitheoirí do mo bhreithlá.
3. Chuaigh mé ag siopadóireacht le mo chairde.
4. Scuab mé an t-urlár agus nigh mé na gréithe.
5. Cheannaigh mo Dhaid ríomhaire nua do mo dheirfiúr dá breithlá.
6. D'ith mé tósta ar maidin.
7. Bhris mo dhearthair an fhuinneog.

a. I went shopping with my friends.
b. My Dad bought my sister a new computer for her birthday.
c. I ate toast this morning.
d. I saw my brother with his friends in the city today.
e. My brother broke the window.
f. I swept the floor and I washed the dishes.
g. I got a wonderful present from my parents for my birthday.

**E | Scríobh alt gearr i do chóipleabhar leis na briathra ar leathanach 186.**

# Aonad a Ceathair

## An Scéal agus Sraith Pictiúr

### Cabhair don Scéal/ Scrúdú Cainte 1

**Le foghlaim**

**Foghlaim na nathanna cainte thíos.**

#### Laethanta na seachtaine

| | |
|---|---|
| Dé Luain | Dé hAoine |
| Dé Máirt | Dé Sathairn |
| Dé Céadaoin | Dé Domhnaigh |
| Déardaoin | |

#### Cathain a tharla an eachtra?

| | |
|---|---|
| inné | yesterday |
| arú inné | the day before yesterday |
| aréir | last night |
| anuraidh | last year |
| an tseachtain seo caite | last week |
| ar maidin | this morning |
| tar éis scoile | after school |
| cúpla lá ó shin | a few days ago |
| go luath | early |
| déanach | late |

#### Aidiachtaí

| | |
|---|---|
| taitneamhach | pleasant |
| iontach | wonderful |
| uafásach | terrible |
| corraitheach | exciting |
| cairdiúil | friendly |
| cabhrach | helpful |

#### Mothúcháin

| | |
|---|---|
| Bhí mé **an-neirbhíseach** an lá sin. | I was very nervous that day. |
| Bhain mé **an-taitneamh** as an gceolchoirm. | I really enjoyed the concert. |
| Bhí **brón** an domhain orm. | I was very sorry. |
| Bhí **aiféala** orm gur chailleamar an cluiche. | I regretted that we lost the match. |
| Bhí **an-áthas** orm nuair a bhuail mé le mo chairde. | I was very happy when I met with my friends. |

**Scríobh abairtí leis na mothúcháin thuas i do chóipleabhar.**

## An Scéal agus Sraith Pictiúr — Aonad a Ceathair

### An t-am

| | | | |
|---|---|---|---|
| a haon a chlog | a seacht a chlog | cúig tar éis/cúig chun | five past/to |
| a dó a chlog | a hocht a chlog | deich tar éis/deich chun | ten past/to |
| a trí a chlog | a naoi a chlog | ceathrú chun | quarter to |
| a ceathair a chlog | a deich a chlog | ceathrú tar éis | quarter past |
| a cúig a chlog | a haon déag a chlog | fiche tar éis | twenty past |
| a sé a chlog | a dó dhéag a chlog | leathuair tar éis | half past |

### Cá raibh tú?

| | |
|---|---|
| Bhí mé **ag an** gcluiche. | I was **at the** match. |
| Bhí mé ann **le mo** chairde. | I was there **with my** friends. |
| Chuaigh mé **chuig an** bpictiúrlann. | I went **to the** cinema. |
| D'fhág mé mo chóta **sa** chófra. | I left my coat **in the** press. |
| Chuir mé mo mhála **ar an** úrlár. | I left my bag **on the** floor. |
| Fuair mé grád C **ó mo** mhúinteoir sa scrúdú. | I got a grade C **from my** teacher in the exam. |

### Nathanna

| | |
|---|---|
| go tapa | quickly |
| go tobann | suddenly |
| ansin | then |
| ina dhiaidh sin | after that |
| gan a thuilleadh moille | without further delay |
| ar deireadh | in the end |

### An aidiacht shealbhach

| | |
|---|---|
| **mo** dheartháir | **my** brother |
| **do** thuismitheoirí | **your** parents |

### Na séasúir

| | | | |
|---|---|---|---|
| an t-earrach | spring | i lár an earraigh | in the middle of spring |
| an samhradh | summer | i lár an tsamhraidh | in the middle of summer |
| an fómhar | autumn | i lár an fhómhair | in the middle of autumn |
| an geimhreadh | winter | i lár an gheimhridh | in the middle of winter |

### An aimsir

| | |
|---|---|
| bhí an ghrian ag scoilteadh na gcloch | the sun was splitting the rocks |
| ní raibh scamall sa spéir | there wasn't a cloud in the sky |
| bhí sé ag cur báistí go trom | it was raining heavily |
| lá stoirmiúil a bhí ann | it was a stormy day |

# Aonad a Ceathair — An Scéal agus Sraith Pictiúr

## Cleachtadh ag scríobh

Téigh siar ar na nótaí ar lgh 188 agus 189 agus déan na cleachtaí thíos.

**A | Líon na bearnaí thíos.**

1. Bhí an ghrian ag _____ na gcloch sa Spáinn an samhradh seo caite.
2. D'fhágamar an teach ar a _____ a chlog chun freastal ar an gceolchoirm.
3. I lár an _____ bíonn an aimsir an-fhuar.
4. Fásann bláthanna áille sa ghairdín sa _____.
5. Chuaigh mé chuig an bpictiúrlann le mo chairde _____.
6. Bhí an-áthas orm mo mhadra Millie a _____ nuair a tháinig mé abhaile ón bhFrainc.

**Cabhair! Le foghlaim**

gheimhridh, aréir, scoilteadh, fheiceáil, samhradh, seacht

**B | Léigh an scéal thíos agus freagair na ceisteanna a ghabhann leis.**

Dé Sathairn seo caite d'éirigh mé ar a deich a chlog agus d'fhéach mé amach an fhuinneog. Lá breá samhraidh a bhí ann. Ní raibh scamall sa spéir. Chuir mé glao ar mo chara agus thugamar aghaidh ar an trá. Bhíomar ag siúl i dtreo stad an bhus nuair a chonaiceamar an bus ag teacht. Ritheamar ar nós na gaoithe agus stop an tiománaí an bus.

Shroicheamar an trá ar a leathuair tar éis a haon déag. Ansin chuamar isteach san fharraige ag snámh. Nuair a thángamar amach thosaigh sé ag cur báistí. Gan a thuilleadh moille d'fhágamar an trá. Bhaineamar an-taitneamh as an lá.

1. Cén t-am a d'éirigh Liam an Satharn seo caite?
2. Conas mar a bhí an aimsir an lá sin?
3. Cá ndeachaigh Liam agus a chara an lá sin?
4. Cén t-am a shroich siad an trá?
5. Cén fáth ar fhág siad an trá?
6. Ar thaitin an lá leo?

Anois téigh chuig an Leabhrán Scrúdaithe agus déan an scrúdú gearr ar na briathra san aimsir chaite ar lch 24.

**C | Scríobh an t-am i bhfocail.**

1. 2.45
2. 9.30
3. 12.00
4. 1.15
5. 8.00
6. 3.40

# Cabhair don Scéal/Scrúdú Cainte 2

 **Le foghlaim**

*Téigh chuig an Leabhrán Scrúdaithe agus déan an scrúdú gearr ar na nótaí thíos ar lch 25.*

## Tús an scéil

| | |
|---|---|
| Ní raibh cíos, cás na cathú orm an lá sin. | I hadn't a care in the world that day. |
| Dhúisigh mé de gheit nuair a chuala mé fear an phoist ag an doras. | I woke up with a fright when I heard the postman at the door. |
| Ba bheag nár thit mé i laige nuair a chuala mé an príomhoide ar an bhfón. | I nearly collapsed when I heard the principal on the phone. |
| Lá te, grianmhar a bhí ann. | It was a hot, sunny day. |
| Bhí mé ag tnúth leis an lá sin. | I was looking forward to that day. |
| Bhí gála fíochmhar ag séideadh. | There was a fierce gale blowing. |
| Is cuimhin liom go maith é. | I remember it well. |
| Bhí sceitimíní orm an lá sin. | I was excited that day. |
| Chloisfeá biorán ag titim nuair a shiúil an príomhoide isteach. | You could hear a pin drop when the principal walked in. |

## Lár an scéil

| | |
|---|---|
| Ar ámharaí an tsaoil … | As luck would have it … |
| Bhí mé idir dhá chomhairle céard ba cheart dom a dhéanamh. | I was undecided what to do. |
| Sheas mé i mo staic le faitíos. | I stood still with fear. |
| Bhí mo cheann ina roithleán. | My head was spinning. |
| Níor chreid mé mo shúile nuair a chonaic mé … | I didn't believe my eyes when I saw … |
| Ní raibh gíog ná míog asainn. | There wasn't a sound out of us. |
| Níor mhaith liom fústar a dhéanamh. | I didn't want to make a fuss. |
| Lig mé scread asam nuair a chonaic mé an bronntanas. | I screamed when I saw the present. |

## Críoch an scéil

| | |
|---|---|
| Fanfaidh an eachtra sin i mo chuimhne go deo. | That event will stay in my memory forever. |
| Bhíomar ag cur i gcéill an t-am ar fad. | We were pretending all the time. |
| Bhí mé spíonta an oíche sin. | I was worn out that night. |
| Bhí mí-ádh orainn an lá sin. | We were unlucky that day. |
| Nuair a shroicheamar an teach bhíomar stiúgtha leis an ocras. | When we reached the house we were starved with the hunger. |
| Shílfeá nach leáfadh an im ina béal im ina béal. | You would think that butter wouldn't melt in her mouth. |

# Aonad a Ceathair — An Scéal agus Sraith Pictiúr

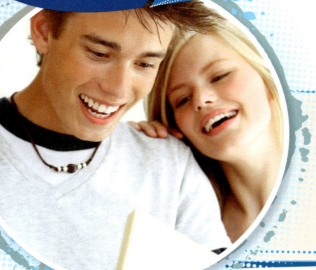

## Cleachtadh ag scríobh

**A** | Scríobh an scéal thíos i mBéarla i do chóipleabhar.

**Dhúisigh mé de gheit** nuair a chuala mé cnag ar an doras. Fear an phoist a bhí ann. Léim mé as an leaba agus d'oscail mé an doras go tapa. Bhí **beart** aige dom. **Bhí sceitimíní orm** nuair a chonaic mé an beart. Chuaigh mé isteach sa chistin agus shuigh mé ag an mbord. D'oscail mé an beart agus chonaic mé **ríomhaire** nua sa bhosca. Lig mé scread asam. Rith mo dheirfiúr isteach agus **níor chreid sí a súile** nuair a chonaic sí an ríomhaire. Bhí áthas an domhain orm an mhaidin sin. Fanfaidh an lá sin **i mo chuimhne** go deo.

**Cabhair! Le foghlaim**

dhúisigh mé de gheit... I woke up with a fright
Bhí sceitimíní orm......... I was excited
níor chreid sí a súile..... she didn't believe her eyes
beart ......................... parcel
ríomhaire ................. computer
i mo chuimhne ..... in my memory

**B** | Líon na bearnaí thíos.

fíochmhar, chreid, stiúghta, chuimhne, grianmhar, laige, áthas.

1. Lá te, _____ a bhí ann.
2. Nuair a shroicheamar an teach bhíomar _____ leis an ocras.
3. Ba bheag nár thit mé i _____ nuair a chuala mé an príomhoide ar an bhfón.
4. Fanfaidh an eachtra sin i mo _____ go deo.
5. Níor _____ mé mo shúile nuair a chonaic mé an deatach.
6. Bhí _____ orm an lá sin.
7. Bhí gála _____ ag séideadh.

**C** | Cuir Gaeilge ar na habairtí thíos.

1. I remember it well.
2. I woke up with a fright when I heard my parents at the door.
3. I nearly collapsed.
4. I was undecided what to do.
5. My head was spinning.
6. I didn't believe my eyes when I saw the present.
7. That event will stay in my memory forever.

# An Scéal agus Sraith Pictiúr — Aonad a Ceathair

## Scéal Samplach 1

**A | Léigh an scéal samplach thíos.**

'Bhí na tuismitheoirí imithe don oíche. Bhí orm aire a thabhairt do bheirt pháistí agus an peata madra beag a bhí acu. Thuig mé láithreach go mbeadh trioblóid (fadhb) agam agus bhí …'

Bhí an bheirt pháistí ag caoineadh nuair a tháinig mé isteach sa teach. Ní raibh siad sásta beag ná mór go raibh a dtuismitheoirí imithe amach gan iad. Rinne mé mo sheacht ndícheall **iad a chur ar a suaimhneas** ach **ní raibh aon mhaitheas ann**. Lean siad ag caoineadh. Ansin smaoinigh mé ar phlean. Bhí fístéip agam i mo mhála a cheannaigh mé do mo dheartháir óg. Scannán Disney a bhí ann. Nuair a chonaic siad an scannán bhí áthas an domhain ar an mbeirt acu. Shuigh siad síos agus d'fhéachamar ar an scannán. **Gan rabhadh**, chuala mé torann sa chistin. Ní raibh tuairim agam céard a bhí ann.

Rith mé isteach sa chistin le luas lasrach. An madra beag a bhí ann, bhí sé tar éis an áit **a mhilleadh**. Níl a fhios agam ó thalamh an domhain conas a d'oscail sé an cófra ach d'éirigh leis agus bhí calóga arbhair agus rís ar fud an urláir. Ghlan mé an áit agus bhí mé díreach críochnaithe nuair a tháinig an bheirt pháistí isteach chugam agus iad ag caoineadh arís. Bhí an scannán críochnaithe agus bhí uaigneas orthu i ndiaidh a dtuismitheoirí. Tar éis fiche nóiméad ní raibh an dara rogha agam ach glao fóin a chur ar a dtuismitheoirí agus iarradh orthu teacht abhaile. Ní haon ionadh é nár iarr siad orm teacht ar ais arís ach ní raibh mise ag gearán!

**Cabhair! Le foghlaim**

| | |
|---|---|
| iad a chur ar a suaimhneas | to put them at their ease |
| ní raibh aon mhaitheas ann | it was no good |
| gan rabhadh | without warning |
| a mhilleadh | to destroy |

**B | Freagair na ceisteanna.**

1. Cén fáth a raibh na páistí ag caoineadh?
2. Cén saghas scannáin a chonaic siad?
3. Céard a rinne an madra?
4. Céard a rinne an scéalaí tar éis fiche nóiméad?

**Scríobh scéal gearr ar an ábhar thuas i do chóipleabhar.**

# Aonad a Ceathair — An Scéal agus Sraith Pictiúr

## Scéal Samplach 2

**A | Léigh an scéal samplach thíos.**

'Bhí mé amuigh ag siúl cois farraige nuair a chonaic mé bosca mór dúnta ina luí ar imeall na trá. Bhí eagla orm an bosca a oscailt agus ghlaoigh mé ar na Gardaí ar m'fhón póca …'

Bhí na Gardaí **chomh tapa le gaoth Mhárta** ag teacht. Thaispeáin mé an bosca dóibh. Rinne duine de na Gardaí iarracht an bosca a oscailt. Bhí sé **faoi ghlas**. Níor éirigh leis an bosca a oscailt. Bhí ar an nGarda eile **casúr** a fháil. De réir a chéile d'éirigh leis an bosca a oscailt. Bhí **ionadh an domhain** orainn nuair a d'fhéachamar isteach sa bhosca. Bhí **cúig mhála phlaisteacha** ann lán le hairgead. Bhí thart ar chéad míle euro ann. Níor chreideamar an méid a bhí os ár gcomhair. Thug mé m'uimhir theileafóin don Gharda. Ghabh sé buíochas liom as ucht glao a chur orthu.

D'imigh mé abhaile ansin agus d'inis mé an scéal do mo thuismitheoirí. Dúirt mo Dhaid go dtabharfadh na Gardaí an t-airgead dom mura mbeadh siad in ann **an t-úinéir a aimsiú**. Cheap mé go raibh sé **ag magadh** agus phléasc mé amach ag gáire. Cúpla mí ina dhiaidh sin fuair mé glao ó stáisiún na nGardaí. Dúirt an garda go raibh daichead míle euro sa bhosca agus nár éirigh leo aon úineir a aimsiú. Bhronn sé an t-airgead orm. Ba bheag nár thit mé i laige! Ní dhéanfaidh mé dearmad ar eachtraí an lae sin go deo na ndeor.

**Cabhair! Le foghlaim**

| | |
|---|---|
| chomh tapa le gaoth Mhárta ............ as fast as March wind | faoi ghlas ................ locked |
| casúr ................ hammer | ionadh an domhain ............ amazed |
| cúig mhála phlaisteacha ..... five plastic bags | an t-úinéir a aimsiú ............ to find the owner |
| | ag magadh ................ mocking |

**B | Freagair na ceisteanna.**

1. Cá raibh Cormac ag siúl?
2. Céard a chonaic sé?
3. Céard a bhí sa bhosca?
4. Ar éirigh leis na Gardaí úinéir a aimsiú?
5. Cé mhéad airgead a fuair Cormac?

Scríobh amach na nathanna cainte ón scéal thuas i do chóipleabhar.

# An Scrúdú Cainte – Sraith Pictiúr

## Cuairt ar an bhfiaclóir

**Téigh siar ar na nótaí ar lch 191. Cabhróidh na nótaí thíos leat agus tú ag ullmhú don scrúdú cainte.**

**A |** Foghlaim na nathanna cainte thíos agus léigh an scéal samplach ar leathanach 198.

**B |** Meaitseáil na habairtí thíos i nGaeilge agus i mBéarla agus ansin scríobh na habairtí i nGaeilge i do chóipleabhar.

1. Dhúisigh mé i lár na hoíche le tinneas fiacaile uafásach.
2. Scread mé in ard mo chinn is mo ghutha.
3. Thug mo Mham piollaí dom ach fós mhothaigh mé néaróg ag preabadh.
4. An mhaidin dár gcionn rinne mé coinne phráinneach leis an bhfiaclóir.
5. Bhí mé an-neirbhíseach agus mé ag fanacht sa seomra feithimh.
6. Ar deireadh ghlaoigh an rúnaí m'ainm.
7. Bhí mo ghlúine ar crith le heagla.
8. Shuigh mé ar an gcathaoir ard agus rinne an fiaclóir scrúdú ar mo chuid fiacla.
9. Dúirt sí go raibh m'fhiacail lofa agus go mbeadh uirthi í a bhaint amach.
10. Ba bheag nár thit mé i laige nuair a chuala mé an drochnuacht.
11. Ansin thug sí dhá instealladh dom.
12. Ina dhiaidh sin bhain sí amach an fhiacail lofa.
13. Lig mé osna faoisimh asam nuair a d'fhág mé oifig an fhiaclóra an lá sin.

a. My mam gave me tablets but still I felt the nerve pounding.
b. In the end the secretary called my name.
c. My knees were shaking with fear.
d. I sat on the high chair and the dentist examined my teeth.
e. I woke up in the middle of the night with a terrible toothache.
f. I nearly collapsed when I heard the bad news.
g. She said that my tooth was rotten and that she would have to extract it.
h. I screamed at the top of my voice.
i. The following morning I made an emergency appointment with the dentist.
j. I was very nervous waiting in the waiting room.
k. After that she extracted the rotten tooth.
l. Then she gave me two injections.
m. I sighed with relief when I left the dentist's office that day.

Déan cur síos os ard ar na pictiúir thuas sa rang.

# Aonad a Ceathair — An Scéal agus Sraith Pictiúr

**Cabhair! Le foghlaim**

## An Scrúdú Cainte – Sraith Pictiúr

**C |** Féach ar na pictiúir thíos agus déan cur síos os ard ar chuairt a thug tú ar an bhfiaclóir le déanaí sa rang.

|  |  |
|---|---|
| Chuaigh mé | I went |
| Shuigh mé sa seomra feithimh. | I sat in the waiting room. |
| Ar deireadh ghlaoigh an rúnaí orm. | In the end the secretary called me. |
| Shoilsigh an fiaclóir solas isteach i mo bhéal. | The dentist shone a light in my mouth. |
| Bhraith mé neirbhíseach. | I felt nervous. |
| Rinne sé scrúdú ar mo chuid fiacla. | He examined my teeth. |
| Dúirt sé go raibh easpa ar m'fhiacail. | He said that I had an abscess on my tooth. |
| Thug sé instealladh dom. | He gave me an injection. |
| Bhain sé an fhiacail amach. | He extracted the tooth. |

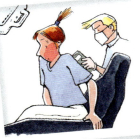 

## Cleachtadh ag scríobh

**D |** Scríobh alt gearr i do chóipleabhar ar chuairt a thug tú ar an bhfiaclóir le déanaí.

**E |** Líon na bearnaí thíos agus ansin scríobh an t-alt i do chóipleabhar.

> An Luan seo caite bhí mé sa bhialann le mo chairde. Bhíomar ag ithe ár lóin. Thug mo chara milseán _____ dom agus thosaigh mé á chogaint. Go tobann chuala mé _____ ait. Ansin mhothaigh mé _____ ag preabadh. Bhí a fhios agam ansin gur bhris mé m'fhiacail. Chuir mé glao láithreach ar oifig an _____ agus thug sí coinne dom don tráthnóna sin. Ní mó ná sásta a bhí mo Dhaid nuair a chuala sé céard a tharla. Tar éis scoile thug mé aghaidh ar oifig an fhiaclóra. Bhí air an _____ a líonadh agus thug sé rabhadh dom gan a bheith ag _____ milseáin chrua.

**Cabhair! Le foghlaim**

fhiacail, néaróg, crua, ithe, fhiaclóra, torann

| | |
|---|---|
| ag cogaint ....... chewing | néaróg ag preabadh ........ a nerve pounding |
| coinne ............... appointment | a líonadh .................... to fill |
| rabhadh ........... warning | milseáin chrua .................... hard sweets |

# An Scéal agus Sraith Pictiúr

## Aonad a Ceathair

## Cleachtadh ag scríobh

**F |** Meaitseáil na habairtí thíos i nGaeilge agus i mBéarla agus ansin scríobh na habairtí i nGaeilge i do chóipleabhar.

1. Bhí mé ar crith le heagla agus mhothaigh mé lag.
2. Bhí mo cheann ina roithleán.
3. Bhí mé sceimhlithe i mo bheatha.
4. Níor thuig sé cúis an fhaitís.
5. Chuir sé mé ar mo shuaimhneas.
6. Dúirt sé liom go raibh líonadh ag teastáil uaim.
7. B'shin an nuacht ba mheasa a chuala mé le fada.
8. Duine an-fhoighneach, cabhrach agus cineálta ab ea é.
9. Ó shin i leith …
10. Bhí an t-ádh dearg liom.
11. Ba chuma liom.

a. He didn't understand the reason for the fear.
b. Since then …
c. That was the worst news that I had heard in a long time.
d. I was shaking with fear and I felt weak.
e. He was a very patient, helpful, kind person.
f. I was very lucky.
g. My head was spinning.
h. He said that I needed a filling.
i. He put me at my ease.
j. I was terrified.
k. I didn't care.

**G |** Cuir Gaeilge ar na habairtí thíos.

1. I had a toothache.
2. I made an appointment to go to the dentist.
3. I was nervous in the waiting room.
4. I sat on the high chair.
5. The dentist examined my teeth.
6. My tooth was rotten.
7. The dentist extracted it.
8. I was happy leaving the dentist's office.

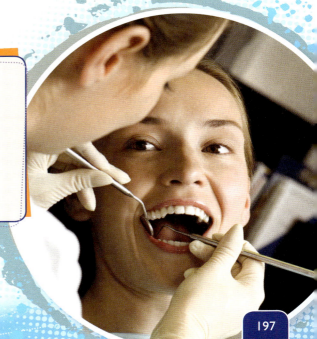

# Aonad a Ceathair — An Scéal agus Sraith Pictiúr

## Scéal Samplach 3

**A |** Léigh an scéal samplach thíos.

'Bhí gach duine sa seomra feithimh ag léamh go ciúin. Níor thaitin sé liom riamh cuairt a thabhairt ar an bhfiaclóir …'

Bain úsáid as an scéal seo agus tú ag ullmhú don scrúdú cainte.

Bhí mé **ar crith le heagla** agus **mhothaigh mé lag**. **Bhí mo cheann ina roithleán**. **Bheartaigh mé imeacht** agus gan fanacht don choinne. Bhí a fhios agam go mbeadh mo mháthair **feargach** liom ach ba chuma liom. **Ní raibh an dara rogha agam**. Bhí mé **sceimhlithe i mo bheatha**. Díreach nuair a sheas mé suas chuala mé an fáilteoir ag glaoch m'ainm.

Thit mo chroí. Chas mé timpeall agus chuaigh mé i dtreo dhoras an fhiaclóra. Ba bheag nár thit mé i laige sular shroich mé an doras. Nuair a chonaic an fiaclóir mé bhí ionadh air. D'iarr sé orm suí síos. Thug sé gloine uisce dom agus dúirt sé nach bhfaca sé othar chomh **scanraithe** riamh. Mhínigh mé dó nár thaitin sé riamh liom cuairt a thabhairt ar an bhfiaclóir.

Rinne sé scrúdú ar mo chuid fiacla agus dúirt sé liom go raibh líonadh ag teastáil uaim. B'shin an nuacht ba mheasa a chuala mé le fada. Le luas lasrach bhí sé críochnaithe agus cé nach raibh sé compordach ní raibh aon phian orm. Ghabh mé buíochas leis an bhfiaclóir. Duine **an-fhoighneach, cabhrach agus cineálta** ab ea é. Bhí an t-ádh dearg liom gur bhuail mé le fiaclóir chomh cineálta leis.

**Cabhair! Le foghlaim**

Foghlaim na nathanna cainte sa scéal thuas.

| | |
|---|---|
| ar crith le heagla | shaking with fear |
| mhothaigh mé lag | I felt weak |
| bhí mo cheann ina roithleán | my head was spinning |
| bheartaigh mé imeacht | I decided to leave |
| feargach | angry |
| ní raibh an dara rogha agam | I hadn't a second choice |
| sceimhlithe i mo bheatha | terrified |
| scanraithe | terrified |
| an-fhoighneach, cabhrach agus cineálta | very patient, helpful and kind |

## An Scéal agus Sraith Pictiúr — Aonad a Ceathair

**B | Freagair na ceisteanna.**

1. Cá raibh Niall an lá sin?
2. Céard a tharla nuair a sheas sé suas?
3. Céard a d'iarr an fiaclóir air a dhéanamh?
4. Céard a bhí ag teastáil ó Niall?
5. Cén sórt duine é an fiaclóir?

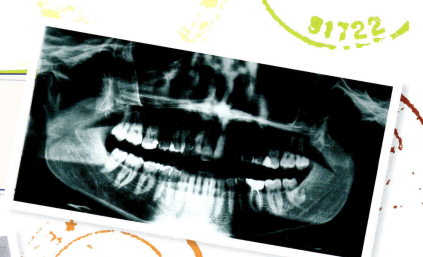

**C | Ceap scéal a mbeidh ceann de na sleachta seo a leanas oiriúnach mar thús leis.**

1. Ba bheag nár thit mé i laige nuair a ghlaoigh an fiaclóir amach m'ainm. Shiúil mé go mall i dtreo na hoifige …

2. 'Tá drochscéala agam duit', arsa an fiaclóir. 'Tá easpa ar d'fhiacail agus níl an dara rogha agam ach í a bhaint amach.'

Anois téigh chuig an Leabhrán Scrúdaithe agus déan an scrúdú gearr ar an ábhar seo ar lch 26.

# Aonad a Ceathair
## An Scéal agus Sraith Pictiúr

## An Scrúdú Cainte – Sraith Pictiúr
### Cuairt ar an dochtúir
**Pléigh an t-ábhar thíos sa rang.**

Cabhróidh na nótaí thíos leat agus tú ag ullmhú don scrúdú cainte.

 Cabhair!
 Le foghlaim

**A** | Foghlaim na nathanna cainte thíos agus scríobh an scéal i do chóipleabhar.

### Tús an scéil

| | |
|---|---|
| Maidin amháin an samhradh seo caite bhuail mé le mo chairde sa chathair. | One morning last summer I met with my friends in the city. |
| I lár na maidine mhothaigh mé tinn. | In the middle of the morning I felt sick. |
| Bhí tinneas cinn uafásach orm agus bhraith mé lag, tuirseach. | I had a terrible headache and I felt weak and tired. |
| Cheap mo chairde go raibh mé ag cur i gcéill. | My friends thought that I was pretending. |
| Ní raibh aon ghoile agam agus bheartaigh mé dhul abhaile. | I had no appetite and I decided to go home. |

### Lár an scéil

| | |
|---|---|
| Bhí mé ag fanacht don bhus nuair a thit mé i laige. | I was waiting for the bus when I collapsed. |
| Bhí mé gan aithne gan urlabhra ar an talamh. | I was unconscious on the ground. |
| Ar ámharaí an tsaoil bhí dochtúir ar an mbus agus rinne sé scrúdú orm. | As luck would have it there was a doctor on the bus and he examined me. |
| Bhailigh slua timpeall orm. | A crowd gathered around me. |
| Ghlaoigh an tiománaí ar mo thuismitheoirí. | The driver called my parents. |

## An Scéal agus Sraith Pictiúr

### Aonad a Ceathair

**Críoch an scéil**

| | |
|---|---|
| Nuair a tháinig mo thuismitheoirí ba léir go raibh siad an-bhuartha fúm. | When my parents arrived it was clear that they were very worried about me. |
| Láithreach bonn thugamar aghaidh ar oifig an dochtúra. | We immediately headed for the doctor's surgery. |
| Mhol sé dom fanacht sa leaba go ceann seachtaine. | He advised me to stay in bed for a week. |
| Tháinig biseach orm de réir a chéile. | As time went by, I improved. |

**B | Líon na bearnaí sa scéal thíos. Ansin scríobh an scéal i do chóipleabhar.**

Nuair a dhúisigh mé ar maidin ní raibh mé _____.
Bhí mé te agus lag agus _____ mé tinn. D'fhan mé
sa leaba agus chuir mo Dhaid glao ar an _____.
I lár na maidine thosaigh mé ag ag sraothartach. Tháinig
an dochtúir i lár an lae agus rinne sé _____ orm.
Dúirt sé go raibh an _____ orm agus mhol sé dom
fanacht sa leaba go ceann _____ lá. Sular fhág sé
an teach thug sé _____ do mo Dhaid dom.
Ansin chuaigh mo Dhaid chuig an siopa _____
agus fuair sé buidéal leighis dom. Tháinig _____
orm tar éis lá nó dhó.

**Cabhair!**

**Le foghlaim**

scrúdú, mhothaigh, poitigéara, trí, oideas, dochtúir, biseach, fliú, ar fónamh

| | | | |
|---|---|---|---|
| ar fónamh | well | te | hot |
| ag sraothartach | sneezing | oideas | prescription |
| an siopa poitigéara | pharmacy | buidéal leighis | bottle of medicine |

**C | Scríobh alt i do chóipleabhar ar chuairt a thug tú ar an dochtúir.**

Anois téigh chuig an Leabhrán Scrúdaithe agus déan an scrúdú gearr ar na nathanna cainte thuas ar lch 27.

# Aonad a Ceathair — An Scéal agus Sraith Pictiúr

## Scéal Samplach 4

**Bain úsáid as an scéal seo agus tú ag ullmhú don scrúdú cainte.**

**A |** Léigh an scéal samplach thíos.

'Bhí mé féin agus mo chara ag ceolchoirm mhór i bPáirc an Chrócaigh. Bhí an slua ag amhránaíocht agus ag rince (damhsa). Go tobann thit mo chara ar an talamh …'

Bhí sí gan aithne gan urlabhra. **Scread mé in ard mo chinn is mo ghutha ag lorg cabhrach** ach níor chuala éinne mé. **Ar ámharaí an tsaoil** chuala fear a bhí os ár gcomhair mé. Fear ard, láidir a bhí ann. Phioc sé suas mo chara **gan stró** agus thug sé chuig an **láithreán éigeandála** í.

**I bhfaiteach na súl** cuireadh Aisling ar shínteán agus tugadh an bheirt againn chun an ospidéil. Bhí Aisling fós **gan mheabhair**. Bhí mo chroí i mo bhéal. Bhí mé **an-bhuartha** fúithi. Shroicheamar an t-ospidéal **gan mhoill**. Scrúdaigh an dochtúir Aisling **láithreach**. Buíochas le Dia, ní raibh sí gortaithe go dona. Dúirt an dochtúir gur thit sí i laige **de bharr an teasa** i measc an tslua. Bhí uirthi oíche a chaitheamh san ospidéal toisc gur bhuail sí a cloigeann. Bhí an dochtúir ag iarraidh **súil a choinneáil uirthi** ar eagla na heagla.

Chailleamar amach ar an gceolchoirm ach ba chuma liom. **Bhí faoiseamh orm** go raibh mo chara slán sábháilte. **Gheall mé di** go gceannóinn ticéid dúinn an chéad uair eile a bheadh 'The Killers' ag seinm in Éirinn. Gheobhaimid suíocháin an chéad uair eile, áfach!

### Cabhair! Le foghlaim

| | |
|---|---|
| scread mé in ard mo chinn is mo ghutha | I screamed at the top of my voice |
| ag lorg cabhrach | looking for help |
| ar ámharaí an tsaoil | as luck would have it |
| gan stró | without effort |
| láithreán éigeandála | emergency department |
| i bhfaiteach na súl | in the blinking of an eye |
| gan mheabhair | unconscious |
| an-bhuartha | very worried |
| gan mhoill | without delay |
| láithreach | immediately |
| de bharr an teasa | as a result of the heat |
| súil a choinneáil uirthi | to keep an eye on her |
| bhí faoiseamh orm | I was relieved |
| gheall mé di | I promised her |

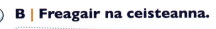

**B |** Freagair na ceisteanna.

1. Céard a rinne an fear nuair a chonaic sé Aisling?
2. Cén fáth a raibh cara Aisling buartha fúithi?
3. Céard a dúirt an dochtúir?
4. Cén fáth a raibh uirthi an oíche a chaitheamh san ospidéal?

**C |** Ceap scéal a mbeidh ceann de na sleachta seo a leanas oiriúnach mar thús leis.

1. Bhí mé féin agus mo chara ag cluiche mór i bPáirc Uí Chaoimh.
   Bhí an slua ag screadaíl. Go tobann thit mo chara ar an talamh …

2. Bhí mé féin agus mo chara ag stad an bhus. Díreach os mo chomhair amach thit seanbhean ar an talamh. Bhailigh slua timpeall na háite …

# Cabhair don Scéal/Scrúdú Cainte 3

## Timpiste ar an mbóthar

**A** | Foghlaim na nathanna cainte thíos agus léigh an scéal ar leathanach 204.

> Cabhróidh na nótaí thíos leat agus tú ag ullmhú don scrúdú cainte.

**B** | Meaitseáil na habairtí thíos i nGaeilge agus i mBéarla agus ansin scríobh na habairtí i nGaeilge i do chóipleabhar.

### Tús an scéil

| | |
|---|---|
| 1. Oíche dhubh dhorcha a bhí ann. | a. I stood still with fear when I saw the accident. |
| 2. Bhí mé te teolaí ag féachaint ar an teilifís. | b. Suddenly I heard a huge explosion. |
| 3. Go tobann chuala mé pléascadh ollmhór. | c. I ran quickly in the direction of the accident. |
| 4. Baineadh geit uafásach asam. | d. I got a terrible fright. |
| 5. Rith mé go tapa i dtreo na timpiste. | e. It was a cold, dark night. |
| 6. Sheas mé i mo staic le faitíos nuair a chonaic mé an timpiste. | f. I was warm and comfortable in front of the television. |

| 1 | 2 | 3 | 4 | 5 | 6 |
|---|---|---|---|---|---|
|   |   |   |   |   |   |

### Lár an scéil

| | |
|---|---|
| 1. Níor chreid mé mo shúile nuair a chonaic mé an radharc. | a. My voice was shaking when I called the emergency services. |
| 2. Leoraí agus gluaisrothar i dtimpiste uafásach. | b. I went up to the lorry and I looked in the window. |
| 3. Chuaigh mé suas chuig an leoraí agus d'fhéach mé isteach an fhuinneog. | c. The driver was unconscious. |
| 4. Bhí an tiománaí gan aithne gan urlabhra. | d. A lorry and a motorbike in a terrible accident. |
| 5. Bhí creathán i mo ghlór nuair a ghlaoigh mé ar na seirbhísí tarrthála. | e. I couldn't believe my eyes when I saw the sight. |

| 1 | 2 | 3 | 4 | 5 |
|---|---|---|---|---|
|   |   |   |   |   |

# Aonad a Ceathair — An Scéal agus Sraith Pictiúr

**Críoch an scéil**

1. Rinne mé mo sheacht ndícheall doras an leoraí a oscailt.
2. Ach bhí sé fánach agam.
3. Ar deireadh chonaic mé na Gardaí agus otharcharr ag teacht.
4. Lig mé osna faoisimh asam.
5. Láithreach bonn tógadh an tiománaí chuig an ospidéal.
6. Ní raibh aon duine gortaithe go ródhona.

a. In the end I saw the Gardaí and the ambulance arriving.
b. I gave a sigh of relief.
c. Nobody was injured too badly.
d. I did my best to open the door of the lorry.
e. But it was useless.
f. The driver was immediately taken to the hospital.

| 1 | 2 | 3 | 4 | 5 | 6 |
|---|---|---|---|---|---|
|   |   |   |   |   |   |

## Cleachtadh ag scríobh

→ Cár tharla an timpiste?
→ Cá raibh tú?
→ Céard a chonaic tú?
→ Céard a rinne tú?
→ Ar tháinig otharcharr?
→ An raibh aon duine gortaithe?

**C |** Scríobh alt i do chóipleabhar faoi thimpiste.

## An Scrúdú Cainte – Sraith Pictiúr

**D |** Déan cur síos ar thimpiste a chonaic tú le déanaí. Bain úsáid as na nathanna cainte thuas.

**E |** Líon na bearnaí sa scéal thíos. Ansin scríobh an scéal i do chóipleabhar.

Bhí a lán _____ ar an mbóthar an lá sin agus bhí an-deifir orm ag dul ar scoil. Bhí mé déanach arís don rang mata agus bhí a fhios agam go mbeadh an _____ ar buile liom. Ní mó ná sásta a bhí mo Mham liom nuair a d'iarr mé uirthi an carr a thiomáint níos tapúla. Maidin _____ gheimhridh a bhí ann. Gan choinne chonaiceamar bus ag sleamhnú trasna an bhóthair. Scread mé in ard mo _____ is mo ghutha. Ar luas lasrach chas mo Mham an roth _____ ach bhí sé ródhéanach. Chualamar pléascadh ollmhór agus ansin briseadh na fuinneoga go léir. Bhíomar scéimhlithe inár _____. Nuair a stad an carr d'fhéach mé i dtreo mo Mham. Buíochas le Dia nach raibh muid _____. Bhailigh slua timpeall an chairr agus chabhraigh siad linn na doirse a oscailt. Ní dhéanfaidh mé dearmad ar an \_\_\_\_\_ sin go deo.

Anois téigh chuig an Leabhrán Scrúdaithe agus déan an scrúdú gearr ar ábhar seo ar lch 28.

# An Scéal agus Sraith Pictiúr — Aonad a Ceathair

**Cabhair! Le foghlaim**

fhliuch, gortaithe, stiúrtha, tráchta, chinn, lá, mbeatha, múinteoir

| | | | |
|---|---|---|---|
| a lán tráchta | a lot of traffic | ar buile | very cross |
| ní mó ná sásta | not very happy | níos tapúla | faster |
| gan choinne | unexpectedly | an roth stiúrtha | the steering wheel |
| pléascadh | explosion | sceimhlithe | terrified |

**F | Foghlaim na nathanna cainte thíos agus scríobh abairtí leo i do chóipleabhar.**

| | | | |
|---|---|---|---|
| ó smacht | out of control | sciorr an carr | the car skidded |
| crios sábhála | safety belt | soilse tráchta | traffic lights |
| chas mé faoi dheis | I turned right | na seirbhísí éigeandála | the emergency services |
| ag stánadh orm | staring at me | bhrúigh mé na coscáin | I pressed the brakes |
| adharc | horn | glacadh x-gha | an x-ray was taken |

## Cleachtadh ag scríobh

**G | Ceap scéal a mbeidh ceann de na sleachta seo a leanas oiriúnach mar thús leis:**

1. Bhíomar compordach ar an tolg ag féachaint ar an teilifís. Go tobann chualamar cnag ar an doras. Cé a bhí ann ach na gardaí …

2. Oíche dhubh dhorcha a bhí ann. Bhí báisteach throm ag titim agus bhí na bóithre sleamhain. Go tobann chualamar pléascadh ollmhór …

## Aonad a Ceathair — An Scéal agus Sraith Pictiúr

### Dóiteán

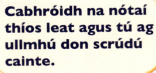

Cabhróidh na nótaí thíos leat agus tú ag ullmhú don scrúdú cainte.

**A |** Foghlaim na nathanna cainte thíos.

**B |** Cuir na habairtí le chéile thíos agus ansin scríobh an t-alt i do chóipleabhar.

| | |
|---|---|
| 1. Bhí mé ag cócaireacht | a. amach as an teach. |
| 2. Chuir mé an stéig | b. bhí mo chara ann agus d'fhan mé ag caint léi ar feadh tamaill. |
| 3. Ansin chuala mé cnag | c. sa chistin Dé Sathairn seo caite. |
| 4. Nuair a d'oscail mé an doras | d. ar fud na cistine. |
| 5. Go tobann smaoinigh mé | e. isteach sa fhriochtán agus las mé an sorn. |
| 6. Rith mé isteach sa chistin | f. ar luas lasrach. |
| 7. Bhí lasracha ag leathadh | g. na seirbhísí tarrthála. |
| 8. Ghlaoigh mé ar | h. ar an stéig. |
| 9. Rith mé ar luas lasrach | i. ar an doras. |
| 10. Gan a thuilleadh moille tháinig | j. an mbriogáid dóiteáin. |

## An Scéal agus Sraith Pictiúr — Aonad a Ceathair

**C |** Léigh an sliocht thíos agus freagair na ceisteanna a ghabhann leis.

Oíche dhubh dhorcha a bhí ann. Bhí mé **ar mo bhealach** abhaile ón gclub óige nuair a thosaigh báisteach throm ag titim. Shiúlamar ar feadh tamaill bhig ach stopamar nuair a chonaiceamar **tintreach** sa spéir. Ansin thugamar faoi deara go raibh teach in aice linn **trí thine**. Baineadh geit uafásach asainn nuair a thugamar faoi deara go raibh daoine **sáinnithe** sa teach.

**Gan a thuilleadh moille** ritheamar chuig an teach agus chuireamar glao ar **na seirbhísí tarrthála**. Bhailigh slua os comhair an tí agus chuir cúpla fear **dréimire** suas in aice na fuinneoige. Chonaiceamar an teaghlach ag briseadh na fuinneoige agus ansin **dhreap siad** anuas an dréimire. Lig mé osna faoisimh asam nuair a chonaic mé go raibh gach duine slán sábhailte. B'uafásach an oíche í.

**Cabhair!**
**Le foghlaim**

| | |
|---|---|
| ar mo bhealach ...................... on my way | tintreach ............................... lightning |
| trí thine .................................. on fire | sáinnithe ............................... trapped |
| gan a thuilleadh moille ......... without further delay | na seirbhísí tarrthála ......... the emergency services |
| dréimire ................................. ladder | dhreap siad ......................... they climbed |

**D |** Freagair na ceisteanna.

1. Cá raibh na buachaillí an oíche sin?
2. Cén fáth ar stop siad ar a mbealach abhaile?
3. Céard a chonaic siad sa spéir?
4. Céard a rinne siad nuair a chonaic siad go raibh daoine sáinnithe sa teach?
5. Cé a bhris an fhuinneog?

## Cleachtadh ag scríobh

**E |** Scríobh an t-alt thuas i do chóipleabhar agus foghlaim na nathanna cainte san alt thuas.

# Aonad a Ceathair — An Scéal agus Sraith Pictiúr

## An Scrúdú Cainte – Sraith Pictiúr

### Gadaí sa teach

**A |** Foghlaim na nathanna cainte thíos.

**Cabhair!**
**Le foghlaim**

**B |** Déan cur síos ar na pictiúir thíos sa rang.

**C |** Meaitseáil na habairtí thíos i nGaeilge agus i mBéarla agus ansin scríobh na habairtí i nGaeilge i do chóipleabhar.

### Tús an scéil

| | |
|---|---|
| 1. Dhúisigh mé de gheit. | a. It was clear that there was a robber in the house. |
| 2. Chuala mé fothram thíos staighre. | b. Without warning a man burst into my room. |
| 3. Ansin chonaic mé scáil ar an léibheann. | c. I didn't want to make a fuss. |
| 4. Gan rabhadh phléasc fear isteach i mo sheomra. | d. I woke up with a fright. |
| 5. Níor mhaith liom fústar a dhéanamh. | e. I saw a shadow on the landing. |
| 6. Ba léir go raibh gadaí sa teach. | f. I heard a noise downstairs. |

| 1 | 2 | 3 | 4 | 5 | 6 |
|---|---|---|---|---|---|
| | | | | | |

### Lár an scéil

| | |
|---|---|
| 1. Ní raibh gíog ná míog asam. | a. I was terrified. |
| 2. Rith mé go tapa chuig seomra mo thuismitheoirí. | b. They were gone like the ground had swallowed them up. |
| 3. Bhí siad imithe amhail is dá slogfadh an talamh iad. | c. My voice was shaking. |
| 4. Bhí masc ar an ngadaí agus labhair sé go borb liom. | d. There wasn't a sound from me. |
| 5. Bhí mé sceimhlithe i mo bheatha. | e. The robber had a mask on and he spoke abruptly to me. |
| 6. Bhí creathán i mo ghlór. | f. I ran quickly to my parents' room. |

| 1 | 2 | 3 | 4 | 5 | 6 |
|---|---|---|---|---|---|
| | | | | | |

# An Scéal agus Sraith Pictiúr — Aonad a Ceathair

**Críoch an scéil**

1. Rith an gadaí i mo threo agus rug sé greim orm.
2. Bhí greim an fhir bháite aige orm.
3. Bhíomar ag iomrascáil ar an talamh ar feadh nóiméid nó dhó.
4. Lig mé osna faoisimh asam nuair a chuala mé mo thuismitheoirí thíos staighre.
5. D'ainneoin mo chuid iarrachtaí d'éalaigh an gadaí amach an fhuinneog.
6. Ba í sin an oíche ba mheasa i mo shaol.

a. We were wrestling on the ground for a minute or two.
b. That was the worst night of my life.
c. The thief ran in my direction and grabbed me.
d. I gave a sigh of relief when I heard my parents downstairs.
e. He had a tight grip on me.
f. In spite of my efforts the thief escaped out the window.

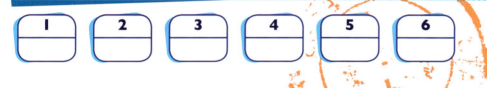

## An Scrúdú Cainte – Sraith Pictiúr

**D |** Féach ar na pictiúir seo agus freagair na ceisteanna. Tá cabhair ar fáil sna boscaí thuas.

1. Cá raibh do mham?
2. Céard a chuala sí?
3. Céard a tharla?
4. An raibh eagla uirthi?
5. Cá ndeachaigh sí?
6. Céard a rinne an gadaí?
7. Céard a rinne na gardaí?
8. Conas a mhothaigh sí ar deireadh?

Téigh chuig an Leabhrán Scrúdaithe agus déan an scrúdú gearr an ábhar seo ar lch 30.

# Aonad a Ceathair — An Scéal agus Sraith Pictiúr

## Scéal Samplach 5

**Bain úsáid as an scéal seo agus tú ag ullmhú don scrúdú cainte.**

**A** | Léigh an scéal samplach thíos.

'Nuair a shroich mé mo theach bhí doras an tí lánoscailte. Baineadh geit asam …'

Ní raibh solas ar bith ar lasadh sa teach. Bhí mé ar crith le heagla ach **bheartaigh mé** ar dul isteach. Shiúil mé isteach **an príomhdhoras** agus las mé an solas. Chuaigh mé isteach sa seomra suí agus níor chreid mé an méid a chonaic mé. Gan rabhadh chuala mé torann sa chistin. Ar nós na gaoithe thóg mé m'fhón póca ó mo mhála agus ghlaoigh mé ar na Gardaí. Dúirt siad go raibh siad ar an mbealach agus gur chóir dom an teach a fhágáil láithreach. I bpreabadh na súl chuala mé **coiscéimeanna** ag teacht i mo threo. Bhí mé sceimhlithe i mo bheatha, agus cheap mé go dtitfinn i laige.

Chonaic mé **cruth duine** os mo chomhair agus bhí bata ina lámh aige. Scread mé in ard mo chinn 'is mo ghutha. Thosaigh an gadaí ag screadaíl chomh maith. Ansin thug mé faoi deara gur chailín a bhí ann. Las mé an solas. Mo dheirfiúr a bhí ann! Phléascamar amach ag gáire ach bhíomar fós sceimhlithe mar go ndúirt mo dheirfiúr go raibh an teach ar fad bun os cionn. Ba léir go raibh gadaithe ann romhainn. Tháinig na Gardaí agus d'insíomar an scéal ar fad dóibh. **Ar ámharaí an tsaoil** níor goideadh mórán ón teach. Nuair a tháinig mo thuismitheoirí abhaile bhí áthas orthu nár gortaíodh éinne ach bhí ar mo dheirfiur **eochair** an tí a thabhairt dóibh. **Baineadh geit uafásach asainn** an oíche sin.

**Cabhair!**
**Le foghlaim**

| | |
|---|---|
| bheartaigh mé ................ I decided | an príomhdhoras ...... the main door |
| coiscéimeanna ................ footsteps | cruth duine ................ the shape of a person |
| ar ámharaí an tsaoil ........ as luck would have it | eochair ................ key |
| baineadh geit uafásach asainn ... we got a terrible fright | |

**B** | Freagair na ceisteanna.

1. Céard a chonaic Clíodhna nuair a shroich sí a teach?
2. Céard a rinne Clíodhna nuair a chuala sí torann sa chistin?
3. Céard a dúirt na gardaí le Clíodhna?
4. Cén fáth ar scread Clíodhna?
5. Nuair a las Clíodhna an solas cé a bhí ann?

Scríobh amach na nathanna cainte ón scéal thuas i do chóipleabhar.

Scríobh scéal ar an ábhar thuas i do chóipleabhar.

# An Scrúdú Cainte – Sraith Pictiúr
## Rothar ar iarraidh

**A** | Líon na bearnaí sa scéal thíos. Ansin scríobh an scéal i do chóipleabhar.

scoilteadh, chuimhne, dtuismitheoirí, snámh, lón, álainn, bus, rothair, tuath

Maidin _____ i lár an tsamhraidh rothaigh mé féin agus mo chairde faoin _____. Bhí an ghrian ag _____ na gcloch agus d'ullmhaíomar picnic dheas don _____. I lár an lae stopamar chun sos a ghlacadh. D'fhágamar na _____ ar imeall locha agus chuamar ag _____ roimh lón. Nuair a d'fhilleamar ar an áit ar fhágamar na rothair bhí na rothair go léir ar iarraidh. A luaithe a chonaiceamar go raibh na rothair ar iarraidh chuireamar glao ar ár _____. Ní mó ná sásta a bhí mo thuismitheoirí linn. Bhí orainn _____ a thógáil abhaile an lá sin. Fanfaidh an eachtra sin i mo _____ go deo.

### Cabhair! Le foghlaim

| | |
|---|---|
| rothaigh mé..........I cycled | ag scoilteadh na gcloch......splitting the rocks |
| sos a ghlacadh.....to take a break | ar imeall locha..........................the edge of the lake |
| ní mó ná sásta.....not very happy | eachtra..........................................incident |

**B** | Freagair na ceisteanna.

1. Cá ndeachaigh na déagóirí?
2. Cén sórt aimsire a bhí ann?
3. Céard a thug siad leo?
4. Cár stop siad?
5. Céard a rinne siad?
6. Céard a chonaic siad nuair a tháinig siad ar ais?
7. Cén fáth nach raibh a dtuismitheoirí sásta leo?

Déan cur síos ar na pictiúir thuas sa rang.

# Aonad a Ceathair — An Scéal agus Sraith Pictiúr

## Geit a baineadh asam

**Cabhair! Le foghlaim**

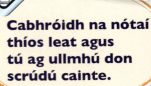

*Cabhróidh na nótaí thíos leat agus tú ag ullmhú don scrúdú cainte.*

### A | Foghlaim na nathanna cainte thíos.

**Tús an scéil**

| | |
|---|---|
| Oíche ghaofar gharbh a bhí ann. | It was a rough windy night. |
| D'fhág mé slán ag mo chairde agus thug mé aghaidh ar mo theach i m'aonar. | I left my friends and headed to my house on my own. |
| Shiúil mé go tapa nuair a thosaigh an bháisteach ag titim. | I walked fast when the rain started to fall. |
| Ansin chonaic mé scáil sa choill. | Then I saw a shadow in the woods. |
| Ba bheag nár thit mé i laige. | I nearly collapsed. |

**Lár an scéil**

| | |
|---|---|
| Rith mé ar nós na gaoithe tríd an gcoill. | I ran like the wind through the woods. |
| Go tobann shleamhnaigh mé sa láib. | Suddenly I slipped in the mud. |
| Ansin chuala mé guthanna taobh thiar díom. | Then I heard voices behind me. |
| Bhí mo cheann ina roithleán. | My head was spinning. |
| Sheas mé i mo staic le faitíos. | I stood still with fear. |

**Críoch an scéil**

| | |
|---|---|
| Bhí mé idir dhá chomhairle céard ba cheart dom a dhéanamh. | I was undecided as to what to do. |
| Bheartaigh mé ar glao a chur ar mo thuismitheoirí. | I decided to call my parents. |
| Ansin chuala mé an glór arís agus d'aithin mé an glór. | Then I heard the voice again and I recognised the voice. |
| Phléasc mo chairde amach ag gáire. | My friends burst out laughing. |
| Bhí siad ag iarraidh bob a bhualadh orm. | They were trying to play a trick on me. |
| Ní mó ná sásta a bhí mé leo an oíche sin. | I wasn't very happy with them that night. |

**B | Scríobh an scéal thuas i do chóipleabhar.**

**C | Ar baineadh geit asat riamh agus tú ag teacht abhaile ón bpictiúrlann nó ón gclub óige? Déan cur síos ar an eachtra don rang. Ná déan dearmad na nótaí thuas a úsáid.**

# An Scéal agus Sraith Pictiúr — Aonad a Ceathair

## Scéal Samplach 6

**A | Léigh an scéal samplach thíos.**

*Bain úsáid as an scéal seo agus tú ag ullmhú don scrúdú cainte.*

'Bhí sé déanach san oíche. Bhíomar amuigh faoin tuath. Stop an carr. Theip ar an inneall. Bhíomar i bponc (i dtrioblóid) …'

Ní raibh sa charr ach muidne, mé féin agus mo chara Sorcha. Ní raibh siopa ná **teach tábhairne** ná teach in aice linn. D'fhéachamar ar a chéile agus d'iarr Sorcha orm an raibh aon **taithí** agam le carranna mar ní raibh a fhios aici fiú cá raibh **an t-inneall**! An plean a bhí agam ná glao a chur ar an AA. Shíl Sorcha gur phlean **den chéad scoth** a bhí ann agus thóg sí a fón póca amach as a mála. B'ansin a thugamar faoi deara nach raibh ár bhfóin ag obair. Rinneamar iarracht an carr a thosú ach ní raibh rud ar bith ag tarlú.

Bhí Sorcha **dóchasach** go dtiocfadh carr éigin sar i bhfad. Ag a dó a chlog ar maidin **bhogamar** an carr go dtí taobh an bhóthair. Bhíomar **stiúgtha leis an ocras** ach ní raibh ach úll amháin againn. D'itheamar é agus tar éis tamaill an-fhada thiteamar inár gcodladh. D'éiríomar de gheit an mhaidin dár gcionn nuair a chnag fear ar an bhfuinneog. Ní raibh sé ach thart ar a sé a chlog ar maidin. Feirmeoir a bhí ann agus dúirt sé linn go dtabharfadh sé muid chuig **an mbaile ba chóngaraí** ar a tharracóir. Fear an-deas a bhí ann agus bhí áthas an domhain orainn **síob** a fháil. Tháinig an AA taobh istigh d'uair a chloig. Oíche an-fhada a bhí ann agus nuair a shroicheamar teach mo thuismitheoirí sa Daingean **chodlaíomar** an lá ar fad.

**Cabhair! Le foghlaim**

| | |
|---|---|
| teach tábhairne …………… pub | taithí ………………… experience |
| an t-inneall ………………… the engine | den chéad scoth …………… brilliant |
| dóchasach ………………… hopeful | bhogamar ………………… we moved |
| stiúgtha leis an ocras …… starved with the hunger | an baile ba chóngaraí …… the nearest town |
| síob ………………………… a lift | chodlaíomar ……………… we slept |

**B | Freagair na ceisteanna.**

1. Cá raibh na cailíní ag dul?
2. Cén fáth nach raibh siad in ann glao a chur ar an AA?
3. Céard a rinne siad ar a dó a chlog ar maidin?
4. Cé a chnag ar an bhfuinneog ar a sé a chlog ar maidin?
5. Céard a rinne siad nuair a shroich siad teach a dtuismitheoirí?

**Scríobh amach na nathanna cainte ón scéal seo i do chóipleabhar.**

# Aonad a Ceathair — An Scéal agus Sraith Pictiúr

## Cabhair don Scéal/ Scrúdú Cainte 4

### Ceolchoirm

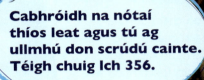

Cabhróidh na nótaí thíos leat agus tú ag ullmhú don scrúdú cainte. Téigh chuig lch 356.

**A |** Meaitseáil na habairtí thíos i nGaeilge agus i mBéarla agus ansin scríobh na habairtí i nGaeilge i do chóipleabhar.

**Tús an scéil**

1. Bhí sceitimíní an domhain orm nuair a chuala mé go raibh 'The Killers' ag teacht go hÉirinn.
2. Chuir mé dhá thicéad in áirithe ar an Idirlíon.
3. Thug mé cuireadh do mo chara Eoin teacht in éineacht liom.
4. Bhíomar ar mhuin na muice ag fágáil an tí.
5. Nuair a shroicheamar an staid bhí slua ollmhór ann romhainn.

a. I booked two tickets on the Internet.
b. We were in high spirits leaving the house.
c. When we reached the stadium there was a huge crowd there ahead of us.
d. I invited my friend Eoin to come with me.
e. I was very excited when I heard that 'The Killers' were coming to Ireland.

**Lár an scéil**

1. D'fhanamar go foighneach ag feitheamh ar 'The Killers'.
2. Thosaigh an slua ag bualadh bos agus ag screadaíl.
3. Ar deireadh phléasc 'The Killers' amach ar an stáitse.
4. Bhí an slua fiáin ag damhsa agus ag canadh.
5. Chan siad na hamhráin ba cháiliúla dá gcuid i rith na hoíche.

a. The crowd started clapping and screaming.
b. The crowd were wild dancing and singing.
c. They sang their most famous songs during the night.
d. We waited patiently for 'The Killers'.
e. In the end 'The Killers' burst on to the stage.

## Críoch an scéil

| | |
|---|---|
| 1. Thaitin na maisíochtaí go mór liom. | a. especially when the lead singer jumped from the stage into the crowd |
| 2. go háirithe nuair a léim an príomhamhránaí ón stáitse isteach sa slua | b. It was an unbelievable concert. |
| 3. Ag deireadh na hoíche bhí mé tuirseach traochta. | c. I really liked the special effects. |
| 4. Ní dhéanfaidh mé dearmad go deo ar an oíche sin. | d. At the end of the night I was exhausted tired. |
| 5. Ba cheolchoirm dhochreidte í. | e. I will never forget that night. |

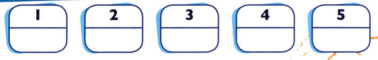

## An Scrúdú Cainte – Sraith Pictiúr

**B |** Féach ar na pictiúir agus freagair na ceisteanna thíos. Tá cabhair ar fáil sna boscaí thuas.
Ar fhreastail tú ar cheolchoirm riamh?

1. Cathain a d'fhreastail tú ar an gceolchoirm?
2. Cé a bhí ag seinm?
3. Cá bhfuair tú na ticéid?
4. Cé a bhí in éineacht leat?
5. Ar thaitin an cheolchoirm leat?
6. Céard a chan siad?
7. An raibh tuirse ort nuair a tháinig tú abhaile?

Téigh chuig an Leabhrán Scrúdaithe agus déan an scrúdú ar an ábhar seo ar lch 31 nó 32.

**C |** Féach ar na pictiúir thuas agus scríobh an scéal i do chóipleabhar.

# Aonad a Ceathair — An Scéal agus Sraith Pictiúr

**D |** Cuir Béarla ar na habairtí thíos agus scríobh na habairtí i nGaeilge i do chóipleabhar.

1. Bhí áthas an domhain orm nuair a thug mo thuismitheoirí dhá thicéad dom do cheolchoirm 'The Kings of Leon'.
2. Thug mé cuireadh do mo chara Niamh teacht in éineacht liom.
3. Thugamar aghaidh ar **amharclann** an O2 ar a sé a chlog.
4. Nuair a shroicheamar an O2 bhí na mílte déagóirí ag feitheamh i **scuaine fhada**.
5. **Ar deireadh osclaíodh na doirse** agus chuamar isteach.
6. Nuair a rith **baill an ghrúpa** amach ar an stáitse ba bheag nár ardaíodh an díon.
7. Bhí **mo chluasa ag preabadh** faoi dheireadh na hoíche.
8. **Ba cheolchoirm iontach** í, **an cheolchoirm ab fhearr** a chonaic mé riamh.

**Cabhair! Le foghlaim**

| | | | |
|---|---|---|---|
| amharclann | theatre | scuaine fhada | a long queue |
| ar deireadh | in the end | osclaíodh na doirse | the doors were opened |
| baill an ghrúpa | members of the group | mo chluasa ag preabadh | my ears were pounding |
| ba cheolchoirm iontach í | it was a wonderful concert | an cheolchoirm ab fhearr | the best concert |

## Cleachtadh ag scríobh

**E |** Ceap scéal a mbeidh an sliocht seo a leanas oiriúnach mar thús leis:

'Bhí an amharclann dorcha. Chloisfeá biorán ag titim. Ansin phléasc Metro Station amach ar an stáitse ...'

**F |** Déan cur síos ar cheolchoirm a chonaic tú le déanaí.

# Scéal Samplach 7

> Bain úsáid as an scéal seo agus tú ag ullmhú don scrúdú cainte. Téigh chuig lch 357.

**A |** Léigh an scéal samplach thíos.

'Chuaigh mé go dtí an chóisir an oíche sin. Ní raibh cead agam ó mo thuismitheoirí dul ann. Tar éis uair a chloig bhí brón orm …'

**Bheartaigh mé** ar dul chuig an gcóisir. Níor thug mo thuismitheoirí cead dom mar go raibh a fhios acu go mbeadh tuismitheoirí mo charad **thar lear**. Bhí siad **buartha** go mbeadh daoine ag ól ann. **D'éalaigh mé** ó mo theach an oíche sin i ngan fhios do mo thuismitheoirí.

Bhí áthas an domhain orm nuair a shroich mé teach mo charad. Bhí beagnach gach duine ó mo rang ann agus bhíomar ag damhsa agus ag caint 'is ag comhrá. Tar éis uair a choig fuair mé glao fóin ó mo Mham. Níor fheagair mé í ach d'fhág sí **teachtaireacht** ar an bhfón. Dúirt sí go raibh a fhios aici cá raibh mé agus go raibh m'athair sa charr **ar a bhealach** go dtí an chóisir.

Bhí orainn an teach a ghlanadh sular tháinig m'athair agus ní raibh mo chara ag caint liom mar go raibh sí buartha go bhfaigheadh a tuismitheoirí amach faoin gcóisir. Nuair a chnag m'athair ar an doras d'imigh mé amach. Bhí **díomá an domhain** ar mo Dhaid liom agus thosaigh mé ag caoineadh. Mise á rá leat nach ndearna mé rud chomh hamaideach leis sin riamh arís!

**Cabhair! Le foghlaim**

| | |
|---|---|
| bheartaigh mé ............... I decided | thar lear ................. abroad |
| buartha ............................ worried | d'éalaigh mé ......... I escaped |
| teachtaireacht ................ message | ar a bhealach ....... on his way |
| díomá an domhain ...... very disappointed | |

**B |** Freagair na ceisteanna.

1. Cén fáth nach raibh cead ag Diarmaid dul chuig an gcóisir?
2. Cé a bhí ag an gcóisir?
3. Cén teachtaireacht a d'fhág a Mham ar an bhfón?
4. Céard a rinne siad sular tháinig a athair?

**Scríobh na nathanna cainte ón scéal thuas i do chóipleabhar.**

# Aonad a Ceathair

## An Scéal agus Sraith Pictiúr

Cabhróidh na nótaí thíos leat agus tú ag ullmhú don scrúdú cainte. Téigh chuig lch 334.

## Cabhair don Scéal/Scrúdú Cainte 5

### Eachtra sa scoil

**A |** Meaitseáil na habairtí thíos i nGaeilge agus i mBéarla agus ansin scríobh na habairtí i nGaeilge i do chóipleabhar.

### Tús an scéil

1. Bhrostaíomar isteach sa seomra ranga ar a cúig tar éis a naoi.
2. Shuíomar síos go ciúin agus thógamar amach ár n-obair bhaile.
3. D'éiríomar mífhoighneach.
4. Tar éis tamaill bhig chaith mo chara Ruairí peann luaidhe i dtreo Eoin Uí Shé.
5. Ní mó ná sásta a bhí Eoin Ó Sé agus léim sé óna chathaoir.

a. After a while my friend Ruairí threw a pencil in the direction of Eoin Ó Sé.
b. Eoin Ó Sé wasn't very happy and he jumped from his chair.
c. We hurried into the class at 9.05.
d. We became impatient.
e. We sat down quietly and took out our homework.

| 1 | 2 | 3 | 4 | 5 |
|---|---|---|---|---|
|   |   |   |   |   |

### Lár an scéil

1. Rug sé greim daingean ar gheansaí Ruairí.
2. Thit an bheirt acu ina gcnap ar an úrlar agus thosaigh siad ag iomrascáil.
3. Ansin thug mé sracfhéachaint amach an doras agus chonaic mé an príomhoide ag teacht inár dtreo.
4. Ba bheag nár thit mé i laige nuair a chonaic mé an salachar timpeall an tseomra.
5. Ansin phléasc an príomhoide isteach an doras.

a. I nearly collapsed when I saw the dirt around the room.
b. Then the principal exploded in through the door.
c. He grabbed hold of Ruairí's jumper.
d. The two fell in a heap on the ground and they started wrestling.
e. Then I glanced out the door and I saw the principal coming in our direction.

| 1 | 2 | 3 | 4 | 5 |
|---|---|---|---|---|
|   |   |   |   |   |

### Críoch an scéil

1. Scread sí in ard a cinn is a gutha.
2. Bhí cuma fhíochmhar ar a haghaidh.
3. Ní raibh gíog ná míog as an rang.
4. Rinne mé iarracht labhairt ar son an ranga ach bhí sé fánach agam.
5. Tugadh breis obair bhaile dúinn agus cuireadh Ruairí agus Eoin amach as an rang.

a. I made an effort to speak on behalf of the class but it was futile.
b. She screamed at the top of her voice.
c. There was a fierce appearance on her face.
d. There wasn't a sound out of the class.
e. We were given extra homework and Ruairí and Eoin were put out of the class.

| 1 | 2 | 3 | 4 | 5 |
|---|---|---|---|---|
|   |   |   |   |   |

## An Scéal agus Sraith Pictiúr

### Aonad a Ceathair

**B |** Líon na bearnaí sa scéal thíos. Ansin scríobh an scéal i do chóipleabhar.

Bhrostaigh mé féin agus mo chairde chuig an _____ nuair a thugamar faoi deara go rabhamar déanach. Nuair a shroicheamar an tsaotharlann bhí an rang gnóthach ag déanamh _____. Ansin chnag dalta ar an doras. Dúirt sí go raibh an múinteoir ag teastáil ón _____ ina oifig. D'fhág an múinteoir an rang agus leanamar ar aghaidh leis na trialacha. Go tobann tharla _____ uafásach. Baineadh geit uafásach asainn go léir. Ba dheacair aon rud a fheiceáil mar go raibh _____ tiubh ar fud na saotharlainne. Gan a thuilleadh moille bhain mé an múchtóir _____ den bhalla agus dhírigh mé an múchtóir ar na lasracha. I gceann nóiméid nó dhó múchadh na _____. Tháinig an bhriogáid dóiteáin agus d'ealaíomar ón tsaotharlann. Baineadh geit uafásach asainn an lá sin.

**Cabhair! Le foghlaim**

saotharlann, lasracha, pléascadh, trialach, dóiteáin, bpríomhoide, deatach

| | |
|---|---|
| saotharlann............ laboratory | triail............. an experiment |
| deatach tiubh........ thick smoke | lasracha...... flames |

## An Scrúdú Cainte – Sraith Pictiúr

**C |** An raibh tú riamh i dtrioblóid ar scoil? Féach ar na pictiúir seo agus inis an scéal don rang. Cabhróidh na ceisteanna leat.

→ Cá raibh tú?
→ Céard a tharla?
→ Cé a bhí in éineacht leat?
→ Céard a dúirt an múinteoir?
→ An raibh ort dul chuig oifig an phríomhoide?
→ Ar cuireadh glao ar do thuismitheoirí?

# Aonad a Ceathair — An Scéal agus Sraith Pictiúr

## Scéal Samplach 8

**A | Léigh an scéal samplach thíos.**

> Bain úsáid as an scéal seo agus tú ag ullmhú don scrúdú cainte.

'Bhuaigh mé an comórtas don duais-aiste sa scoil. Dhá thicéad eitleáin a bhí sa duais. Chuaigh mé féin agus mo chara ar thuras trí lá …'

… go Páras. Bhí **sceitimíní** an domhain orainn san aerfort. Ba é an chéad uair dom dul ar eitleán agus bhí idir sceitimíní agus **sceon** orm! Bhí sean-taithí ag mo chara Niall ar thaisteal agus ní raibh fadhb ar bith againn dul tríd an aerfort. Scéal eile a bhí ann nuair a shroicheamar aerfort Pháras. Bhí an bheirt againn caillte agus bhí faitíos orainn labhairt le héinne. Tar éis cúpla nóiméad labhair bean linn agus **threoraigh sí muid** sa **treo ceart**. Bhí mé **an-bhródúil** gur éirigh liom labhairt léi as Fraincis agus gur thuig sí mé! Taobh amuigh den aerfort fuaireamar tacsaí agus thug sé muid chuig an óstán.

Bhí an t-óstán **an-ghalánta** ar fad. Bhí gach áis **nua-aimseartha** ann agus bhí sé suite i **gcroílár na cathrach**. Mar chuid den duais bhí dhá thicéad againn chun dul chuig an Louvre agus chonaiceamar pictiúir le Vermeer agus le Leonardo da Vinci. An lá dár gcionn chuamar chuig an Túr Eiffel agus chuamar suas chuig an mbarr. Bhí an radharc go hálainn ar fad agus thógamar go leor grianghraf. D'itheamar lón i mbialann ar an Champs-Élysées agus cé go raibh sé an-daor bhí an béile fíorbhlasta.

Bheartaíomar roinnt siopadóireachta a dhéanamh san iarnóin agus cheannaíomar bronntanais bheaga dár dtuismitheoirí. An mhaidin dár gcionn d'fhágamar go luath chun dul chuig an aerfort. Turas den chéad scoth a bhí ann agus ní dhéanfaidh mé dearmad go deo air.

### Cabhair! Le foghlaim

| | |
|---|---|
| sceitimíní … excited | sceon … terror |
| threoraigh sí muid … she directed us | treo ceart … the right direction |
| an-bhródúil … very proud | an-ghalánta … very fancy |
| nua-aimseartha … modern | i gcroílár na cathrach … in the heart of the city |

**B | Freagair na ceisteanna.**

1. Cén duais a bhuaigh Séamas?
2. Cén fáth a raibh Séamas an-bhródúil?
3. Déan cur síos ar an óstán.
4. Ainmnigh radharc amháin a chonaic siad i bPáras.
5. Céard a cheannaigh siad dá dtuismitheoirí?

**Scríobh scéal ar an ábhar thuas i do chóipleabhar.**

## An Scéal agus Sraith Pictiúr — Aonad a Ceathair

**C |** Líon na bearnaí sna habairtí thíos agus ansin scríobh na habairtí i do chóipleabhar.

1. Bhí _____ orainn san aerfort.
2. Bhí an bheirt againn _____ i bPáras agus bhí eagla an domhain orainn.
3. Taobh amuigh den aerfort fuaireamar _____ agus thug sé muid chuig an óstán.
4. Bhí an t-óstán _____ ar fad.
5. Bhí dhá _____ againn chun dul chuig an Louvre.
6. Bhí an radharc go hálainn ó Thúr Eiffel agus thógamar go leor _____.
7. An mhaidin dár gcionn d'fhágamar go luath chun dul chuig an _____.
8. Turas den _____ scoth a bhí ann agus ní dhéanfaidh mé dearmad go deo air.

**Cabhair!** tacsaí, thicéad, an-ghalánta, aerfort, chéad, sceitimíní, griangraf, caillte

**D |** Cuir Gaeilge ar na habairtí thíos.

1. We were very excited that day.
2. When we reached Paris airport we got a taxi.
3. The hotel was very fancy; it had every modern facility.
4. The following day we went shopping.
5. We had a very tasty meal.
6. The following morning we left early to go to the airport.

**E |** Scríobh alt i do chóipleabhar faoi shaoire a bhí agat thar lear.

Téigh chuig an Leabhrán Scrúdaithe agus déan an scrúdú gearr ar an ábhar seo ar lch 33.

# Aonad a Ceathair
## An Scéal agus Sraith Pictiúr

## An Scrúdú Cainte – Sraith Pictiúr

### Saoire

> Bain úsáid as na nótaí seo agus tú ag ullmhú don scrúdú cainte. Téigh chuig lch 353.

**A |** An ndeachaigh tú ar thuras thar lear riamh? Bain úsáid as na ceisteanna thíos chun cur síos a dhéanamh ar an turas.

- Cá ndeachaigh tú?
- Cé a bhí in éineacht leat?
- Ar thaitin an turas ar an eitleán leat?
- Céard a chonaic tú nuair a bhí tú ann?
- Ar thaitin an t-óstán leat?
- Ainmnigh na háiteanna stairiúla ar thug tú cuairt orthu.

 **Le foghlaim**

**B |** Foghlaim na nathanna cainte thíos agus bain úsáid as na nótaí thíos chun alt a scríobh i do chóipleabhar faoi shaoire a chaith tú thar lear.

### Ag dul ar saoire

| | |
|---|---|
| Chuireamar ár dticéid in áirithe ar an Idirlíon. | We booked our tickets on the Internet. |
| Tháinig an tacsaí agus thugamar aghaidh ar an aerfort. | The taxi arrived and we headed to the airport. |
| Bhí moill ar an eitleán agus d'éiríomar mífhoighneach ag feitheamh. | The plane was delayed and we were impatient while waiting. |
| Ar deireadh chuamar ar bord an eitleáin. | In the end we boarded the plane. |
| Nuair a shroicheamar an t-óstán bhí tuirse an domhain orainn go léir. | When we reached the hotel we were all exhausted. |
| Fuaireamar ár n-eochair agus chuamar chuig ár seomra. | We got our key and went to our room. |

# An Scéal agus Sraith Pictiúr — Aonad a Ceathair

### An chéad mhaidin

| | |
|---|---|
| Chodlaíomar go sámh an chéad oíche. | We slept soundly on the first night. |
| Nuair a d'éiríomar ar maidin bhí an ghrian ag scoilteadh na gcloch. | When we got up in the morning the sun was splitting the rocks. |
| D'fhéachamar amach an fhuinneog agus chonaiceamar dhá linn snámha mhóra. | We looked out the window and saw two big swimming pools. |
| Tar éis bricfeasta thugamar aghaidh ar an trá. | After breakfast we headed to the beach. |
| Bhí tonnta móra ar an bhfarraige an mhaidin sin. | There were big waves in the sea that morning. |
| Bhíomar sceitimíneach ag rith isteach san fharraige. | We were excited running into the sea. |

### An t-óstán

| | |
|---|---|
| Óstán chomh galánta ní fhacamar riamh, le gach áis nua-aimseartha ann. | We had never seen such a fancy hotel, with every modern facility. |
| Thíos staighre bhí bialann, seomra spraoi agus seomra ríomhaire. | Downstairs there was a restaurant, an entertainment room and a computer room. |
| Taobh amuigh den óstán bhí dhá chúirt leadóige, cúrsa gailf agus dhá linn snámha. | Outside the hotel there was two tennis courts, a golf course and two swimming pools. |
| Chaitheamar laethanta geala inár luí faoin ngrian ag an linn snámha. | We spent lovely days lying in the sun at the swimming pool. |
| San oíche bhuaileamar lenár gcairde ag an dioscó san óstán. | At night we met with our friends in the disco. |

### An aimsir

| | |
|---|---|
| Bhí an ghrian ag taitneamh ó mhaidin go hoíche. | The sun shone from morning to evening. |
| Bhí sé meirbh agus brothallach gach lá. | It was warm and sunny every day. |
| Shéid gaoth bhog i lár an lae. | A soft wind blew in the middle of the day. |
| Ní raibh fiú scamall sa spéir. | There wasn't even a cloud in the sky. |

**Cuir ceisteanna ar do chara faoi shaoire a chaith sé/sí thar lear.**

**Pioc amach trí abairt ó gach bosca, agus foghlaim na habairtí de ghlan mheabhair.**

# Aonad a Ceathair — An Scéal agus Sraith Pictiúr

## Cleachtadh ag scríobh

**C | Cuir Béarla ar na habairtí thíos.**

1. Nuair a shroicheamar an t-aerfort bhuaileamar lenár gcairde.
2. Bhíomar sceitimíneach ag feitheamh leis an eitleán.
3. Ar deireadh chuamar ar bhord an eitleáin.
4. Nuair a shroicheamar an t-óstán chuamar chuig an deasc fáilte chun eochair an tseomra leapa a fháil.
5. Ansin d'fhéachamar timpeall an óstáin.
6. Bhíomar stiúgtha leis an ocras agus thugamar aghaidh ar an mbialann ar thaobh na linne snámha.

**Cabhair! Le foghlaim**

| | |
|---|---|
| sceitimíneach ............................ excited | deasc fáilte ... reception desk |
| eochair an tseomra leapa .. the key of the bedroom | stiúgtha ........... starved |

**D | Líon na bearnaí thíos agus ansin scríobh an t-alt i do chóipleabhar.**

An samhradh seo caite chuaigh mé ag campáil faoin _____ le mo chairde. Bhailíomar le chéile ag an stáisiún _____ agus cheannaíomar cúig thicéad go Contae Chiarraí. Chuireamar ár málaí _____ móra ar an traein agus shuíomar síos go foighneach. Ar deireadh d'fhág an traein Baile Átha Cliath. Nuair a shroicheamar ár gceann scríbe bhí áthas an _____ orainn. Bhí an ghrian ag scoilteadh na gcloch agus bhíomar ag tnúth le saoire iontach. D'fhágamar an stáisiún traenach agus thugamar aghaidh ar an láithreán _____ agus chuireamar suas an puball. Ina dhiaidh sin bhíomar stiúgtha leis an _____ agus shiúlamar chuig an Daingean chun lón a fháil. An mhaidin dár gcionn d'éiríomar go moch agus chuamar chuig an trá. Bhí slua _____ ar an trá an lá sin ag snámh san fharraige agus ina luí faoin ngrian. Bhí sé te agus grianmhar an lá sin. An oíche sin d'fhilleamar ar an láithreán campála agus d'ullmhaíomar _____ blasta.

**Cabhair! Le foghlaim**

droma, tuath, barbaiciú, domhain, ocras, traenach, mór, campála

| | | | |
|---|---|---|---|
| ag campáil ....................... camping | málaí droma móra ....... big ruck sacks |
| go foighneach ............... patiently | ár gceann scríbe ............ our destination |
| láithreán campála ........ camp site | puball ................................ tent |

# Scéal Samplach 9

**A |** Léigh an scéal samplach thíos.

'Is cuimhin liom go maith an lá iontach sin. Bhuaigh Daid duais mhór airgid sa Chrannchur Náisiúnta ...'

Bain úsáid as an scéal seo agus tú ag ullmhú don scrúdú cainte.

Níor chreid éinne é nuair a d'inis mo Dhaid dúinn gur bhuaigh sé milliún euro sa Chrannchur Náisiúnta. Cheapamar ar fad go raibh sé **ag magadh fúinn**. Nuair a d'fhéachamar ar an idirlíon agus nuair a chonaiceamar na huimhreacha thosaíomar ag léim timpeall an tí ag damhsa agus bhí deora i súile mo Dhaid! Tar éis tamaillín shuíomar síos agus scríobhamar liosta de na rudaí ar mhaith linn a dhéanamh leis an airgead. Bhí mo dheartháir óg ag iarraidh Ferrari a cheannach agus **d'aontaigh mo Dhaid** leis ach dúirt mo Mham gur **chur amú airgid** a bhí ann! Dúirt mé gur chóir dúinn dul ar saoire chuig an Astráil mar go gcónaíonn mo dheirfiúr is sine ann. D'aontaigh chuile dhuine liom agus chuireamar na ticéid in áirithe an oíche sin.

An tseachtain ina dhiaidh sin bhíomar ar an mbealach go dtí an Astráil. Bhí sceitimíní an domhain ar mo dheirfiúr nuair a chuala sí faoin duais. Ní rabhamar ar aon intinn fós faoin mbealach ba cheart dúinn an t-airgead a chaitheamh. Bhí mé ag iarraidh dul ag taisteal ach dúirt mo Mham go raibh orm fanacht ar scoil. Faoi dheireadh dúirt mo thuismitheoirí linn go raibh siad chun teach a cheannach san Astráil. Bhíomar ar fad an-sásta **leis an gcinneadh sin**. Beimid ag dul ar ais go dtí an Astráil an samhradh seo chugainn chun teach a cheannach.

**Cabhair! Le foghlaim**

| | |
|---|---|
| ag magadh fúinn ....... joking us | d'aontaigh mo Dhaid ...... my Dad agreed |
| cur amú airgid .......... waste of money | leis an gcinneadh sin ........ with that decision |

**B |** Freagair na ceisteanna.

1. Céard a bhuaigh Daid sa Chrannchur Náisiúnta?
2. Céard a rinne siad nuair a chonaic siad na huimhreacha?
3. Céard a bhí ag teastáil ón a dheartháir óg?
4. Cá ndeachaigh siad ar saoire?
5. Céard a cheannaigh na tuismitheoirí san Astráil?

Pléigh an t-ábhar thuas sa rang.

**Aonad a Ceathair** — An Scéal agus Sraith Pictiúr

# Cabhair don Scéal/Scrúdú Cainte 6
## Duais a bhuaigh mé i gCrannchur na Nollag

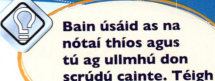

Bain úsáid as na nótaí thíos agus tú ag ullmhú don scrúdú cainte. Téigh chuig lch 361.

**A** | Meaitseáil na habairtí thíos i nGaeilge agus i mBéarla agus ansin scríobh na habairtí i nGaeilge i do chóipleabhar.

### Tús an scéil

| | |
|---|---|
| 1. Cheannaigh mé dhá thicéad do chrannchur na Nollag. | a. All the students gathered in the hall for the draw. |
| 2. Bhí duaiseanna iontacha ar taispeáint i halla na scoile. | b. It was clear that everyone was excited. |
| 3. Bhailigh na daltaí go léir sa halla don chrannchur. | c. We were noisy in the hall, dreaming of the prizes. |
| 4. Ba léir go raibh gach duine sceitimíneach. | d. I bought two tickets for the Christmas draw. |
| 5. Bhíomar glórach sa halla, ag brionglóidíocht faoi na duaiseanna. | e. There were wonderful prizes on display in the school hall. |

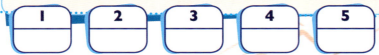

### Lár an scéil

| | |
|---|---|
| 1. Ar a leathuair tar éis a dó dhéag shiúil an príomhoide isteach sa halla. | a. In the end the principal pulled the first ticket from the bag. |
| 2. Sheasamar suas agus d'fhanamar ciúin. | b. You would hear a pin drop in the hall. |
| 3. Ar deireadh tharraing an príomhoide an chéad ticéad as an mála. | c. I nearly collapsed when she called my name out loud. |
| 4. Chloisfeá biorán ag titim sa halla. | d. At 12.30 the principal walked into the hall. |
| 5. Ba bheag nár thit mé i laige nuair a ghlaoigh sí m'ainm os ard. | e. We stood up and stayed quiet. |

### Críoch an scéil

| | |
|---|---|
| 1. Bhraith mé gach duine ag stánadh orm. | a. My friend screamed at the top of her voice. |
| 2. Scread mo chara in ard a cinn is a gutha. | b. I was delighted when she awarded me the first prize – a new bike. |
| 3. Bhí an chéad duais buaite agam. | c. I felt everyone staring at me. |
| 4. Shiúil mé go mall chuig an bpríomhoide. | d. My head was spinning. |
| 5. Bhí mo cheann ina roithleán. | e. I had won first prize. |
| 6. Bhí áthas an domhain orm nuair a bhronn sí an chéad duais orm – rothar nua. | f. I walked slowly to the principal. |

## An Scrúdú Cainte – Sraith Pictiúr

**B** | Ar bhuaigh tú duais riamh? Féach ar na pictiúir thíos agus inis an scéal don rang. Cabhróidh na ceisteanna leat.

→ Cár cheannaigh tú an ticéad?
→ Cé mhéad a bhí ar na ticéid?
→ Cá raibh tú nuair a thug tú faoi deara gur bhuaigh tú duais?
→ Céard a rinne tú?
→ An raibh ionadh nó áthas ort?
→ Cén duais a bhuaigh tú?
→ Céard a dúirt do chairde agus do thuismitheoirí nuair a chuala siad an dea-scéala?

Anois téigh chuig an Leabhrán Scrúdaithe agus déan an scrúdú gearr ar an ábhar seo ar lch 34.

**C** | Ceap scéal a mbeidh ceann de na sleachta seo a leanas oiriúnach mar thús leis:

1. 'D'fhéach mé ar an ticéad arís agus arís: uimhir a nócha sé. Níor chreid mé mo shúile gur bhuaigh mé an chéad duais i gcrannchur na scoile …'
2. 'Chuala mé cnag ar an doras. Bhí mé fós sa leaba. Fear an phoist a bhí ann le beart mór. D'oscail mé an doras …'

# Aonad a Ceathair — An Scéal agus Sraith Pictiúr

## Cabhair don Scéal/Scrúdú Cainte 7

**Ba mhaith liom a bheith i mo…**

 Le foghlaim

> Tá nótaí ar an ábhar seo ar lgh 172–174 agus 347–352.

**A | Foghlaim na nathanna cainte thíos.**

### Slite beatha

| | | | | | | | |
|---|---|---|---|---|---|---|---|
| innealtóir | engineer | gruagaire | hairdresser | bainisteoir | manager | meicneoir | mechanic |
| dlíodóir | lawyer | altra | nurse | feirmeoir | farmer | dochtúir | doctor |
| tógálaí | builder | rúnaí | secretary | cuntasóir | accountant | múinteoir | teacher |

### Chonaic mé an fógra sa nuachtán …

| | |
|---|---|
| Chonaic mé fógra sa nuachtán ag lorg freastalaí. | I saw an advertisement in the paper looking for a waitress. |
| Chuir mé isteach ar an bpost. | I applied for the job. |
| Fuair mé litir mholta ón bpríomhoide. | I got a reference from the principal. |
| Rinne mé agallamh don phost. | I did an interview for the job. |
| Ní raibh aon taithí agam. | I had no experience. |

### Bhraith mé …

| | | | |
|---|---|---|---|
| neirbhíseach | nervous | brónach | sad |
| feargach | angry | sceitimíneach | excited |
| áthasach | happy | bródúil | proud |

 An raibh post páirtaimseartha riamh agat? Déan cur síos ar an bpost don rang.

### Céard a rinne mé …

| | |
|---|---|
| Ghlan mé na boird agus scuab mé an t-urlár. | I cleaned the tables and I swept the floor. |
| Bhuail mé le cuairteoirí. | I met with visitors. |
| Chabhraigh mé leis an meicneoir. | I helped the mechanic. |
| D'fhreagair mé an fón. | I answered the phone. |
| Sheol mé litreacha agus d'oibrigh mé san oifig. | I sent letters and I worked in the office. |

### An Scéal agus Sraith Pictiúr — Aonad a Ceathair

**Bhí an post ...**

| dochreidte | brilliant | leadránach | boring |
| fíordheacair | very difficult | suimiúil | interesting |
| uafásach | terrible | tuirsiúil | exhausting |

**Briathra san aimsir chaite**

| D'oibrigh mé | I worked | Chabhraigh mé | I helped |
| Nigh mé | I washed | D'fhreagair mé | I answered |
| Leag mé | I set | Rinne mé | I did |

## Cleachtadh ag scríobh

**B | Líon na bearnaí thíos.**

Fuair mé _____ iontach an samhradh seo caite. Bhí mé ag obair in oifig mo Dhaid ar feadh _____. Thaitin an post go mór liom. Gach maidin fuair mé an bus chuig lár na cathrach agus thosaigh mé ag obair ar a leathuair tar éis a naoi. Fágadh an postas ar mo _____ agus d'oscail mé na litreacha go léir. Ansin d'fhreagair mé an _____ ar feadh tamaillín agus chuir mé fáilte roimh aon duine a tháinig isteach san _____. Ag am lóin d'fhág mé an oifig agus chuaigh mé ag _____ ar Shráid Grafton. San iarnóin sheolainn ríomhphoist do mo Dhaid agus chuir mé glao fóin ar na custaiméirí. Thart ar a leathuair tar éis a _____ chuaigh mé abhaile in éineacht le mo chara Cáit.

**Cabhair! Le foghlaim**

post, oifig, fón, dheasc, siopadóireacht, cúig, míosa

## An Scrúdú Cainte – Sraith Pictiúr

**C | Bain úsáid as na nótaí san aonad seo chun cur síos a dhéanamh ar na pictiúir thuas.**

1. An raibh post páirtaimseartha riamh agat?
2. Déan cur síos ar an jab a rinne tú.

# Aonad a Ceathair — An Scéal agus Sraith Pictiúr

## Scéal Samplach 10

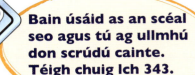

Bain úsáid as an scéal seo agus tú ag ullmhú don scrúdú cainte. Téigh chuig lch 343.

**A |** Léigh an scéal samplach thíos.

'Tá mé cinnte den phost ba mhaith liom anois. Bhí an taithí oibre san Idirbhliain go hiontach. Thaitin an dá sheachtain sin go mór liom.'

Chaith mé an dá sheachtain ag obair **sa bhunscoil áitiúil**. Bhí mé ag cabhrú le beirt mhúinteoirí. Sa chéad seachtain bhí mé ag obair le rang a haon. B'aoibhinn liom an rang sin mar bhí go leor **spraoi** agam leo. Chabhraigh a múinteoir, Bean Uí Shé, liom leis an **ullmhúchán** agus mhúin mé mo chéad cheacht ar an dara lá. D'fhoghlaim mé an-chuid ar an lá sin, áfach, agus tháing feabhas ar mo chuid ceachtanna ina dhiaidh sin.

Sa dara seachtain bhí mé ag obair le rang a sé. **Dúshlán** a bhí ann ar dtús mar nuair a tháinig mé isteach sa rang thosaigh siad ar fad ag gáire! Is dócha go raibh a fhios acu nach raibh mé ach sé bliana déag d'aois ag an am. Réitigh mé go han-mhaith leo tar éis cúpla lá agus thaitin rang a sé liom níos mó ná na páistí níos óige. Bhí siad an-ghreannmhar agus bhí an-spraoi againn le chéile. Tá mé cinnte anois go dtaitneodh post an mhúinteora liom. Thaispeáin an taithí oibre dom gur féidir taitneamh agus **tairbhe** a bhaint as an bpost sin.

**Cabhair! Le foghlaim**

| | |
|---|---|
| sa bhunscoil áitiúil .... in the local primary school | spraoi ................ fun |
| ullmhúchán ................ preparation | dúshlán .............. challenge |
| tairbhe ......................... benefit | |

**B |** Freagair na ceisteanna.

1. Cá raibh Ciara ag obair?
2. Cén fáth ar thaitin rang a haon léi?
3. Cad is ainm don mhúinteoir?
4. Cá raibh sí ag obair an dara seachtain?
5. Céard a rinne na daltaí nuair a tháinig Ciara isteach?

Scríobh scéal ar an ábhar thuas i do chóipleabhar.

# Scéal Samplach 11

**Bain úsáid as an scéal seo agus tú ag ullmhú don scrúdú cainte.**

**A | Léigh an scéal samplach thíos.**

'Is cuimhin liom go maith an lá sin. Bhí Phil Coulter, Linda Martin agus Louis Walsh ó You're a Star ag suí os mo chomhair amach. Bhí mé chun amhrán a rá …'

Thosaigh mé agus bhí ag éirí go maith liom agus **gan choinne** rinne mé dearmad ar na focail. D'fhéach na moltóirí orm agus d'iarr Louis Walsh orm céard a bhí cearr liom. Dúirt mé leis go raibh brón orm agus go raibh mé **beagáinín neirbhíseach**. D'iarr mé air seans eile a thabhairt dom. Thug sé an deis dom é a chanadh arís agus an uair seo ní raibh aon fhadhb agam. Chan mé an t-amhrán 'Hallelujah' le Jeff Buckley. Is aoibhinn liom an t-amhrán sin agus thaitin sé leis **na moltóirí** freisin. D'aontaigh an triúr acu go rachainn ar aghaidh go dtí an chéad bhabhta eile. Bhí mé ar neamh. Ghabh mé buíochas leo agus rith mé ón stáitse ar luas lasrach. Chuir mé glao fóin ar mo Mham agus mo chairde ar fad. Níor chreid siad mé ar dtús ach gheall mé dóibh go raibh mé **ag insint na fírinne**.

Le linn an chomórtais d'éirigh go geal liom. Thug mo chlann agus **mo chomharsana** agus mo chairde **an-tacaíocht** dom. Sheol siad **téacsteachtaireachtaí** gach seachtain ionas go bhfanfainn sa chomórtas. Bhain mé idir thaitneamh agus **thairbhe** as an seó. Níor éirigh liom áit a fháil sa chraobh ach bhí mé fós an-sásta. Taithí iontach a bhí ann. Ní raibh rud ar bith ní b'fhearr ná a bheith ag canadh os comhair slua mhóir. Táim cinnte **dearfa** anois gur mhaith liom a bheith i m'amhránaí **sa todhchaí**.

**Cabhair! Le foghlaim**

| | | | |
|---|---|---|---|
| gan choinne | unexpectedly | beagáinín neirbhíseach | a little nervous |
| na moltóirí | the adjudicators | ag insint na fírinne | telling the truth |
| mo chomharsana | my neighbours | an-tacaíocht | great support |
| téacsteachtaireachtaí | text messages | tairbhe | benefit |
| dearfa | certain | sa todhchaí | in the future |

**B | Freagair na ceisteanna.**

1. Céard a tharla nuair a thosaigh Shóna ag canadh?
2. Ainmnigh an t-amhrán a chan sí.
3. Ar thaitin an t-amhrán leis na moltóirí?
4. An ndeachaigh sí ar aghaidh go dtí an chéad bhabhta eile?
5. Cé a thug an-tacaíocht di le linn an chomórtais?

**Pléigh an t-ábhar thuas sa rang.**

# Aonad a Ceathair — An Scéal agus Sraith Pictiúr

## Cabhair don Scéal/Scrúdú Cainte 8
### Cluiche a chonaic mé ... cluiche a d'imir mé

Bain úsáid as na nótaí thíos agus tú ag ullmhú don scrúdú cainte.

### Cleachtadh ag scríobh

**A | Cuir na briathra thíos in abairtí.**

| | | | | | |
|---|---|---|---|---|---|
| d'imir mé | I played | fuair mé | I got | bhuaigh mé | I won |
| scóráil mé | I scored | scread mé | I screamed | chaith mé | I threw |
| thit mé | I fell | léim mé | I jumped | chaill mé | I lost |
| shéid sé | he blew | bhuail mé | I hit | chonaic mé | I saw |

### Le foghlaim

**B | Foghlaim na nathanna cainte thíos.**

**Cá raibh tú ag imirt ar an bpáirc imeartha?**

| | | | |
|---|---|---|---|
| i lár na páirce | centre field | cúl báire | goalkeeper |
| lánchúlaí | full-back | leath-thosaí | half-back |
| ionadaí | substitute | réiteoir | referee |

**Cén saghas cluiche a d'imir tú?**

| | |
|---|---|
| cluiche coirn | cup match |
| cluiche ceannais | final match |
| cluiche leathcheannais | semi-final match |
| cluiche sraithe | league match |
| comórtas | competition |

**Ar thaitin an cluiche leat?**

| | | | | | |
|---|---|---|---|---|---|
| corraitheach | exciting | leadránach | boring | dochreidte | unbelievable |
| garbh | rough | beomhar | lively | suimiúil | interesting |

Téigh siar ar na nótaí ar an ábhar seo ar leathanaigh 161–165.

## An Scéal agus Sraith Pictiúr — Aonad a Ceathair

# Cleachtadh ag scríobh

**C |** Scríobh abairtí leis na haidiachtaí ar leathanach 232.

**D |** Meaitseáil na habairtí thíos agus scríobh an t-alt i do chóipleabhar.

Anois téigh chuig an Leabhrán Scrúdaithe agus déan an scrúdú gearr ar an ábhar seo ar lch 22.

1. Nuair a thosaigh an cluiche bhí gach duine ag
2. Scóráil Coláiste Phádraig i lár an
3. Bhí ár n-imreoirí
4. Ba chluiche iontach é agus ní dhéanfaidh mé
5. Shéid an réiteoir a fheadóg agus léimeamar le háthas mar

a. bhí an cluiche buaite againn.
b. dearmad air riamh.
c. screadaíl in ard a gcinn is a ngutha.
d. dochreidte.
e. chéad leath.

| 1 | 2 | 3 | 4 | 5 |
|---|---|---|---|---|
|   |   |   |   |   |

**E |** Líon na bearnaí thíos.

Ba mhór an trua é gur chailleamar an cluiche _____ sa chispheil an mhí seo caite. Bhíomar go léir ag tnúth go mór leis an gcluiche. Ach seachtain roimh an gcluiche _____ mo chara Eimear a cos agus ní raibh sí in ann imirt ar an bhfoireann. Ba léir go raibh an-_____ ar Eimear nuair a chuala sí an nuacht. Ar aon nós thaistil sí leis an bhfoireann agus thug sí a lán tacaíochta dúinn. Rinneamar ár _____ ach bhí sé fánach againn. Gan an t-imreoir ab fhearr ní raibh seans ar bith againn. Ag deireadh an chluiche bhí díomá an _____ orainn agus d'fhilleamar abhaile go _____.

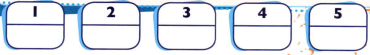

díomá, ceannais, brónach, ndícheall, domhain, bhris

## An Scrúdú Cainte – Sraith Pictiúr

**F |** An bhfaca tú cluiche riamh? Féach ar na pictiúir agus déan cur síos ar an gcluiche. Bain úsáid as na nótaí san aonad seo. Cabhróidh na ceisteanna thíos leat.

→ Cá raibh an cluiche ar siúl?
→ Cé a bhí ag imirt?
→ Cá bhfuair tú ticéad?
→ Déan cur síos ar an atmaisféar sa staid.
→ Déan cur síos ar an gcluiche.
→ Cé a bhuaigh an cluiche?
→ Conas a bhraith tú ag deireadh an chluiche?

# Aonad a Ceathair — An Scéal agus Sraith Pictiúr

## Scéal Samplach 12

**A | Léigh an scéal samplach thíos.**

'Tá dea-scéala agam duit,' arsa an duine ar an bhfón. 'Tá áit faighte agat ar an bhfoireann.' Léim mo chroí le háthas …

> Bain úsáid as an scéal seo agus tú ag ullmhú don scrúdú cainte.

Rith mé isteach sa chistin ar luas lasrach agus d'inis mé an **dea-scéala** do mo thuismitheoirí. Léim siad san aer le háthas! B'**onóir** mhór é imirt don scoil ar an bhfoireann cispheile agus bhí mé ag fanacht leis an nglao fóin le seachtain roimhe.

D'imríomar ár gcéad chluiche an tseachtain ina dhiaidh sin agus thug an príomhoide leathlá don scoil don ócáid. Bhí mé **sceitimíneach** agus **neirbhíseach** sna seomraí gléasta roimh an gcluiche. Nuair a ritheamar amach ar an gcúirt scread ár lucht leanúna in ard a gcinn is a ngutha. Lean siad ar aghaidh mar sin i rith an chluiche. Ba mhór an **tacaíocht** a thug siad dúinn ar an gcúirt cispheile.

Ba chluiche iontach é an chéad chluiche a d'imríomar le chéile. Scóráil mé **ceithre chiseán** agus bhí mé an-bhródúil as an bpáirt a ghlac mé sa chluiche. Bhuamar an cluiche agus chuamar ar aghaidh agus bhuamar an corn ag deireadh na sraithe. Bhí mé i gcónaí an-bhuíoch den traenálaí as áit a thabhairt dom ar an bhfoireann.

**Cabhair! Le foghlaim**

| | |
|---|---|
| dea-scéala ............... good news | onóir ............... honour |
| sceitimíneach ............... excited | neirbhíseach ............... nervous |
| tacaíocht ............... support | ceithre chiseán ............... four baskets |

**B | Freagair na ceisteanna.**

1. Cén dea-scéala a fuair Laoise?
2. Cathain a d'imir siad a gcéad chluiche?
3. Conas a bhraith sí sna seomraí gléasta roimh an gcluiche?
4. Céard a rinne a lucht leanúna nuair a rith siad amach ar an gcúirt?
5. Céard a bhuaigh foireann Laoise ag deireadh na sraithe?
6. Scríobh alt i do chóipleabhar faoi chluiche a chonaic tú le déanaí.

> **Scríobh scéal ar an ábhar thuas i do chóipleabhar.**

## Nathanna Cainte

Foghlaim na nathanna cainte thíos agus bain úsáid astu ag scríobh scéalta.

### Le foghlaim

|  |  |
|---|---|
| I bhfaiteach na súl | In the blinking of an eye |
| Le luas lasrach | As quick as a flash |
| Faoin am seo | By this time |
| Gan rabhadh | Without warning |
| Bhí imní an domhain orm | I was extremely worried |
| Gan a thuilleadh moille | Without further delay |
| Tar éis tamaill | After a while |
| Go tobann | Suddenly |
| Ar an toirt | Instantly |
| Lig mé osna asam | I sighed |
| Bhí deora i mo shúile | There were tears in my eyes |
| D'fhan mé i mo staic | I was rooted to the spot |
| Phreab mé i mo sheasamh | I jumped to my feet |
| Lig mé béic asam | I screamed |
| Phléasc mé amach ag gáire | I burst out laughing |
| Ní raibh cíos, cás ná cathú orm an lá sin | I hadn't a care in the world that day |
| Bhí faitíos an domhain orm | I was terrified |
| Bhí mé as anáil | I was out of breath |
| Thosaigh mé ag cur allais | I started to sweat |
| Bhailigh slua timpeall | A crowd gathered around |
| Bhí gach rud mar ba ghnách ag deireadh an lae | Everything was as usual by the end of the day |
| Stop mé de gheit | I stopped suddenly |
| Bhí mé ar crith le heagla | I was shaking with fear |
| Chodail mé go sámh an oíche sin | I slept soundly that night |

Aonad a Cúig — An Comhrá

# An Comhrá

## Clár

**Treoir don Scrúdú** .................................................. 238

**Briathra**
Tús an chomhrá .................................................... 239
Ceisteanna sa chomhrá – san aimsir chaite ....................... 239
Ceisteanna sa chomhrá – san aimsir láithreach agus san aimsir fháistineach ........ 240
An modh ordaitheach ............................................. 242
Críoch an chomhrá ................................................ 243

**Comhrá Samplach 1**
Bhí tú féin agus cara leat ag scannán le chéile. Thaitin an scannán go mór leat ach níor thaitin sé le do chara in aon chor. Scríobh an comhrá a bheadh agaibh faoin scannán ............................ 245

**Comhrá Samplach 2**
Fuair tú glao fóin ó chara leat, a dúirt 'Ar fhéach tú ar do leathanach *Facebook* go fóill inniu?' Scríobh an comhrá a bheadh idir an bheirt agaibh faoin leathanach sin ............................ 246

**Comhrá Samplach 3**
Tá tú sa séú bliain agus ar tí an scoil a fhágáil. Scríobh an comhrá a bheadh agat le cara leat sa rang faoi na laethanta scoile atá caite agaibh ............................ 247

**Comhrá Samplach 4**
Chaill tú do phost samhraidh in ollmhargadh. Scríobh an comhrá a bheadh agat le do mháthair nuair a fhilleann tú abhaile ............................ 248

**Comhrá Samplach 5**
Tá tú ag fágáil na scoile tar éis na hArdteistiméireachta. Scríobh an comhrá a bheadh agat leis an bPríomhoide nó le múinteoir sa scoil ............................ 249

**Comhrá Samplach 6**
Tá tú tar éis filleadh abhaile an-déanach ó chóisir. Osclaíonn do mháthair doras an tí duit mar go ndearna tú dearmad eochair a thabhairt leat. Níl sí róshásta leat. Scríobh an comhrá a bheadh idir an bheirt agaibh ............................ 250

# An Comhrá  Aonad a Cúig

### Comhrá Samplach 7
Ba mhaith leat madra a fháil mar pheata ach níl do mháthair
(nó d'athair) sásta. Scríobh an comhrá a bheadh eadraibh..................251

### Comhrá Samplach 8
Tá tú ag caint le d'athair (nó le do mháthair) faoin bpost ba
mhaith leat a bheith agat san am atá le teacht, nuair a bheidh tú
críochnaithe ar scoil. Scríobh an comhrá a bheadh idir an bheirt agaibh..................252

### Comhrá Samplach 9
Tá tú an-sásta leis an dlí a chuireann stop (cosc) ar thoitíní a chaitheamh
i dtithe tábhairne agus in áiteanna poiblí eile. Níl do chara ag aontú leat.
Scríobh an comhrá a bheadh idir an bheirt agaibh..................253

# Aonad a Cúig — An Comhrá

## Treoir don Scrúdú
### Leid don scrúdú

**Ceapadóireacht: An Comhrá**

- Tá 50 marc ag dul don cheist seo ar pháipéar a haon.
- Scríobh cúig líne dhéag i do chóipleabhar.
- Téigh siar ar na briathra san aimsir chaite, san aimsir láithreach agus san aimsir fháistineach.
- Téigh siar ar an bhfoirm cheisteach agus ar an bhfoirm dhiúltach den aimsir chaite.
- Bain úsáid as nathanna cainte chun do thuairim a nochtadh sa chomhrá.
- Déan plean i do chóipleabhar agus cuir tús, lár agus deireadh soiléir ann.
- Léigh an cheist go cúramach agus déan plean i do chóipleabhar.
- Fág cúpla nóiméad ag an deireadh chun an comhrá a athléamh agus na botúin a cheartú.

# An Comhrá — Aonad a Cúig

## Briathra

**Cabhair! Le foghlaim**

### Tús an chomhrá

| | |
|---|---|
| Haigh, a Úna, ní fhaca mé le fada thú. | Hi, Una, I haven't seen you for a long time. |
| Dia duit, a Phádraig, cén chaoi a bhfuil tú? | Hello Pádraig, how are you? |
| A Phóil, conas atá cúrsaí? | Paul, how are you? |
| Tar anseo, a Dheirdre! | Come here, Deirdre! |

### Ceisteanna sa chomhrá – san aimsir chaite

**Ceist**

| | | | |
|---|---|---|---|
| an bhfaca tú? | did you see? | | |
| an raibh tú? | were you? | | |
| an ndeachaigh tú? | did you go? | | |
| an ndearna tú? | did you do? | | |
| ar thug tú? | did you give? | | |
| ar thóg tú? | did you take? | | |
| ar imir tú? | did you play? | | |
| conas a d'éirigh leat? | how did you get on? | | |
| ar tháinig tú? | did you come? | | |
| ar cheannaigh tú? | did you buy? | | |
| an bhfuair tú? | did you get? | | |

**Freagra**

| | |
|---|---|
| chonaic mé | ní fhaca mé |
| bhí mé | ní raibh mé |
| chuaigh mé | ní dheachaigh mé |
| rinne mé | ní dhearna mé |
| thug mé | níor thug mé |
| thóg mé | níor thóg mé |
| d'imir mé | níor imir mé |
| d'éirigh liom | níor éirigh liom |
| tháinig mé | níor tháinig mé |
| cheannaigh mé | níor cheannaigh mé |
| fuair mé | ní bhfuair mé |

 ## Cleachtadh ag scríobh

**Cabhair! Le foghlaim**

Téigh chuig lch 400 chun níos mó oibre a dhéanamh ar an aimsir chaite.

**Cuir Gaeilge ar na habairtí seo.**

1. Did you see the match yesterday?
2. Did you make the dinner on Saturday?
3. Where did you go after school?
4. How did you get on last night?
5. Did you play the tennis match?
6. Did you give the card to Seán?
7. Did you get money for the weekend?
8. Did you buy a present for Seán?

| | |
|---|---|
| an cluiche | the match |
| an dinnéar | the dinner |
| tar éis scoile | after school |
| aréir | last night |
| an cluiche leadóige | the tennis match |
| an cárta do Sheán | the card to Seán |
| an t-airgead don deireadh seachtaine | the money for the weekend |
| bronntanas do Sheán | a present for Seán |

# Aonad a Cúig — An Comhrá

## Ceisteanna sa chomhrá – san aimsir láithreach agus san aimsir fháistineach

**Le foghlaim**

| | |
|---|---|
| An maith leat? | Do you like? |
| An dtéann tú ann go minic? | Do you go there often? |
| An dtaitníonn sé leat? | Do you like it? |
| Cathain a thosaíonn an cluiche? | When does the match start? |
| Cad é do thuairim? | What's your opinion? |
| An mbeidh tú ag dul ann ag an deireadh seachtaine? | Will you go there at the weekend? |
| An dtabharfaidh tú síob dom? | Will you give me a lift? |
| Cuirfidh mé glao ort amárach. | I will call you tomorrow. |
| Buailfidh mé leat ar scoil amárach. | I will meet you at school tomorrow. |
| Gheobhaidh mé airgead ó mo thuismitheoirí. | I will get money from my parents. |

### Céard a cheapann tú? (What do you think?) An aontaíonn tú?

| | |
|---|---|
| Is é mo thuairim … | It is my opinion … |
| Caithfidh mé a rá … | I have to say … |
| Ceapaim … | I think … |
| Aontaím leat / ní aontaím leat. | I agree with you / I don't agree with you. |
| Is dóigh liom go bhfuil an ceart agat. | I think that you are right. |
| Ní dóigh liom go bhfuil an ceart agat. | I don't think that you are right. |
| Chreidfinn é sin / ní chreidfinn é sin. | I would believe that / I would not believe that. |

### An bhfuil áthas ort? An bhfuil brón ort? An bhfuil díomá ort?

| | |
|---|---|
| Tá mé feargach leat, a Shiobhán. | I am angry with you, Siobhán. |
| Tá an-bhrón orm nár chuir mé glao ort. | I am sorry that I did not call you. |
| Tá aiféala orm gur theip orm sa scrúdú. | I regret that I failed the exam. |
| Mo thrua thú, a Thomáis. | I am sorry for you, Tomás. |
| Bhí díomá orm gur chaill mé an cluiche. | I was disappointed that I lost the match. |
| Mo náire thú, a Chaitríona! | Shame on you, Caitríona! |
| Bhí an-áthas orm nuair a bhuaigh mé an comórtas. | I was very happy when I won the competition. |

# An Comhrá — Aonad a Cúig

## Cleachtadh ag scríobh

**Cuir Gaeilge ar na habairtí seo.**

1. Do you go to the cinema often?
2. Do you like sport?
3. I am sorry that I did not call you yesterday.
4. I was very happy that you won the match.
5. I don't think that you are right.
6. I was disappointed that the TV programme was over.
7. I am angry with you, Jack.
8. I will get money from my brother.

Téigh chuig lch 412 chun níos mó oibre a dhéanamh ar an aimsir láithreach.

### Cabhair!
### Le foghlaim

| | | | |
|---|---|---|---|
| an phictiúrlann | the cinema | an clár teilifíse | the TV programme |
| go minic | often | thart | over |
| inné | yesterday | ó mo dheartháir | from my brother |

# Aonad a Cúig — An Comhrá

## An modh ordaitheach

**Téigh** chuig do sheomra agus **críochnaigh** do chuid obair bhaile. — Go to your room and finish your homework.

**Ná déan dearmad** glao a chur orm nuair a chríochnaíonn an dioscó. — Don't forget to call me when the disco is over.

**Seas** suas agus éist leis an bpríomhoide. — Stand up and listen to the principal.

**Tar** linn chuig an bpictiúrlann. — Come with us to the cinema.

**Ná cuir** glao orm arís. — Don't call me again.

**Buail** liom taobh amuigh den phictiúrlann. — Meet me outside the cinema.

**Déan** deifir, a Áine! — Hurry up, Áine!

**Abair** le Seán go raibh mé ag cur a thuairisce. — Tell Seán that I was asking for him.

## Cleachtadh ag scríobh

**A | Cuir Béarla ar na habairtí seo.**

1. Buail linn ag geata na scoile ar a trí a chlog.
2. Déan deifir, a Phóil. Beimid déanach don chluiche.
3. Téigh chuig oifig an phríomhoide agus abair léi nach bhfuil do chuid obair bhaile críochnaithe.
4. Tar linn chuig an gcóisir.
5. Cuir glao orm anocht.
6. Ná déan dearmad do chuid obair bhaile a chríochnú.

**B | Ba mhaith leat cuireadh a thabhairt do do chara freastal ar chóisir i do theach. Buaileann tú le do chara ar an mbus scoile. Scríobh an comhrá i do chóipleabhar. Bain úsáid as na nótaí ar leathanaigh 239 agus 240.**

# An Comhrá  Aonad a Cúig

## Críoch an chomhrá

**Cabhair!**
**Le foghlaim**

| | |
|---|---|
| Caithfidh mé brostú. Beidh mé déanach don chluiche................. | I have to hurry. I'll be late for the match. |
| Buail liom ag an deireadh seachtaine agus rachaimid chuig an bpictiúrlann le chéile.................. | Meet with me at the weekend and we will go to the cinema together. |
| Cuirfidh mé glao ort um thráthnóna........................ | I will call you this evening. |
| Slán............................................................. | Bye. |
| Ar mhaith leat dul chuig ceolchoirm in éineacht liom ag deireadh na míosa?..................... | Would you like to go to a concert with me at the end of the month? |
| Feicfidh mé thú ag an dioscó anocht.......................... | I will see you at the disco tonight. |

## Cleachtadh ag scríobh

**A |** Cuir na habairtí thíos san ord cheart. Tá an chéad abairt scríofa sa bhosca. Lean ar aghaidh anois…

| | |
|---|---|
| Buail liom ag stad an bhus ar a hocht agus rachaimid ann le chéile. Ná bí déanach! | ☐ |
| Ó, a Sheáin, tá mé go hiontach, go raibh míle maith agat. | ☐ |
| Ó, go hiontach. Ná bí buartha, ní bheidh mé déanach! | ☐ |
| Ba mhaith liom dul, cinnte. An bhfuil ticéid agat? | ☐ |
| Dia duit, a Phádraig, cén chaoi a bhfuil tú? | 1 |
| Slán. | ☐ |
| Ar mhaith leat dul chuig an gcóisir sa chlub óige an Satharn seo chugainn? | ☐ |
| Fuair mé dhá thicéad ar maidin. Beidh an-chraic againn ann. | ☐ |

**B |** Scríobh na habairtí thuas i do chóipleabhar san ord ceart.

**C |** Ba mhaith leat dul chuig an bpictiúrlann le do chara. Buaileann tú leis nó léi ar scoil. Scríobh an comhrá i do chóipleabhar.

## Aonad a Cúig — An Comhrá

**D** | Tá tú ag caint le do thuismitheoirí faoi chluiche a bheidh ar siúl i bPáirc an Chrócaigh an deireadh seachtaine seo chugainn. Scríobh an comhrá a bheadh eadraibh. Bain úsáid as na nótaí thíos.

| | |
|---|---|
| A Mham, beidh foireann peile na scoile ag imirt i bPáirc an Chrócaigh an tseachtain seo chugainn. An bhfuil cead agam dul ann? | The school football team will be playing in Croke Park next week. Can I go? |
| A Sheáin, céard faoi do chuid obair bhaile? | Seán, what about your homework? |
| Ó, a Mham, críochnóidh mé mo chuid obair bhaile ag an deireadh seachtaine. | Oh, Mam, I'll finish my homework at the weekend. |
| Tá aiféala orm, a Sheáin, ach ní bheidh tú ag dul chuig an gcluiche. | I'm sorry, Seán, but you won't be going to the match. |
| Tá tú róchancrach, a Mham. Iarrfaidh mé ar Dhaid nuair a thagann sé abhaile. | You're too cranky, Mam! I'll ask Dad when he comes home. |
| Gheobhaidh tú an freagra céanna uaidh. | You'll get the same answer from him. |
| Téigh anois chuig do sheomra agus glan suas é. | Go to your room now and clean it up. |
| Ó, ceart go leor. | Alright. |

**E** | Foghlaim na nathanna cainte sa bhosca thuas.

# An Comhrá | Aonad a Cúig

## Comhrá Samplach 1

**Bhí tú féin agus cara leat ag scannán le chéile. Thaitin an scannán go mór leat ach níor thaitin sé le do chara in aon chor. Scríobh an comhrá (leathleathanach nó mar sin) a bheadh agaibh faoin scannán.**

| | |
|---|---|
| **Mé féin:** | Thaitin an scannán sin go mór liom. Céard a cheap tú faoi, a Mháire? |
| **Máire:** | Ó, níor thaitin sé liom in aon chor. Cheap mé go raibh **plota an scannáin** an-lag agus ní raibh **na carachtair** pioc **réadúil**. |
| **Mé féin:** | Cheap mé go raibh sé **an-ghreannmhar** agus **taitneamhach**. |
| **Máire:** | A Chlíodhna, nach raibh a fhios agat tar éis deich nóiméad céard a tharlódh ag deireadh an scannáin? |
| **Mé féin:** | Ní raibh a fhios agam, **dáiríre**. Bhain mé **an-sult** as. |
| **Máire:** | D'íocamar fiche euro ar na ticéid sin. Bheadh sé ní b'fhearr dúinn dul chuig ceolchoirm. |
| **Mé féin:** | A Mháire, tá sé i bhfad ródheacair **tusa a shásamh**! |
| **Máire:** | B'fhéidir go bhfuil an ceart agat! Ar mhaith leat dul **i gcomhair borgaire**? |
| **Mé féin:** | Ba mhaith cinnte, ach níl mé ag iarraidh aon **ghearán** eile a chloisteáil! |

### Cabhair!
### Le foghlaim

| | | | |
|---|---|---|---|
| plota an scannáin | the plot of the film | na carachtair | the characters |
| réadúil | realistic | an-ghreannmhar | very funny |
| taitneamhach | pleasant | dáiríre | really |
| an-sult | great enjoyment | tusa a shásamh | to satisfy you |
| i gcomhair borgaire | for a burger | gearán | complaint |

## Cleachtadh ag scríobh

**A |** Ba mhaith leat dul chuig an bpictiúrlann le do chara agus iarrann tú ar do thuismitheoirí airgead a thabhairt duit. Scríobh an comhrá a bhíonn eadraibh.

**B |** Scríobh amach na nathanna cainte ón gcomhrá thuas i do chóipleabhar.

# Aonad a Cúig — An Comhrá

## Comhrá Samplach 2

**Fuair tú glao fóin ó chara leat, a dúirt 'Ar fhéach tú ar do leathanach *Facebook* go fóill inniu?' Scríobh an comhrá (leathleathanach nó mar sin) a bheadh idir an bheirt agaibh faoin leathanach sin.**

**Síle:** Ar fhéach tú ar do leathanach *Facebook* go fóill inniu?

**Mé féin:** Níor fhéach. Céard atá ann? Ar fhág éinne **teachtaireacht shuimiúil** ann?

**Síle:** D'fhág. Bhí teachtaireacht ann ar do leathanach ó Phól Ó Sé. Thug sé **cuireadh** duit dul chuig cóisir leis an deireadh seachtaine seo chugainn i dteach Shorcha.

**Mé féin:** **An ag magadh atá tú**, a Shíle?

**Síle:** Nílim ag magadh fút, a Áine. Ba cheart duit **glacadh leis an gcuireadh**. Beidh leath de na daltaí ón scoil ann agus ba mhaith liom na scéalta ar fad ón oíche a chloisteáil uait.

**Mé féin:** Maith go leor, déanfaidh mé iarracht cuireadh a fháil duitse chomh maith. Níor mhaith liom a bheith ann i m'aonar.

**Síle:** Ach ní bheidh tú ann i d'aonar. Beidh tú ann le Pól. Is cinnte go bhfuil an leaid bocht go huile 'is go hiomlán i ngrá leat.

**Mé féin:** A Shíle, ná bí ag magadh!

**Síle:** Maith go leor, a Áine, ní raibh mé ach **ag pleidhcíocht**. **Tóg go réidh é!** Slán, a chailín!

**Mé féin:** Slán, a Shíle!

### Cabhair! Le foghlaim

| | |
|---|---|
| teachtaireacht shuimiúil....... an interesting message | cuireadh .......................................... invitation |
| an ag magadh atá tú?............ are you joking? | glacadh leis an gcuireadh ....... accept the invitation |
| ag pleidhcíocht ....................... messing | tóg go réidh é ............................ take it easy |

## Cleachtadh ag scríobh

**A | Léigh an comhrá agus freagair na ceisteanna seo.**

1. Ar fhéach Áine ar a leathanach *Facebook* inniu?
2. Cén cuireadh a thug Pól Ó Sé di?
3. Cén fáth a ndéanfaidh Áine iarracht cuireadh a fháil do Shíle?
4. Cé atá i ngrá le hÁine?

**B | Scríobh comhrá ar an ábhar thuas i do chóipleabhar.**

# Comhrá Samplach 3

Tá tú sa séú bliain agus ar tí an scoil a fhágáil. Scríobh an comhrá (leathleathanach nó mar sin) a bheadh agat le cara leat sa rang faoi na laethanta scoile atá caite agaibh.

**Seán:** Tá sé **deacair a chreidiúint** go bhfuilimid **ar tí an scoil a fhágáil**, nach bhfuil, a Eoin?

**Eoin:** Tá sé gan dabht, beidh mé an-uaigneach nuair a chríochnóimid. Scoil iontach a bhí inti. Bhain mé idir **thaitneamh agus thairbhe** as na laethanta a chaitheamar anseo.

**Seán:** **Mothaím mar an gcéanna.** An cuimhin leat ár gcéad lá sa chéad bhliain? Bhíomar go léir **sceimhlithe inár mbeatha**. Cheap mé ag an am go raibh na daltaí Ardteiste **ar nós daoine fásta**.

**Eoin:** Cheap mé nach raibh aon bhliain eile ní b'fhearr ná an idirbhliain. Bhí an méid sin spraoi againn ar an turas go dtí **An Róimh** agus Conamara.

**Seán:** Aontaím go huile 'is go hiomlán leat. Bhí sé ar fheabhas agus go deas **réchúiseach** gan aon scrúduithe!

**Eoin:** Cheapamar go rabhamar **faoi bhrú** ansin, ach gan amhras níl bliain níos measa ann ná bliain na hArdteiste.

**Seán:** **Ar a laghad** bhí turas deas againn i mbliana go dtí an Ghaeltacht roimh an scrúdú cainte. Thaitin an turas sin go mór liom.

**Eoin:** Ó, ná bí buartha, beimid ar fad le chéile arís le linn na scrúduithe ach ní dóigh liom go mbainfimid taitneamh as!

**Seán:** Tá an ceart agat ansin, a mhic!

**Cabhair!**
**Le foghlaim**

| | | | |
|---|---|---|---|
| deacair a chreidiúint | hard to believe | ar tí an scoil a fhágáil | about to leave school |
| taitneamh agus tairbhe | enjoyment and benefit | mothaím mar an gcéanna | I feel the same |
| sceimhlithe inár mbeatha | terrified | ar nós daoine fásta | like adults |
| An Róimh | Rome | réchúiseach | easygoing |
| faoi bhrú | under pressure | ar a laghad | at least |

## Cleachtadh ag scríobh

**A |** Scríobh na nathanna cainte úsáideacha ón gcomhrá seo i do chóipleabhar.

**B |** Scríobh comhrá ar an ábhar thuas i do chóipleabhar.

# Aonad a Cúig — An Comhrá

## Comhrá Samplach 4

Chaill tú do phost samhraidh in ollmhargadh. Scríobh an comhrá (leathleathanach nó mar sin) a bheadh agat le do mháthair nuair a fhilleann tú abhaile.

**Cian:** **Ní chreidfidh tú an scéal seo**, a Mham. Tá mo phost caillte agam san ollmhargadh.

**Mam:** **Ná habair!** Ó, a Dhia, tá an-bhrón orm é sin a chloisteáil, a mhic. Céard a tharla?

**Cian:** Bhuel, bhí mé déanach ag dul isteach ar maidin. **Ghabh mé leithscéal** leis an m**bainisteoir** ach níor ghlac sé leis. Dúirt sé gur labhair sé liom **cheana toisc** mé a bheith déanach. Dúirt sé go raibh sé **bréan díom** agus gur chóir dom dul abhaile láithreach.

**Mam:** Ní dúirt tú liom go raibh tú déanach cheana. An fíor é sin, a Chéin?

**Cian:** **Geallaim duit**, a Mham, nach raibh mé riamh déanach roimh inniu.

**Mam:** Cén uair a bhí tú in ainm is a bheith ag tosú inniu?

**Cian:** Ag a deich a chlog ach **bhí an bus déanach** agus dá bhrí sin níor shroich mé an t-ollmhargadh go dtí a cheathrú tar éis a deich.

**Mam:** B'fhéidir gurbh é an rud ab fhearr arbh fhéidir leat a dhéanamh ná litir a scríobh chuige. Tabharfaidh mé síob duit agus is féidir leat í a thabhairt dó inniu.

**Cian:** Go raibh míle maith agat, a Mham. **Is réalta thú**.

### Cabhair!
### Le foghlaim

| | | | |
|---|---|---|---|
| Ní chreidfidh tú an scéal.... | you won't believe the news | ná habair! ......... | don't say |
| ghabh mé leithscéal ............... | I apologised | bainisteoir ......... | manager |
| cheana ........................... | already | toisc ................ | because |
| bréan díom ....................... | tired of me | geallaim duit ..... | I promise you |
| bhí an bus déanach ............... | the bus was late | Is réalta thú ...... | you're a star |

### Cleachtadh ag scríobh

Bíonn tú déanach don chéad rang ar scoil go minic. Faigheann do thuismitheoirí litir ón bpríomhoide faoin scéal. Scríobh an comhrá a bhíonn agat le d'athair faoin litir. Bain úsáid as na nótaí sa chomhrá thuas.

# Comhrá Samplach 5

Tá tú ag fágáil na scoile tar éis na hArdteistiméireachta. Scríobh an comhrá (leathleathanach nó mar sin) a bheadh agat leis an bPríomhoide nó le múinteoir sa scoil.

**Príomhoide:** Dia duit, a Shiobhán. Cén chaoi a bhfuil tú? Conas a d'éirigh leat sna scrúduithe?

**Siobhán:** Dia's Muire duit, a Phríomhoide. Tá mé go breá, go raibh maith agat. **Tá faoiseamh orm** anois toisc go bhfuil na diabhail scrúduithe thart. Fós tá mé an-bhuartha faoi **na torthaí**.

**Príomhoide:** **Ná bí buartha** go fóill faoi sin, a Shiobhán. Is minic a bhíonn na torthaí i bhfad níos fearr ná mar a cheapaimid. Cén cúrsa atá uait?

**Siobhán:** Ba mhaith liom a bheith i mo mhúinteoir bunscoile. Bhí na pointí an-ard anuraidh.

**Príomhoide:** Ná bí buartha. Rinne tú do dhícheall.

**Siobhán:** Gan amhras ar bith rinne mé a lán staidéir. **Ní dheachaigh mé** amach deireadh seachtaine ar bith i rith na scoilbhliana.

**Príomhoide:** **De réir na dtuairiscí** ar fad atá cloiste agam fút ó do mhúinteoirí is dóigh liom go n-éireoidh **thar barr** leat i Scrúdú na hArdteiste.

**Siobhán:** Go raibh maith agat, a Phríomhoide. Feicfidh mé thú nuair a thagann na torthaí amach.

**Príomhoide:** Slán, a Shiobhán. Bain taitneamh as an samhradh anois agus ná bí buartha.

### Cabhair!
### Le foghlaim

| | |
|---|---|
| tá faoiseamh orm ........ I am relieved | na torthaí .................... the results |
| ná bí buartha ................ don't worry | ní dheachaigh mé ........ I did not go |
| de réir na dtuairiscí ..... according to the reports | thar barr ....................... very well |

## Cleachtadh ag scríobh

Tá tú buartha faoi thorthaí na hArdteiste. Cuireann tú glao ar do chara chun labhairt leis nó léi. Scríobh an comhrá a bhíonn idir an bheirt agaibh. Bain úsáid as na nathanna cainte sa chomhrá thuas.

# Aonad a Cúig — An Comhrá

## Comhrá Samplach 6

Tá tú tar éis filleadh abhaile an-déanach ó chóisir. Osclaíonn do mháthair doras an tí duit mar go ndearna tú dearmad eochair a thabhairt leat. Níl sí róshásta leat. Scríobh an comhrá (leathleathanach nó mar sin) a bheadh idir an bheirt agaibh.

**Máthair:** A thiarcais, cé atá **ag cnagadh** ar an doras ag an am seo den oíche?

**Pádraig:** Mé féin atá ann, a Mham. Tá fíorbhrón orm; rinne mé dearmad **eochair** a thabhairt liom. Tá brón orm arís gur dhúisigh mé thú.

**Máthair:** Tá sé a trí a chlog ar maidin, a Phádraig. Cá raibh tú go dtí an uair seo? **An as do mheabhair atá tú?**

**Pádraig:** Bhí mé ag **cóisir tí**. Níor thug mé faoi deara go raibh sé chomh déanach is atá sé.

**Máthair:** A Phádraig, **mo náire thú**. Níl tú **ag staidéar ródhian ach an oiread**.

**Pádraig:** Tá a fhios agam, a Mham. Tá mé ag déanamh mo dhíchill ach bíonn sos ag teastáil uaim chomh maith!

**Máthair:** Sos? An ag magadh atá tú? Níl tú ach seacht mbliana déag d'aois. Níor chóir duit bheith amuigh go dtí a trí a chlog ar maidin. **Is cuma liom** cén saghas **brú scoile** atá ort.

**Pádraig:** Ach, a Mham, bhí gach duine ó mo rang ag an gcóisir.

**Máthair:** **Ná bí chomh mí-aibí**, a Phádraig. Is cuma liom cad a dhéanann na buachaillí eile.

**Pádraig:** Maith go leor, a Mham. **Oíche mhaith**.

**Cabhair!**
**Le foghlaim**

| | | | |
|---|---|---|---|
| ag cnagadh | knocking | eochair | key |
| an as do mheabhair atá tú? | are you mad? | cóisir tí | house party |
| mo náire thú | shame on you | ag staidéar ródhian | studying too hard |
| ach an oiread | either | is cuma liom | I don't care |
| brú scoile | school pressure | ná bí chomh mí-aibí | don't be so immature |
| oíche mhaith | good night | | |

## Cleachtadh ag scríobh

Tagann tú abhaile déanach ón bpictiúrlann agus níl do Dhaid róshásta leat. Scríobh an comhrá a bhíonn idir an bheirt agaibh. Bain úsáid as na nathanna cainte sa chomhrá thuas.

# Comhrá Samplach 7

**Ba mhaith leat madra a fháil mar pheata ach níl do mháthair (nó d'athair) sásta. Scríobh an comhrá (leathleathanach nó mar sin) a bheadh eadraibh.**

**Caitríona:** A Dhaid, ba bhreá liom madra a fháil mar bhronntanas do mo bhreithlá, le do thoil, a Dhaid?

**Athair:** Ní dóigh liom go mbeadh do mháthair róshásta leis sin. D'iarr tú an rud céanna orainn **cheana**. Dúramar arís is arís eile leat gur ag cur amú do chuid ama atá tú. **Ní thabharfaimid cead duit** riamh madra a fháil.

**Caitríona:** Ní thuigim cén fáth, a Dhaid. Tá mé seacht mbliana déag d'aois anois. Is duine **aibí** agus **dícheallach** mé. Geallaim duit go dtabharfaidh mé **togha na haire** don mhadra. Rachaidh mé amach leis ag siúl gach lá.

**Athair:** Tá sé an-deacair é sin a chreidiúint, a Chaitríona. Fuaireamar **iasc** duit anuraidh agus is mise an t-aon duine amháin a thugann aire dó.

**Caitríona:** Ní raibh iasc ag teastáil uaim. Níor iarr mé oraibh iasc a cheannach dom. Níl rud ar bith suimiúil faoi iasc! Más é do thoil é, a Dhaid. An féidir leat labhairt le Mam faoi?

**Athair:** Ceart go leor, a Chaitríona. Níor mhaith liom focal eile a chloisteáil faoi go dtí go labhróidh mé le do Mham.

**Cabhair!**
**Le foghlaim**

| | | | |
|---|---|---|---|
| cheana | already | ní thabharfaimid cead duit | we will not give you permission |
| aibí | mature | dícheallach | conscientious |
| togha na haire | great care | iasc | fish |

## Cleachtadh ag scríobh

**A |** Léigh an comhrá agus freagair na ceisteanna seo.

1. Céard atá ag teastáil ó Chaitríona dá breithlá?
2. Cén aois í Caitríona anois?
3. Céard a cheannaigh a tuismitheoirí di anuraidh?

**B |** Scríobh comhrá ar an ábhar thuas i do chóipleabhar.

## Aonad a Cúig — An Comhrá

### Comhrá Samplach 8

Tá tú ag caint le d'athair (nó le do mháthair) faoin bpost ba mhaith leat a bheith agat san am atá le teacht, nuair a bheidh tú críochnaithe ar scoil. Scríobh an comhrá (leathleathanach nó mar sin) a bheadh idir an bheirt agaibh.

**Fiachra:** Dia duit, a Mham. Goidé mar atá tú?

**Máthair:** Dia 's Muire duit, a mhic. Níl mé ródhona. Goidé mar atá tú féin?

**Fiachra:** Nílim rómhaith, a Mham. **Tá faitíos orm** faoin bhfoirm CAO. Níl a fhios agam céard **ba chóir dom a roghnú**. **Níl tuairim dá laghad agam** cén post ar mhaith liom a bheith agam **sa todhchaí**.

**Máthair:** Bíonn sé deacair an rogha sin a dhéanamh, gan dabht. Smaoinigh ar na hábhair a thaitníonn leat ar scoil.

**Fiachra:** Bhuel, taitníonn corpoideachas agus bitheolaíocht liom **mar is eol duit**. Faighim gráid arda sna hábhair siúd de ghnáth. Níor mhaith liom a bheith i m'eolaí **áfach**.

**Máthair:** An gceapann tú go dtaitneodh múinteoireacht leat?

**Fiachra:** B'fhéidir é. Bheadh craic agat leis na daltaí agus is maith liom a bheith ag obair le daoine. Go raibh maith agat, a Mham. Tá **treoir** éigin anois agam.

**Mam:** Fadhb ar bith, a mhic. Go n-éirí leat.

### Cabhair! Le foghlaim

| | |
|---|---|
| tá faitíos orm ....... I am afraid | ba chóir dom ............... I should |
| a roghnú ............... to choose | níl tuairim dá laghad agam ........ I haven't a clue |
| sa todhchaí ........... in the future | mar is eol duit ............... as you know |
| áfach ..................... however | treoir ............................. direction |

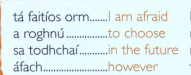

### Cleachtadh ag scríobh

Tá tú ag caint le do chara faoin bpost ba mhaith leat a bheith agat san am atá le teacht, nuair a bheidh tú críochnaithe ar scoil. Scríobh an comhrá a bheadh idir an bheirt agaibh. **Bain úsáid as na nathanna cainte sa chomhrá thuas.**

## Comhrá Samplach 9

Tá tú an-sásta leis an dlí a chuireann stop (cosc) ar thoitíní a chaitheamh i dtithe tábhairne agus in áiteanna poiblí eile. Níl do chara ag aontú leat. Scríobh an comhrá (leathleathanach nó mar sin) a bheadh idir an bheirt agaibh.

**Róisín:** Is iontach go deo é go bhfuil **bac** á chur ar dhaoine a bheith ag caitheamh tobac in **áiteanna poiblí**, nach bhfuil, a Shinéad?

**Sinéad:** Ní dóigh liom é, a Róisín. **Ní chaithim tobac** mé féin ach ní dóigh liom go bhfuil sé **cothrom** ar na daoine a chaitheann.

**Róisín:** Sílim go bhfuil sé níos measa ar na daoine nach gcaitheann tobac agus a bhíonn **i dtimpeallacht mhíshláintiúil** mar gheall ar dhaoine leithleacha nach smaoiníonn ar dhaoine eile.

**Sinéad:** Ní bhíonn sé chomh dona sin, a Róisín.

**Róisín:** Bíonn sé, i ndáiríre, a Shinéad. Oibríonn mo Dhaid i dteach tábhairne agus nuair a thagann sé abhaile san oíche bíonn **boladh uafásach lofa** óna chuid éadaigh.

**Sinéad:** Níl ann ach boladh!

**Róisín:** **Ná bí amaideach.** Tá a fhios ag an domhan mór go mbíonn **ailse scamhóige** ar dhaoine nár chaith toitín riamh toisc go rabhadar **i gcomhluadar daoine** a bhí ag caitheamh.

**Sinéad:** Bhuel, ní féidir liom argóint leis sin. Ar son shláinte mhuintir na tíre is dócha gur dlí maith é. Tá an ceart agat, a Róisín.

**Róisín:** Ceapaim go gcabhróidh sé le go leor daoine agus b'fhéidir go mbeidh bac iomlán ar thoitíní **sula i bhfad**!

### Cabhair!
### Le foghlaim

| | | | |
|---|---|---|---|
| bac | ban | áiteanna poiblí | public places |
| ní chaithim tobac | I don't smoke | cothrom | fair |
| i dtimpeallacht mhíshláintiúil | in unhealthy surroundings | ná bí amaideach | don't be silly |
| boladh uafásach lofa | a terrible rotten smell | ailse scamhóige | lung cancer |
| i gcomhluadar daoine | in the company of people | sula i bhfad | before long |

### Cleachtadh ag scríobh

Tá tú an-sásta nach féidir le daoine carr a thiomáint tar éis alcól a ól. Níl do chara ag aontú leat. Scríobh an comhrá (leathleathanach nó mar sin) a bheadh idir an bheirt agaibh.

# Aonad a Sé — An Blag agus An Ríomhphost

# An Blag agus An Ríomhphost

## Clár

**Treoir don Scrúdú** .................................................. 256

**Blag agus Ríomhphost**
Céard iad? .................................................. 257

**Nathanna cainte úsáideacha**
Beannú; Tús; Lár; Críoch .................................................. 258

**Post páirtaimseartha**
Céard iad na freagrachtaí atá ort?; Cén t-am a thosaíonn tú ag obair?;
Cén t-am a chríochnaíonn an post?; .................................................. 259
Cén saghas poist é?; An maith leat an post?; Cé mhéad a thuilleann tú?;
Nathanna cainte breise .................................................. 260

**Blag 1**
Ag obair in oifig mo Dhaid! .................................................. 261

**Ríomhphost 1**
Post páirtaimseartha i siopa nuachtán áitiúil .................................................. 262

**Ríomhphost 2**
Siopa nua .................................................. 263

**Turas scoile**
Na rudaí a dhéanaimid gach lá ar an turas scoile .................................................. 264

**Blag 2**
Malartú scoile .................................................. 265

**Ríomhphost 3**
Turas scoile i Londain .................................................. 266

**Ríomhphost 4**
Turas scoile sa Fhrainc .................................................. 267

**Mo shaol agus na rudaí a thaitníonn liom**
Mo shaol ar scoil; Mo shaol sa bhaile; Mo chairde;
Na cineálacha caitheamh aimsire atá agam .................................................. 268

**Blag 3**
Sos ón diabhal obair bhaile! .................................................. 269

## An Blag agus An Ríomhphost — Aonad a Sé

### Ríomhphost 5
Ceolchoirm ag an deireadh seachtaine.................................................. 270

### Ríomhphost 6
Saol nua san Iodáil............................................................................. 271

### An Ghaeltacht
Na rudaí a dhéanaim gach lá; Táim ag baint an-taitneamh as…; Ag filleadh abhaile............ 272

### Blag 4
Mo chéad seachtain sa Ghaeltacht....................................................... 273

### Ríomhphost 7
Ag tnúth leis an gcéilí........................................................................ 274

### Mo bhreithlá
Cathain?; Bronntanais; Céard a rinne mé?............................................. 275

### Blag 5
Breithlá ocht mbliana déag................................................................. 276

### Ríomhphost 8
Bronntanas iontach............................................................................ 277

### Blag 6
Cara pinn......................................................................................... 278

### Ríomhphost 9
Cara pinn......................................................................................... 278

### Ríomhphost 10
Ceol i mo shaol................................................................................ 279

### Ríomhphost Foirmiúil
Seoladh........................................................................................... 280
Beannú; Tús an ríomhphoist; Lár an ríomhphoist; Críoch an ríomhphoist............ 281

### Ríomhphost Foirmiúil 1–4 .................................................................. 282

# Aonad a Sé — An Blag agus An Ríomhphost

## Treoir don Scrúdú

**Ceapadóireacht:**
**An tAlt/Blag/Ríomhphost**
**An Scrúdú Cainte:**
**Comhrá Ginearálta**

- Tá 50 marc ag dul don cheist seo ar pháipéar a haon.
- Ná déan dearmad beannú, tús agus críoch a chur leis an ríomhphost.
- Déan plean i do chóipleabhar agus cuir tús, lár agus deireadh soiléir ann.
- Bain úsáid as réimse leathan briathra.
- Foghlaim na nótaí san aonad seo.
- Téigh siar ar na nótaí ar an alt, an scéal agus an scrúdú cainte.
- Léigh na blaganna agus na ríomhphoist shamplacha san aonad seo.
- Fág cúpla nóiméad ag an deireadh chun an blag nó an ríomhphost a athléamh agus na botúin a cheartú.
- Tá ríomhphoist shamplacha bhreise i lámhleabhar an mhúinteora.

# An Blag agus An Ríomhphost — Aonad a Sé

## Blag
**Céard é?**

- Is sórt dialainne oscailte é blag.
- Is féidir le do chairde an blag a léamh.
- De ghnáth scríobhann daoine faoina gcuid fadhbanna nó faoina mbeatha.
- Nochtann daoine a dtuairimí faoi ábhair éagsúla (people express their views about various subjects) nuair a scríobhann siad blag.
- Is féidir an blag a scríobh san aimsir chaite, san aimsir láithreach nó san aimsir fháistineach – braitheann sé ar ábhar an bhlag.
- Scríobh síos dáta agus am ag an tús.

## Ríomhphost
**Céard é?**

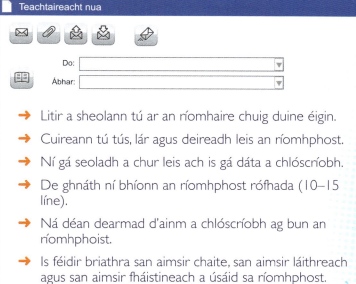

- Litir a sheolann tú ar an ríomhaire chuig duine éigin.
- Cuireann tú tús, lár agus deireadh leis an ríomhphost.
- Ní gá seoladh a chur leis ach is gá dáta a chlóscríobh.
- De ghnáth ní bhíonn an ríomhphost rófhada (10–15 líne).
- Ná déan dearmad d'ainm a chlóscríobh ag bun an ríomhphoist.
- Is féidir briathra san aimsir chaite, san aimsir láithreach agus san aimsir fháistineach a úsáid sa ríomhphost.
- Déan iarracht nathanna cainte deasa a tharraingt isteach sa ríomhphost.

# Aonad a Sé — An Blag agus An Ríomhphost

## Nathanna cainte úsáideacha

**Le foghlaim**

### Beannú

| | |
|---|---|
| A Thomáis, a chara | A Shiobhán, a chara |
| A Dhónaill, a chara | A Mháire, a chara |
| A Áine, a chara | A thuismitheoirí |
| A uncail | A aintín |

### Tús

| | |
|---|---|
| Míle buíochas as an ríomhphost a fuair mé ar maidin | Many thanks for the e-mail I received this morning |
| Bhí áthas an domhain orm ríomhphost a fháil uait | I was delighted to get an e-mail from you |
| Beannachtaí ó Chontae Chiarraí | Greetings from County Kerry |
| Abair le do chlann go raibh mé ag cur a dtuairisce | Tell your family that I was asking for them |
| Bhí mé sna trithí gáire ag léamh do ríomhphoist | I was roaring laughing reading your e-mail |
| Ní bhfuair mé ríomhphost uait le fada | I have not received an e-mail from you in a long time |

### Lár

| | |
|---|---|
| Fan go gcloise tú céard a tharla ar scoil inniu | Wait until you hear what happened at school today |
| Ba mhaith liom buíochas a ghabháil leat | I would like to thank you |
| Tá dea-scéala agam duit | I have good news for you |
| Tá drochscéala agam duit | I have bad news for you |
| Éist leis seo! | Listen to this! |

### Críoch

| | |
|---|---|
| Scríobh chugam chomh luath agus is féidir leat | Write to me as soon as you can |
| Caithfidh mé imeacht. Tá deifir orm. Tá mé déanach don seisiún traenála | I have to go. I'm in a hurry. I'm late for the training session |
| Caithfidh me slán a fhágáil leat anois | I have to say goodbye now |
| Slán tamall | Bye for now |

An Blag agus An Ríomhphost    Aonad a Sé

## Post páirtaimseartha

 **Téigh siar ar na nótaí ar leathanach 351 faoi phost páirtaimseartha.**

| | |
|---|---|
| Tá post agam in ollmhargadh | I have a job in a supermarket |
| Tá post agam in oifig | I have a job in an office |
| Tá post agam i mbialann | I have a job in a restaurant |
| Tá post agam in ionad spóirt | I have a job in a sports centre |
| Táim ag obair i dteach tábhairne | I'm working in a pub |
| Oibrím i siopa faisin | I work in a boutique |
| Táim ag obair in óstán | I'm working in a hotel |
| Táim ag obair i siopa spóirt | I'm working in a sports shop |

 **Le foghlaim    Céard iad na freagrachtaí atá ort?**
**What are your responsibilities?**

| | |
|---|---|
| Cuirim fáilte roimh na custaiméirí nuair a thagann siad isteach sa bhialann | I welcome the customers when they come into the restaurant |
| Glacaim orduithe agus dáilim deochanna | I take orders and I serve drinks |
| Oibrím ag an deasc fáilte | I work on the reception desk |
| Ním na gréithe agus scuabaim an t-urlár | I wash the dishes and sweep the floor |
| Líonaim na seilfeanna agus cuirim amach na páipéir nuachta | I fill the shelves and I put out the papers |
| Cóirím na leapacha agus glanaim na seomraí leapa | I make the beds and clean the bedrooms |
| Oibrím ar an ríomhaire agus seolaim ríomhphoist | I work on the computer and I send e-mails |
| Freagraím an teileafón | I answer the phone |
| Déanaim an tae agus an caife do chuairteoirí | I make tea and coffee for visitors |

### Cén t-am a thosaíonn tú ag obair? Cén t-am a chríochnaíonn an post?

| | |
|---|---|
| Tosaím ar a seacht | I start at seven |
| Thart ar a naoi tosaím ag obair | About nine I start work |
| Faighim sos ag meán lae | I get a break at midday |
| Críochnaím ar a cúig | I finish at five |
| Faighim síob ó mo chara | I get a lift from my friend |
| Siúlaim chuig an oifig | I walk to the office |
| Tosaím ar a hocht | I start at eight |
| Bíonn lón agam ar a haon | I have lunch at one |
| Críochnaím ar a sé a chlog | I finish at six o'clock |
| Tugann mo dheirfiúr síob dom | My sister gives me a lift |
| Faighim an bus | I get the bus |

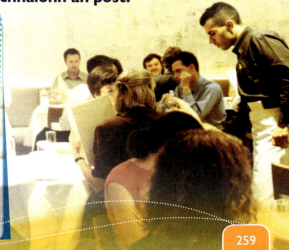

# Aonad a Sé — An Blag agus An Ríomhphost

### Le foghlaim — Cén saghas poist é?

| | |
|---|---|
| Is post suimiúil é | It is an interesting job |
| Is post dúshlánach é | It is a challenging job |
| Is post leadránach é | It is a boring job |
| Is post iontach é | It is a wonderful job |
| Is post éasca é | It is an easy job |
| Is post crua é | It is a hard job |
| Is post fiúntach é | It is a worthwhile job |
| Is post taitneamhach é | It is a pleasant job |

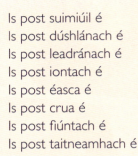

### Le foghlaim — An maith leat an post?

| | | | |
|---|---|---|---|
| Is aoibhinn liom an post | I love the job | Is post dúshlánach é | It is a challenging job |
| Is fuath liom an post | I hate the job | Is post suimiúil é | It is an interesting job |
| Taitníonn an post liom | I like the job | Ní thaitníonn an post liom | I don't like the job |

### Le foghlaim — Cé mhéad a thuilleann tú?

| | |
|---|---|
| Tuillim an t-íosphá | I earn the minimum wage |
| Tuillim deich euro san uair | I earn ten euro an hour |
| Faighim cúpla céad euro gach seachtain | I get a few hundred euro every week |
| Cuirim an t-airgead isteach sa bhanc | I put the money into the bank |
| Tá cuntas taisce agam in oifig an phoist | I have a savings account in the post office |

### Le foghlaim — Nathanna cainte breise

| | |
|---|---|
| Mholfainn duit ríomhphost iarratais a chur isteach | I would recommend that you apply by e-mail |
| Tá déagóirí fuinniúla ag teastáil sa bhialann seo | This restaurant wants energetic teenagers |
| Tá foirmeacha iarratais ar fáil san oifig | Application forms are available in the office |
| Tá an bainisteoir an-deas | The manager is very nice |
| Tá an bainisteoir an-chancrach | The manager is very cranky |
| Cuir glao orm anocht agus buailfimid le chéile | Call me tonight and we'll meet |

# An Blag agus An Ríomhphost — Aonad a Sé

## Blag 1
### Ag obair in oifig mo Dhaid!

**Léigh an blag thíos a scríobh Jeaic agus freagair na ceisteanna a ghabhann leis.**

Dé hAoine, 7.30

Táim tuirseach traochta anocht. Chaith mé an tseachtain ag obair in oifig mo Dhaid sa chathair. Bhí orm éirí gach maidin ar a seacht a chlog agus thug mo Dhaid **síob** dom chuig an oifig.

Is **dlíodóir** é mo Dhaid agus thug sé **an t-uafás oibre** dom. Bhí orm **doiciméid a chóipeáil**, **ríomhphoist a sheoladh** agus **litreacha a chlóscríobh**.

Cé gur **thuill mé** níos mó ná trí chéad euro sa tseachtain tá mé róthuirseach chun dul chuig an gclub óige anocht. Fanfaidh mé sa teach agus éistfidh mé le m'iPod.

Slán tamall,

Jeaic

### Cabhair! Le foghlaim

| | | | |
|---|---|---|---|
| síob | lift | dlíodóir | lawyer |
| an t-uafás oibre | a lot of work | doiciméid a chóipeáil | to copy documents |
| ríomhphoist a sheoladh | to send e-mails | litreacha a chlóscríobh | to type letters |
| thuill mé | I earned | | |

### A | Freagair na ceisteanna.

1. Cá raibh Jeaic ag obair?
2. Cén t-am a bhí air éirí ar maidin?
3. Ainmnigh rud amháin a rinne Jeaic san oifig.
4. Cé mhéad airgid a thuill sé?
5. Céard a dhéanfaidh Jeaic anocht?

### B | Blag le scríobh.

1. Scríobh blag agus déan cur síos ar phost páirtaimseartha a thaitin leat.
2. Scríobh blag agus déan cur síos ar phost páirtaimseartha nár thaitin leat.
3. Fuair tú post páirtaimseartha nua agus beidh tú ag tosú an tseachtain seo chugainn. Scríobh blag agus déan cur síos ar an bpost a bheidh agat.

**Téigh siar ar na nótaí san aonad ar an alt chun cabhrú leat blag a scríobh.**

# Aonad a Sé — An Blag agus An Ríomhphost

## Ríomhphost 1

### Post páirtaimseartha i siopa nuachtán áitiúil

**Léigh an ríomhphost thíos a sheol Stephanie chuig a cara Amy agus freagair na ceisteanna a ghabhann leis.**

A Amy, a chara,

Míle buíochas as an ríomhphost a sheol tú chugam cúpla lá ó shin. Tá brón orm nár scríobh mé níos luaithe ach bhí mé an-ghnóthach ag obair sa **siopa nuachtán áitiúil**. Fuair mé an post an mhí seo caite agus oibrím gach lá óna naoi ar maidin go dtí leathuair tar éis a cúig. Taitníonn an post go mór liom mar go mbuaileann mo chairde isteach chuig an siopa gach lá agus bíonn seans agam dul amach **le haghaidh lóin leo**.

Tá a lán freagrachtaí orm sa siopa. Gach maidin osclaím an siopa agus cuirim fáilte roimh na custaiméirí. Díolaim nuachtáin, milseáin agus a lán rudaí eile. Cé go mbím **an-ghnóthach** i rith an lae is aoibhinn liom an post.

Caithfidh mé imeacht anois. Scríobh chugam agus inis dom faoi do phost páirtaimseartha.

Do chara buan,
Stephanie

**Cabhair! Le foghlaim**

siopa nuachtán áitiúil......... local newsagent
le haghaidh lóin leo............ for lunch with them
an-ghnóthach....................... very busy

### A | Freagair na ceisteanna.

1. Cén fáth nár scríobh Stephanie chuig Amy ní ba luaithe?
2. Cá bhfuil Stephanie ag obair?
3. Cén t-am a chríochnaíonn Stephanie ag obair gach lá?
4. Cén fáth a dtaitníonn an post léi?
5. Ainmnigh rud amháin a dhéanann Stephanie sa siopa gach lá.

### B | Ríomhphost le scríobh.

1. Seol ríomhphost chuig do chara agus déan cur síos ar phost páirtaimseartha atá agat.
2. Tá tú ag obair i siopa faoin tuath don samhradh. Seol ríomhphost chuig do thuismitheoirí sa bhaile agus déan cur síos ar an bpost.

# Ríomhphost 2
## Siopa nua

**Cheannaigh do theaghlach siopa nua cúpla mí ó shin. Scríobh an ríomhphost (leathleathanach nó mar sin) a chuirfeá chuig cara leat ag déanamh cur síos ar an siopa agus ar an obair a dhéanann tú ann.**

A Thomáis, a chara,

Cén chaoi a bhfuil cúrsaí leat? Go raibh míle maith agat as ucht do ríomhphost. Fuair mé ar maidin é agus bhí sé an-deas na scéalta ar fad ón scoil a chloisteáil. Bhuel, táimid ar fad lánsásta anseo sa siopa nua. Bhí sé deacair ar dtús **dul i dtaithí ar an obair** ach tá rudaí ag éirí níos éasca de réir a chéile. Is ollmhargadh **sách mór** é agus tagann an-chuid custaiméirí isteach gach lá. Tá triúr freastalaithe ag obair sa siopa agus **réitím go maith leo**.

**Cabhraím** sa siopa gach lá tar éis scoile agus ar an Satharn. Tá an obair an-deacair agus **tuirsiúil**. Líonaim na seilfeanna agus glanaim an t-urlár. Ní chuireann an obair isteach orm, áfach, mar go bhfuil buachaill an-dáthúil ag obair mar fhreastalaí anseo. Is duine an-deas é agus bímid ag caint agus ag comhrá nuair nach mbíonn an siopa **róghnóthach**. D'iarr sé orm dul chuig an bpictiúrlann leis an deireadh seachtaine seo chugainn. Tá mé ag tnúth go mór leis. Caithfidh mé imeacht anois; cloisim mo Mham ag glao orm. Ba bhreá liom dá dtiocfá ar cuairt chugam lá éigin más féidir leat. Scríobh chugam go luath.

Do chara,
Ciara

### Cabhair! Le foghlaim

| | |
|---|---|
| dul i dtaithí ar an obair | to get used to the work |
| sách mór | quite big |
| réitím go maith leo | I get on well with them |
| cabhraím | I help |
| tuirsiúil | tiring |
| róghnóthach | too busy |

**Scríobh ríomhphost chuig do chara agus déan cur síos ar phost samhraidh atá agat. Bain úsáid as na nathanna cainte sa ríomhphost thuas.**

# Aonad a Sé — An Blag agus An Ríomhphost

## Turas scoile

**Briathra san aimsir láithreach**

| | | | |
|---|---|---|---|
| táim | I am | téim | I go |
| freastalaím | I attend | déanaim | I make / I do |
| faighim | I get | siúlaim | I walk |
| buailim le | I meet with | feicim | I see |

Téigh chuig lch 412 chun níos mó oibre a dhéanamh ar an aimsir láithreach.

 **Le foghlaim**

| | |
|---|---|
| thuirling an t-eitleán | the plane alighted |
| bhí treoraí ag feitheamh linn | there was a guide waiting for us |
| ní raibh cíos, cás ná cathú orainn | we hadn't a care in the world |
| is áit álainn í | it is a beautiful place |
| shroicheamar ár gceann scríbe | we reached our destination |
| bhíomar ar bís | we were excited |
| chuamar ar bord bus speisialta | we got on a special bus |
| bhí sceitimíní orainn | we were excited |

 **Le foghlaim** — Na rudaí a dhéanaimid gach lá ar an turas scoile

| | |
|---|---|
| Gach lá éirímid ar a hocht agus bíonn bricfeasta againn | Every day we get up at eight and we have breakfast |
| Téimid chuig áiteanna suimiúla lenár múinteoirí | We go to interesting places with our teachers |
| Tá an radharc tíre go hálainn | The sights are beautiful |
| Tá an chathair dochreidte | The city is unbelievable |
| Thugamar cuairt ar iarsmalann shuimiúil | We visited an interesting museum |
| Tá an aimsir te agus grianmhar | The weather is hot and sunny |
| Óstán chomh galánta ní fhaca mé riamh | I have never seen such a fancy hotel |
| Tá mionbhus againn agus déanaimid turais gach lá | We have a minibus and we take trips every day |
| Beimid ag dul chuig páirc spraoi amárach | We will be going to a fun park tomorrow |
| Tá na daltaí an-chairdiúil | The students are very friendly |
| Chaitheamar an lá ar an trá agus bhí an-chraic againn | We spent the day on the beach and we had great fun |

## Blag 2
### Malartú scoile

Tá Bróna ar mhalartú scoile. Léigh an blag a scríobh sí agus ansin freagair na ceisteanna a ghabhann leis agus déan iarracht blag a scríobh.

Dé Máirt, leathuair tar éis a deich

Tá mé anseo sa Fhrainc le seachtain anois. Is áit álainn í Eze Sur Mer. Tá mé ag fanacht le Armelle agus a clann in **árasán** álainn cois farraige. Ó mo sheomra leapa tá **radharc álainn** agam ar an trá. Gach lá téimid ag snámh san fharraige agus ansin téimid **ar thurais** timpeall na háite. Tá na bailte sa cheantar go hálainn, go háirithe Beaulieu Sur Mer agus Villefranche Sur Mer. Anocht táimid chun dinnéar a ithe **i mbialann ghalánta** i Monaco. Táim ag tnúth go mór leis.

An tseachtain seo chugainn beidh mé ag tabhairt cuairte ar Cannes agus ar Nice. Is aoibhinn liom an Fhrainc. Bíonn an aimsir te agus **grianmhar** i gcónaí.

Slán,
Bróna

### Cabhair! Le foghlaim

| | |
|---|---|
| árasán | apartment |
| radharc álainn | beautiful view |
| ar thurais | on trips |
| i mbialann ghalánta | in a fancy restaurant |
| grianmhar | sunny |

### A | Freagair na ceisteanna.

1. Cá bhfuil Bróna?
2. Cá dtéann siad gach lá?
3. Ainmnigh na bailte sa cheantar.
4. Cá mbeidh siad ag dul anocht?
5. Cén sórt aimsire a bhíonn sa Fhrainc?

### B | Blag le scríobh.

1. Tá tú ar mhalartú scoile áit éigin thar lear. Scríobh blag agus déan cur síos ar an áit agus ar an aimsir.
2. Tá tú ar thuras scoile áit éigin in Éirinn. Sríobh blag agus déan cur síos ar an turas.

Téigh siar ar na nótaí san aonad ar an alt chun cabhrú leat blag a scríobh.

# Aonad a Sé — An Blag agus An Ríomhphost

## Ríomhphost 3
### Turas scoile i Londain

**Léigh an ríomhphost thíos a sheol Fionnán chuig a chara Séamas agus freagair na ceisteanna a ghabhann leis.**

Teachtaireacht nua

Do:
Ábhar:

A Shéamais, a chara,

Táim ar thuras scoile i Londain. Shroicheamar an chathair dhá lá ó shin agus táimid ag baint an-taitneamh as an turas. Inné thugamar cuairt ar Madame Tussauds agus ar Phálás Buckingham agus ansin chonaiceamar seó iontach, 'Jersey Boys', san amharclann. Bhí sé sármhaith! Amárach táimid chun cuairt a thabhairt ar an long HMS Belfast agus ansin rachaimid ag siopadóireacht ar Shráid Oxford. Tá an aimsir te agus grianmhar.

Beidh mé ag teacht abhaile i gceann trí lá. Feicfidh mé ansin thú.

Slán,
Do chara,

Fionnán

### A | Freagair na ceisteanna.

1. Cá ndeachaigh Fionnán?
2. Ainmnigh áit amháin ar thug siad cuairt uirthi inné.
3. Ar thaitin 'Jersey Boys' leis?
4. Cá mbeidh siad ag dul amárach?
5. Cathain a bheidh Fionnán ag teacht abhaile?

### B | Ríomhphost le scríobh.

1. Tá tú ar thuras scoile áit éigin in Éirinn. Seol ríomhphost chuig do chara sa bhaile.
2. Tá tú ar thuras scoile thar lear. Seol ríomhphost chuig do chara sa bhaile.

# Ríomhphost 4
## Turas scoile sa Fhrainc

Bhí tú ar thuras go scoil sa Fhrainc cúpla seachtain ó shin. D'fhan tú i dteach dalta ón scoil sin. Scríobh ríomhphost (leathleathanach nó mar sin) a chuir tú chuig an teaghlach sa Fhrainc nuair a tháinig tú abhaile.

A Alain, a chara,

Beannachtaí ó Chontae Chiarraí! Tá mé sa bhaile le seachtain anuas agus caithfidh mé a rá go **mothaím sibh ar fad uaim**. Tá súil agam go bhfuil sibh i mbarr na sláinte. Tá mé go breá ach tá sé an-deacair a bheith ar ais ar scoil; tá an lá scoile in Éirinn i bhfad níos faide ná mar atá sé sa Fhrainc. Críochnaíonn an scoil anseo ag a ceathair agus ansin bíonn orm an bus scoile a fháil. **Ní shroichim** an teach go dtí a cúig a chlog! Ba bhreá liom a bheith ar ais sa Fhrainc arís. Bhain mé an-taitneamh as an turas agus **ba é an rud ab fhearr faoi ná** fanacht libhse.

**Ba mhaith liom buíochas a ghabháil leat** as ucht **cé chomh cineálta is a bhí tú liom**. Bhí tú **rófhlaithiúil** liom. Chomh maith leis sin ba mhaith liom **cuireadh** a thabhairt duit teacht go hÉirinn sa samhradh chun fanacht liom **aon uair a oireann duit**. Ba bhreá liom tú a fheiceáil arís agus bheinn an-sásta mo cheantar a thaispeáint duit. Scríobh chugam go luath; tá mé ag tnúth go mór le tú a fheiceáil anseo i gCiarraí.

Le gach dea-ghuí,
Eoin

### Cabhair! Le foghlaim

| | |
|---|---|
| mothaím sibh ar fad uaim | I really miss you all |
| ní shroichim | I do not reach |
| ba é an rud ab fhearr faoi ná | the best thing about it was |
| ba mhaith liom buíochas a ghabháil leat | I would like to thank you |
| cé chomh cineálta is a bhí tú liom | the kindness shown to me by you |
| rófhlaithiúil | too generous |
| cuireadh | invitation |
| aon uair a oireann duit | any time that suits you |

Scríobh ríomhphost chuig do chara i dtír eile agus tabhair cuireadh dó / di teacht ar saoire chuig do theach. Bain úsáid as na nathanna cainte sa ríomhphost thuas.

# Aonad a Sé — An Blag agus An Ríomhphost

## Mo shaol agus na rudaí a thaitníonn liom

 **Le foghlaim**

 Bain úsáid as na nótaí seo ag ullmhú don scrúdú cainte.

### Mo shaol ar scoil

| | |
|---|---|
| Tá a lán brú orm faoi láthair ar scoil | There is a lot of pressure on me at school at the moment |
| Faighim an iomarca obair bhaile | I get too much homework |
| Bíonn scrúduithe agam lá i ndiaidh lae | I have exams day after day |
| Tá na múinteoirí an-dian orainn go léir | The teachers are very tough on us all |
| Tá an múinteoir tíreolaíochta cancrach agus mífhoighneach | The geography teacher is cranky and impatient |
| Bíonn craic agam le Dónall agus le Siobhán am lóin | I have fun with Dónall and Siobhán at lunch time |

### Mo shaol sa bhaile

| | |
|---|---|
| Tá mé as mo mheabhair le mo dhearthráir sa bhaile | I am out of my mind with my brother at home |
| Tagann sé isteach lena chairde agus déanann siad an méid sin gleo nach mbím ábalta aon staidéar a dhéanamh | He comes in with his friends and they make so much noise that I am not able to study |
| Réitím go maith le mo dheirfiúr | I get on well with my sister |
| Tugann mo thuismitheoirí saoirse agus neamhspléachas dom | My parents give me freedom and independence |
| Tagann mo chairde go dtí mo theach ag an deireadh seachtaine | My friends come round at the weekend |
| Éistimid le ceol agus féachaimid ar an teilifís | We listen to music and watch the TV |

### Mo chairde

| | |
|---|---|
| Tugann mo chairde a lán tacaíochta dom | My friends give me a lot of support |
| Rachaimid ar saoire le chéile an samhradh seo chugainn | We will go on holidays together next summer |
| Buailimid le chéile ag an deireadh seachtaine | We meet at the weekend |
| Imrímid peil nó téimid chuig an ionad spóirt | We play football or we go to the sports centre |

### Na cineálacha caitheamh aimsire atá agam

| | |
|---|---|
| Is aoibhinn liom spórt | I love sport |
| Is maith liom mo ríomhaire glúine | I like my laptop |
| Seolaim téacsteachtaireachtaí | I send text messages |
| Taitníonn m'iPod liom | I like my iPod |
| Is maith liom siopadóireacht | I like shopping |
| Taitníonn damhsa liom | I like dancing |

 Tá níos mó nótaí ar an ábhar seo in Aonad a Trí agus Aonad a Ceathair.

An Blag agus An Ríomhphost   Aonad a Sé

## Blag 3
### Sos ón diabhal obair bhaile!

Tá Seóna sa bhaile ag déanamh obair bhaile agus glacann sí sos chun blag a scríobh. Léigh an blag agus freagair na ceisteanna a ghabhann leis.

Dé Luain, leathuair tar éis a hocht

Caithfidh mé **sos a ghlacadh ón diabhal obair bhaile** seo! Tá dhá uair an chloig déanta agam agus níl mé críochnaithe fós. Tá mé **ag tnúth go mór leis** an deireadh seachtaine seo. Glacfaidh mé sos ón staidéar agus rachaidh mé amach le Clíona agus Caitríona. Rachaimid isteach sa bhaile agus buailfimid lenár gcairde scoile. Ina dhiaidh sin rachaimid chuig dioscó nó club. Níl mórán ama fágtha agam agus ansin beidh mé críochnaithe ar scoil. Gheobhaidh mé post sa siopa faisin áitiúil agus beidh deis agam mo chairde a fheiceáil gach lá. Caithfidh mé filleadh ar na leabhair arís. Cloisim mo Mham ag teacht!

Slán go fóill

**Cabhair! Le foghlaim**

sos a ghlacadh ............................. to take a break
ón diabhal obair bhaile ................ from that terrible homework
ag tnúth go mór le ....................... really looking forward to

### A | Freagair na ceisteanna.

1. Cé mhéad obair bhaile atá déanta ag Seóna?
2. Cá rachaidh sí ag an deireadh seachtaine?
3. Céard a dhéanfaidh Seóna nuair a chríochnóidh sí ar scoil?
4. Cén fáth a bhfilleann Seóna ar na leabhair?

Téigh siar ar na briathra san aimsir fháistineach ar lch 424.

### B | Blag le scríobh.

1. Is tusa Diarmaid. Scríobh blag faoi do shaol ar scoil.
2. Máirín an t-ainm atá ort. Scríobh blag faoi do shaol sa bhaile.
3. Is tusa Cormac. Scríobh blag faoi na cineálacha caitheamh aimsire a thaitníonn leat.

# Aonad a Sé — An Blag agus An Ríomhphost

## Ríomhphost 5
### Ceolchoirm ag an deireadh seachtaine

Léigh an ríomhphost thíos a sheol Conall chuig a chara Tomás.

| Teachtaireacht nua | |
|---|---|
| Do: | |
| Ábhar: | |

A Thomáis, a chara,

Bhí an-áthas orm do ríomhphost a fháil inniu. Tá mé díreach tar éis mo chuid obair bhaile a chríochnú agus tá mé chun sos a ghlacadh ar feadh tamaill. Ar mhaith leat teacht chuig **ceolchoirm** in éineacht liom an deireadh seachtaine seo chugainn? Fuair mé dhá thicéad do cheolchoirm The Black Eyed Peas ó mo thuismitheoirí do mo bhreithlá. Tá a fhios agam go dtaitníonn a gcuid ceoil leat.

Ar chuala tú nuacht Fheargail? Bhuel, d'inis sé dom go raibh sé chun **post a ghlacadh** sa Spáinn an samhradh seo. Tá **teach tábhairne** ag a uncail i Malaga agus **thairg sé** an post dó nuair a bhí sé ina theach an tseachtain seo caite. Ba bhreá liom dul leis. B'fhéidir go gcuirfidh mé ceist air an mbeadh jab ann don bheirt again. Ar mhaith leat an samhradh a chaitheamh sa Spáinn?

Caithfidh mé mo sheomra a ghlanadh anois. Scríobh chugam go luath.

Do chara,
Conall

**Cabhair! Le foghlaim**

| | |
|---|---|
| ceolchoirm ............... concert | post a ghlacadh ......... to take a job |
| teach tábhairne ......... pub | thairg sé ..................... he offered |

Scríobh freagra ar an ríomhphost thuas i do chóipleabhar. Bain úsáid as na nótaí thíos.

| | |
|---|---|
| Ba bhreá liom glacadh le do chuireadh | I would love to accept your invitation |
| Is aoibhinn liom ceol The Black Eyed Peas | I love the music of The Black Eyed Peas |
| Cá mbeidh an cheolchoirm ar siúl? | Where will the concert be? |
| Táim in éad le Feargal as an bpost sin a fháil sa Spáinn | I am envious of Fergal for getting that job in Spain |
| Bheadh lúchair orm dá mbeadh post ann domsa | I'd be delighted if there was a job for me |
| B'aoibhinn liom an samhradh a chaitheamh sa Spáinn | I'd love to spend the summer in Spain |
| Má chloiseann tú scéal ar bith seol ríomhphost chugam | If you hear any news send me an e-mail |

## Ríomhphost 6
### Saol nua san Iodáil

D'fhág an cara is fearr a bhí agat an tír an bhliain seo caite agus tá sé/sí agus a c(h)lann ina gcónaí san Iodáil (nó i dtír éigin eile) anois. Scríobh an ríomhphost (leathleathanach nó mar sin) a chuirfeá chuig an gcara sin tar éis na hArdteistiméireachta.

**Teachtaireacht nua**

Do:
Ábhar:

A Chlíodhna, a chara,

**Goidé mar atá tú?** Tá súil agam go bhfuil gach rud go breá leat agus le do mhuintir san Iodáil. **Bhí mé in éad leat** nuair a léigh mé faoin aimsir ansin i do ríomhphost. Tá sé ag cur báistí anseo le trí lá anuas. **Ar a laghad** tá na scrúduithe thart, buíochas le Dia! Chríochnaigh siad an tseachtain seo caite domsa ach ní raibh Gráinne críochnaithe go dtí an deireadh seachtaine. Ní dheachaigh éinne amach go dtí go raibh achan duine críochnaithe. Chuamar ar fad amach **ag ceiliúradh** ansin. Faoiseamh mór a bhí ann dúinn ar fad a bheith críochnaithe. Cheap mé go raibh roinnt de na scrúduithe fíordheacair.

Bhuel, tá samhradh fada romham anois gan tú! **Tá sé ar intinn agam** post samhraidh a fháil san ionad spóirt nua. **Tá ballraíocht agam** sa chlub agus beidh sé éasca post a fháil sa bhialann. B'fhéidir go dtiocfaidh mé ar cuairt chugat go luath. Tá mé ag tnúth go mór le tú a fheiceáil.

Do chara buan,
Máirín

**Cabhair!**
**Le foghlaim**

| | | | |
|---|---|---|---|
| goidé mar atá tú? | how are you? | bhí mé in éad leat | I was envious of you |
| ar a laghad | at least | ag ceiliúradh | celebrating |
| tá sé ar intinn agam | I plan to | tá ballraíocht agam | I have membership |

**Scríobh ríomhphost chuig do chara agus déan cur síos ar na rudaí a dhéanfaidh tú an samhradh seo chugainn.**

# Aonad a Sé — An Blag agus An Ríomhphost

## An Ghaeltacht

| | | | |
|---|---|---|---|
| Co. Mhaigh Eo | Co. Mayo | Co. Dhún na nGall | Co. Donegal |
| Co. na Gaillimhe | Co. Galway | Co. Chiarraí | Co. Kerry |
| Co. Chorcaí | Co. Cork | Co. Phort Láirge | Co. Waterford |
| Co. na Mí | Co. Meath | | |

 **Le foghlaim**

*Bain úsáid as na nótaí seo ag ullmhú don scrúdú cainte. Téigh chuig lch 354.*

### Na rudaí a dhéanaim gach lá

| | |
|---|---|
| Tá mé sa Ghaeltacht le trí lá anois | I'm three days in the Gaeltacht now |
| Tá mé anseo le Caoimhe agus Ciarán | I'm here with Caoimhe and Ciarán |
| Tá mé ag fanacht i mbungaló deas in aice na farraige | I'm staying in a nice bungalow beside the sea |
| Freastalaímid ar ranganna gach maidin | We attend classes every morning |
| Bíonn an-chraic againn | We have great fun |
| Ullmhaíonn bean an tí béilí blasta dúinn | The *bean an tí* prepares tasty meals for us |
| Imrímid cispheil agus peil gach tráthnóna | We play basketball and football every afternoon |
| Téim ag snámh uair nó dhó sa tseachtain | I swim once or twice a week |
| Bíonn céilí nó dioscó againn sa halla gach oíche | We have a céilí or a disco in the hall every night |
| Inné chuamar ar thuras chuig an mbaile mór | Yesterday we went on a visit to the town |

### Táim ag baint an-taitneamh as...

| | |
|---|---|
| Is aoibhinn liom an Ghaeltacht | I love the Gaeltacht |
| Tá an chraic dochreidte | The craic is great |
| Tá an-fheabhas tagtha ar mo chuid Gaeilge | My Irish is really improving |
| Tá a lán cairde nua agam | I have made a lot of new friends |

*Léigh na freagraí samplacha ar lch 149.*

### Ag filleadh abhaile

| | |
|---|---|
| Beidh mé ag filleadh abhaile ar an traein an tseachtain seo chugainn | I'll be coming home on the train next week |
| Feicfidh mé i gceann cúpla lá thú | I'll see you in a few days |
| Fillfidh mé abhaile ar an mbus i gceann coicíse | I'll come home on the bus in a fortnight |
| Caithfidh mé imeacht anois, tá mé ag dul chuig an gcoláiste | I have to go now, I'm going to the college |

An Blag agus An Ríomhphost    Aonad a Sé

## Blag 4
### Mo chéad seachtain sa Ghaeltacht

Tá Ríona sa Ghaeltacht. Léigh an blag thíos a scríobh sí agus freagair na ceisteanna a ghabhann leis.

Déardaoin, leathuair tar éis a naoi

Haigh! Tá mé anseo le seachtain anois. Tá Laura agus Órlaith ag fanacht sa teach liom. Tá an teach **an-chompordach** agus tá seomra leapa álainn againn. Siúlaimid ar scoil gach maidin agus buailimid lenár gcairde **ar an tslí**. Bhí sé **ag stealladh báistí** inniu agus bhíomar fliuch go craiceann nuair a shroicheamar an scoil.

Sa tráthnóna bhuaileamar le chéile i halla na scoile agus d'imríomar leadóg bhoird. Bhuaigh mé **bonn óir** agus bhuaigh Órlaith bonn airgid. Amárach rachaimid chuig an trá má bhíonn an aimsir grianmhar. Táim ag baint taitnimh as an tsaoire. Scríobhfaidh mé blag eile amárach.

100%

### Cabhair! Le foghlaim

| | |
|---|---|
| an-chompordach | very comfortable |
| ar an tslí | on the way |
| ag stealladh báistí | lashing rain |
| bonn óir | gold medal |

### A | Freagair na ceisteanna.

1. Cé atá ag fanacht sa teach le Ríona?
2. Conas a théann siad ar scoil gach maidin?
3. Cén sórt aimsire a bhí ann inniu?
4. Cén spórt a d'imir siad sa halla?
5. Cá rachaidh siad amárach?

### B | Blag le scríobh.

1. Tá tú sa Ghaeltacht. Scríobh blag ag déanamh cur síos ar an tsaoire.
2. Scríobh blag faoi na rudaí a thaitníonn leat faoin nGaeltacht.
3. Beidh tú ag fágáil na Gaeltachta i gceann lá nó dhó. Scríobh blag ag rá go mbeidh tú ag teacht abhaile agus gur thaitin an Ghaeltacht leat.

# Aonad a Sé — An Blag agus An Ríomhphost

## Ríomhphost 7
### Ag tnúth leis an gcéilí

**Léigh an ríomhphost thíos a sheol Conall chuig a chara Tomás.**

**Teachtaireacht nua**

Do:
Ábhar:

A Thomáis, a chara,

Shroich mé Coláiste an Phiarsaigh ceithre lá ó shin agus táim **ar mhuin na muice** anseo. Tá Seoirse agus Niall in éineacht liom. Tá ár dteach suite ar imeall an bhaile agus tá an coláiste **in aice láimhe** chomh maith. Tá a lán **cailíní dathúla** inár rang agus táimid ag baint an-taitneamh as an gcúrsa seo. Níl cead againn focal Béarla a rá agus bíonn na cailíní i gcónaí ag gáire fúinn mar nach bhfuil mórán Gaeilge againn. Anocht bíonn céilí mór ar siúl agus táimid go léir **ag tnúth** leis. Beidh na cailíní ann agus beidh an chraic go hiontach!

Scríobh chugam agus inis dom conas atá ag éirí leat sa Spáinn. Caithfidh mé ullmhú don chéilí!

Do chara,
Conall

 **Cabhair! Le foghlaim**

| | |
|---|---|
| ar mhuin na muice | in great form |
| in aice láimhe | close by |
| cailíní dathúla | good-looking girls |
| ag tnúth le | looking forward to |

### A | Freagair na ceisteanna.

1. Cá bhfuil Conall?
2. Cá bhfuil an teach suite?
3. Cé tá sa rang?
4. Cén fáth a mbíonn na cailíní i gcónaí ag gáire fúthu?
5. Céard a bheidh ar siúl anocht?

### B | Ríomhphost le scríobh.

1. Seol freagra ar an ríomhphost thuas agus déan cur síos ar do shaoire sa Spáinn. Bain úsáid as na nótaí ar leathanach 271.
2. Tá tú sa Ghaeltacht le do chara. Seol ríomhphost chuig do thuismitheoirí sa bhaile. Bain úsáid as na nótaí san aonad seo chun cabhrú leat an ríomhphost a scríobh.

# An Blag agus An Ríomhphost — Aonad a Sé

## Mo bhreithlá

### Cathain?

| | |
|---|---|
| inniu mo bhreithlá | today is my birthday |
| ag ceiliúradh | celebrating |
| bronntanas álainn | a beautiful present |
| tháinig mo chairde chuig an teach | my friends came round |
| inné mo bhreithlá | yesterday was my birthday |
| amárach mo bhreithlá | tomorrow is my birthday |
| bhí ionadh orm | I was amazed |
| bhí cóisir againn | we had a party |

### Bronntanais

| | | | |
|---|---|---|---|
| ríomhaire glúine | lap-top computer | gluaisrothar | motorbike |
| iPod | iPod | fón nua | new phone |
| rothar | bike | ticéid do cheolchoirm | tickets to a concert |
| dearbhán | voucher | airgead | money |

### Céard a rinne mé?

| | |
|---|---|
| chuaigh mé amach le haghaidh dinnéir | I went out for dinner |
| bhí cóisir mhór agam sa teach | I had a big party in the house |
| tháinig mo chairde chuig an teach | my friends came round |
| chuaigh mé chuig an bpictiúrlann | I went to the cinema |

 **Bain úsáid as na nótaí seo ag ullmhú don scrúdu cainte.**

# Aonad a Sé — An Blag agus An Ríomhphost

## Blag 5
### Breithlá ocht mbliana déag

**Tá Antaine ocht mbliana déag d'aois. Bhí lá breithe aige inné. Léigh an blag a scríobh sé faoin mbreithlá.**

Tá an-tuirse orm inniu. Ní dheachaigh mé a chodladh go dtí leathuair tar éis a cúig ar maidin. Tháinig mo chairde go léir chuig an teach do mo bhreithlá. Bhí ionadh an domhain orm nuair a chonaic mé slua mór ag an doras. Bhí an-chraic againn. Cheannaíomar píotsa agus d'fhéachamar ar scannán.

Do mo bhreithlá thug mo thuismitheoirí fón póca nua dom. Bhí an fón sin ag teastáil uaim le fada agus bhí áthas an domhain orm. Chuir mo chairde a gcuid airgid le chéile agus cheannaigh siad iPod nua dom. Bhí an-áthas orm agus thosaigh mé ag íoslódáil amhrán ón idirlíon (downloading songs from the internet).

Tá mé chun sos a ghlacadh inniu. Dúirt mo dheirfiúr go dtabharfadh sí mo bhricfeasta dom sa leaba!

Slán tamall,

Antaine

**Blag le scríobh.**

1. Bhí breithlá agat an tseachtain seo caite. Scríobh blag faoi na bronntanais a fuair tú.
2. Scríobh blag faoi chóisir bhreithlae a bhí agat le déanaí.

# Ríomhphost 8
## Bronntanas iontach

Fuair tú bronntanas iontach ó do thuismitheoirí ar do lá breithe. Scríobh an ríomhphost (leathleathanach nó mar sin) a chuirfeá chuig cara leat faoi sin.

---

**Teachtaireacht nua**

Do:
Ábhar:

22 Feabhra

A Niamh, a chara,

Cén chaoi a bhfuil tú? Míle buíochas as ucht an chárta a sheol tú chugam ar mo bhreithlá. Bhí lá iontach agam. Fuair mé bronntanas den scoth ó mo thuismitheoirí. Thug siad dhá thicéad dom chun dul chuig ceolchoirm Beyoncé san O2 an samhradh seo chugainn. Rinne mé iarracht ticéid a chur in áirithe ar an idirlíon cúpla mí ó shin ach níor éirigh liom. Bhí siad ar fad díolta taobh istigh de chúpla nóiméad. Bhí mo chroí briste nuair nár éirigh liom iad a fháil. Níor cheap mé riamh go mbeadh mo thuismitheoirí in ann iad a fháil dom do mo bhreithlá.

Nuair a d'oscail mé mo bhronntanas bhí ionadh an domhain orm. Thosaigh mé ag screadaíl agus ag léim timpeall an tseomra. Ba bhreá liom dá dtiocfá liom chuig an gceolchoirm dá bhféadfá. Beidh sí ar siúl ar an 23ú lá de mhí an Mheithimh. Tá súil agam go mbeidh tú in ann teacht liom. Bheadh oíche iontach againn. Scríobh chugam le casadh an phoist.

Le grá,
Róisín

---

 **Ríomhphost le scríobh.**

1. Thug d'aintín nó d'uncail bronntanas iontach duit le déanaí. Scríobh ríomhphost chuici nó chuige faoin mbronntanas.
2. Thug do pheannchara bronntanas duit do do bhreithlá. Scríobh ríomhphost chuici nó chuige agus inis di nó dó faoina ndearna tú ar do bhreithlá.

# Aonad a Sé — An Blag agus An Ríomhphost

## Blag 6: Cara pinn

**Téigh chuig leathanach 317–323 chun dul siar ar na nótaí ar an teaghlach. Léigh an blag a scríobh Feargal.**

Dé Céadaoin, leathuair tar éis a naoi

Feargal is ainm dom. Tá mé seacht mbliana déag d'aois. Beidh mé ocht mbliana déag d'aois ar an dara lá de mhí Feabhra. Tá mé ard. Dath donn atá ar mo shúile agus tá mo chuid gruaige fhionn. Tá ceathrar i mo theaghlach. Is mise an páiste is óige sa chlann. Tá deirfiúr amháin agam atá níos sine ná mé. Aoife an t-ainm atá uirthi. Tá Aoife naoi mbliana déag d'aois agus tá sí ag freastal ar an ollscoil i Luimneach. Réitímid go maith le chéile agus bíonn an-chraic againn le chéile nuair a théimid ar saoire lenár dtuismitheoirí. An bhliain seo chugainn ba mhaith liom cúrsa innealtóireachta a dhéanamh sa choláiste.

 **Téigh siar ar na nótaí san aonad ar an scrúdú cainte agus scríobh blag fút féin. Luaigh na pointí ar dheis sa bhlag.**

## Ríomhphost 9: Cara pinn

**Tá Eimear ina cónaí i Loch Garman. Seolann sí ríomhphost chuig a cara pinn agus déanann sí cur síos ar a baile dúchais.**

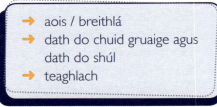
- aois / breithlá
- dath do chuid gruaige agus dath do shúl
- teaghlach

**Teachtaireacht nua**

Do:
Ábhar:

A Phádraig, a chara,

Tá cónaí orm i Loch Garman. Is baile álainn stairiúil é Loch Garman. Cónaím i dteach scoite ar bhruach na habhann. Níl an baile rómhór ach fós féin tá a lán áiseanna nua-aimseartha inti. I lár an bhaile tá siopaí de gach saghas. Tá post páirtaimseartha agam i siopa faisin sa bhaile agus buailim le daoine ó gach áit sa tír sa siopa. Tagann na mílte tuarasóir chuig Loch Garman gach bliain.

Do dhéagóirí tá pictiúrlann, linn snámha agus club óige. De ghnáth buaileann na déagóirí le chéile sa chlub ag an deireadh seachtaine. Bíonn an-chraic againn le chéile. Anois is arís téimid chuig club oíche. Is áit iontach í Loch Garman gan amhras ar bith.

Eimear

**Seol ríomhphost chuig do chara agus déan cur síos ar d'áit chónaithe.**

## Ríomhphost 10
### Ceol i mo shaol

Bain úsáid as na nótaí seo ag ullmhú don scrúdu cainte.

| | | | |
|---|---|---|---|
| ag seinm ceoil | playing music | an pianó | the piano |
| an giotár | the guitar | an bodhrán | the bodhrán |
| na drumaí | the drums | an sacsafón | the saxaphone |
| an fheadóg stáin | the tin whistle | banna ceoil | a group |
| ceol traidisiúnta | traditional music | ceol rac | rock music |
| ceol tíre | country music | popcheol | pop music |

| | |
|---|---|
| Is aoibhinn liom freastal ar cheolchoirmeacha | I love attending concerts |
| Téim chuig seisiúin cheoil go minic | I often go to music sessions |
| Éistim le ceol ar m'iPod | I listen to music on my iPod |
| Féachaim ar chláir cheoil ar an teilifís anois is arís | I watch music programmes on the tv now and then |

**Léigh an ríomhphost a scríobh Clár chuig a cara Enya.**

Do:
Ábhar:

Dé hAoine, leathuair tar éis a dó

A Enya, a chara,

Míle buíochas as an ríomhphost a sheol tú chugam ar maidin. Bhí ionadh orm a chloisteáil gur bhuaigh tú dhá thicéad do cheolchoirm Lady Gaga. Bheadh an-áthas orm glacadh le do chuireadh dul in éineacht leat chuig an gceolchoirm. Is aoibhinn liom ceol Lady Gaga agus d'fhreastail mé ar a ceolchoirm i Londain an samhradh seo caite.

Ar chuala tú go mbeidh Rihanna ag teacht go hÉirinn an bhliain seo chugainn? Is aoibhinn liom ceol Rihanna agus ba mhaith liom í a fheiceáil. Má cheannaíonn mo thuismitheoirí ticéid dom do mo bhreithlá tabharfaidh mé cuireadh duit teacht in éineacht liom.

Caithfidh mé imeacht anois. Tá rang ceoil agam sa chathair. Scríobh chugaim go luath.

Do chara,
Clár

 **Thug do thuismitheoirí ticéid duit do cheolchoirm do do bhreithlá. Seol ríomhphost chuig do chara agus tabhair cuireadh dó / di teacht chuig an gceolchoirm in éineacht leat.**

# Aonad a Sé — An Blag agus An Ríomhphost

## Ríomhphost Foirmiúil

**Seoladh**

TG4
webmaster@tg4.ie

Raidió Teilifís Éireann
info@rte.ie

Raidió na Gaeltachta
rnag@rte.ie

Raidió na Life
beo@raidionalife.ie

An tAire Oideachais agus Scileanna
info@education.gov.ie

An Taoiseach
webmaster@taoiseach.gov.ie

An tUachtarán
webmaster@president.ie

An Coimisinéir Teanga
eolas@coimisineir.ie

Gael Linn
eolas@gael-linn.ie

Údarás na Gaeltachta
eolas@udaras.ie

An Roinn Gnóthaí Pobail,
Cirt agus Gaeltachta
eolas@pobail.ie

## An Blag agus An Ríomhphost — Aonad a Sé

### Beannú

| | |
|---|---|
| A chara, | Mise le meas |
| A eagarthóir, a chara, | Le gach dea ghuí |
| A dhuine uasail, | Is mise |
| A bhainisteoir, a chara, | Beir beannacht |

### Tús an ríomhphoist

| | |
|---|---|
| Ba mhaith liom gearán a dhéanamh | I would like to make a complaint |
| Táim ag scríobh chugat mar go bhfuil fearg an domhain orm | I am writing to you because I am very angry |
| Táim ag scríobh chugat thar ceann daltaí an tséú bliain | I am writing to you on behalf of students in 6th year |
| Is déagóir mé | I am a teenager |
| Ba mhaith liom iarratas a chur isteach ar an bpost a fógraíodh ar an idirlíon | I would like to apply for the job that was advertised on the internet |
| Ba mhaith liom cuireadh a thabhairt duit teacht ar cuairt chuig ár scoil | I would like to invite you to visit our school |
| Ní róshásta a bhí mé nuair a léigh mé alt sa nuachtán *Foinse* an tseachtain seo caite | I wasn't very happy when I read an article in *Foinse* last week |

### Lár an ríomhphoist

| | |
|---|---|
| Bheadh áthas orm dá nglacfá le mo chuireadh | I would be delighted if you accepted my invitation |
| Bhí an-díomá orm nuair a léigh mé an t-alt | I was very disappointed when I read the article |
| Ní éisteann duine ar bith le déagóirí inniu | No one listens to teenagers today |
| Cuireann gach duine brú orainn inniu | Everyone puts pressure on us today |
| Tá comhairle ag teastáil uaim | I am looking for advice |
| Ní mó ná sásta a bhí mé nuair a chonaic mé an clár | I wasn't very happy when I saw the programme |

### Críoch an ríomhphoist

| | |
|---|---|
| Beidh mé ag súil le ríomhphost uait go luath | I'll be expecting an e-mail from you soon |
| Feicfidh mé go luath thú | I'll see you soon |
| Scríobh chugam go luath | Write to me soon |
| Tá mé ag éileamh aisíoca ort | I am demanding a refund from you |
| Bheinn an-bhuíoch díot dá gcuirfeá glao orm go luath | I would be grateful if you would call me soon |

# Aonad a Sé — An Blag agus An Ríomhphost

## Ríomhphost Foirmiúil 1

Chonaic tú freastalaí i siopa áitiúil ag díol toitíní (tobac) le daoine óga. Ní raibh tú sásta leis sin. Scríobh an ríomhphost (leathleathanach nó mar sin) a chuirfeá chuig bainisteoir an tsiopa sin ag gearán faoin rud a chonaic tú.

---

**Teachtaireacht nua**

Do:
Ábhar:

A bhainisteoir, a chara,

Tá mé ag scríobh chugat chun gearán a dhéanamh. Bhí mé i do shiopa an tseachtain seo caite agus chonaic mé rud a chuir **uafás agus déistin** orm. Tháinig **scata cailíní** óga isteach sa siopa agus bhí siad ag caitheamh éide scoile. Is cinnte nach raibh siad níos sine ná ceithre bliana déag d'aois. Tá a fhios ag an domhan mór nach bhfuil cead tobac a dhíol le héinne atá níos óige ná ocht mbliana déag d'aois. **Ina theannta sin** caithfear cárta aitheantais a thaispeáint má tá cuma óg ort.

Bhí ionadh an domhain orm nuair a chonaic mé **an freastalaí** i do shiopa ag díol na dtoitíní leo gan bac. Labhair mé leis an bhfreastalaí ach níor thug sí **leithscéal** dom fiú. Sílim gur rud **scannalach** é seo. Tuigeann chuile dhuine an damáiste a dhéanann toitíní agus ní chreidim fós gur dhíol an freastalaí le páistí óga iad. Tá súil agam go réiteoidh tú **an fhadhb seo** go luath. Má tharlaíonn sé arís i do shiopa beidh orm dul **i dteagmháil** leis na Gardaí Síochána.

Is mise le meas,
Máire Ní Laoi

---

### Cabhair! Le foghlaim

Scríobh na nathanna cainte úsáideacha ón ríomhphost thuas i do chóipleabhar.

| | | | |
|---|---|---|---|
| uafás agus déistin | horror and disgust | scata cailíní | a group of girls |
| ina theannta sin | as well as that | an freastalaí | the assistant |
| leithscéal | excuse | scannalach | scandalous |
| an fhadhb seo | this problem | i dteagmháil le | in contact with |

Chonaic tú déagóir ag ceannach alcóil i siopa eischeadúnais. Ní raibh tú sásta leis sin. Scríobh an ríomhphost (leathleathanach nó mar sin) a chuirfeá chuig bainisteoir an tsiopa sin ag gearán faoin rud a chonaic tú. Bain úsáid as na nótaí sa ríomhphost thuas.

# Ríomhphost Foirmiúil 2

**Cheannaigh tú ceamara ar an idirlíon le déanaí ach bhí sé briste nuair a fuair tú é. Scríobh an ríomhphost (leathleathanach nó mar sin) a chuirfeá chuig an duine a dhíol an ceamara leat.**

Teachtaireacht nua

Do:
Ábhar:

A dhuine uasail,

Is mise Pól Ó Donnabháin. Dhíol tú ceamara liom ar an suíomh idirlín e-bay an tseachtain seo caite. Tá **drochscéal** agam faoin gceamara. Nuair a thosaigh mé ag glacadh grianghraf thug mé faoi deara go raibh **fadhb ollmhór** ann. Tá sé go hiomlán briste. Ní thagann aon phictiúr aníos ar **an scáileán**. Shíl mé nach raibh mé ag baint úsáide as **sa chaoi cheart**.

Thug mé chuig siopa ceamara inniu é agus dúirt **an freastalaí** ann nach raibh mé ag déanamh aon rud mícheart. Dúirt sé go bhfuil an fhadhb sa cheamara féin. Dúirt sé freisin go gcosnódh sé céad euro é a dheisiú. **Ní fiú an méid sin é** mar is eol duit mar nár íoc mé ach ochtó euro ar an gceamara. **Bheinn an-bhuíoch** díot **dá seolfá** mo chuid airgid ar ais chugam chomh luath agus is féidir leat. Seolfaidh mé an ceamara chugat leis an ríomhphost seo. Go raibh míle maith agat.

Is mise le meas,
Pól Ó Donnabháin

**Cabhair! Le foghlaim**

**Scríobh na nathanna cainte úsáideacha ón ríomhphost thuas i do chóipleabhar.**

| | | | |
|---|---|---|---|
| drochscéal | bad news | fadhb ollmhór | big problem |
| an scáileán | the screen | sa chaoi cheart | in the right way |
| an freastalaí | the assistant | ní fiú é sin é | it's not worth that |
| bheinn an-bhuíoch díot | I'd be very grateful | dá seolfá | if you would send |

 **Cheannaigh tú iPod ar an idirlíon le déanaí ach bhí sé briste nuair a fuair tú é. Scríobh an ríomhphost (leathleathanach nó mar sin) a chuirfeá chuig an duine a dhíol an iPod leat.**

# Aonad a Sé — An Blag agus An Ríomhphost

## Ríomhphost Foirmiúil 3

Éisteann tú le clár raidió gach tráthnóna tar éis scoile. Ceapann tú go bhfuil an clár go hiontach. Scríobh an ríomhphost (leathleathanach nó mar sin) a chuirfeá chuig an stáisiún raidió faoin gclár.

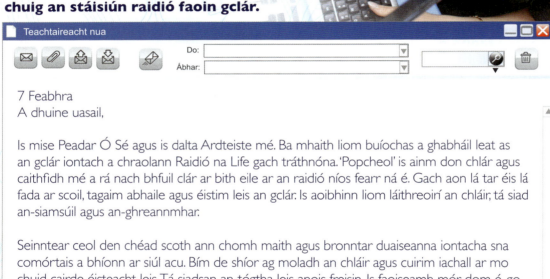

7 Feabhra
A dhuine uasail,

Is mise Peadar Ó Sé agus is dalta Ardteiste mé. Ba mhaith liom buíochas a ghabháil leat as an gclár iontach a chraolann Raidió na Life gach tráthnóna. 'Popcheol' is ainm don chlár agus caithfidh mé a rá nach bhfuil clár ar bith eile ar an raidió níos fearr ná é. Gach aon lá tar éis lá fada ar scoil, tagaim abhaile agus éistim leis an gclár. Is aoibhinn liom láithreoirí an chláir, tá siad an-siamsúil agus an-ghreannmhar.

Seinntear ceol den chéad scoth ann chomh maith agus bronntar duaiseanna iontacha sna comórtais a bhíonn ar siúl acu. Bím de shíor ag moladh an chláir agus cuirim iachall ar mo chuid cairde éisteacht leis. Tá siadsan an-tógtha leis anois freisin. Is faoiseamh mór dom é, go háirithe i mbliana agus mé ag staidéar. Comhghairdeas libh agus lean ar aghaidh leis an dea-obair!

Is mise le meas,
Peadar Ó Sé

> Scríobh na nathanna cainte úsáideacha ón ríomhphost thuas i do chóipleabhar.

 Féachann tú ar chlár teilifíse gach tráthnóna tar éis scoile. Ceapann tú go bhfuil an clár go hiontach. Scríobh an ríomhphost (leathleathanach nó mar sin) a chuirfeá chuig an stáisiún teilifíse faoin gclár. Bain úsáid as na nathanna cainte sa ríomhphost thuas chun cabhrú leat.

# Ríomhphost Foirmiúil 4

Léigh tú in alt sa nuachtán *Foinse* go bhfuil cead pleanála faighte ag fear saibhir i do cheantar chun caoga teach nua a thógáil i bpáirc in aice le do theach féin. Níl tú sásta leis seo. Scríobh an ríomhphost (leathleathanach nó mar sin) a chuirfeá chuig eagarthóir an nuachtáin.

Teachtaireacht nua

Do:
Ábhar:

A Eagarthóir,

Is mise Liam de Barra. Cónaím i dTrá Lí. Tá mé ag scríobh chugat chun gearán a dhéanamh. Léigh mé i do nuachtán le déanaí go bhfuil cead faighte ag an bhfear gnó Peadar Ó Laoire caoga teach a thógáil anseo i dTrá Lí. Beidh na tithe nua tógtha díreach in aice le mo theach féin, áit a bhfuil páirc álainn. Ní minic a scríobhaim chuig eagarthóir nuachtáin ach tá mé ag scríobh na litreach seo chun **d'aird a dhíriú ar an bhfadhb mhór seo**. Má leanann an plean seo ar aghaidh **scriosfaidh sé radharc tíre** na háite seo.

Tá an pháirc seo **an-áisiúil** do mhuintir na háite. Téann go leor daoine ann gach lá. Siúlaim ann gach lá tar éis scoile le mo mhadra agus bíonn an áit plódaithe le páistí óga **ag spraoi** agus déagóirí ag imirt peile i gcónaí. Níl aon áit eile ag na daoine sin, go háirithe na daoine óga, mar go mbeadh carr ag teastáil chun dul chuig áiteanna eile i dTrá Lí. **Impím ort** an fhadhb seo a **léiriú** i do nuachtán. Is gá dúinn an scéal seo a chur ina cheart gan mhoill.

Is mise le meas,
Liam de Barra.

 **Cabhair! Le foghlaim**

Scríobh na nathanna cainte úsáideacha ón ríomhphost thuas i do chóipleabhar.

| | | | |
|---|---|---|---|
| d'aird a dhíriú | to direct your attention | ar an bhfadhb mhór seo | on this big problem |
| scriosfaidh sé | it will destroy | radharc tíre | sights / landscape |
| an-áisiúil | very useful | ag spraoi | playing |
| impím ort | I beg you | a léiriú | to highlight |

 Léigh tú alt sa nuachtán *Foinse* nár thaitin leat. Scríobh ríomhphost chuig eagarthóir an nuachtáin. Bain úsáid as na nótaí sa ríomhphost thuas chun cabhrú leat.

Aonad a Seacht — An Léamhthuiscint

# An Léamhthuiscint

## Clár

**Treoir don Scrúdú** .................................................................. 288

**Foirmeacha ceisteacha** ........................................................ 289

**Léamhthuiscint 1**
**An banna ceoil is cáiliúla ar domhan** ................................ 290

**Léamhthuiscint 2**
**Féile Idirnáisiúnta Scannán Jameson Átha Chliath** ......... 291

**Léamhthuiscint 3**
**Johnny Depp** ........................................................................... 292

**Léamhthuiscint 4**
**Leonardo DiCaprio** ................................................................ 293

**Léamhthuiscint 5**
**'Republic of Loose'** ............................................................... 294

**Léamhthuiscint 6**
**Barack Obama** ........................................................................ 295

**Léamhthuiscint 7**
**Sharon Ní Bheoláin** ............................................................... 296

**Léamhthuiscint 8**
**Lance agus an Tour de France** ............................................ 297

**Léamhthuiscint 9**
**Oxegen** ..................................................................................... 298

**Léamhthuiscint 10**
**Fear greannmhar Peter Kay** ................................................. 299

**Léamhthuiscint 11**
**Clár teilifíse ó Chathair na nAingeal** .................................. 300

**Léamhthuiscint 12**
**Aisteoir cáiliúil Scarlett Johansson** .................................... 301

# An Léamhthuiscint — Aonad a Seacht

**Léamhthuiscint 13**
**Aisteoir clúiteach Kiera Knightley** .......... 302

**Léamhthuiscint 14**
*Twilight* .......... 303

**Léamhthuiscint 15**
**'The Killers'** .......... 304

**Léamhthuiscint 16**
**Lindsay Lohan** .......... 305

**Léamhthuiscint 17**
**Cócaire cáiliúil Jamie Oliver** .......... 306

**Léamhthuiscint 18**
**Ryan Tubridy** .......... 307

**Léamhthuiscint 19**
**An comórtas amhránaíochta is luachmhaire ar domhan** .......... 308

**Léamhthuiscint 20**
**Fondúireacht Michael Phelps** .......... 309

# Aonad a Seacht — An Léamhthuiscint

## Treoir don Scrúdú

> Téigh chuig Aonad a Trí agus Aonad a Ceathair chun tuilleadh giotaí léamhthuisceana a dhéanamh.

- Tá dhá ghiota léamhthuisceana le léamh ar pháipéar a dó don scrúdú.
- Féach ar an ngrianghraf agus ar an teideal. Tabharfaidh siad leid duit faoi théama an ghiota.
- Léigh gach alt go cúramach cúpla uair agus ná bí buartha má tá nathanna ann nach dtuigeann tú.
- Léigh na ceisteanna agus déan iarracht líne a chur faoin bhfreagra ar an bpáipéar scrúdaithe.
- Nuair a bheidh tú cinnte go bhfuil an freagra ceart agat scríobh amach an freagra i do chóipleabhar.
- Fág cúpla nóiméad ag an deireadh chun dul siar ar na freagraí atá scríofa agat.
- Ná scríobh na freagraí i mBéarla.
- Foghlaim na foirmeacha ceisteacha ar leathanach 289.
- Léigh ailt go rialta i *Foinse*, *Gaelscéal* agus ar an suíomh idirlín www.beo.ie.
- Déan cleachtadh ar an gceist seo agus léigh na giotaí léamhthuisceana atá san aonad seo.

# Foirmeacha ceisteacha

**Cabhair!**
**Le foghlaim**

| | | | |
|---|---|---|---|
| Luaigh | Mention | Ainmnigh | Name |
| Cad a rinne sé / sí? | What did he / she do? | Conas a mhothaigh sé / sí? | How did he / she feel? |
| Conas a d'éirigh leis / léi? | How did he / she get on? | Cén post a fuair sé / sí? | What job did he / she get? |
| Cén fáth? | Why? | Cén grúpa? | What group? |
| Luaigh dhá dhúshlán. | Mention two challenges. | Cén dearcadh? | What outlook? |
| Cén bhliain? | What year? | Luaigh dhá shaghas oibre. | Mention two types of work. |
| Luaigh difríocht amháin. | Mention one difference. | Luaigh dhá rud. | Mention two things. |
| Conas atá a fhios againn? | How do we know? | Luaigh dhá fháth. | Mention two reasons. |
| Scríobh síos dhá phíosa eolais. | Write down two pieces of information. | Luaigh fadhb amháin. | Mention one problem. |
| Cén chomhairle? | What advice? | Cén socrú? | What arrangement? |
| Cad a bheidh ar siúl? | What will be on? | Cén scéal mór atá i gceist? | What big story is being discussed? |
| Conas a bhain sé cáil amach? | How did he become famous? | Cén fáth a ndúirt sé é sin? | Why did he say that? |
| Tabhair dhá shampla. | Give two examples. | Cén aois é / í? | What age is he / she? |
| Cár rugadh é / í? | Where was he / she born? | Cad a tharla? | What happened? |
| Cá fhad? | How long? | Cad é teideal an chláir? | What is the title of the programme? |
| Cén cineál? | What type? | Cén cineál duine é? | What type of person is he? |
| Cén ghairm bheatha atá aige / aici? | What career has he / she? | Cárb as dó? | Where is he from? |
| Cad iad na buntáistí a bhaineann le…? | What are the advantages associated with…? | Cad a sheolfar? | What will be launched? |

## Aonad a Seacht — An Léamhthuiscint

### Léamhthuiscint 1

#### An banna ceoil is cáiliúla ar domhan

**Léigh an sliocht seo a leanas agus freagair na ceisteanna ar fad a ghabhann leis.**

Bunaíodh an banna ceoil **is cáiliúla** agus **is rathúla** ar domhan sa bhliain 1960 i Learpholl. 'The Beatles' an t-ainm a bhí orthu, mar is eol do chách is dócha. B'iad John Lennon, Paul McCartney, George Harrison agus Ringo Starr **baill** an bhanna ceoil. Bhí Stuart Sutcliffe sa bhanna ceoil i dtosach ach d'fhág sé sa bhliain 1961 agus ansin bhí ball eile sa bhanna, Pete Best, a sheinn na drumaí.

Bhain siad clú amach leis an amhrán 'Love Me Do' sa bhliain chéanna. D'éirigh **thar barr** leo ní hamháin san Eoraip ach i Meiriceá freisin. **Deirtear** gur dhíol siad níos mó albam ná aon duine eile riamh i Meiriceá! **D'eisigh siad** an t-albam *Sgt Pepper's Lonely Hearts Club Band* sa bhliain 1967. **Ainmníodh** é mar an t-albam is fearr riamh san **irisleabhar** *Rolling Stone*. Bhí níos mó singil acu a chuaigh go huimhir a haon sna cairteacha i Sasana ná aon duine eile riamh. Banna ceoil den chéad scoth a bhí iontu **gan amhras**. Is cinnte nach mbeidh a léithéid arís ann.

**Cabhair! Le foghlaim**

| | | | |
|---|---|---|---|
| is cáiliúla | most famous | is rathúla | most successful |
| baill | members | thar barr | excellent |
| deirtear | it is said | d'eisigh siad | they released |
| ainmníodh | was named | irisleabhar | magazine |
| gan amhras | without a doubt | | |

### Cleachtadh ag scríobh

**Ceisteanna**

1. Cé hé an banna ceoil is cáiliúla agus is rathúla riamh, dar le húdar an phíosa?
2. Cén áit ar bunaíodh an banna ceoil seo?
3. Ainmnigh baill an bhanna ceoil.
4. Breac síos pointe amháin eolais ón téacs a léiríonn gur éirigh thar barr leo i Meiriceá.
5. Breac síos pointe amháin eolais ón téacs a léiríonn gur éirigh thar barr leo i Sasana.

Téigh chuig Aonad a Trí agus Aonad a Ceathair chun níos mó giotaí léamhthuisceana a dhéanamh.

# An Léamhthuiscint — Aonad a Seacht

## Léamhthuiscint 2

### Féile Idirnáisiúnta Scannán Jameson Átha Cliath

Léigh an sliocht seo a leanas agus freagair na ceisteanna ar fad a ghabhann leis.

Bunaíodh **Féile Idirnáisiúnta Scannán Jameson Átha Cliath** sa bhliain 2003. **Bunaíodh é** le **deis** a thabhairt do mhuintir Bhaile Átha Cliath na scannáin Éireannacha agus na scannáin idirnáisiúnta is fearr a fheiceáil. Tugann an **comhlacht** Jameson **urraíocht** don fhéile. Is féidir na scannáin a fheiceáil timpeall na cathrach ag pictiúrlanna éagsúla, ina measc an Screen, an Savoy agus an phictiúrlann Movies i nDún Droma.

**Bronnann an fhéile gradaim** ar dhaoine ar éirigh leo cur leis an scannánaíocht le linn **a ngairm bheatha**. An gradam Volta a thugtar air. Éiríonn leis an bhféile aisteoirí, **lucht déanta scannán, léiritheoirí** agus daoine mór le rá a thabhairt le chéile ó gach cearn den domhan.

**Cabhair!**

**Le foghlaim**

| | | | |
|---|---|---|---|
| Féile Idirnáisiúnta Scannán Jameson Átha Chliath............ | The Jameson Dublin International Film Festival | bunaíodh é.............. | it was established |
| comhlacht........................ | company | deis........................ | opportunity |
| | | urraíocht.................. | sponsorship |
| bronnann an fhéile gradaim.......... | the festival bestows awards | a ngairm bheatha | their career |
| lucht déanta scannán.................. | film makers | léiritheoirí.............. | producers |

## Cleachtadh ag scríobh

**Ceisteanna**

1. Cathain ar bunaíodh Féile Idirnáisiúnta Scannán Jameson Átha Cliath?
2. Cén fáth ar bunaíodh Féile Idirnáisiúnta Scannán Jameson Átha Chliath?
3. Cé a thugann urraíocht don fhéile?
4. Ainmnigh áit amháin ar féidir na scannáin a fheiceáil.
5. Cé a thagann go hÉirinn leis an bhféile a fheiceáil?

## Aonad a Seacht — An Léamhthuiscint

### Léamhthuiscint 3

#### Johnny Depp

**Léigh an sliocht seo a leanas agus freagair na ceisteanna ar fad a ghabhann leis.**

Rugadh Johnny Depp sa bhliain 1963 sna Stáit Aontaithe. Tá **clú agus cáil air** anois mar aisteoir agus is minic a ghlacann sé le **rólanna neamhghnácha** ina chuid scannán. Tá thart ar $4.8 billiún tuillte ag na scannáin a raibh sé mar phríomhaisteoir iontu. D'oibrigh sé leis an **stiúrthóir rathúil** Tim Burton go minic thar na blianta agus d'éirigh go han-mhaith leis na scannáin siúd, leithéidí *Sweeney Todd, The Demon Barber of Fleet Street* agus *Ed Wood*.

Is cinnte gur fear dathúil é Johnny Depp agus bhíodh an-tóir ag na cailíní air i gcónaí. Shiúil sé amach le Kate Moss agus Winona Ryder sna nóchaidí ach anois tá cónaí air in éineacht le Vanessa Paradis sa Fhrainc. Tá beirt pháistí aige, mac agus iníon. Is cinnte nach dtaitníonn saol an réalta Hollywood le Depp agus déanann sé iarracht **na meáin a sheachaint** nuair is féidir leis. Is fear **fial flaithiúil** é freisin. **Bhronn Depp** £1 milliún ar ospidéal i Sasana a thug cabhair dá iníon nuair a bhí sí tinn. Chomh maith leis sin, thug sé cuairt ar an ospidéal céanna gléasta mar Jack Sparrow (a charachtar sa scannán *Pirates of the Caribbean*) agus chaith sé ceithre huaire ag léamh scéalta do na páistí a bhí tinn san ospidéal.

### Cabhair! Le foghlaim

| | |
|---|---|
| clú agus cáil air .......... he is famous | rólanna neamhghnácha .......... unusual parts |
| stiúrthóir rathúil ....... successful director | na meáin a sheachaint ............ to avoid the media |
| fial flaithiúil ................. generous | bhronn Depp .......................... Depp gave |

### Cleachtadh ag scríobh

#### Ceisteanna

1. Cathain a rugadh Johnny Depp?
2. Cé mhéad airgead atá tuillte ag na scannáin a raibh sé mar phríomhaisteoir iontu?
3. Cá bhfuil cónaí ar Johnny Depp inniu?
4. Conas is eol dúinn gur fear fial flaithiúil é Depp?
5. Céard a rinne Johnny Depp nuair a thug sé cuairt ar na páistí san ospidéal?

# An Léamhthuiscint — Aonad a Seacht

## Léamhthuiscint 4
### Leonardo DiCaprio

**Léigh an sliocht seo a leanas agus freagair na ceisteanna ar fad a ghabhann leis.**

Rugadh DiCaprio sa bhliain 1974 i Los Angeles, Meiriceá. Thug a mháthair an t-ainm Leonardo air mar gur thug sé **cic sa bhroinn** nuair a bhí a mháthair ag féachaint ar phictiúr de chuid da Vinci **i ndánlann** san Iodáil. Thosaigh sé ag aisteoireacht nuair a bhí sé óg agus fuair sé páirteanna ar **fhógraí teilifíse** ar dtús. Bhain sé clú amach sa scannán *This Boy's Life* ag aisteoireacht le leithéidí Robert De Niro agus Ellen Barkin. D'éirigh leis **clú domhanda** a bhaint amach leis na scannáin *Romeo and Juliet* agus *Titanic*. Dúirt sé nár thuig sé **an méid poiblíochta** a fuair sé ag an am sin agus d'admhaigh sé nach bhfaigheadh sé an oiread céanna clú arís le haon scannán eile.

Oibríonn DiCaprio go dian **ar son na timpeallachta** agus deir sé gurb é **caomhnú** na timpeallachta ceann de na rudaí **is tábhachtaí** agus **is práinní** sa lá atá inniu ann. Rinne sé an scannán *11th Hour* a léiríonn **fadhb an téimh dhomhanda** agus a thugann treoracha do dhaoine a chabhróidh leis an timpeallacht. Deir DiCaprio go bhfuil sé mar **dhualgas** ar gach uile dhuine fadhbanna na timpeallachta a phlé agus réiteach éigin a aimsiú.

### Cabhair!
#### Le foghlaim

| | | | |
|---|---|---|---|
| cic | kick | sa bhroinn | in the womb |
| i ndánlann | in a gallery | fógraí teilifíse | television ads |
| clú domhanda | world recognition | an méid poiblíochta | the amount of publicity |
| ar son na timpeallachta | for the environment | caomhnú | preservation |
| is tábhachtaí | the most important | is práinní | the most urgent |
| fadhb an téimh dhomhanda | the problem of global warming | dualgas | obligation |

### Cleachtadh ag scríobh
#### Ceisteanna

1. Cár rugadh Leonardo DiCaprio?
2. Conas a fuair Leonardo a ainm?
3. Cén aisteoireacht a rinne sé nuair a bhí sé óg?
4. Conas a d'éirigh leis clú domhanda a bhaint amach?
5. Cén scannán a léiríonn fadhb an téimh dhomhanda?

# Aonad a Seacht — An Léamhthuiscint

## Léamhthuiscint 5
### 'Republic of Loose'

Léigh an sliocht seo a leanas agus freagair na ceisteanna ar fad a ghabhann leis.

Is **banna ceoil Éireannach** é 'Republic of Loose' ó Bhaile Átha Cliath. **Bunaíodh an banna ceoil** sa bhliain 2001. Is é Mick Pyro **príomhamhránaí** an bhanna ceoil. Deir **baill an bhanna** go bhfuil a gcuid ceoil 'cosúil leis an gceol a thaitneodh le do Dhaid'. Bhain siad **clú** amach leis an amhrán '*Comeback Girl*' agus nuair a **d'eisigh siad** an dara halbam chuaigh sé go dtí uimhir a dó ar na cairteacha Éireannacha. Bhí an t-amhrán óna dtríú halbam '*The Steady Song*' **an-rathúil** agus bhí sé **sna cairteacha** ar feadh trí sheachtain déag.

Seinneann an banna ceoil seo timpeall na tíre agus timpeall na Breataine ag **féilte** ar nós Oxegen agus Reading. Nuair a sheinn siad ag Oxegen bhí sé ag stealladh báistí agus ba léir cé chomh dílis is a bhí a **lucht leanúna** nuair a tháinig siad amach ina mílte chun iad a fheiceáil. Is léir go bhfuil **an-tóir** ar an mbanna ceoil seo agus sheinn siad le leithéidí Sinéad O'Connor agus Damien Dempsey. Tá **todhchaí gheal** rompu gan amhras.

### Cabhair! Le foghlaim

| | | | |
|---|---|---|---|
| banna ceoil Éireannach | Irish group | bunaíodh an banna ceoil | the band was set up |
| príomhamhránaí | lead singer | baill an bhanna | members of the group |
| clú | fame | d'eisigh siad | they released |
| an-rathúil | very successful | sna cairteacha | in the charts |
| féilte | festivals | lucht leanúna | fans |
| an-tóir | in great demand | todhchaí gheal | a bright future |

## Cleachtadh ag scríobh
### Ceisteanna

1. Cathain a bunaíodh an banna ceoil 'Republic of Loose'?
2. Ainmnigh príomhamhránaí an bhanna ceoil.
3. Céard a tharla nuair a d'eisigh siad an dara halbam?
4. Cá seinneann an banna ceoil seo? (Is leor pointe amháin.)
5. Conas a thaispeáin a lucht leanúna go raibh siad an-dílis don bhanna ceoil?

*Téigh chuig Aonad a Trí agus Aonad a Ceathair chun níos mó giotaí léamhthuisceana a dhéanamh.*

## Léamhthuiscint 6
### Barack Obama

**Léigh an sliocht seo a leanas agus freagair na ceisteanna ar fad a ghabhann leis.**

Rugadh Barack Obama ar 4 Lúnasa 1961 sna Stáit Aontaithe. **Toghadh é** mar Uachtarán Mheiriceá sa bhliain 2008. Phós a thuismitheoirí sa bhliain 1961. **Scar siad** nuair a bhí sé dhá bhliain d'aois agus d'fhill a athair ar an Afraic. Bhí **an-bhéim** ar an oideachas ina chlann agus d'oibrigh Obama go han-dian ar scoil agus sa bhaile. Bhíodh sé de nós aige éirí ag a ceathair a chlog ar maidin agus **ceachtanna breise** a dhéanamh lena mháthair fad is a bhí sé san Indinéis.

Tar éis dó a **chéim** a bhaint amach in Ollscoil Columbia d'oibrigh sé le **comhlacht mór le rá** i Nua Eabhrach. Bhí sé **ag tuilleamh** go leor airgid ach níor thaitin an post leis. D'fhág sé é chun dul ag obair le daoine **faoi mhíbhuntáiste** i Chicago. D'fhág sé an post sin tar éis ceithre bliana agus d'fhill sé ar an ollscoil le céim a dhéanamh sa dlí. Mhúin sé dlí ar feadh dhá bhliain déag ina dhiaidh sin in Ollscoil Chicago.

Toghadh é don Seanad sa bhliain 1996 agus arís sa bhliain 1998 agus 2000. **Feachtas an-ghéar** a bhí ann idir é féin, Clinton agus McCain ach d'éirigh le Obama **an rás a bhuachan** don Teach Bán. **Scaip sé teachtaireacht an dóchais** agus na síochána ní hamháin i Meiriceá ach **ar fud na cruinne** freisin. Bronnadh an Duais Nobel air mar gheall ar an obair a rinne sé **ar son na síochána**.

### Cabhair!
### Le foghlaim

| | |
|---|---|
| toghadh é ............... he was elected | comhlacht mór le rá ............... a well-known company |
| an-bhéim ............... a big emphasis | faoi mhíbhuntáiste ............... disadvantaged |
| céim ............... degree | an rás a bhuachan ............... to win the race |
| ag tuilleamh ............... earning | scaip sé teachtaireacht an dóchais ....... he spread a message of hope |
| feachtas an-ghéar ...... a very hard campaign | ar fud na cruinne ............... around the world |
| scar siad ............... they separated | ar son na síochána ............... for peace |
| ceachtanna breise ..... extra exercises | |

## Cleachtadh ag scríobh

### Ceisteanna

1. Cathain a toghadh Barack Obama mar Uachtarán Mheiriceá?
2. Conas is eol dúinn go raibh an t-oideachas an-tábhachtach do mhuintir Barack?
3. Céard a rinne sé tar éis dó céim a bhaint amach in Ollscoil Columbia?
4. Cár mhúin sé dlí?
5. Cén fáth ar bronnadh an Duais Nobel air?

# Aonad a Seacht — An Léamhthuiscint

## Léamhthuiscint 7
### Sharon Ní Bheoláin

**Léigh an sliocht seo a leanas agus freagair na ceisteanna ar fad a ghabhann leis.**

Is mar **láithreoir** nuachta ar RTÉ 1 is fearr aithne againn ar Sharon Ní Bheoláin. Thosaigh sí ag obair le RTÉ sa bhliain 1994 nuair a bhí sí mar láithreoir ar chlár nuachta agus ansin níos déanaí bhí sí ag obair le *News2* ar RTÉ 2. Níl **Gaeilge ó dhúchas** ag Sharon; rinne sí **céim** sa Ghaeilge i gColáiste na Tríonóide. Bhain sí céim onóracha amach agus chuaigh sí ag obair mar mhúinteoir meánscoile ansin ar feadh tamaillín. Mhúin sí i gCaisleán Cnucha, Baile Átha Cliath agus sa Cheathrú Rua i nGaillimh.

**Sula** ndeachaigh sí ag obair le RTÉ d'oibrigh sí sa stáisiún raidió, Raidió na Life i mBaile Átha Cliath. Bhí sí mar láithreoir ar an gclár *Turas Teanga*. Clár rathúil ab ea *Turas Teanga* a chabhraigh le daoine a gcuid Gaeilge a fhoghlaim agus a fheabhsú. Tá suim faoi leith ag Ní Bheoláin i **leas** ainmhithe. Déanann sí **obair dheonach** do Chumann na hÉireann um Fhóirithint ar Ainmhithe (ISPCA).

### Cabhair!
### Le foghlaim

| | | | |
|---|---|---|---|
| láithreoir | presenter | Gaeilge ó dhúchas | native Irish |
| céim | degree | sula | before |
| leas | welfare | obair dheonach | voluntary work |

## Cleachtadh ag scríobh

#### Ceisteanna

1. Conas mar is fearr aithne againn ar Sharon Ní Bheoláin?
2. Cathain ar thosaigh sí ag obair le RTÉ?
3. Cár fhoghlaim Sharon a cuid Gaeilge?
4. Ainmnigh post amháin eile a bhí ag Sharon seachas a post mar láithreoir nuachta.
5. Conas is eol dúinn go bhfuil suim ag Ní Bheoláin i leas ainmhithe?

# Léamhthuiscint 8
## Lance agus an *Tour de France*

**Léigh an sliocht seo a leanas agus freagair na ceisteanna ar fad a ghabhann leis.**

Tá aithne ag cuid mhór den phobal ar Lance Armstrong mar gheall ar an **éacht** a rinne sé nuair a tháinig sé sa chéad áit sa *Tour de France*. Éacht is ea é sin d'aon duine ach bhí sé níos speisialta nuair a rinne Armstrong é. Bhí sé **ag fulaingt** le hailse roimh an gcomórtas agus b'ionadh é do chuid mhór daoine gur éirigh leis bheith ag rothaíocht, **gan trácht** ar an rás a bhuachan! Rugadh Armstrong sa bhliain 1971 i Dallas, Meiriceá. Tá an *Tour de France* buaite aige seacht n-uaire. Sháraigh sé an **churiarracht dhomhanda** a bhí ag Miguel Indurain, Bernard Hinault, Eddy Merckx agus Jacques Anquetil a bhuaigh an rás céanna cúig huaire.

Nuair nach raibh Armstrong ach cúig bliana is fiche d'aois dúradh leis go raibh **ailse** air. Scaip an ailse trína chorp agus bhí sí ina cheann, a bholg agus a scamhóga. Cuireadh faoi scian é agus cé gur éirigh go breá leis an **obráid** dúradh leis nach raibh ach seans 40% go mairfeadh sé. Ní hamháin gur mhair sé ach bhuaigh sé an *Tour de France* seacht n-uaire ina dhiaidh sin. **Inspioráid** é Armstrong **gan amhras**.

### Cabhair!
### Le foghlaim

| | | | |
|---|---|---|---|
| éacht | great feat/deed | ag fulaingt | suffering |
| gan trácht | not to mention | curiarracht dhomhanda | world record |
| ailse | cancer | obráid | operation |
| inspioráid | inspiration | gan amhras | without a doubt |

## Cleachtadh ag scríobh

### Ceisteanna

1. Cén t-éacht atá déanta ag Lance Armstrong?
2. Cathain a rugadh Lance?
3. Cé mhéad uair a bhuaigh sé an *Tour de France*?
4. Cén churiarracht a bhris sé?
5. Cén fáth go ndeirtear sa sliocht gur 'inspioráid' é Armstrong?

# Aonad a Seacht — An Léamhthuiscint

## Léamhthuiscint 9
### Oxegen

**Léigh an sliocht seo a leanas agus freagair na ceisteanna ar fad a ghabhann leis.**

Is **féile cheoil bhliantúil** í Oxegen a thosaigh sa bhliain 2004. Is í an fhéile is mó sa tír í agus bíonn sí ar siúl ar feadh ceithre lá i gContae Chill Dara. **De ghnáth** freastalaíonn thart ar 90,000 duine ar an bhféile agus bíonn thart ar 80,000 duine ag campáil ann. Tagann na mílte **turasóir** chuig an bhféile mar tá clú uirthi ar fud an domhain. Is cinnte go gcuireann **caighdeán** an cheoil go mór le stádas na féile. Bíonn bannaí ceoil agus amhránaithe mór le rá le feiceáil ag Oxegen thar na blianta. Sheinn léithéidí 'The Killers', 'Snow Patrol', 'Muse', 'Kings of Leon' agus 'Arctic Monkeys' ann.

Bíonn **áiseanna** den scoth ag an bhféile, bíonn ocht stáitse ann, agus trí shuíomh campála. Bíonn an ceann glas ann do na **daoine mór le rá** (VIPs)! **Cáineadh an fhéile** roimhe seo de bharr na leithreas, ag rá nach raibh **go leor** ann ach tá **feabhas** ar an scéal sin le blianta beaga anuas. Ar an iomlán ní chloistear mórán gearán faoin bhféile agus déantar gach iarracht **srian** a chur leis an alcól ann.

### Cabhair! Le foghlaim

| | | | |
|---|---|---|---|
| féile cheoil bhliantúil | yearly music festival | de ghnáth | usually |
| turasóir | tourist | caighdeán | standard |
| áiseanna | facilities | daoine mór le rá | VIPs |
| cáineadh an fhéile | the festival was criticised | go leor | enough |
| feabhas | improvement | srian | control |

## Cleachtadh ag scríobh

**Ceisteanna**

1. Céard é Oxegen go díreach?
2. Cá mbíonn Oxegen ar siúl gach bliain?
3. Cé mhéad duine a fhreastalaíonn ar an bhféile de ghnáth?
4. Céard a chuireann go mór le stádas na féile?
5. Déan cur síos ar dhá bhuntáiste de chuid na féile, dar le húdar an phíosa.

Téigh chuig Aonad a Trí agus Aonad a Ceathair chun níos mó giotaí léamhthuisceana a dhéanamh.

## Léamhthuiscint 10
### Fear greannmhar Peter Kay

Léigh an sliocht seo a leanas agus freagair na ceisteanna ar fad a ghabhann leis.

Is **fuirseoir**, scríbhneoir, **léiritheoir**, **stiúrthóir** agus aisteoir é Peter Kay ó thuaisceart Shasana. Rugadh é sa bhliain 1973 i Lancashire. Sa bhliain 1997 bhuaigh sé comórtas a bhí **á reáchtáil** ag Channel 4, *So You Think You're Funny?*. Ina dhiaidh sin léirigh sé, scríobh sé agus bhí sé mar aisteoir sna cláir *The Peter Kay Thing* agus *Phoenix Nights*. Chuaigh sé ar thuras timpeall Shasana lena sheó grinn *Mum Wants a Bungalow*. Rinneadh DVD den seó agus tá níos mó cóipeanna díolta den seó sin ná d'aon seó grinn eile i Sasana.

D'eisigh sé an singil *'Is This The Way To Amarillo?'* don **eagraíocht charthanachta** Comic Relief. Bhí sé féin san fhístéip don singil agus bhí carachtair ón **sobalchlár** *Coronation Street* ann freisin. Bhí an fhístéip an-ghreannmhar agus chuaigh an singil go dtí uimhir a haon ar na cairteacha ar feadh seacht seachtaine. Thuill an singil níos mó ná £2 mhilliún don eagraíocht Comic Relief. Bhí an singil chomh coitianta sin go ndearnadh go leor aithrise air ar an **suíomh idirlín** YouTube. Bhí sé chomh mór sin i mbéal an phobail go ndearna grúpa saighdiúirí ó Shasana a bhí san Iaráic **aithris** air agus bhí sé sin le feiceáil ar YouTube. Is dócha nach raibh éinne **ag súil leis** sin, fiú amháin Kay féin.

### Cabhair!
### Le foghlaim

| | | | |
|---|---|---|---|
| fuirseoir | comedian | léiritheoir | producer |
| stiúrthóir | director | á reáchtáil | being organised |
| eagraíocht charthanachta | charitable organisation | sobalchlár | soap |
| suíomh idirlín | internet site | aithris | imitate |
| ag súil leis | expecting | | |

### Cleachtadh ag scríobh

**Ceisteanna**

1. Cé hé Peter Kay?
2. Cén comórtas a bhuaigh sé sa bhliain 1997?
3. Cad chuige a d'eisigh sé an singil *'Is This The Way To Amarillo?'* ?
4. Cá fhad a bhí an singil ag uimhir a haon sna cairteacha?
5. Conas is eol dúinn go raibh an singil go mór i mbéal an phobail?

Aonad a Seacht — An Léamhthuiscint

## Léamhthuiscint 11
### Clár teilifíse ó Chathair na nAingeal

Léigh an sliocht seo a leanas agus freagair na ceisteanna ar fad a ghabhann leis.

Is clár é *The Hills* atá suite i Los Angeles, Meiriceá. Leanann an clár saol **scata** cailíní agus a gcairde agus iad **ag maireachtáil** agus ag obair i g**Cathair** na n-Aingeal. Nuair a thosaigh an clár ar dtús ba í Lauren Conrad príomhcharachtar an tseó. Lean an clár í agus a cairde Heidi agus Audrina ar feadh cúig shraith. **Taispeántar** na cailíní agus iad ag obair agus taispeántar a saol príobháideach fosta. Is minic a bhíonn **troid** mar bhunábhar ag an gclár. Ba dhlúthchairde iad Heidi agus Lauren a thit amach mar gheall ar **easaontas** idir Lauren agus buachaill Heidi.

Tá an chuma ar an seó seo gur **clár réaltachta** atá ann. I ndáiríre bíonn roinnt línte tugtha do na carachtair. Rud amháin atá cinnte faoin seó ná an rath atá air. Tá an-ghnaoi ar an gclár seo agus tá trí chlár eile déanta atá cosúil leis agus leis na carachtair chéanna. Ceann amháin de na clár eile is ea *The City* a léiríonn saol Whitney Port a théann go Nua Eabhrach le dul ag obair leis an **dearthóir faisin** Diane Von Furstenberg. Tá a seó féin ag an gcarachtar Audrina Patridge freisin darb ainm *The Audrina Show*. Is dócha go mbeimid ar fad ag breathnú ar an stíl agus an faisean ar na cláir siúd ar feadh tamaill eile.

### Cabhair!
### Le foghlaim

| | | | |
|---|---|---|---|
| scata | a group | ag maireachtáil | living |
| cathair | city | taispeántar | are shown |
| troid | fighting | easaontas | disagreement |
| clár réaltachta | reality programme | dearthóir faisin | fashion designer |

## Cleachtadh ag scríobh

### Ceisteanna

1. Cá bhfuil an clár *The Hills* suite?
2. Cé a bhí mar phríomhcharachtar ar an seó ar dtús?
3. Cén fáth ar thosaigh Lauren agus Heidi ag troid?
4. An clár réaltachta é *The Hills*?
5. Cé leis a n-oibríonn Whitney Port?

# Léamhthuiscint 12
## Aisteoir cáiliúil Scarlett Johansson

Léigh an sliocht seo a leanas agus freagair na ceisteanna ar fad a ghabhann leis.

Rugadh Scarlett Johansson sa bhliain 1984 i Nua Eabhrach. Is aisteoir cáiliúil í ar fud an domhain agus is ceoltóir í freisin. Tá dhá albam **eisithe** aici go dtí seo. Bhain sí clú amach leis an ról sa scannán *The Horse Whisperer* nuair nach raibh sí ach cúig bliana déag d'aois. Lean sí ar aghaidh ag aisteoireacht agus bhuaigh sí duais Bafta dá ról sa scannán *Lost in Translation* sa bhliain 2003.

Oibríonn Johansson leis an **eagraíocht charthanachta** Oxfam. Chomh maith leis sin oibríonn sí leis an bh**feachtas** a bhunaigh Bono darb ainm One a chabhraíonn le **fadhb an bhochtanais** a réiteach ar fud an domhain. Is duine an-phríobháideach í Johansson agus bhí ionadh ar gach duine nuair a fuair siad amach gur phós sí **i ngan fhios d'aon duine sna meáin**. Deir sí nach maith léi bheith ag caint faoina saol príobháideach.

### Cabhair!
### Le foghlaim

| | |
|---|---|
| eisithe ................................ released | eagraíocht charthanachta .. charitable organisation |
| feachtas .............................. campaign | fadhb an bhochtanais ........... problem of poverty |
| i ngan fhios d'aon duine .... without anybody knowing | na meáin ................................. the media |

## Cleachtadh ag scríobh

**Ceisteanna**

1. Cathain a rugadh Johansson?
2. Céard a bhuaigh sí sa bhliain 2003?
3. Conas is eol dúinn gur aisteoir rathúil (*successful*) í Johansson?
4. Cén obair charthanachta a dhéanann Johansson? (Is leor pointe amháin.)
5. Deirtear sa sliocht gur duine príobháideach í Johansson. Breac síos dhá phointe eolais ón téacs a léiríonn é sin.

## Léamhthuiscint 13
### Aisteoir clúiteach Kiera Knightley

**Léigh an sliocht seo a leanas agus freagair na ceisteanna ar fad a ghabhann leis.**

Rugadh Keira Knightley i mí an Mhárta 1985 i Londain. Is aisteoir **mór le rá** í agus bhain sí clú agus cáil amach i **dtréimhse cuíosach gairid**. Is liosta le háireamh iad na scannáin atá déanta aici go dtí seo, *Pride and Prejudice* agus *Pirates of the Caribbean* ina measc. Bhí roinnt conspóide sna meáin mar gheall uirthi nuair a dúradh gur chaill sí **go leor meáchain**. Bhí sé curtha ina leith go raibh sí **ag fulaingt** leis an ngalar intinne anorexia nervosa. D'eisigh Knightley ráiteas sna meáin **ag séanadh** na dtuairiscí agus ba léir go raibh sí gortaithe faoi na tuairiscí céanna.

Labhair sí faoina seanmháthair agus a sin-seanmháthair a d'fhulaing leis an ngalar agus chomh maith leis sin roinnt dá cairde freisin. Níor chuir **an chonspóid** isteach ar a gairm mar aisteoir agus bíonn **an-éileamh** uirthi i gcónaí. Deirtear go bhfaigheann sí níos mó airgid ná aon bhan-aisteoir eile seachas Cameron Diaz agus **maítear** gur thuill sí $32 miliún in aon bhliain amháin.

### Cabhair!
### Le foghlaim

| | | | |
|---|---|---|---|
| mór le rá | influential | i dtréimhse cuíosach gairid | in a fairly short period of time |
| go leor meáchain | a lot of weight | ag fulaingt | suffering |
| ag séanadh | denying | an chonspóid | the controversy |
| an-éileamh | a great demand | maítear | it is claimed |

## Cleachtadh ag scríobh

### Ceisteanna

1. Cathain a rugadh Keira Knightley?
2. Cén chonspóid (*controversy*) a tharla a bhain le Knightley sna meáin?
3. Cén fáth ar ghortaigh na tuairiscí (*the reports*) í?
4. Ar chuir an chonspóid isteach ar a gairm (*her career*) mar aisteoir?
5. Conas is eol dúinn gur aisteoir rathúil (*successful*) í Knightley?

**Téigh chuig Aonad a Trí agus Aonad a Ceathair chun níos mó giotaí léamhthuisceana a dhéanamh.**

## Léamhthuiscint 14
### Twilight

Léigh an sliocht seo a leanas agus freagair na ceisteanna ar fad a ghabhann leis.

Nuair a thosaigh Stephenie Meyer ag scríobh leabhar a bhí bunaithe ar **bhrionglóid** a bhí aici **ní raibh sé riamh ar intinn aici** an leabhar a fhoilsiú. Bhain sí an-taitneamh as an scríbhneoireacht agus bhí sé ar nós caitheamh aimsire di. Nuair a léigh a deirfiúr an leabhar thaitin sé go mór léi agus mhol sí do Stephenie é a fhoilsiú. Ghlac sí le **comhairle** a deirféar agus sheol sí cúig litir déag chuig comhlachtaí foilsitheoireachta. Ó na litreacha ar fad a sheol sí, níor freagraíodh cúig cinn, diúltuithe a bhí i naoi gcinn agus fuair sí freagra amháin **dearfach** ó cheann amháin. Bhí an t-ádh dearg ar an gcomhlacht a thug **tacaíocht** do Stephenie an leabhar Twilight a fhoilsiú mar tá thart ar sheacht milliún déag cóip den leabhar **díolta** go dtí seo.

**Foilsíodh é** i 37 teanga éagsúla timpeall na cruinne. Baineann an leabhar le cailín óg 'Bella Swan' a bhogann chun chónaithe lena hathair. Buaileann sí le buachaill dathúil ar a céad lá ina scoil nua darbh ainm Edward Cullen. Tá an chuma ar an scéal go gcuireann Bella déistin ar Edward. **A mhalairt** ar fad atá fíor i ndáiríre agus faigheann Bella amach gur **deamhan fola** é Edward. **De réir a chéile** titeann an bheirt acu i ngrá le chéile. Bhí an leabhar chomh rathúil sin gur bheartaigh Paramount Pictures go ndéanfaidís scannán de agus, cosúil leis an leabhar, d'éirigh thar barr leis.

### Cabhair!
### Le foghlaim

| | | | |
|---|---|---|---|
| brionglóid | dream | ní raibh sé riamh ar intinn aici | she never intended |
| comhairle | advice | dearfach | positive |
| tacaíocht | support | díolta | sold |
| foilsíodh é | it was published | a mhalairt | the opposite |
| deamhan fola | vampire | de réir a chéile | gradually |

### Cleachtadh ag scríobh

#### Ceisteanna

1. Céard a spreag (inspired) an leabhar Twilight?
2. Cén fáth nach raibh sé ar intinn ag Meyer an leabhar a fhoilsiú?
3. Cé mhéad litir a sheol Meyer nuair a bhí sí ag iarraidh an leabhar a fhoilsiú agus cé mhéad freagraí a fuair sí?
4. Cén fáth a raibh an t-ádh dearg ar an gcomhlacht a d'fhoilsigh an leabhar?
5. Céard a tharlaíonn sa leabhar do Bella agus Edward?

# Aonad a Seacht — An Léamhthuiscint

## Léamhthuiscint 15
### 'The Killers'

**Léigh an sliocht seo a leanas agus freagair na ceisteanna ar fad a ghabhann leis.**

Is iad Brandon Flowers, Dave Keuning, Mark Stoermer, agus Ronnie Vannucci Jr. **baill** an bhanna ceoil 'The Killers'. Is as Las Vegas, Meiriceá, iad. Bhain siad cáil amach ar an taobh seo den Atlantach ar dtús **sular** bhain siad clú amach ina dtír dhúchais. Bhunaigh siad an banna ceoil tar éis do Keuning fógra a chur i nuachtán i Las Vegas. San fhógra luaigh sé leithéidí 'The Beatles', 'Oasis', 'The Cure', agus 'U2' a bhí mar inspioráid dó. D'fhreagair Flowers an fógra agus bhunaigh siad an banna ceoil leis na baill eile. Fuair siad **conradh** ó chomhlacht i Sasana ar dtús agus tamall gearr ina dhiaidh sin **shínigh siad** conradh le Def Jam sna Stáit Aontaithe.

**D'eisigh siad** a gcéad albam *Hot Fuss* agus d'éirigh go maith leis. Ach nuair a d'ath-eisigh siad an t-amhrán '*Somebody Told Me*' tamall gairid ina dhiaidh sin chuaigh sé go dtí uimhir a trí ar na cairteacha i Sasana. Ba ansin a bhain siad clú agus cáil amach. Lean siad é sin le trí albam eile: *Sam's Town*, *Sawdust* agus *Day & Age*. Bhíodar go mór i mbéal an phobail i Meiriceá agus san Eoraip. Tá **tionchar** na n-ochtóidí le feiceáil ina gcuid ceoil agus taitníonn **stíleanna éagsúla** ceoil leo ón **tréimhse**, rud a chuireann go mór lena stíl féin.

### Cabhair!
### Le foghlaim

| | | | |
|---|---|---|---|
| baill | members | sular | before |
| conradh | contract | shínigh siad le | they signed with |
| d'eisigh siad | they released | tionchar | influence |
| stíleanna éagsúla | various styles | tréimhse | period of time |

### Cleachtadh ag scríobh
#### Ceisteanna

1. Ainmnigh baill an bhanna (*members of the group*) ceoil 'The Killers'.
2. Conas a bhunaigh siad an banna ceoil?
3. Cár bhain siad cáil amach ar dtús?
4. Ainmnigh na bannaí a bhí mar inspioráid do Keuning.
5. Céard a chuireann go mór le ceol 'The Killers', dar le húdar an tsleachta?

## Léamhthuiscint 16
### Lindsay Lohan

**Léigh an sliocht seo a leanas agus freagair na ceisteanna ar fad a ghabhann leis.**

Is **amhránaí** agus aisteoir í Lindsay Lohan ach is dócha go bhfuil aithne níos fearr ag roinnt daoine uirthi mar dhuine a bhíonn **de shíor** le feiceáil in irisí agus nuachtáin de bharr conspóide. Bíonn na paparazzi ar a tóir **gan stad gan staonadh** agus is dócha go gcuirfeadh saol mar sin **an-bhrú** ar dhuine ar bith. Thosaigh Lindsay ag obair **mar mhainicín** nuair nach raibh sí ach trí bliana d'aois. In aois a haon bhliain déag di bhí an phríomhpháirt aici sa scannán Disney *The Parent Trap*.

Bhain sí clú domhanda amach leis na rólanna a bhí aici sna scannáin *Freaky Friday*, *Mean Girls* agus *Herbie Fully Loaded*. **Bhí an chuma ar an scéal** go leanfadh an rath sin ar aghaidh ach bhí fadhbanna ag Lohan leis an alcól agus bhí uirthi tamall a chaitheamh san ospidéal. Ar ámharaí an tsaoil tá saol Lohan **ag dul i bhfeabhas** agus tá sí ag canadh agus ag aisteoireacht arís. Le cúnamh Dé éireoidh go geal léi **sa todhchaí**.

### Cabhair!
### Le foghlaim

| | | | |
|---|---|---|---|
| amhránaí | singer | de shíor | always, constantly |
| gan stad gan staonadh | without stop | an-bhrú | great pressure |
| mar mhainicín | as a model | bhí an chuma ar an scéal | it appeared |
| ag dul i bhfeabhas | improving | sa todhchaí | in the future |

## Cleachtadh ag scríobh

### Ceisteanna

1. Conas is fearr aithne ag daoine ar Lindsay Lohan?
2. Cé a bhíonn ar a tóir gan stad gan staonadh?
3. Cén aois a bhí sí nuair a thosaigh sí ag obair mar mhainicín?
4. Ainmnigh na scannáin a raibh sí páirteach iontu.
5. Cén saghas fadhbanna (*type of problems*) a bhí aici nuair a d'éirigh sí an-cháiliúil?

**Téigh chuig Aonad a Trí agus Aonad a Ceathair chun níos mó giotaí léamhthuisceana a dhéanamh.**

# Aonad a Seacht — An Léamhthuiscint

## Léamhthuiscint 17
### Cócaire cáiliúil Jamie Oliver

Léigh an sliocht seo a leanas agus freagair na ceisteanna ar fad a ghabhann leis.

Rugadh Jamie Oliver sa bhliain 1974 i Sasana. Bhí **teach tábhairne** ag a thuismitheoirí agus ba ansin a thosaigh sé ag cócaireacht. Tá dyslexia ar Jamie agus d'fhág sé an scoil gan aon **cháilíocht** le freastal ar Choláiste **Lónadóireachta** Westminster. Fuair sé a chéad phost mar **chócaire taosráin** ag bialann Antonio Carluccio. D'fhoghlaim sé go leor faoi bhia Iodálach ansin. Nuair a bhí sé ag obair sa bhialann **cháiliúil** *The River Café* tháinig criú scannáin isteach sa chistin ón BBC.

Rinne Jamie cócaireacht ar an gclár teilifíse sin agus d'éirigh thar barr leis. Chuaigh sé chomh mór sin i bhfeidhm ar dhéantóirí an chláir gur **thairg an BBC** a chlár féin dó. Thosaigh an clár go gairid ina dhiaidh sin agus bhí sé an-**rathúil**. *The Naked Chef* an t-ainm a bhí air. **D'fhoilsigh Jamie** leabhar cócaireachta leis an teideal céanna an bhliain sin agus chuaigh sé go barr na gcairteacha sa Bhreatain. Tá Jamie pósta leis an **mainicín** Jools agus tá triúr páistí acu. Is cinnte gur fear flaithiúil é Jamie mar d'oscail sé bialann le gairid ina g**cuireann sé traenáil ar fáil** do dhaoine óga ó cheantair atá **faoi mhíbhuntáiste** nó daoine óga le fadhbanna éagsúla. *Fifteen* an t-ainm atá ar an m**bialann** agus tá trí cinn eile oscailte aige taobh amuigh de Shasana.

### Cabhair! Le foghlaim

| | | | |
|---|---|---|---|
| teach tábhairne | pub | cáilíocht | qualification |
| lónadóireacht | catering | cócaire taosráin | pastry chef |
| cáiliúil | famous | thairg an BBC | the BBC offered |
| rathúil | successful | d'fhoilsigh Jamie | Jamie published |
| mainicín | model | cuireann sé traenáil ar fáil | he provides training |
| faoi mhíbhuntáiste | disadvantaged | bialann | restaurant |

## Cleachtadh ag scríobh

### Ceisteanna

1. Cár thosaigh Jamie ag cócaireacht ar dtús?
2. Cén fáth ar fhág Jamie an scoil gan aon cháilíocht (*without any qualification*)?
3. Conas a fuair Jamie a chlár féin ar an BBC?
4. Cén post atá aige faoi láthair?
5. Conas is eol dúinn (*how do we know*) gur fear flaithiúil é Jamie?

# Léamhthuiscint 18
## Ryan Tubridy

**Léigh an sliocht seo a leanas agus freagair na ceisteanna ar fad a ghabhann leis.**

Is **láithreoir teilifíse** agus raidió é Ryan Tubridy. Rugadh agus tógadh é i ndeisceart Bhaile Átha Cliath. Thosaigh sé **ag craoltóireacht** nuair nach raibh sé ach dhá bhliain déag d'aois ar Raidió 2. Iarradh air **cíoradh a dhéanamh** ar leabhair éagsúla don stáisiún sin. **Bhain sé céim amach** i gColáiste na hOllscoile, Baile Átha Cliath, agus ansin chuaigh sé ag obair le RTÉ go **lánaimseartha**. D'oibrigh sé ar dtús ar chlár Gerry Ryan agus ansin fuair sé post mar **thuairisceoir** ar chlár Pat Kenny ina dhiaidh sin.

Fuair sé a chlár féin ar 2FM trí bliana **níos déanaí**. Is láithreoir é ar an seó **is cáiliúla** in Éirinn anois ar an gclár teilifís The Late Late Show. **Tá sé ráite** ag Tubridy go bhfuil an-suim aige sa stair agus bhí sé **mar aoi** ar an gclár 'Who do you think you are?'. Is clár é seo ina ndéantar anailís ar **chúlra** duine cháiliúil agus foghlaimíonn an duine faoina **oidhreacht** idir mhaith agus olc. Tá sé ar intinn ag Tubridy leabhar a scríobh ar an gclann cháiliúil Muintir Chinnéide chomh maith. Is cinnte gur fear **siamsúil** agus **suimiúil** é Tubridy.

### Cabhair!
### Le foghlaim

| | | | |
|---|---|---|---|
| láithreoir teilifíse | television presenter | ag craoltóireacht | broadcasting |
| cíoradh a dhéanamh | to analyse | bhain sé céim amach | he got a degree |
| lánaimseartha | full-time | tuairisceoir | reporter |
| níos déanaí | later | is cáiliúla | most famous |
| tá sé ráite | it has been said | mar aoi | as a guest |
| cúlra | background | oidhreacht | heritage |
| siamsúil | entertaining | suimiúil | interesting |

## Cleachtadh ag scríobh

### Ceisteanna

1. Cár rugadh agus tógadh Ryan?
2. Cérbh é an chéad phost a bhí aige?
3. Cén saghas poist a bhí aige ar chlár Pat Kenny?
4. Cén post atá aige faoi láthair?
5. Conas atá a fhios againn go bhfuil suim aige sa stair?

Téigh chuig Aonad a Trí agus Aonad a Ceathair chun níos mó giotaí léamhthuisceana a dhéanamh.

# Aonad a Seacht — An Léamhthuiscint

## Léamhthuiscint 19
### An comórtas amhránaíochta is luachmhaire ar domhan

Léigh an sliocht seo a leanas agus freagair na ceisteanna ar fad a ghabhann leis.

Is **comórtas amhránaíochta** é *The X Factor* a chraoltar i Sasana. Cuirtear **trialacha** ar fáil don phobal agus **má éiríonn leo** is é an duais don bhuaiteoir ná **conradh taifeadta** de luach £1 milliún. Bíonn an comórtas go mór i mbéal an phobail gach bliain. Bíonn lucht féachana **an-dílis** ag an gclár agus tagann méadú ar an líon go háirithe don chlár ceannais. Bíonn thart ar 14 milliún de lucht féachana ag an gclár sin sa Bhreatain. Ag tús an chomórtais, taispeántar na hamhránaithe ó na trialacha **idir mhaith agus olc**.

Níos minice ná a mhalairt bíonn siad go han-dona ag an bpointe seo! De réir mar a leanann an clár ar aghaidh éiríonn líon na n-amhránaithe níos lú agus tagann méadú ar an tallann. Bíonn ceathrar moltóirí ar an gclár agus tugann siad treoir agus **cúnamh** d'amhranaí amháin. Ba iad Shane Ward, Leona Lewis, Leon Jackson agus Alexandra Burke na **buaiteoirí** éagsúla thar na blianta. Is clár an-siamsúil é gan dabht agus tá **éileamh** air i dtíortha difriúla timpeall an domhain. Tá an clár le feiceáil ní hamháin sa Bhreatain ach **sa Danmhairg** agus **san Ísiltír**, chomh maith leis **an Iodáil**, an Spáinn, **an Cholóim**, an Phortaingéil agus **an Ind**.

### Cabhair!
### Le foghlaim

| | | | |
|---|---|---|---|
| comórtas amhránaíochta | singing competition | trialacha | auditions |
| má éiríonn leo | if they succeed | conradh taifeadta | recording contract |
| an-dílis | very loyal | idir mhaith agus olc | both good and bad |
| cúnamh | help | buaiteoirí | winners |
| éileamh | demand | sa Danmhairg | in Denmark |
| san Ísiltír | in the Netherlands | an Iodáil | Italy |
| an Cholóim | Colombia | an Ind | India |

## Cleachtadh ag scríobh

**Ceisteanna**

1. Céard é an duais sa chomórtas *The X Factor*?
2. Breac síos dhá phointe ón téacs a léiríonn go bhfuil an clár seo rathúil (*successful*).
3. Cén saghas caighdeáin a thaispeántar ag tús an chláir?
4. Cén obair a dhéanann na moltóirí (*judges*)?
5. Ainmnigh na tíortha éagsúla ina mbíonn an clár le feiceáil.

## Léamhthuiscint 20
### Fondúireacht Michael Phelps
**Léigh an sliocht seo a leanas agus freagair na ceisteanna ar fad a ghabhann leis.**

Is snámhóir iontach rathúil é Michael Phelps. Rugadh é sa bhliain 1985 i Meiriceá. Go dtí seo tá sé **bhonn** déag buaite aige sna Cluichí Oilimpeacha. Bhuaigh sé ocht mbonn óir i mBeijing sa tSín, **éacht** nár tharla ach uair amháin roimhe sin d'fhear ón Rúis darbh ainm Alexander Dityian.

Bhuaigh Phelps an **duais dhomhanda** do 'Shnámhóir na Bliana' sé huaire. Maítear go d**tuilleann sé** $5 milliún as an **urraíocht** a fhaigheann sé. **Bhronn** an **comhlacht** *Speedo* $1 milliún air nuair a bhuaigh sé na boinn óir ar fad sa tSín. Leis an airgead sin bhunaigh sé **Fondúireacht** Michael Phelps. Cabhraíonn an fhondúireacht leis an snámh a chur chun cinn i measc páistí. Oibríonn an fhondúireacht le béim a chur **ar shábháilteacht san uisce** chomh maith. Is cinnte go bhfeicfimid ainm an fhir seo go minic arís **sa todhchaí**.

### Cabhair!
### Le foghlaim

| | |
|---|---|
| bonn ............................... medal | éacht ..................... great feat / great action |
| duais dhomhanda ............ world prize | tuilleann sé ............... he earns |
| urraíocht ......................... sponsorship | bhronn ..................... awarded |
| comhlacht ....................... company | fondúireacht ............. foundation |
| ar shábháilteacht san uisce .... on safety in the water | sa todhchaí ............... in the future |

## Cleachtadh ag scríobh

### Ceisteanna

1. Cár rugadh an snámhóir rathúil (*successful swimmer*) Michael Phelps?
2. Cé mhéad bonn óir a bhuaigh sé sa tSín?
3. Cén duais dhomhanda (*world prize*) a bhuaigh sé sé huaire?
4. Conas a thuilleann sé airgead?
5. Céard a dhéanann Fondúireacht (*foundation*) Michael Phelps?

**Téigh chuig Aonad a Trí agus Aonad a Ceathair chun níos mó giotaí léamhthuisceana a dhéanamh.**

Aonad a hOcht — An Scrúdú Cainte

# An Scrúdú Cainte

## Clár

**Treoir don Scrúdú** .................................................................................................. 312

**Fáilte** ............................................................................................................................ 313

**Beannú** ........................................................................................................................ 314

**Filíocht** ......................................................................................................................... 315

**Ceisteanna san Aimsir Chaite** ............................................................................ 316

**An Comhrá** ................................................................................................................ 316

### Mé Féin agus Mo Theaghlach
An teaghlach; Cén aois í/é …?; Mo shúile agus mo chuid gruaige;
An réitíonn tú le …?; Tréithe; Inis dom faoi; Labhair amach! ...................... 317

### Mo Theach agus M'Áit Chónaithe
Tá mé i mo chónaí …; Mo thuairim faoi m'áit chónaithe; Mo theach;
Mo chomharsana (my neighbours); Ag glanadh an tí;
Áiseanna do dhaoine óga sa cheantar; Na siopaí sa cheantar;
Labhair amach! ......................................................................................................... 324

### An Scoil
Tá mé ag freastal ar …; Déan cur síos ar an scoil; Áiseanna na scoile;
Áiseanna spóirt sa scoil; Éide scoile; Atmaisféar na scoile; Ábhair scoile;
Cén t-ábhar is fearr leat?; An lá scoile; An idirbhliain; Mo laethanta scoile;
Labhair amach!; Ag cur síos ar do shaol scoile ................................................ 333

# An Scrúdú Cainte — Aonad a hOcht

## An Coláiste, Post Páirtaimseartha
**Ba mhaith liom …; An bhliain seo chugainn; Cén post ar mhaith leat?;
Post páirtaimseartha; Labhair amach!** ........................................... 347

## Laethanta Saoire
**An samhradh seo caite; An samhradh seo chugainn** ........................ 353

## Caitheamh Aimsire
**Do chaitheamh aimsire; An grúpa ceoil is fearr leat** ........................ 355

## Ceisteanna san Aimsir Láithreach
**Céard a dhéanann tú gach maidin?;
Céard a dhéanann tú ag an deireadh seachtaine?** ........................... 358

## An Modh Coinníollach ........................................... 361

## An tSraith Pictiúr ........................................... 363

# Aonad a hOcht — An Scrúdú Cainte

## Treoir don Scrúdú

- The oral examination will last for 13–15 minutes.
- It is worth 40% of the Irish exam.
- Prepare thoroughly for the exam, using the notes in this unit as well as the notes in Units 3 and 4.
- The oral exam is divided into four sections:
  - the greeting
  - the poetry reading
  - the series of pictures
  - the conversation
- Use Units 3 and 4 to prepare for the general conversation and the series of pictures.
- Use the grammar section of this book to study the tenses and prepare for specific questions.
- Use a notebook to prepare your own answers to all of the sample questions provided in this book.
- Try to appear lively and interested; your personality is important in any interview and it is extremely important in the oral Irish examination.

Tá nótaí ar an nGaeltacht ar lgh 149 agus 272–274.

### Aonad a Trí

- Áit chónaithe, lgh 136–144
- Na séasúir agus an aimsir, lgh 145–148
- Caitheamh aimsire, lgh 150–155
- Cairde, lgh 156–160
- Spórt, lgh 161–165
- Mo shaol ar scoil, lgh 166–170
- Mo shaol sa todhchaí, lgh 172–174
- An brú atá ar dhaoine óga sa lá atá inniu ann, lgh 175–177
- Na fadhbanna (deacrachtaí) a bhíonn ag daoine óga in Éirinn sa lá atá inniu, lgh 178–181

Téigh siar ar na leathanaigh in Aonad a Trí mar chabhair don scrúdú cainte.

### Aonad a Ceathair

- Cuairt ar an bhfiaclóir, lgh 195–199
- Nuair a bhí mé tinn, lgh 200–201
- Timpiste ar an mbóthar, lgh 203–205
- Gadaí sa teach, lgh 208–210
- Rothar ar iarraidh, lch 211
- Geit a baineadh asam, lgh 212–213
- Ceolchoirm, lgh 214–216
- Eachtra sa scoil, lgh 218–219
- Turas thar lear, lgh 222–224
- Duais a bhuaigh mé, lgh 226–227
- Post páirtaimseartha, lgh 228–230
- Cluiche a chonaic mé, lgh 232–234

Téigh siar ar na leathanaigh in Aonad a Ceathair le sraith pictiúr.

## An Scrúdú Cainte — Aonad a hOcht

# Fáilte

**Beidh ort an t-eolas seo a thabhairt don scrúdaitheoir nuair a théann tú isteach sa scrúdú cainte. Gheobhaidh tú cúig mharc nuair a thugann tú an t-eolas don scrúdaitheoir.**

1. Ainm
2. Aois
3. Seoladh
4. Dáta breithe
5. Scrúduimhir

### Sampla 1
1. Máire Ní Cheallaigh is ainm dom.
2. Tá mé ocht mbliana déag d'aois.
3. Rugadh mé ar an dara lá de mhí an Mhárta míle naoi gcéad nócha is a trí.
4. Tá mé i mo chónaí in uimhir a haon, Sráid na Strapaí, Cluain Tarbh, Baile Átha Cliath a trí.
5. A haon, a trí, a cúig a seacht, a hocht, a ceathair an scrúduimhir atá agam.

### Sampla 2
1. Eoin Ó Murchú an t-ainm atá orm.
2. Tá mé naoi mbliana déag d'aois.
3. Rugadh mé ar an gcúigiú lá de mhí na Samhna míle naoi gcéad nócha ceathair.
4. Cónaím san Abhainn Dhubh, Contae Loch Garman.
5. A trí, a seacht, a naoi, a cúig, a dó an scrúduimhir atá agam.

### Sampla 3
1. Ailbhe Ní Loinsigh an t-ainm atá orm.
2. Tá mé ocht mbliana déag d'aois.
3. Rugadh mé ar an gceathrú lá de mhí Lúnasa míle naoi gcéad nócha cúig.
4. Cónaím ar Shráid na Siopaí i Sligeach.
5. A naoi, a haon, a seacht, a dó a hocht an scrúduimhir atá agam.

| Ainm | |
|---|---|
| Aois | |
| Dáta breithe | |
| Seoladh | |
| Scrúduimhir | |

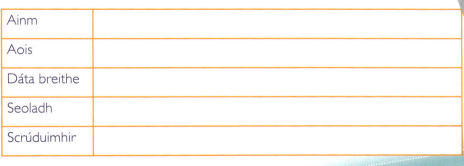

# Aonad a hOcht — An Scrúdú Cainte

## Beannú

 **06**

**Éist leis an dlúthdhiosca.**

- Nuair a théann tú isteach sa scrúdú cainte ná bí neirbhíseach.
- Cuirfidh an scrúdaitheoir fáilte romhat agus iarrfaidh an scrúdaitheoir ort an rolla a shíniú. Ina dhiaidh sin beidh ort dán a léamh os ard.
- Ansin tosóidh an comhrá. Éist leis na ceisteanna agus na freagraí samplacha agus déan cleachtadh ar na ceisteanna san aonad ar an scrúdú cainte.
- Déan iarracht a bheith cairdiúil agus beomhar sa scrúdú cainte.

**Scrúdaitheoir:** Dia duit. Tar isteach agus suigh síos. Cén t-ainm atá ort? Sínigh an rolla, más é do thoil é.
*Hello, come in and sit down. What is your name? Sign the roll, please.*

**Nó**

Dia duit. Tá fáilte romhat isteach. Ní gá a bheith neirbhíseach anois. Suigh síos agus inis dom cén t-ainm atá ort. An féidir leat an rolla a shíniú, más é do thoil é?
*Hello, you are welcome. There is no need to be nervous. Sit down and tell me your name. Could you sign the roll, please?*

**Dalta:** Dia is Muire duit. Go raibh maith agat. Seán Ó Ceallaigh is ainm domsa.
*Hello. Thank you. Seán Ó Ceallaigh is my name.*

**Scrúdaitheoir:** Cén chaoi a bhfuil tú?
*How are you?*

**Dalta:** Tá mé go hiontach, go raibh maith agat. Cén chaoi a bhfuil tú féin?
*I am wonderful, thank you. How are you?*

**Scrúdaitheoir:** Conas atá tú inniu?
*How are you today?*

**Dalta:** Tá mé an-neirbhíseach.
*I'm very nervous.*

**Scrúdaitheoir:** Cén t-ainm atá ort?
*What is your name?*

**Dalta:** Cormac Ó Laoire is ainm dom.
*Cormac Ó Laoire is my name.*

# Filíocht

**Éist leis an dlúthdhiosca.**

 **01**

'Géibheann' le Caitlín Maude, lch 2.

 **02**

'Colscaradh' le Pádraig Mac Suibhne, lch 11.

 **03**

'Mo Ghrá-sa (idir lúibíní)' le Nuala Ní Dhomhnaill, lch 19.

 **04**

'An Spailpín Fánach', File Anaithnid, lch 28.

 **05**

'An tEarrach Thiar' le Máirtín Ó Direáin, lch 37.

## Aonad a hOcht — An Scrúdú Cainte

# Ceisteanna san Aimsir Chaite

**Cabhair!**
**Le foghlaim**

| Ceist | | Freagra | |
|---|---|---|---|
| an ndeachaigh tú? | did you go? | chuaigh mé | ní dheachaigh mé |
| an raibh tú? | were you? | bhí mé | ní raibh mé |
| an bhfaca tú? | did you see? | chonaic mé | ní fhaca mé |
| ar chuala tú? | did you hear? | chuala mé | níor chuala mé |
| an bhfuair tú? | did you get? | fuair mé | ní bhfuair mé |
| ar thug tú? | did you give? | thug mé | níor thug mé |
| ar thóg tú? | did you take? | thóg mé | níor thóg mé |
| ar imir tú? | did you play? | d'imir mé | níor imir mé |
| ar cheannaigh tú? | did you buy? | cheannaigh mé | níor cheannaigh mé |
| ar fhéach tú? | did you watch? | d'fhéach mé | níor fhéach mé |
| an ndearna tú? | did you do / make? | rinne mé | ní dhearna mé |
| ar dhúisigh tú? | did you wake? | dhúisigh mé | níor dhúisigh mé |
| ar léigh tú? | did you read? | léigh mé | níor léigh mé |

Téigh chuig lch 400 chun níos mó oibre a dhéanamh ar an aimsir chaite.

Cuir ceisteanna ar do chara sa rang bunaithe ar na ceisteanna thuas.

**Sampla**
Ceist:     An ndeachaigh tú chuig an bpictiúrlann le déanaí?
Freagra:   Chuaigh mé / ní dheachaigh mé.

# An Comhrá

**Ullmhaigh na ceisteanna thíos agus scríobh na freagraí i do chóipleabhar.**

1. Inis dom fút féin.
2. Cén aois thú?
3. Cé atá sa teaghlach?
4. Déan cur síos ort féin.
5. Cén saghas duine thú?
6. Cén dath atá ar do shúile agus ar do chuid gruaige?
7. An réitíonn tú go maith le do dhearthaireacha / do dheirfiúracha?
8. An réitíonn tú go maith le do thuismitheoirí?

An Scrúdú Cainte — Aonad a hOcht

# Mé Féin agus Mo Theaghlach

## An teaghlach

**Cabhair! Le foghlaim**

| | | | |
|---|---|---|---|
| is mise Jeaic | I am Jeaic | Clíona an t-ainm atá orm | Clíona is my name |
| an páiste is óige sa teaghlach | the youngest in the family | an duine is sine sa teaghlach | the eldest in the family |
| i lár na clainne | in the middle of the family | is páiste aonair mé | I am an only child |
| | | deirfiúr | sister |
| | | uncail | uncle |
| deartháir | brother | leasmháthair | stepmother |
| aintín | aunt | leasdeirfiúr | stepsister |
| leasathair | stepfather | daideo | grandfather |
| leasdeartháir | stepbrother | | |
| mamó | grandmother | | |

 **07**

**Ceist:** Cé atá sa teaghlach?

**Freagra samplach 1:** **Is páiste aonair mé** agus cónaím le mo thuismitheoirí ar imeall na cathrach.

**Freagra samplach 2:** Tá ceathrar sa teaghlach. Is mise **an páiste is óige sa teaghlach**. Tá **deartháir** amháin agam atá níos sine ná mé.

 **Cabhair! Le foghlaim**

| | | |
|---|---|---|
| duine | cúigear | naonúr |
| beirt | seisear | deichniúr |
| triúr | seachtar | aon duine dhéag |
| ceathrar | ochtar | dáréag |

**Ceist:** Cé mhéad duine atá sa teaghlach?

**Freagra samplach 1:** Tá **seisear** sa teaghlach.
**Freagra samplach 2:** Tá **ceathrar** sa teaghlach.
**Freagra samplach 3:** Tá **seachtar** sa teaghlach.

**Ceist:** Cé mhéad deartháireacha agus deirfiúracha atá agat?

**Freagra samplach 1:** Tá **beirt** deartháireacha agus deirfiúr amháin agam.
**Freagra samplach 2:** Tá **triúr** deartháireacha agus beirt deirfiúracha agam.
**Freagra samplach 3:** Níl aon deartháireacha ná deirfiúracha agam.

 **Anois freagair na ceisteanna thíos i do chóipleabhar.**

1. Cé mhéad deartháir agus deirfiúr atá agat?
2. Cé mhéad atá sa teaghlach?
3. Cé atá sa teaghlach?

# Aonad a hOcht — An Scrúdú Cainte

## Cén aois í/é …?

**Cabhair!**
**Le foghlaim**

**Mo Bhreithlá**
Léigh na nótaí ar an ábhar seo ar lgh 275–277.

| | |
|---|---|
| bliain d'aois ............................ one year old | aon bhliain déag d'aois ............. eleven years old |
| dhá bhliain d'aois ............... two years old | dhá bhliain déag d'aois ............. twelve years old |
| trí bliana d'aois ................... three years old | trí bliana déag d'aois .................. thirteen years old |
| ceithre bliana d'aois ......... four years old | ceithre bliana déag d'aois ........ fourteen years old |
| cúig bliana d'aois ................ five years old | cúig bliana déag d'aois ............... fifteen years old |
| sé bliana d'aois .................... six years old | sé bliana déag d'aois .................. sixteen years old |
| seacht mbliana d'aois ...... seven years old | seacht mbliana déag d'aois ..... seventeen years old |
| ocht mbliana d'aois .......... eight years old | ocht mbliana déag d'aois ......... eighteen years old |
| naoi mbliana d'aois ........... nine years old | naoi mbliana déag d'aois .......... nineteen years old |
| deich mbliana d'aois ........ ten years old | fiche bliain d'aois ....................... twenty years old |

**Ceist: Cén aois do deartháireacha?**

Freagra samplach: Tá mo dheartháir Eoin **dhá bhliain déag d'aois** agus tá mo dheartháir Pádraig **cúig bliana déag d'aois**.

**Ceist: Cén aois do dheirfiúr?**

Freagra samplach: Tá mo dheirfiúr Hannah **seacht mbliana déag d'aois**.

**Ceist: Cén aois thú?**

Freagra samplach: Tá mé **ocht mbliana déag d'aois**.

**Anois freagair na ceisteanna thíos i do chóipleabhar.**

1. Cén aois í do dheirfiúr?
2. Cén aois é do dheartháir?
3. Cén aois thú féin?

## An Scrúdú Cainte — Aonad a hOcht

## Mo shúile agus mo chuid gruaige

 **Cabhair! Le foghlaim**

Téigh chuig lch 450 chun níos mó oibre a dhéanamh ar na forainmneacha réamhfhoclacha.

| | |
|---|---|
| Tá gruaig chatach dhubh orm | I have black, curly hair |
| Tá gruaig ghearr fhionn orm | I have short, blond hair |
| Tá gruaig dhonn orm | I have brown hair |
| Tá dath gorm ar mo shúile | My eyes are blue |
| Tá dath glas ar mo shúile | My eyes are green |

| | |
|---|---|
| orm | orainn |
| ort | oraibh |
| air / uirthi | orthu |

**Ceist:** Cén dath atá ar do shúile?

Freagra samplach 1: Tá dath gorm ar mo shúile.
Freagra samplach 2: Tá dath donn ar mo shúile.

**Ceist:** Cén dath atá ar do chuid gruaige?

Freagra samplach 1: Tá dath fionn ar mo chuid gruaige.
Freagra samplach 2: Tá gruaig fhionn orm.

 Anois freagair na ceisteanna thíos i do chóipleabhar.

1. Cén dath atá ar do shúile?
2. Cén dath atá ar do chuid gruaige?

# Aonad a hOcht — An Scrúdú Cainte

## An réitíonn tú le …?

**Cabhair!**
**Le foghlaim**

| | |
|---|---|
| ag tathaint orm……………nagging mé | a lán tacaíochta dom………a lot of support to me |
| neamhspleáchas…………independence | saoirse………………………freedom |
| tuisceanach………………understanding | foighneach…………………patient |

**09** **Ceist: An réitíonn tú go maith le do thuismitheoirí?**

Freagra samplach: Réitím go maith le mo thuismitheoirí. Tá siad **tuisceanach** agus **foighneach** agus tugann siad a lán **saoirse** dom. Ag an deireadh seachtaine tugann siad airgead dom agus téim chuig an bpictiúrlann le mo chairde.

**09** **Ceist: An réitíonn tú go maith le do dheartháir?**

Freagra samplach:
Ní réitím go maith le mo dheartháir Seán. Tá sé níos óige ná mé agus déanann sé a lán torainn timpeall an tí nuair atá mé ag déanamh mo chuid obair bhaile. Tagann sé isteach i mo sheomra leapa freisin agus tógann sé mo dhlúthdhioscaí go minic.

**09** **Ceist: An réitíonn tú go maith le do dheirfiúr?**

Freagra samplach: Ní réitím go maith le mo dheirfiúr. Tagann sí isteach lena cairde agus féachann siad ar an teilifís. Bíonn orm aire a thabhairt di nuair a théann mo thuismitheoirí amach. Bíonn argóintí idir an bheirt againn go minic.

**Anois freagair na ceisteanna thíos i do chóipleabhar.**

1. An réitíonn tú go maith le do thuismitheoirí?
2. An réitíonn tú go maith le do dheartháir?
3. An réitíonn tú go maith le do dheirfiúr?

# An Scrúdú Cainte — Aonad a hOcht

## Tréithe

**Déan cur síos ar do chara. Léigh na nótaí ar lgh 157–160.**

**Cabhair! Le foghlaim**

| | |
|---|---|
| áthasach........................happy | neamhspleách..........independent |
| cainteach......................chatty | foighneach.................patient |
| cancrach.......................cranky | spórtúil.........................sporty |
| beomhar.......................lively | leisciúil..........................lazy |

### 10

**Ceist: Cén saghas duine tú, a Shiobhán?**

Freagra samplach 1: Is duine gealgháireach, neamhspleách mé.
I am a happy, independent person.

Freagra samplach 2: Is duine mífhoighneach, cancrach mé nuair a bhíonn orm a lán staidéir a dhéanamh.
I am an impatient, cranky person when I have a lot of study to do.

**Anois freagair na ceisteanna thíos i do chóipleabhar.**

1. Cén saghas duine thú?
2. Cén saghas duine é do dhearthair?
3. Cén saghas duine í do dheirfiúr?
4. Déan cur síos ar do chara.

# Aonad a hOcht — An Scrúdú Cainte

## Inis dom faoi…

**Cabhair! Le foghlaim**

| | | | |
|---|---|---|---|
| mo bhreithlá | my birthday | fionn | fair (hair) |
| spórtúil | sporty | beomhar | lively |
| níos óige | younger | réitím go maith leis | I get on well with him |
| ard agus tanaí | tall and thin | tá gruaig fhada dhubh orm | I have long, black hair |
| léitheoireacht | reading | gach saghas spóirt | every type of sport |
| is páiste aonair mé | I am an only child | fiaclóir | dentist |
| saoirse | freedom | réitím go maith leo | I get on well with them |
| sa bhunscoil | in primary school | rúnaí | secretary |

 **11** **Ceist:** Inis dom fút féin.

**Freagra samplach:** Dia duit. Is mise Cormac Ó Laoire. Tá mé naoi mbliana déag d'aois. Bhí **mo bhreithlá** ar an dara lá de Mhárta. Tá mé naoi mbliana déag d'aois anois. Tá mo shúile gorm agus tá dath **fionn** ar mo chuid gruaige. Is duine **spórtúil, beomhar** mé. Tá deartháir amháin agam. Seán an t-ainm atá air. Tá sé **níos óige** ná mé. **Réitím go maith leis** de ghnáth.

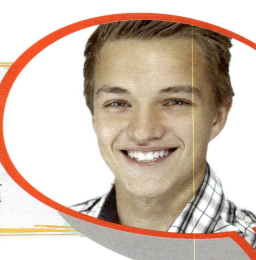

 **12** **Ceist:** Inis dom mar gheall ort féin.

**Freagra samplach:** Eilís Ní Scanláin an t-ainm atá orm. Tá mé ocht mbliana déag d'aois. Tá mé **ard agus tanaí**. Dath donn atá ar mo shúile agus **tá gruaig dhubh fhada orm**. Tá a lán cairde agam ar scoil agus sa bhaile agus is aoibhinn liom **léitheoireacht** agus ag imirt **gach saghas spóirt**. **Is páiste aonair mé**. Niall an t-ainm atá ar mo Dhaid agus Úna an t-ainm atá ar mo Mham. Is **fiaclóir** é mo Dhaid agus is múinteoir í mo Mham. Tugann mo thuismitheoirí a lán **saoirse** dom agus **réitím go maith leo**.

## An Scrúdú Cainte — Aonad a hOcht

 **13** Ceist: Inis dom faoi do theaghlach.

> Freagra samplach: Tá ceathrar i mo theaghlach. Is mise an páiste is sine sa teaghlach. Tá deirfiúr amháin agam. Seóna an t-ainm atá uirthi. Tá sí ocht mbliana d'aois agus tá sí i rang a dó sa **bhunscoil**. Réitímid go maith le chéile agus téimid chuig an bpictiúrlann anois is arís. Clár an t-ainm atá ar mo Mham agus Seán an t-ainm atá ar mo Dhaid. Réitím go maith leo. Is **rúnaí** í mo Mham agus is Garda é mo Dhaid. Tá mo thuismitheoirí tuisceanach agus foighneach.

 **Labhair amach!**  Anois cuir na ceisteanna thíos ar do chara sa rang.

1. Cén t-ainm atá ort?
2. Cén aois thú?
3. Cén dath atá ar do chuid gruaige?
4. Cén dath atá ar do shúile?
5. Cén saghas duine tú?
6. Cé mhéad atá sa teaghlach?
7. An bhfuil aon deartháir nó deirfiúr agat?
8. An tusa an duine is óige nó an duine is sine sa teaghlach?
9. An réitíonn tú go maith le do dheartháir / dheirfiúr?
10. An réitíonn tú go maith le do thuismitheoirí?

 **Mo Bhreithlá**
Léigh na nótaí an ábhar seo ar lgh 275–277.

## Aonad a hOcht — An Scrúdú Cainte

# Mo Theach agus M'Áit Chónaithe

 **14**

Éist leis na ceisteanna agus na freagraí samplacha ar an dlúthdhiosca agus déan cleachtadh ar na ceisteanna sa téacsleabhar.

 Ullmhaigh na ceisteanna thíos agus scríobh na freagraí i do chóipleabhar.

1. Cá bhfuil tú i do chónaí?
2. Cén saghas tí atá agaibh?
3. Céard iad na seomraí atá sa teach?
4. Cén seomra is fearr leat sa teach?
5. An bhfuil do sheomra leapa féin agat?
6. An bhfuil comharsana deasa agaibh?
7. An gcabhraíonn tú le do thuismitheoirí sa chistin?
8. An gcabhraíonn tú le do thuismitheoirí an teach a ghlanadh?
9. Ainmnigh na háiseanna atá i do cheantar.
10. Céard iad na siopaí atá i do cheantar?
11. Céard a dhéanann daoine óga i do cheantar?

 **Áit Chónaithe**
Léigh na nótaí ar an ábhar seo ar lgh 136–140 agus na freagraí samplacha ar lgh 141–143.

# An Scrúdú Cainte — Aonad a hOcht

## Tá mé i mo chónaí…

**Cabhair!**
**Le foghlaim**

Téigh chuig lch 452 chun níos mó oibre a dhéanamh ar na forainmneacha réamhfhoclacha.

| liom | linn |
|------|------|
| leat | libh |
| leis / léi | leo |

|  |  |  |  |
|-------|---------|-------|---------|
| i lár na cathrach | in the city centre | i lár na tuaithe | in the middle of the countryside |
| sa bhaile mór | in the town | ar imeall na cathrach | on the outskirts of the city |
| i mbruachbhaile | in a suburb | faoin tuath | in the country |
| i sráidbhaile | in a village | sa chathair | in the city |

 **15**

**Ceist: Cá bhfuil tú i do chónaí?**

Freagra samplach 1:    Tá mé i mo chónaí **i mbruachbhaile** cathrach.
Freagra samplach 2:    Tá mé i mo chónaí **faoin tuath**.
Freagra samplach 3:    Cónaím **sa chathair**.

# Aonad a hOcht — An Scrúdú Cainte

## Mo thuairim faoi m'áit chónaithe

**Cabhair!**
**Le foghlaim**

| | |
|---|---|
| is aoibhinn liom | I love |
| taitníonn m'áit chónaithe go mór liom | I really like my area |
| tá a lán cairde agam sa cheantar | I have a lot of friends in the area |
| tá na daoine an-chairdiúil | the people are very friendly |
| is áit chiúin í | it is a quiet place |
| in aice láimhe | close by |
| ní maith liom | I don't like |
| tá a lán áiseanna i m'áit chónaithe | there are a lot of facilities in my area |
| tá na háiseanna spóirt sa cheantar go maith | the sports facilities in the area are good |
| tá a lán daoine óga ina gcónaí ann | there are a lot of young people living there |
| is áit shíochánta í | it is a peaceful place |
| níl faic sa sráidbhaile do dhéagóirí | there is nothing in the village for teenagers |

 **15** **Ceist: An maith leat d'áit chónaithe?**

Freagra samplach: **Is aoibhinn liom** m'áit chónaithe. Tá mo chairde ina gcónaí **in aice láimhe**.

 **15** **Ceist: Cén fáth a dtaitníonn d'áit chónaithe leat?**

Freagra samplach: Tá mo chairde ina gcónaí **in aice láimhe** agus tá na háiseanna go maith sa cheantar.

 **Anois freagair na ceisteanna thíos i do chóipleabhar.**

1. Cá bhfuil tú i do chónaí?
2. An maith leat d'áit chónaithe?
3. Cén fáth a dtaitníonn an ceantar leat?

**An Scrúdú Cainte** | **Aonad a hOcht**

# Mo theach

**Cabhair!
Le foghlaim**

| | | | |
|---|---|---|---|
| árasán | apartment | teach scoite | detached house |
| teach leathscoite | semi-detached house | teach sraithe | terraced house |
| an seomra suí | the sitting room | an seomra leapa | the bedroom |
| an chistin | the kitchen | an seomra bia | the dining room |
| an seomra teilifíse | the tv room | an seomra áise | the utility room |
| an seomra gréine | the sun room | áiléar | attic |
| ar thaobh an tí | at the side of the house | os comhair an tí | in front of the house |
| ar chúl an tí | behind the house | compordach | comfortable |

 **16**

**Ceist: Cén saghas tí atá agaibh?**

Freagra samplach: Tá **árasán** againn.

 **16**

**Ceist: Déan cur síos ar an árasán dom.**

Freagra samplach: Tá an t-árasán suite ar bhóthar ciúin ar imeall na cathrach. Is árasán mór é. Tá dhá sheomra leapa ann chomh maith le cistin agus seomra suí. Tá mo sheomra leapa féin agam agus éistim le ceol ann tar éis mo chuid obair bhaile a dhéanamh.

 **16**

**Ceist: Ainmnigh na seomraí atá sa teach.**

Freagra samplach: Thíos staighre tá cistin mhór, seomra suí agus seomra teilifíse agus thuas staighre tá ceithre sheomra leapa agus seomra folctha.

# Aonad a hOcht — An Scrúdú Cainte

 **16** **Ceist: Cén seomra is fearr leat sa teach?**

Freagra samplach: Is fearr liom mo sheomra leapa. Tá teilifís agam ann agus féachaim ar an teilifís nuair a bhíonn mo chuid obair scoile críochnaithe.

 **17** **Ceist: Cén saghas tí atá agat?**

Freagra samplach: Tá mé i mo chónaí i d**teach leathscoite** ar imeall na cathrach. Is teach deas **compordach** é. Thuas staighre tá trí sheomra leapa agus seomra folctha agus thíos staighre tá cistin, seomra suí agus seomra bia. Tá garáiste againn **ar thaobh an tí**. **Os comhair an tí** tá gairdín deas agus tá gairdín mór **ar chúl an tí**. Is aoibhinn le mo thuismitheoirí an gairdín.

 **Áit Chónaithe** Téigh siar ar na nótaí, ceisteanna agus freagraí samplacha in Aonad a Trí, lgh 136 agus 137.

## Mo chomharsana (my neighbours)

 **Cabhair! Le foghlaim**

| | | | |
|---|---|---|---|
| cairdiúil | friendly | cabhrach | helpful |
| seanbhean | an old woman | teaghlach le páistí óga | a family with young children |
| cancrach | cranky | go hálainn | lovely |
| ar dheis | on the right | ar chlé | on the left |

 **18** **Ceist: An bhfuil comharsana deasa agaibh?**

 Téigh siar ar an aidiacht shealbhach ar lch 393.

Freagra samplach: Cinnte, tá ár gcomharsana go hálainn. **Ar dheis** tá teaghlach le páistí óga agus **ar chlé** tá **seanbhean** a chónaíonn ina haonar.

# An Scrúdú Cainte — Aonad a hOcht

## Ag glanadh an tí

**Cabhair! Le foghlaim**

| | | | |
|---|---|---|---|
| is fuath liom obair tí | I hate housework | ním na soithí / gréithe | I wash the dishes |
| uaireanta | sometimes | anois is arís | now and then |
| leagaim an bord | I set the table | líonaim an miasniteoir | I fill the dishwasher |
| glanaim mo sheomra | I clean my room | scuabaim an t-urlár | I sweep the floor |
| chun an fhírinne a rá | to tell the truth | róghnóthach | too busy |

 **18**

**Ceist:** An gcabhraíonn tú sa teach?

**Freagra samplach:** **Chun an fhírinne a rá** ní chabhraím sa teach go minic. Bím ag staidéar an t-am ar fad agus tuigeann mo thuismitheoirí go bhfuil mé **róghnóthach**. Anois is arís **leagaim an bord** nó **ním na gréithe**.

 **18**

**Ceist:** An gcabhraíonn tú le do thuismitheoirí an teach a ghlanadh?

**Freagra samplach:** Ag an deireadh seachtaine **glanaim mo sheomra** agus cabhraím le mo Mham an tsiopadóireacht a dhéanamh san ollmhargadh. **Is fuath liom obair tí**.

**Téigh siar ar an aimsir láithreach ar lch 412.**

 Anois freagair na ceisteanna thíos i do chóipleabhar.

1. Cén saghas tí atá agaibh?
2. Ainmnigh na seomraí sa teach.
3. An bhfuil comharsana deasa agaibh?
4. An maith leat obair tí?
5. Céard a dhéanann tú chun cabhair a thabhairt do do thuismitheoirí timpeall an tí?

## Aonad a hOcht — An Scrúdú Cainte

## Áiseanna do dhaoine óga sa cheantar

**Cabhair! Le foghlaim**

| | | | |
|---|---|---|---|
| club óige | youth club | clubanna spóirt | sports clubs |
| club gailf | golf club | club leadóige | tennis club |
| páirc imeartha | playing pitch | Cumann Lúthchleas Gael | GAA |
| pictiúrlann | cinema | amharclann | theatre |
| teach tábhairne | pub | leabharlann | library |
| linn snámha | swimming pool | óstán | hotel |
| sármhaith | excellent | is iomaí áis | there are many facilities |
| caoga méadar | fifty metres | chomh maith le | as well as |

**19 Ceist:** Ainmnigh na háiseanna do dhéagóirí atá sa cheantar.

**Freagra samplach:** **Is iomaí áis** atá sa cheantar do dhéagóirí. Tá **clubanna spóirt** agus **pictiúrlann** sa cheantar chomh maith le **leabharlann** agus **linn snámha**.

**19 Ceist:** An bhfuil na háiseanna do dhaoine óga go maith i do cheantar?

**Freagra samplach:** Tá na háiseanna do dhaoine óga go hiontach. Tá **club leadóige** agus club peile sa cheantar **chomh maith le pictiúrlann** agus **linn snámha**.

**20 Ceist:** An bhfuil na háiseanna go maith do dhéagóirí sa cheantar?

**Freagra samplach:** Cinnte. Tá na háiseanna do dhéagóirí **sármhaith**. Sa cheantar tá a lán **clubanna spóirt**. Tá club peile agus iománaíochta chomh maith le **club gailf** agus club leadóige. Téann na daoine óga chuig an b**pictiúrlann** áitiúil agus is aoibhinn leis na daoine óga an **club óige** freisin. Tá linn snámha **caoga méadar** sa cheantar agus téann a lán déagóirí ann go minic.

# Na siopaí sa cheantar

**Cabhair! Le foghlaim**

| | | | |
|---|---|---|---|
| siopa nuachtán | newsagent | siopa poitigéara | pharmacy |
| oifig an phoist | post office | banc | bank |
| ollmhargadh | supermarket | siopa faisin | fashion boutique |
| gruagaire | hairdresser | siopa búistéara | butcher shop |
| siopa spóirt | sports shop | siopa leabhar | book shop |
| ionad siopadóireachta | shopping centre | siopaí éagsúla | various shops |

 **21**

**Ceist:** Céard iad na siopaí atá sa cheantar?

**Freagra samplach:** Is iad na siopaí atá sa cheantar ná **ollmhargadh**, **siopa nuachtán**, **siopa búistéara** agus **oifig an phoist**. Tá **ionad siopadóireachta** sa cheantar freisin agus tá **siopaí éagsúla** ann freisin.

 **21**

**Ceist:** An dtéann tú ag siopadóireacht go minic?

**Freagra samplach:** Téim ag siopadóireacht nuair a thugann mo thuismitheoirí airgead dom nó nuair a fhaighim airgead ar mo bhreithlá. Buailim le mo chairde agus faighimid an bus chuig lár na cathrach.

 **22**

**Ceist:** Ainmnigh na siopaí i do cheantar.

**Freagra samplach:** Bhuel tá a lán siopaí i mo cheantar. Tá **ionad siopadóireachta** gar do mo theach agus tá a lán **siopaí éagsúla** ann. Ar an gcéad urlár tá **siopa faisin**, **siopa spóirt** agus **siopa poitigéara**. Tá dhá **shiopa nuachtán** ann freisin chomh maith le bialann agus siopa bróg. Thuas staighre tá siopa fón, siopa seodóra agus cúpla siopa nuachtán. Tá **ollmhargadh** agus **siopa búistéara** san ionad siopadóireachta freisin. Téim ann ag an deireadh seachtaine le mo chairde.

# Aonad a hOcht — An Scrúdú Cainte

**Anois freagair na ceisteanna thíos i do chóipleabhar.**

1. Ainmnigh na háiseanna i do cheantar.
2. Céard iad na háiseanna do dhéagóirí atá sa cheantar?
3. An bhfuil siopaí i d'áit chónaithe? Céard iad?
4. An dtéann tú ag siopadóireacht go minic?

**Áit Chónaithe**

Téigh siar ar na nótaí, ceisteanna agus freagraí samplacha in Aonad a Trí, lgh 136 agus 137.

**Labhair amach!**

1. Cá bhfuil tú i do chónaí?
2. Cén saghas tí atá agaibh?
3. Céard iad na seomraí atá sa teach?
4. Cén seomra is fearr leat sa teach?
5. An bhfuil do sheomra leapa féin agat?
6. An bhfuil comharsana deasa agaibh?
7. An gcabhraíonn tú le do thuismitheoirí sa chistin?
8. An gcabhraíonn tú le do thuismitheoirí an teach a ghlanadh?
9. Ainmnigh na háiseanna atá i do cheantar.
10. Céard iad na siopaí atá i do cheantar?
11. Céard a dhéanann daoine óga i do cheantar?
12. An dtéann tú ag siopadóireacht go minic?

**Anois cuir na ceisteanna ar do chara sa rang.**

# An Scoil

 **23**

Éist leis na ceisteanna agus na freagraí samplacha ar an dlúthdhiosca agus déan cleachtadh ar na ceisteanna sa téacsleabhar.

 **An Scoil**
Téigh siar ar na nótaí agus na freagraí samplacha in Aonad a Trí, lgh 166–170.

 Ullmhaigh na ceisteanna thíos agus scríobh na freagraí i do chóipleabhar.

1. Cá bhfuil tú ag dul ar scoil?
2. Déan cur síos ar an scoil.
3. Céard iad na háiseanna atá sa scoil?
4. An bhfuil na háiseanna spóirt sa scoil go maith?
5. Ainmnigh an príomhoide agus an leas-phríomhoide.
6. An gcaitheann sibh éide scoile? Céard í?
7. Céard iad na rialacha sa scoil? An aontaíonn tú leo?
8. An bhfuil atmaisféar maith sa scoil?
9. An réitíonn na múinteoirí agus na daltaí go maith le chéile?
10. An bhfuil a lán cairde agat ar scoil?
11. Céard iad na hábhair a dhéanann tú ar scoil?
12. Cén t-ábhar is fearr leat? Cén fáth?
13. An bhfuil aon ábhar nach maith leat? Cén fáth?
14. An ndearna tú an idirbhliain? Ar thaitin an bhliain leat?
15. An ndeachaigh tú ar thuras scoile riamh?
16. Inis dom faoina ndéanann tú gach lá ar scoil.
17. Céard a dhéanann tú ag am lóin?
18. An mbeidh brón ort agus tú ag fágáil na scoile i mí an Mheithimh?
19. Ar thaitin do laethanta scoile leat?

# Aonad a hOcht — An Scrúdú Cainte

## Tá mé ag freastal ar…

**Cabhair!**
**Le foghlaim**

| | | | |
|---|---|---|---|
| pobalscoil | community school | meánscoil | secondary school |
| scoil chuimsitheach | comprehensive school | scoil chónaithe | boarding school |
| príomhoide | principal | leas-phríomhoide | deputy principal |
| freastalaím ar | I attend | táim ag freastal ar | I'm attending |

**24**

**Ceist: Cá bhfuil tú ag dul ar scoil?**

Freagra samplach 1:   Tá mé **ag freastal** ar Choláiste Phádraig.
Freagra samplach 2:   **Freastalaím ar** Phobalscoil Íosa.
Freagra samplach 3:   Is dalta mé i Meánscoil Mhuire.

**24**

**Ceist: Cén t-ainm atá ar phríomhoide na scoile?**

Freagra samplach 1:   An tUasal Ó Cinnéide an t-ainm atá ar an b**príomhoide**.
Freagra samplach 2:   Iníon Mhic Craith an t-ainm atá ar an bpríomhoide.

**24**

**Ceist: Cén saghas scoile í?**

Freagra samplach 1:
Is **scoil chuimsitheach** í.

Freagra samplach 2:
Is **meánscoil** í mo scoilse.

Freagra samplach 3:
Is **pobalscoil** í.

**Anois freagair na ceisteanna thíos i do chóipleabhar.**

1. Cá bhfuil tú ag dul ar scoil?
2. Cén t-ainm atá ar phríomhoide na scoile?
3. Cén t-ainm atá ar an leas-phríomhoide?
4. Cén saghas scoile í?

An Scrúdú Cainte | Aonad a hOcht

## Déan cur síos ar an scoil

**Cabhair!**
**Le foghlaim**

| | | | |
|---|---|---|---|
| gan amhras | without doubt | cinnte | certainly |
| is scoil bheag í | it is a small school | scoil mhór | it is a big school |
| ar dhá leibhéal | on two levels | tógadh an scoil | the school was built |
| is scoil sheanaimseartha í | it is an old-fashioned school | is scoil nua-aimseartha í | it is a modern school |

 **25** **Ceist: An scoil mhór í?**

Freagra samplach 1: **Gan amhras** ar bith is **scoil mhór** í. Tá thart ar ocht gcéad dalta ag freastal ar an scoil seo.

Freagra samplach 2: **Cinnte**, is scoil mhór í an scoil seo. Tá níos mó ná míle dalta ag freastal ar an scoil.

 **25** **Ceist: Inis dom faoin scoil.**

Freagra samplach 1: **Tógadh an scoil** daichead bliain ó shin agus mar sin **is scoil sheanaimseartha í**.

Freagra samplach 2: Is scoil mhór í a tógadh deich mbliana ó shin. Tá an scoil **ar dhá leibhéal** agus tá an chistin agus an saotharlann (laboratory) ar an dara leibhéal.

 **25** **Ceist: Cá bhfuil an scoil suite?**

**Anois freagair na ceisteanna thíos i do chóipleabhar.**

Freagra samplach 1: Tá an scoil suite ceithre mhíle ó Chathair Bhaile Átha Cliath.

Freagra samplach 2: Tá an scoil suite i sráidbhaile beag faoin tuath.

Freagra samplach 3: Tá an scoil suite ar imeall an bhaile.

Freagra samplach 4: Tá an scoil suite i mbruachbhaile cathrach.

1. An scoil mhór í?
2. Inis dom faoin scoil.
3. Cá bhfuil an scoil suite?

# Aonad a hOcht — An Scrúdú Cainte

## Áiseanna na scoile

**Cabhair! Le foghlaim**

| | | | |
|---|---|---|---|
| leabharlann | library | seomra adhmadóireachta | woodwork room |
| seomra ceoil | music room | áiseanna | facilities |
| oifig an phríomhoide | principal's office | thuas staighre | upstairs |
| oifig an leas-phríomhoide | deputy-principal's office | in aice | beside |
| caithfidh mé a rá | I have to say | saotharlann | laboratory |
| bord beo | interactive board | oifig an rúnaí | secretary's office |
| bialann | canteen | seomra ealaíne | Art room |
| cistin | kitchen | seomra miotalóireachta | metalwork room |
| halla spóirt | sports hall | 'sé mo thuairim | it is my opinion |
| seomra tíreolaíochta | geography room | thíos staighre | downstairs |

**26 Ceist: An bhfuil na háiseanna go maith i do scoilse?**

Freagra samplach 1: **Caithfidh mé a rá** go bhfuil na háiseanna go hiontach i mo scoilse. Is scoil nua-aimseartha í agus mar sin tá a lán áiseanna nua-aimseartha inti.

Freagra samplach 2: **'Sé mo thuairim** nach bhfuil na háiseanna ró-iontach i mo scoilse. Níl aon ríomhairí sna seomraí ranga agus níl fiú **bord beo** amháin sa scoil!

**26 Ceist: Céard iad na háiseanna atá i do scoilse?**

Freagra samplach 1: Bhuel, tá a lán **áiseanna** sa scoil seo. **Thuas staighre** tá dhá **shaotharlann**, **seomra ceoil** agus **seomra ealaíne**. **Thíos staighre** tá **halla spóirt**, **seomra tíreolaíochta**, **seomra adhmadóireachta** agus dhá **chistin**. Tá **oifig an phríomhoide** thíos staighre agus tá **oifig an leas-phríomhoide thuas staighre**.

Freagra samplach 2: Is iad na h**áiseanna** atá i mo scoilse ná seomra ceoil agus seomra ealaíne, trí shaotharlann agus dhá chistin. Tá **bialann** sa scoil agus halla mór spóirt chomh maith le **leabharlann** agus seomra ríomhaire. Tá **oifig an rúnaí** agus **oifig an phríomhoide in aice** le doras na scoile.

# An Scrúdú Cainte — Aonad a hOcht

## Áiseanna spóirt sa scoil

**Cabhair! Le foghlaim**

| | | | |
|---|---|---|---|
| halla spóirt | sports hall | linn snámha | swimming pool |
| cúirt haca | hockey court | raon reatha | running track |
| cúirteanna cispheile | basketball courts | cúirt leadóige | tennis court |
| páirc imeartha | playing pitch | seomra gléasta | dressing room |
| cithfholcadh | shower | halla gleacaíochta | gymnasium |
| den scoth | excellent | taobh amuigh den scoil | outside the school |
| tá brón orm a rá | I am sad to say | cé go bhfuil | even though |
| os comhair na scoile | in front of the school | ceart go leor | alright |
| taobh thiar den scoil | behind the school | i gclós na scoile | in the school yard |

 **27**

**Ceist:** An bhfuil na háiseanna spóirt go maith sa scoil?

**Freagra samplach 1:** Gan dabht ar bith tá áiseanna spóirt **den scoth** againn sa scoil seo. Tá **halla** nua **spóirt** againn le gach áis nua-aimseartha. Tá **seomraí gléasta** againn agus tá **cúirteanna cispheile** agus badmantain againn sa halla. Taobh amuigh den scoil tá **páirceanna imeartha** chomh maith le **cúirt haca** agus dhá **chúirt leadóige**.

**Freagra samplach 2:** **Tá brón orm a rá** nach bhfuil na háiseanna spóirt rómhaith sa scoil seo. **Cé go bhfuil** halla spóirt againn níl áiseanna nua-aimseartha ann. Tá an scoil suite sa chathair agus níl páirceanna imeartha in aice na scoile. Tá cúirt cispheile **os comhair na scoile** ach níl aon chúirt leadóige ná cúirt haca.

**Freagra samplach 3:** Tá na háiseanna sa scoil seo **ceart go leor**. Is scoil shean í agus mar sin níl halla spóirt ná seomraí gléasta inti. **Taobh thiar den scoil** tá páirceanna peile agus tá cúirteanna cispheile againn i **gclós na scoile**.

 **Anois freagair na ceisteanna thíos i do chóipleabhar.**

1. An bhfuil na háiseanna spóirt go maith i do scoilse?
2. Ainmnigh na háiseanna spóirt atá sa scoil.

# Aonad a hOcht — An Scrúdú Cainte

## Éide scoile

**Cabhair! Le foghlaim**

| | | | |
|---|---|---|---|
| briste | trousers | sciorta | skirt |
| blús | blouse | léine | shirt |
| geansaí | jumper | carbhat | tie |
| bróga dubha | black shoes | stocaí | socks |
| liath | grey | dubh | black |
| dúghorm | navy | glas | green |
| briste géine | jeans | geansaí spraoi | sweatshirt |
| ní aontaím | I don't agree with | b'fhearr linn | we would prefer |
| aontaím | I agree | smaoineamh | think |
| brú | pressure | éadaí faiseanta | fashionable clothes |

 **28**  Ceist: An gcaitheann tú éide scoile?

Freagra samplach 1:  Caithim éide scoile ach is fuath liom an éide scoile. Caithim **briste liath** le **geansaí dúghorm** agus léine bhán le **carbhat**.
Freagra samplach 2:  Caithim éide scoile. Caithim **sciorta** liath le **léine ghlas** agus geansaí liath.
Freagra samplach 3:  Ní chaithim éide scoile. Caithim **briste géine**, t-léine agus **geansaí spraoi** gach lá ar scoil.

 **28**  An aontaíonn tú le héide scoile?

Freagra samplach 1:  **Ní aontaím** le héide scoile. Is fuath le gach dalta an éide scoile. **B'fhearr linn** gnáthéadaí a chaitheamh.
Freagra samplach 2:  **Aontaím** leis an éide scoile. Ní bhíonn orainn **smaoineamh** ar éadaí gach maidin agus ní chuireann sé **brú** orainn **éadaí faiseanta** a cheannach.

 **Anois freagair na ceisteanna seo i do chóipleabhar.**

1. An gcaitheann tú éide scoile?
2. An aontaíonn tú leis an éide scoile?

# An Scrúdú Cainte — Aonad a hOcht

## Atmaisféar na scoile

**Cabhair!**
Le foghlaim

Ar bhuaigh tú duais ar scoil riamh? Léigh an freagra samplach ar lch 220.

| | | | |
|---|---|---|---|
| cairdiúil | friendly | taitneamhach | pleasant |
| iontach | wonderful | cineálta | kind |
| teannasach | tense | brú | pressure |
| cancrach | cranky | tacaíocht | support |
| an-bhuíoch | very grateful | iarrachtaí | efforts |

**Ceist: An bhfuil atmaisféar maith sa scoil?**

Freagra samplach 1: Tá atmaisféar **iontach** sa scoil. Réitíonn na daltaí agus na múinteoirí go maith le chéile.

Freagra samplach 2: Tá atmaisféar **cairdiúil taitneamhach** sa scoil. Tugann na múinteoirí a lán **tacaíochta** do na daltaí.

Freagra samplach 3: Cé go bhfuil atmaisféar maith sa scoil cuireann na múinteoirí a lán **brú** ar na daltaí.

**Ceist: An gcuireann na múinteoirí an iomarca brú ar na daltaí?**

Freagra samplach:

Ní chuireann na múinteoirí an iomarca brú ar na daltaí. Déanann siad a ndícheall ar son na ndaltaí agus tá na daltaí **an-bhuíoch** as a gcuid **iarrachtaí**.

**Anois freagair na ceisteanna thíos i do chóipleabhar.**

1. An bhfuil atmaisféar maith sa scoil?
2. An gcuireann na múinteoirí a lán brú ar na daltaí?

# Aonad a hOcht — An Scrúdú Cainte

## Ábhair scoile

**Cabhair! Le foghlaim**

Léigh na nótaí faoi eachtra a tharla ar scoil ar lch 218.

| | | | |
|---|---|---|---|
| aon ábhar | one subject | cúig ábhar | five subjects |
| dhá ábhar | two subjects | sé ábhar | six subjects |
| trí ábhar | three subjects | seacht n-ábhar | seven subjects |
| ceithre ábhar | four subjects | ocht n-ábhar | eight subjects |
| Gaeilge | Irish | fisic | physics |
| Fraincis | French | eacnamaíocht | economics |
| Gearmáinis | German | ealaín | art |
| Béarla | English | ceol | music |
| matamaitic | maths | cuntasaíocht | accountancy |
| bitheolaíocht | biology | stair | history |
| staidéar gnó | business studies | tíreolaíocht | geography |
| ceimic | chemistry | eacnamaíocht bhaile | home economics |
| léann clasaiceach | classical studies | Spáinnis | Spanish |

**Ceist:** Cé mhéad ábhar scoile atá á ndéanamh agat i mbliana?

Freagra samplach 1: Tá **seacht n-ábhar** scoile á ndéanamh agam i mbliana.
Freagra samplach 2: Tá **sé ábhar** idir lámha agam i mbliana.
Freagra samplach 3: Tá mé ag déanamh **ocht n-ábhar** don Ardteist.

**Ceist:** Ainmnigh na hábhair atá á ndéanamh agat.

Freagra samplach 1: Tá mé ag déanamh **Gaeilge**, **Béarla** agus **matamaitice** agus roghnaigh mé **Fraincis**, **bitheolaíocht** agus **stair**.
Freagra samplach 2: Déanaim **Gaeilge**, **Béarla** agus **matamaitic** chomh maith le **tíreolaíocht**, **ceimic**, **Gearmáinis** agus **ealaín**.

**Anois freagair na ceisteanna thíos i do chóipleabhar.**

1. Cé mhéad ábhar scoile atá á ndéanamh agat?
2. Ainmnigh na hábhair atá á ndéanamh agat.

# An Scrúdú Cainte — Aonad a hOcht

## Cén t-ábhar is fearr leat?

**Cabhair!**
**Le foghlaim**

| | | | |
|---|---|---|---|
| is aoibhinn liom | I love | is fuath liom | I hate |
| is maith liom | I like | ní maith liom | I don't like |
| suimiúil | interesting | leadránach | boring |
| iontach | wonderful | cancrach | cranky |
| beomhar | lively | foighneach | patient |
| taitneamhach | enjoyable | mífhoighneach | impatient |
| an iomarca | too much | an-chraic | great fun |
| scrúduithe | exams | an tréimhse staire | the period in history |
| An Chéad Chogadh Domhanda | The First World War | camchuairt dhomhanda | world tour |

 **31**   Ceist: Céard iad na hábhair a thaitníonn leat?

Freagra samplach 1: Is iad na hábhair is fearr liom ná Béarla, Fraincis agus tíreolaíocht. Tá na múinteoirí **foighneach** agus cineálta agus ní thugann siad an iomarca obair bhaile dúinn. Bíonn **an-chraic** againn sa rang Fraincise agus ní thugann an múinteoir a lán **scrúduithe** dúinn.

Freagra samplach 2: Is aoibhinn liom stair agus tíreolaíocht. Tá stair an-**suimiúil** agus caithim a lán ama ag léamh leabhair staire. An **tréimhse staire** is fearr liom ná **An Chéad Chogadh Domhanda**. Tá tíreolaíocht suimiúil freisin. Is aoibhinn liom léamh faoi thíortha an domhain. Ba mhaith liom dul ar **chamchuairt dhomhanda** lá éigin.

 **31**   Ceist: An bhfuil aon ábhar nach maith leat?

Freagra samplach 1: **Ní maith liom** matamaitic agus **is fuath liom** ceimic. Tá an múinteoir matamaitice an-**chancrach** agus éiríonn sí **mífhoighneach** leis an rang nuair a thosaímid ag caint sa rang. Tugann sí a lán obair bhaile dúinn freisin. Tá ceimic ródheacair dom agus cé go dtugann an múinteoir a lán cabhrach dom measaim go bhfuil sí an-deacair.

Freagra samplach 2: Ní maith liom Fraincis. Ní raibh mé riamh sa Fhrainc agus measaim gur ábhar deacair é. Tá múinteoir deas cineálta agam ach fós ní maith liom an t-ábhar.

# Aonad a hOcht — An Scrúdú Cainte

 Anois freagair na ceisteanna thíos i do chóipleabhar.

 Ná déan dearmad dul siar ar na ceisteanna agus na freagraí samplacha in Aonad a Trí, lgh 169 agus 170.

1. Cén t-ábhar is fearr leat?
2. Cén fáth gur maith leat an t-ábhar sin?
3. Céard iad na hábhair nach dtaitníonn leat?
4. Cén fáth nach dtaitníonn na hábhair sin leat?

 Ná déan dearmad dul siar ar an aimsir láithreach ar lch 412.

## An lá scoile

 **Cabhair! Le foghlaim**

| | | |
|---|---|---|
| sroichim ............ I reach | éistim ............ I listen | faighim ............ I get |
| suím ............ I sit | buailim le ............ I meet with | fillim ............ I return |
| téim ............ I go | tógaim ............ I take | déanaim ............ I make / I do |
| siúlaim ............ I walk | ólaim ............ I drink | |

 **32**

**Ceist:** Céard a dhéanann tú ar scoil gach lá?

**Freagra samplach:** Nuair a **shroichim** an scoil **buailim le** mo chairde. **Tógaim** mo leabhair ó mo mhála agus **suím** síos ag mo bhinse. Nuair a thagann an múinteoir isteach **éistim** leis agus **déanaim** m'obair scoile. Ag am lóin **téim** chuig an mbialann agus ithim mo lón. Ansin **fillim** ar mo sheomra ranga agus fanaim leis an múinteoir. Ag deireadh an lae **faighim** an bus scoile agus téim abhaile.

 **32**

**Ceist:** Céard a dhéanann tú ag am lóin?

**Freagra samplach:** Buailim le mo chairde ag am lóin. Ithimid ár lón agus ansin téimid amach chuig clós na scoile chun cluiche cispheile a imirt. Nuair a chloisimid an clog ag bualadh rithimid isteach sa rang agus fanaimid leis an múinteoir.

 **32**

**Ceist:** Céard a dhéanann tú ag deireadh an lae?

**Freagra samplach:** Fágaim an scoil ar a leathuair tar éis a trí agus **siúlaim** abhaile in éineacht le mo chairde. Nuair a shroichim an baile bíonn cupán tae agam agus tosaím ar m'obair bhaile a dhéanamh.

# An Scrúdú Cainte — Aonad a hOcht

## An idirbhliain

**Cabhair! Le foghlaim**

| | |
|---|---|
| an idirbhliain ................ transition year | taitneamhach ...................... pleasant |
| turais scoile ................... school trips | cainteanna suimiúla ........... interesting talks |
| taithí oibre .................... work experience | tionscadail scoile ................ school projects |
| cairde nua ..................... new friends | cé go raibh ......................... even though it was |
| thaistil mé ..................... I travelled | ceoldráma ........................... musical |
| an-tuiscint .................... a great understanding | ba bhliain éasca í ................ it was an easy year |
| ábhair shuimiúla ........... interesting subjects | guma a chogaint ................ to chew gum |
| fón póca ........................ mobile phone | |

**33 Ceist: An ndearna tú an idirbhliain?**

Freagra samplach: Rinne mé an idirbhliain dhá bhliain ó shin agus thaitin an bhliain go mór liom. **Thaistil mé** go Páras ar **thuras scoile** agus bhain mé an-taitneamh as. Chomh maith leis sin rinne mé **taithí oibre** in ospidéal ar feadh seachtaine. **Cé go raibh** an obair an-chrua fuair mé **an-tuiscint** ar shaol an altra. Ag deireadh na bliana ghlac mé páirt i g**ceoldráma** ar scoil. Ba bhliain iontach í.

**33 Ceist: Ar thaitin an idirbhliain leat?**

Freagra samplach: Thaitin **an idirbhliain** go mór liom. Rinne mé a lán **ábhar suimiúil** agus chuaigh mé ar thuras scoile chuig an nGaeltacht. Bhí an-chraic agam le mo chairde. Tháinig feabhas mór ar mo chuid Gaeilge sa Ghaeltacht. I lár na bliana rinne mé taithí oibre in oifig mo Dhaid agus bhain mé an-taitneamh as. Ní bhfuair mé a lán obair bhaile agus mar sin **ba bhliain éasca í**.

**33 Ceist: Céard iad na rialacha i do scoilse?**

Freagra samplach: Níl a lán rialacha sa scoil seo. Caithfidh tú a bheith in am ar maidin agus caithfidh tú do chuid obair bhaile a dhéanamh. Níl cead ag daltaí **fón póca** a úsáid ar scoil agus níl cead againn **guma a chogaint** ar scoil. Má tá tú as láthair caithfidh tú nóta a thabhairt isteach.

**Anois freagair na ceisteanna thíos i do chóipleabhar.**

1. An ndearna tú an idirbhliain?
2. Ar thaitin an idirbhliain leat?

Léigh an scéal samplach faoi thaithí oibre san idirbhliain ar lch 230.

## Aonad a hOcht — An Scrúdú Cainte

## Mo laethanta scoile

 **Cabhair!** Le foghlaim

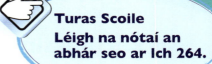 **Turas Scoile** Léigh na nótaí an abhár seo ar lch 264.

| | |
|---|---|
| ón mbunscoil............from primary school | cineálta........................kind |
| tuisceanach................understanding | a lán tacaíochta...........a lot of support |
| cabhair.......................help | deacrachtaí..................difficulties |

**34 Ceist: An bhfuil a lán cairde agat ar scoil?**

Freagra samplach 1: Cinnte, tá a lán cairde agam ar scoil. Tá cairde agam **ón mbunscoil** agus rinne mé cairde nua nuair a thosaigh mé sa chéad bhliain. Buailim le mo chairde ar an mbus scoile gach maidin agus gach tráthnóna. Bíonn an-chraic againn le chéile. Tá mo chairde **cineálta** agus **tuisceanach** agus tugann siad **a lán tacaíochta** dom.

Freagra samplach 2: Tá a lán cairde agam sa scoil seo. Imrímid spóirt le chéile agus buailimid le chéile ag an deireadh seachtaine. Tugann siad **cabhair** dom le m'obair bhaile nuair a bhíonn **deacrachtaí** agam.

**34 Ceist: An mbeidh brón ort ag fágáil na scoile?**

Freagra samplach: Beidh an-bhrón orm ag fágáil na scoile. Tá a lán cairde agam ar scoil agus réitím go han-mhaith leis an bpríomhoide agus na múinteoirí. Tá mé saghas neirbhíseach faoi na scrúduithe agus faoi shaol an choláiste.

**34 Ceist: Ar thaitin do laethanta scoile leat?**

Freagra samplach: Gan amhras, thaitin siad go mór liom. D'oibrigh mé go dian ach fós bhí an-chraic agam le mo chairde. Bhí na múinteoirí i gcónaí cabhrach agus tuisceanach. Beidh brón orm i mí an Mheithimh.

**Anois freagair na ceisteanna seo i do chóipleabhar.**

1. An bhfuil a lán cairde agat ar scoil? ☐
2. An mbeidh brón ort agus tú ag fágáil na scoile? ☐
3. Ar thaitin do chuid laethanta scoile leat? ☐

## An Scrúdú Cainte — Aonad a hOcht

 **Labhair amach!**

 Ná déan dearmad dul siar ar na ceisteanna agus na freagraí samplacha faoin scoil in Aonad a Trí, lgh 169 agus 170.

1. Cá bhfuil tú ag dul ar scoil?
2. Déan cur síos ar an scoil.
3. Céard iad na háiseanna atá sa scoil?
4. An bhfuil na háiseanna spóirt sa scoil go maith?
5. Ainmnigh an príomhoide agus an leas-phríomhoide.
6. An gcaitheann sibh éide scoile? Céard í?
7. Céard iad na rialacha sa scoil? An aontaíonn tú leo?
8. An bhfuil atmaisféar maith sa scoil?
9. An réitíonn na múinteoirí agus na daltaí go maith le chéile?
10. An bhfuil a lán cairde agat ar scoil?
11. Céard iad na hábhair a dhéanann tú ar scoil?
12. Cén t-ábhar is fearr leat? Cén fáth?
13. An bhfuil aon ábhar nach maith leat? Cén fáth?
14. An ndearna tú an idirbhliain? Ar thaitin an bhliain leat?
15. An ndeachaigh tú ar thuras scoile riamh?
16. Inis dom faoina ndéanann tú gach lá ar scoil.
17. Céard a dhéanann tú ag am lóin?
18. An mbeidh brón ort ag fágáil na scoile i mí an Mheithimh?
19. Ar thaitin do chuid laethanta scoile leat?

 Anois cuir na ceisteanna ar do chara sa rang.

 Tá nótaí ar an nGaeltacht ar lgh 272–274.

# Aonad a hOcht — An Scrúdú Cainte

## Ag cur síos ar do shaol scoile

Déan cur síos ar eachtra a tharla sa scoil le déanaí. Bain úsáid as na nótaí ar lch 218.

**Ceist:** Déan cur síos ar an scoil seo.

**Freagra samplach:** Tá mé ag freastal ar Choláiste Naomh Pádraig. Is scoil mhór í agus tá thart ar seacht gcéad dalta ag freastal ar an scoil. Tógadh an scoil níos mó ná tríocha bliain ó shin. Tá atmaisféar iontach sa scoil idir na múinteoirí agus na daltaí agus tá an príomhoide agus an leas-phríomhoide deas cairdiúil. Tosaíonn na ranganna ar a cúig chun a naoi ar maidin; bíonn am lóin againn ar a haon a chlog; buailim le mo chairde ar na páirceanna imeartha ag am lóin agus imrímid peil; críochnaíonn ranganna ar a leathuair tar éis a trí.

**Ceist:** Céard iad na hábhair atá á ndéanamh agat?

**Freagra samplach:** Tá seacht n-ábhar á ndéanamh agam don Ardteist: Gaeilge, Béarla, matamaitic, Fraincis, tíreolaíocht, ceol agus ealaín. Is aoibhinn liom ceol. Seinnim an pianó agus an giotár agus ba mhaith liom staidéar a dhéanamh ar an gceol sa choláiste. Taitníonn ealaín liom freisin. Ní maith liom matamaitic mar tá sí an-deacair.

**Ceist:** Céard iad na háiseanna i do scoil?

**Freagra samplach:** Is scoil nua-aimseartha í an scoil seo. Tógadh í thart ar dheich mbliana ó shin agus tá a lán áiseanna nua-aimseartha inti. Tá bord beo agus ríomhaire i ngach seomra ranga agus tá bialann mhór againn don lón. Tá dhá sheomra ealaíne chomh maith le trí shaotharlann agus dhá chistin. Taobh amuigh den scoil tá páirceanna imeartha, cúirt cispheile agus dhá chúirt leadóige.

# An Scrúdú Cainte — Aonad a hOcht

## An Coláiste, Post Páirtaimseartha

 **38**

Éist leis na ceisteanna agus na freagraí samplacha ar an dlúthdhiosca agus déan cleachtadh ar na ceisteanna sa téacsleabhar.

 Téigh siar ar an aimsir láithreach agus an aimsir fháistineach ar lgh 412 agus 424.

 Ullmhaigh na ceisteanna thíos agus scríobh na freagraí i do chóipleabhar.

1. Céard a dhéanfaidh tú an bhliain seo chugainn?
2. Ar mhaith leat freastal ar an gcoláiste?
3. Cá rachaidh tú?
4. Céard atá ar eolas agat faoin gcúrsa?
5. An raibh post páirtaimseartha riamh agat?
6. Cá raibh tú ag obair?
7. Cén saghas oibre a rinne tú?
8. Cé mhéad airgead a thuill tú?
9. An mbeidh post páirtaimseartha agat an samhradh seo chugainn?
10. Cá mbeidh tú ag obair?
11. An bhfuil a lán brú ar dhaoine óga inniu?
12. An bhfuil eagla ort go mbeidh tú dífhostaithe? (unemployed)

 Léigh na nótaí agus an scéal samplach ar lgh 228–231.

 Mo shaol sa todhchaí (my life in the future)
Ná déan dearmad dul siar ar na ceisteanna agus na freagraí samplacha in Aonad a Trí, lgh 172–174.

## Aonad a hOcht — An Scrúdú Cainte

## Ba mhaith liom...

**Cabhair!**
**Le foghlaim**

| | | | |
|---|---|---|---|
| printíseacht | apprenticeship | earcach | recruit |
| institiúid teicneolaíochta / ceardcholáiste réigiúnach | institute of technology / regional technical college | céim a bhaint amach | to do a degree |
| | | cúrsa tríú leibhéal | third level course |
| dioplóma | diploma | tamall a chaitheamh ag taisteal | to spend time travelling |
| post a fháil | to get a job | cúrsa rúnaíochta | secretarial course |
| ollscoil | university | | |

 **39**  **Ceist:** Céard ba mhaith leat a dhéanamh an bhliain seo chugainn?

**Freagra samplach 1:** Ba mhaith liom freastal ar an g**ceardcholáiste réigiúnach** (*institiúid teicneolaíochta*) an bhliain seo chugainn. Má fhaighim na pointí déanfaidh mé cúrsa ceithre bliana. Ba mhaith liom a bheith i mo mheicneoir.

**Freagra samplach 2:** Ba mhaith liom **post a fháil** san ollmhargadh áitiúil. Bhí post agam ann an bhliain seo caite agus thaitin sé go mór liom.

**Freagra samplach 3:** Ba mhaith liom **céim a bhaint amach** sa Bhéarla agus sa Fhraincis san ollscoil an bhliain seo chugainn.

 **39**  **Ceist:** Ar mhaith leat freastal ar an gcoláiste an fómhar seo chugainn?

**Freagra samplach 1:** Níor mhaith liom freastal ar an gcoláiste an fómhar seo chugainn. Ba mhaith liom **post a fháil**.

**Freagra samplach 2:** Ba mhaith liom cúrsa a dhéanamh sa choláiste áitiúil an bhliain seo chugainn.

**Freagra samplach 3:** Ba mhaith liom **printíseacht** a dhéanamh sa cheardcholáiste réigiúnach (*san institiúid teicneolaíochta*) an bhliain seo chugainn.

 **Anois freagair na ceisteanna seo i do chóipleabhar.**

1. Céard ba mhaith leat a dhéanamh an bhliain seo chugainn?
2. Ar mhaith leat freastal ar an gcoláiste an fómhar seo chugainn?

## An Scrúdú Cainte — Aonad a hOcht

## An bhliain seo chugainn

**Cabhair! Le foghlaim**

 Téigh siar ar an aimsir fháistineach ar lch 424.

| | | | |
|---|---|---|---|
| rachaidh mé | I will go | déanfaidh mé | I will do |
| gheobhaidh mé | I will get | fanfaidh mé | I will stay |
| oibreoidh mé | I will work | tuillfidh mé | I will earn |
| An Roinn Eolaíochta | The Science Department | foireann teagaisc | teaching staff |
| trialacha praiticiúla | practical experiments | i rith an chúrsa | during the course |

 **40**  Ceist: Céard a dhéanfaidh tú an bhliain seo chugainn?

Freagra samplach 1:  An bhliain seo chugainn **rachaidh mé** chuig an gcoláiste. **Déanfaidh mé** cúrsa trí bliana agus **gheobhaidh mé** céim san innealtóireacht.

Freagra samplach 2:  An bhliain seo chugainn gheobhaidh mé post sa chathair. **Oibreoidh** mé gach lá agus tuillfidh mé a lán airgid.

 **40**  Ceist: Céard atá ar eolas agat faoin gcúrsa?

Freagra samplach 1:  Bhuel, thug mé cuairt ar **an Roinn Eolaíochta** san ollscoil agus bhí seans agam labhairt le **foireann teagaisc** na hollscoile. Leanfaidh an cúrsa ar feadh ceithre bliana. Beidh orm a lán **trialacha praiticiúla** a dhéanamh **i rith an chúrsa**. Tá mé ag tnúth go mór leis.

Freagra samplach 2:  Níl mórán ar eolas agam faoin gcúrsa.

 Anois freagair na ceisteanna thíos i do chóipleabhar.

1. Céard a dhéanfaidh tú an bhliain seo chugainn?
2. Céard atá ar eolas agat faoin gcúrsa?

# Aonad a hOcht — An Scrúdú Cainte

## Cén post ar mhaith leat?

**Cabhair!**
**Le foghlaim**

| | | |
|---|---|---|
| gruagaire ............... hairdresser | pluiméir .......................... plumber | innealtóir ................ engineer |
| meicneoir .............. mechanic | i gceann cúpla bliain .. in a few years | dlíodóir .................... lawyer |
| garda ....................... garda | amach anseo ................ in the future | altra .......................... nurse |
| ealaíontóir ............ artist | múinteoir ...................... teacher | tógálaí ..................... builder |
| siúinéir .................... carpenter | rúnaí ............................... secretary | fear gnó ................. business man |
| cuntasóir ............... accountant | leictreoir ...................... electrician | sa todhchaí ........... in the future |
| tréidlia .................... vet | péintéir .......................... painter | dúshlánach ........... challenging |
| eolaí ........................ scientist | | |

**Téigh chuig an suíomh idirlín focal.ie agus faigh an téarma Gaeilge ar an gcúrsa ar mhaith leat a dhéanamh an bhliain seo chugainn.**

 **41**   **Ceist: Cén post ar mhaith leat amach anseo?**

Freagra samplach:    Ba mhaith liom a bheith i mo **mhúinteoir i gceann cúpla bliain**.
Freagra samplach:    Ba mhaith liom a bheith i mo **chuntasóir sa todhchaí**.
Freagra samplach:    Ba mhaith liom a bheith i mo **phluiméir amach anseo**.

 **41**   **Ceist: Cén fáth ar mhaith leat an post sin a dhéanamh?**

Freagra samplach:    Is post **dúshlánach** é.
Freagra samplach:    Is post suimiúil é.

 **Anois freagair na ceisteanna thíos i do chóipleabhar.**

1. Cén post ar mhaith leat amach anseo?
2. Cén fáth ar mhaith leat an post sin?

Léigh na nótaí ar lgh 175–177 ar an mbrú atá ar dhaoine óga inniu.

# An Scrúdú Cainte — Aonad a hOcht

## Post páirtaimseartha

**Cabhair! Le foghlaim**

| | | | |
|---|---|---|---|
| in ollmhargadh | in a supermarket | sa siopa faisin | in a fashion boutique |
| sa siopa spóirt | in a sports shop | sa siopa nuachtán | in a newsagents |
| in oifig mo Dhaid | in my Dad's office | bialann | restaurant |
| teach tábhairne | pub | san óstán áitiúil | in the local hotel |
| d'oibrigh mé | I worked | scuab mé | I brushed |
| líon mé | I filled | chabhraigh mé | I helped |
| dhíol mé | I sold | ghlan mé | I cleaned |
| nigh mé | I washed | thug mé | I gave |

 **Ceist: An raibh post páirtaimseartha agat an samhradh seo caite?**

Léigh na nótaí ar lgh 259–263.

**Freagra samplach:** Bhí. Bhí post agam sa bhialann aitiúil.

 **Ceist: Cén t-airgead a thuill tú?**

**Freagra samplach:** Thuill mé seacht euro (s)an uair.

 **Ceist: Cén saghas oibre a rinne tú?**

**Freagra samplach:**

Bhí post páirtaimseartha agam an bhliain seo caite. D'oibrigh mé i **siopa spóirt**. Thaitin an post go mór liom. **Líon mé** na seilfeanna agus **chabhraigh mé** leis na custaiméirí. Ag deireadh an lae chuir me na bróga reatha ar na seilfeanna agus **scuab** mé an t-urlár. Thuill mé ocht euro (s)an uair agus chaith mé a lán airgid ar éadaí spóirt.

**Freagra samplach:**

Bhí post páirtaimseartha agam sa **teach tábhairne** áitiúil. Cé go raibh an post tuirsiúil thaitin sé go mór liom. D'oibrigh mé óna hocht a chlog go dtí leathuair tar éis a haon déag.

 **Ceist: Ar thaitin an post leat?**

**Freagra samplach:** Thaitin an post go mór liom.

 **Anois freagair na ceisteanna thíos i do chóipleabhar.**

1. An raibh post páirt aimseartha agat an samhradh seo caite?
2. Cé mhéad airgid a thuill tú?
3. Cén saghas oibre a rinne tú?
4. Ar thaitin an post leat?

 Téigh chuig lch 172 in Aonad a Ceathair agus foghlaim na nótaí faoi 'mo shaol sa todhchaí'.

# Aonad a hOcht — An Scrúdú Cainte

**Labhair amach!**

1. Céard a dhéanfaidh tú an bhliain seo chugainn?
2. Ar mhaith leat freastal ar an gcoláiste?
3. Cá rachaidh tú?
4. Céard atá ar eolas agat faoin gcúrsa?
5. An raibh post páirtaimseartha riamh agat?
6. Cá raibh tú ag obair?
7. Cén saghas oibre a rinne tú?
8. Cé mhéad airgead a thuill tú?
9. An mbeidh post páirtaimseartha agat an samhradh seo chugainn?
10. Cá mbeidh tú ag obair?
11. An bhfuil a lán brú ar dhaoine óga inniu?
12. An bhfuil eagla ort go mbeidh tú dífhostaithe (unemployed)?

Anois cuir na ceisteanna ar do chara sa rang.

**Mo shaol sa todhchaí (my life in the future)**
Ná déan dearmad dul siar ar na ceisteanna agus na freagraí samplacha in Aonad a Trí, lgh 173–174.

# Laethanta Saoire

**43** Éist leis na ceisteanna agus na freagraí samplacha ar an dlúthdhiosca agus déan cleachtadh ar na ceisteanna sa téacsleabhar.

Téigh siar ar an aimsir chaite ar lch 400.

| | | | |
|---|---|---|---|
| chuaigh mé | I went | chaith mé | I spent |
| luigh mé | I lay | thuirling an t-eitleán | the plane landed |
| d'ith mé | I ate | d'ól mé | I drank |
| tháinig mé | I came | fuair mé | I got |
| thug mé | I gave | cheannaigh mé | I bought |
| an Ghréig | Greece | ar feadh coicíse | for a fortnight |
| den scoth | brilliant | trí chéile | in a mess |
| ag scoilteadh na gcloch | splitting the rocks | ní raibh cíos, cás ná cathú orainn | we hadn't a care in the world |

## An samhradh seo caite

**44** **Ceist: An ndeachaigh tú ar saoire anuraidh?**

Freagra samplach: **Chuaigh mé** ar saoire i lár an tsamhraidh le mo chairde chuig an **nGréig**. D'fhanamar ar oileán Crete **ar feadh coicíse** agus bhí saoire **den scoth** againn. Bhí ochtar cailiní ag fanacht san árasán agus mar sin bhí am iontach againn. Bhí an t-árasán **trí chéile** ó bhun go barr agus ba chuma linn. Chaitheamar ár laethanta ar an trá agus ístoíche chuamar chuig na clubanna oíche. Ba shaoire iontach í.

Freagra samplach: Ní dheachaigh mé ar saoire anuraidh. Bhí post páirtaimseartha agam sa chlub spóirt áitiúil agus thuill mé a lán airgid. Ag deireadh an tsamhraidh chuaigh mé ag campáil le mo chairde ar feadh cúpla lá.

**44** **Ceist: Ar thaitin an tsaoire leat?**

Freagra samplach: Thaitin sé go mór liom. Bhí an ghrian **ag scoilteadh na gcloch** agus chaitheamar laethanta fada inár luí faoin ngrian ar an trá. **Ní raibh cíos, cás ná cathú orainn** agus réitíomar go han-mhaith le chéile. Rachaimid ar ais an samhradh seo chugainn gan amhras ar bith.

# Aonad a hOcht — An Scrúdú Cainte

## An samhradh seo chugainn

**Cabhair! Le foghlaim**

Tá nótaí ar an nGaeltacht ar lgh 272–274.

| | | | |
|---|---|---|---|
| rachaidh mé | I will go | tógfaidh mé | I will take |
| imreoidh mé | I will play | gheobhaidh mé | I will get |
| beidh mé | I will be | buailfidh me le | I will meet with |
| cabhróidh mé | I will help | tabharfaidh mé | I will give |
| léifidh mé | I will read | caithfidh mé | I will spend |
| tuillfidh mé | I will earn | cuirfidh mé | I will put |

 **45**  **Ceist: Céard a dhéanfaidh tú an samhradh seo chugainn?**

**Freagra samplach:** An samhradh seo chugainn **tógfaidh** (*glacfaidh*) **mé** sos ó na leabhair agus **caithfidh mé** a lán ama i dteannta mo chairde. Imreoimid peil agus leadóg agus rachaimid chuig an gclub gailf. Má fhaighim post sa siopa áitiúil tuillfidh mé airgead agus **cuirfidh mé** an t-airgead i dtaisce sa bhanc. I lár an tsamhraidh **rachaidh mé** chuig an Fhrainc le mo chairde ar feadh coicíse. Fanfaimid in árasán cois trá agus beidh an-chraic againn. Nuair a thiocfaimid ar ais beimid ag tnúth le torthaí na hArdteiste.

Má chuireann an scrúdaitheoir ceist ort san aimsir fháistineach tabhair réimse leathan briathra san aimsir fháistineach i do fhreagra. Téigh siar ar na briathra san aimsir fháistineach ar lch 424.

**Anois freagair na ceisteanna thíos i do chóipleabhar.**

1. An ndeachaigh tú ar saoire anuraidh?
2. Ar thaitin an tsaoire leat?
3. Céard a dhéanfaidh tú an samhradh seo chugainn?

# An Scrúdú Cainte — Aonad a hOcht

## Caitheamh Aimsire

 **46**

Éist leis na ceisteanna agus na freagraí samplacha ar an dlúthdhiosca agus déan cleachtadh ar na ceisteanna sa téacsleabhar.

 Ullmhaigh na ceisteanna thíos agus scríobh na freagraí i do chóipleabhar.

1. Céard iad na cineálacha caitheamh aimsire atá agat?
2. An maith leat ceol?
3. An bhfuil i-pod agat?
4. An éisteann tú le ceol nuair a bhíonn tú ag déanamh do chuid obair bhaile?
5. Cén saghas ceoil a thaitníonn leat?
6. An dtéann tú chuig ceolchoirmeacha?
7. Cá bhfaigheann tú na ticéid?
8. Cén grúpa ceoil is fearr leat?
9. An seinneann tú uirlis cheoil?
10. Cén clár ceoil is fearr leat ar an teilifís?
11. An éisteann tú leis an raidió?
12. Cén t-amhránaí is fearr leat?
13. An maith leat canadh?

| Caitheamh aimsire | lgh 150–151 |
| --- | --- |
| Ceol | lgh 152–156 |
| An teilifís | lgh 153–156 |
| Cairde | lgh 159–160 |
| Spórt | lgh 161–165 agus 232–235 |
| Mo shaol | lgh 268–270 |
| An phictiúrlann | lch 245 |
| Mo bhreithlá | lch 275 |

 Téigh siar ar an aimsir láithreach ar lch 412.

# Aonad a hOcht — An Scrúdú Cainte

## Do chaitheamh aimsire

**Cabhair! Le foghlaim**

| | |
|---|---|
| de ghnáth ..................... usually | seisiún traenála ............ training session |
| ag pleidhcíocht ............ messing | pleananna ........................ plans |

**47** **Ceist: Céard iad na cineálacha caitheamh aimsire atá agat?**

**An Teilifís**
Léigh na freagraí samplacha ar lgh 154 agus 155.

Freagra samplach: Tá a lán caitheamh aimsire agam. Is aoibhinn liom dul amach le mo chairde ag an deireadh seachtaine. Téimid chuig an bpictiúrlann nó chuig club oíche agus anois is arís téimid chuig ceolchoirm. Bíonn an-chraic againn le chéile. Is aoibhinn liom scannán ficsin eolaíochta. Taitníonn léitheoireacht liom freisin. *Twilight* an leabhar is fearr liom.

**48** **Ceist: An seinneann tú uirlis ceoil?**

Freagra samplach: Ní sheinnim ach is amhránaí mé i racghrúpa. Tá ceathrar againn sa ghrúpa agus thosaíomar ag seinm le chéile dhá bhliain ó shin. Ba mhaith linn cúpla seisiún a dhéanamh sna tithe tábhairne áitiúla nuair a bheidh an Ardteist críochnaithe. Deir ár gcairde go bhfuilimid go hiontach ach níl mé féin róchinnte faoi sin. Caithimid an Satharn i ngaráiste mo charad ag cleachtadh. Bíonn an-chraic againn le chéile.

**49** **Ceist: Céard a dhéanann tú ag an deireadh seachtaine?**

Freagra samplach: **De ghnáth** buailim le mo chairde ag an deireadh seachtaine. Imrím peil agus iománaíocht agus buailim le mo chairde maidin Shathairn. Bíonn **seisiúin traenála** againn ar a deich a chlog agus ina dhiaidh sin téimid chuig an gclub spóirt chun bualadh lenár gcairde scoile. Caithimid uair nó dhó **ag pleidhcíocht** sa linn snámha agus ansin téimid abhaile le haghaidh dinnéir. Sa tráthnóna buailimid le chéile arís sa chathair nó san ionad siopadóireachta agus déanaimid **pleananna** don oíche. Uair sa mhí téimid chuig an bpictiúrlann nó an club oíche áitiúil.

Anois freagair na ceisteanna thíos i do chóipleabhar.

1. Céard iad na cineálacha caitheamh aimsire atá agat?
2. An seinneann tú uirlis ceoil?
3. Céard a dhéanann tú ag an deireadh seachtaine?

**Téigh siar ar an aimsir láithreach a lch 412.**

## An Scrúdú Cainte — Aonad a hOcht

## An grúpa ceoil is fearr leat

**Cabhair! Le foghlaim**

| | | | |
|---|---|---|---|
| cuireadh | invitation | measaim | I think |
| d'fhreastail mé | I attended | láithreoirí | presenters |
| bríomhar | lively | iontach | wonderful |

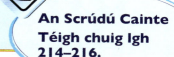

**An Scrúdú Cainte** Téigh chuig lgh 214–216.

 **50**

**Ceist:** Cén grúpa ceoil is fearr leat?

Freagra samplach: Is maith liom 'Black Eyed Peas'. Thug mo thuismitheoirí dhá thicéad dom do cheolchoirm san O2 anuraidh agus bhain mé an-taitneamh aisti. Thug mé **cuireadh** do mo chara Cormac teacht in éineacht liom. Is aoibhinn liom a gcuid ceoil.

 **50**

**Ceist:** An éisteann tú leis an raidió?

Freagra samplach: Is aoibhinn liom éisteacht leis an raidió nuair a bhím ag déanamh m'obair bhaile. Éistim le Spin 103 FM agus **measaim** go seinneann siad ceol iontach. Tá na **láithreoirí** óg agus **bríomhar**. Bhuaigh mé i-pod i gcomórtas raidió an mhí seo caite. Bhí ionadh ar mo chairde nuair a chuala siad gur bhuaigh mé.

 **50**

**Ceist:** An dtéann tú chuig ceolchoirmeacha?

Léigh na nótaí ar lch 279.

Freagra samplach: Ní théim chuig ceolchoirmeacha go minic mar ní bhíonn an t-airgead agam. **D'fhreastail mé** ar cheolchoirm U2 anuraidh i bPáirc an Chrócaigh. Thug mo dhearthair an ticéad dom mar bhronntanas Nollag. Ba cheolchoirm **iontach** í.

 Anois freagair na ceisteanna thíos i do chóipleabhar.

1. Cén grúpa ceoil is fearr leat?
2. An éisteann tú leis an raidió?
3. An dtéann tú chuig ceolchoirmeacha?

Léigh an scéal samplach ar lch 202.

# Aonad a hOcht — An Scrúdú Cainte

## Ceisteanna san Aimsir Láithreach

 **51**

**Éist leis na ceisteanna agus na freagraí samplacha ar an dlúthdhiosca agus déan cleachtadh ar na ceisteanna sa téacsleabhar.**

| Ceist | | Freagra | |
|---|---|---|---|
| an dtéann tú? | do you go? | téim | ní théim |
| an maith leat? | do you like? | is maith liom | ní maith liom |
| an ndéanann tú? | do you make / do? | déanaim | ní dhéanaim |
| an bhféachann tú? | do you watch? | féachaim | ní fhéachaim |
| an dtugann tú? | do you give? | tugaim | ní thugaim |
| an dtagann tú? | do you come? | tagaim | ní thagaim |
| an bhfaigheann tú | do you get? | faighim | ní fhaighim |
| an mbíonn tú? | are you? | bím | ní bhím |
| an gcloiseann tú? | do you hear? | cloisim | ní chloisim |
| an ndúisíonn tú? | do you wake? | dúisím | ní dhúisím |
| an léann tú? | do you read? | léim | ní léim |
| an imríonn tú? | do you play? | imrím | ní imrím |

 **Cuir ceisteanna ar do chara sa rang bunaithe ar na ceisteanna thuas.**

**Téigh chuig lch 412 chun níos mó oibre a dhéanamh ar an aimsir láithreach.**

**Sampla**
Ceist: An bhféachann tú ar an teilifís go minic?
Freagra samplach: Ní fhéachaim.

 **Cabhair! Le foghlaim**

## Céard a dhéanann tú gach maidin?

| | | | |
|---|---|---|---|
| dúisím | I wake up | glaonn mo Dhaid orm | my Dad calls me |
| éirím | I get up | téim | I go |
| cuirim | I put | rithim | I run |
| ullmhaím | I prepare | ithim | I eat |
| ólaim | I drink | fágaim slán | I say goodbye |
| buailim le | I meet with | ithimid | we eat |
| téimid | we go | nuair a chloisimid | when we hear |
| fillimid | we return | fanaimid | we stay |

## An Scrúdú Cainte — Aonad a hOcht

Téigh siar ar an aimsir láithreach ar lch 412.

**52** Ceist: Céard a dhéanann tú gach maidin?

Freagra samplach: **Dúisím** ar a leathuair tar éis a seacht nuair a **ghlaonn mo Dhaid orm**. Tar éis cúpla nóiméad **éirím** ón leaba agus **téim** isteach sa seomra folctha. **Cuirim** mo chuid éadaigh scoile orm agus **rithim** síos an staighre. **Ullmhaíonn** mo dheirfiúr mo bhricfeasta dom agus suím ag an mbord agus **ithim** tósta agus **ólaim** cupán tae. Ina dhiaidh sin cuirim mo leabhair i mo mhála agus faighim mo chóta. **Fágaim slán** ag mo thuismitheoirí agus siúlaim ar scoil.

**52** Ceist: Céard a dhéanann tú ag am lóin?

Freagra samplach: Ag am lóin **buailim le** mo chairde scoile. **Ithimid** ár lón sa bhialann agus ansin **téimid** chuig an gcúirt cispheile. Bíonn cluiche againn ag imirt in aghaidh ár gcairde ón gcúigiú bliain. **Nuair a chloisimid** an clog ag bualadh **fillimid** ar ár rang agus **fanaimid** leis an múinteoir.

Duais a bhuaigh mé Léigh an freagra samplach ar lgh 225–227.

Scríobh na freagraí thuas san aimsir chaite agus san aimsir fháistineach i do chóipleabhar.

# Aonad a hOcht — An Scrúdú Cainte

## Céard a dhéanann tú ag an deireadh seachtaine?

**Cabhair! Le foghlaim**

| | | | |
|---|---|---|---|
| tagaim | I come | glacaim | I take |
| féachaim | I watch | déanaim | I make / I do |
| cuirim | I put | tagann mo chairde | my friends come |
| caithimid | we spend | imrím | I play |
| téim | I go | osclaím | I open |

**53** Ceist: Céard a dhéanann tú ag an deireadh seachtaine?

Freagra samplach:

**Tagaim** abhaile ón scoil ar an Aoine agus bíonn tuirse an domhain orm. Tógaim (**glacaim**) sos ó na leabhair agus **féachaim** ar an teilifís ar feadh tamaill bhig. Tar éis dinnéir **déanaim** m'obair bhaile ar feadh uair nó dhó agus ansin **cuirim** glao ar mo chairde. Ina dhiaidh sin **tagann mo chairde** chuig mo theach agus **caithimid** tamall ar an ríomhaire nó ag éisteacht le ceol. Ar an Satharn **imrím** peil agus iománaíocht agus ansin **téim** amach le mo chairde. Maidin Dé Domhnaigh **osclaím** na leabhair scoile arís agus caithim uair nó dhó ag staidéar.

**54** Ceist: Céard a dhéanann tú ar do bhreithlá?

Freagra samplach:

Ar mo bhreithlá téim amach le mo theaghlach chuig bialann agus bíonn dinnéar blasta againn. Faighim cártaí ó mo chairde agus bronntanais ó mo dheirfiúr agus mo thuismitheoirí. Tugaim cuairt ar mo Mhamó agus tugann sí airgead dom. Is aoibhinn liom mo bhreithlá.

 Scríobh na freagraí thuas san aimsir chaite agus san aimsir fháistineach i do chóipleabhar.

 Léigh an freagra samplach ar Oíche Shathairn ar lch 171.

# An Modh Coinníollach

**55** Éist leis na ceisteanna agus na freagraí samplacha ar an dlúthdhiosca agus déan cleachtadh ar na ceisteanna sa téacsleabhar.

**Cabhair!**
**Le foghlaim**

| | | | |
|---|---|---|---|
| rachainn | I would go | thabharfainn | I would give |
| bheinn | I would be | chuirfinn | I would put |
| cheannóinn | I would buy | d'eagróinn | I would organise |
| thiocfainn | I would come | thiomáinfinn | I would drive |
| scríobhfainn | I would write | bheadh cóisir agam | I would have a party |
| thosóinn | I would start | thógfainn | I would take |
| dá mbuafá | if you won | glao | call |
| dea-scéala | good news | Nua-Eabhrac | New York |
| carthanais | charities | ionadh an domhain | astonished |
| airgead i dtaisce sa bhanc | money saved in the bank | d'athróinn | I would change |
| ní bheinn | I would not be | glao | call |
| leathlá | half day | gortaithe | injured |
| láithreach | immediately | | |

**56** Ceist: Céard a dhéanfá dá mbuafá a lán airgid sa chrannchur náisiúnta?

Téigh siar ar na briathra sa mhodh coinníollach ar lch 436.

Freagra samplach 1: Dá mbuafainn a lán airgid sa chrannchur náisiúnta bheadh an-áthas orm. Chuirfinn **glao** ar mo chairde agus d'inseoinn an **dea-scéala** dóibh. **Bheadh cóisir** mhór **agam** agus leanfadh an chóisir ar feadh trí lá. Ansin **rachainn** ar saoire chuig **Nua-Eabhrac** le mo chairde. **Cheannóinn** a lán rudaí do mo chairde agus do mo ghaolta. Nuair a **thiocfainn** abhaile thabharfainn airgead do **charthanais** in Éirinn chun cabhrú le daoine bochta.

Freagra samplach 2: Dá mbuafainn a lán airgid sa chrannchur náisiúnta bheadh **ionadh an domhain** orm. Thabharfainn airgead do mo thuismitheoirí agus cheannóinn bronntanais do mo chairde. Chuirfinn **airgead i dtaisce sa bhanc** agus dhéanfainn iarracht cabhrú le páistí bochta i Chernobyl.

# Aonad a hOcht — An Scrúdú Cainte

**57 Ceist: Céard a dhéanfá dá mbeifeá i do phríomhoide scoile?**

Freagra samplach: Bhuel, i dtosach **ní bheinn** ródhian ar na daltaí. **D'athróinn** rialacha na scoile agus bheadh cead ag na daltaí a bhfón póca a úsáid ar scoil. Thabharfainn **leathlá** do na daltaí ar an gCéadaoin agus ar an Aoine agus thosódh ranganna ar a deich gach maidin. Bheadh cead ag na daltaí dul chuig na siopaí ag am lóin agus chuirfinn deireadh le hobair bhaile.

**57 Ceist: Dá mbeadh timpiste ar an mbóthar céard a dhéanfá?**

Freagra samplach: Dá mbeadh timpiste ar an mbóthar chuirfinn **glao láithreach** ar na seirbhísí tarrthála. **Thabharfainn** cabhair do dhaoine a bheadh **gortaithe** ar thaobh na sráide agus d'fhanfainn leis an otharcharr agus na Gardaí.

**Anois freagair na ceisteanna thíos i do chóipleabhar.**

1. Céard a dhéanfá dá mbuafá a lán airgid?
2. Céard a dhéanfá dá mbeifeá i do phríomhoide scoile?
3. Dá mbeadh timpiste ar an mbóthar céard a dhéanfá?

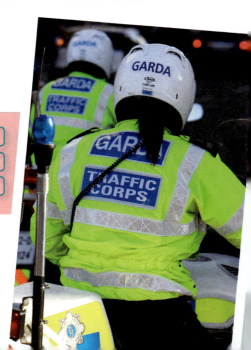

# An Scrúdú Cainte — Aonad a hOcht

## An tSraith Pictiúr
### Sraith Pictiúr 1 – Ag dul ag campáil

🔘 58

*Téigh chuig Aonad a Ceathair chun breis oibre a dhéanamh ar an ábhar seo.*

**Éist leis an dlúthdhiosca agus déan cur síos ar na pictiúir seo.**

Tá ceathrar óganach sa chéad phictiúr – beirt chailíní agus beirt bhuachaillí. Is déagóirí iad. Tá siad ina seasamh lasmuigh de shiopa campála. Tá a lán earraí campála i bhfuinneog an tsiopa – málaí droma, feisteas campála, sornóg chócaireachta (cooking stove), bróga siúlóide, puball – agus tá sé soiléir go bhfuil sé i gceist ag an gceathrar dul isteach. Lá breá samhraidh atá ann.

Tá an ceathrar ag ullmhú chun dul ag campáil. Tá málaí droma ag gach duine. Tá siad gléasta i mbróga siúlóide agus i bhfeisteas campála. Tá dhá phuball acu, giotár, fidil, hataí agus sornóg chócaireachta. Tá tuismitheoirí duine amháin acu ina seasamh sa doras ag fágáil slán acu.

Tá siad amuigh faoin tuath. Tá an aimsir go hálainn ar fad. Stopann siad ar thaobh an bhóthair. Tá capall sa pháirc in aice leo. Féachann siad ar an mapa. Tá an chuma orthu go bhfuil siad caillte. Tá buachaill amháin ag síneadh méire i dtreo na gcnoc. Tá cuma mhífhoighneach ar an mbuachaill seo.

Tá láthair champála faighte acu ar thaobh an chnoic. Áit dheas chluthair atá ann agus tá dhá chrann in aice leo. Tá siad ag tógáil na bpuball. Tá na cailíní ag ceangal síos a bpuball le pionnaí (pegs). Tá siad beagnach críochnaithe. Níl ag éirí go rómhaith leis na buachaillí. Tá buachaill amháin ag déanamh a dhíchill ach tá an buachaill eile ina sheasamh ag breathnú timpeall air gan tada á dhéanamh aige. Tá an buachaill atá ag obair an-mhíshásta leis.

Tá na pubaill tógtha agus tá siad ag ithe béile. Tá an tsornóg chócaireachta ar lasadh agus tá friochtán ar an tsornóg. Tá ispíní agus slisíní bagúin sa fhriochtán. Tá cailín ag seinm ceoil ar an bhfidil agus an buachaill á tionlacan (accompanying her) ar an ngiotár. Tá an buachaill eile ina sheasamh ag ól cupán caife agus tá an cailín eile ina suí ar a gogaide (her haunches) ag ithe na ispíní agus slisíní bagúin.

Tagann athrú ar an aimsir. Tosaíonn sé ag stealladh báistí. Tá beirt chailíní agus buachaill amháin gléasta in aidhleanna (oilskins) agus hataí agus iad amuigh faoin mbáisteach. Tá cailín amháin ar a dícheall ag iarraidh an tsornóg agus an friochtán a chur isteach i mbosca. Tá an buachaill eile istigh sa phuball, gan ach a cheann le feiscint agus é ag magadh faoin triúr eile atá ina líbíní maola báite (being drenched) ag an bpointe seo!

# Aonad a hOcht — An Scrúdú Cainte

## Sraith Pictiúr 2 – Ní féidir ól agus tiomáint!

**59**

> Téigh chuig Aonad a Ceathair chun breis oibre a dhéanamh ar an ábhar seo.

**Éist leis an dlúthdhiosca agus déan cur síos ar na pictiúir seo.**

Freagra samplach:

Tá beirt istigh i gcarr beag. Buachaill agus cailín. Déagóirí iad. Is é an buachaill an tiománaí. Tá siad ag dul chuig cóisir. Tá an chóisir ar siúl i dteach a gcarad. Tá slua mór ag bailiú le haghaidh na cóisire. Tá bronntanais á dtabhairt acu chuig an gcóisir – sé-phacaí beorach, buidéil fíona, boscaí seacláide agus mar sin de. Tá daoine ag rince laistigh agus grúpa beag ag caitheamh toitíní lasmuigh den doras.

Bíonn an-spórt acu ag an gcóisir. Bíonn neart le hól is le hithe ann. Bíonn daoine ag rince, ag caint agus ag gáire. Ólann an buachaill cannaí beorach agus bíonn an-imní ar an gcailín dá bharr. Éiríonn sé súgach (merry/drunk) go maith agus impíonn (implores) an cailín air gan an carr a thiomáint ina dhiaidh sin. Tá an-chuid daoine óga ar meisce agus iad caite ar an urlár.

Tá an chóisir thart. Tá sé déanach go leor san oíche. Suíonn an buachaill taobh thiar den roth stiúrtha (steering wheel). Tá sé i gceist aige an carr a thiomáint. Tá a lán daoine óga ag iarraidh dul isteach sa charr. Tá an cailín an-bhuartha ar fad. Impíonn sí air na heochracha a thabhairt di ach tugann sé an chluas bhodhar di.

Tá slua mór istigh sa charr anois. Tá a gcloigne sáite amach trí na fuinneoga acu agus tá siad ag screadadh agus ag béiceadh. Tá an cailín druidte i leataobh agus tá cuma dhíomách, imníoch uirthi. Tar éis dó an t-inneall a reibheáil imíonn an buachaill ar lánluas.

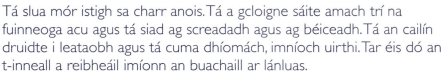

Bíonn timpiste ag an gcarr. Buaileann sé balla. Tá an carr iompaithe bunoscionn. Tá an t-inneall trí thine agus tá deatach dubh agus lasracha ag teacht as. Bailíonn a lán daoine timpeall. Tá gach cuma ar an scéal go bhfuil na daoine óga sa charr gortaithe go dona nó marbh fiú.

Tagann otharcharr, briogáid dóiteáin agus na Gardaí ar an láthair. Tá duine óg á thógaint ar shíntéan ó láthair na timpiste. Tá an cailín ag ceistiú duine de na Gardaí. Deir sé léi go bhfuil tiománaí an chairr gortaithe go dona.

# Sraith Pictiúr 3 – Cluiche Ceannais Peile na hÉireann

**Éist leis an dlúthdhiosca agus déan cur síos ar na pictiúir seo.**

Téigh chuig Aonad a Ceathair chun breis oibre a dhéanamh ar an ábhar seo.

Freagra samplach:

Is léir ó na bratacha agus na geansaithe go bhfuil cluiche ceannais peile ar siúl i bPáirc an Chrócaigh. Tá Corcaigh agus Baile Átha Cliath ag imirt. Tá geansaithe an dá chontae sin agus bratacha á n-iompar ag an lucht leanúna. Tá na sráideanna plódaithe le daoine. Tá bratacha, scaifeanna, hataí, srl, ar díol i stainnín (stall) ar thaobh na sráide.

Tá an staid plódaithe le lucht tacaíochta an dá chontae. Tá an dá fhoireann ar an bpáirc ag máirseáil taobh thiar de Bhanna Ceoil Buachaillí Ard Aidhin. Tá sceitimíní áthais ar gach éinne agus iad ag súil go mór le tús an chluiche.

Tá an cluiche ar siúl le tamall maith. Tá Corcaigh chun tosaigh ar Bhaile Átha Cliath. Tá cúl amháin agus naoi gcúilín ag Corcaigh agus níl ag Baile Átha Cliath ach seacht gcúilín. Tá an lámh in uachtar ag Corcaigh ar Bhaile Átha Cliath ag an bpointe seo.

Tá an cluiche nach mór críochnaithe. Tá an réiteoir réidh leis an fheadóg a shéideadh ach ag an nóiméad deireanach faigheann Baile Átha Cliath cúl iontach. Tá an cluiche thart. Tá an bua ag Baile Átha Cliath ar Chorcaigh. Tá lucht leanúna Bhaile Átha Cliath ar bís ar fad. Níl ach cúilín amháin eatarthu ag an deireadh.

Bailíonn na sluaite timpeall ar Ardán Uí Ógáin. Tá Corn Mhic Uidhir bronnta ar chaptaen fhoireann Bhaile Átha Cliath. Nuair a ardaíonn sé an corn san aer téann lucht leanúna 'Bhleá Cliath le craobhacha (crazy) ar fad.

Tá lucht leanúna Chorcaí ag fágáil Pháirc an Chrócaigh. Tá cuma an-bhrónach orthu agus iad ag imeacht. Tá díomá orthu nár bhuaigh Corcaigh an cluiche ceannais. Ba bheag nár bhuaigh siad é. Murach go bhfuair Baile Átha Cliath cúl ag an nóiméad deireanach ... Ach ní haon mhaith é a bheith ag clamhsán. Beidh lá eile ag an bPaorach!

# Aonad a hOcht / An Scrúdú Cainte

## Sraith Pictiúr 4 – Oíche na ceolchoirme

61

Téigh chuig Aonad a Ceathair chun breis oibre a dhéanamh ar an ábhar seo.

**Éist leis an dlúthdhiosca agus déan cur síos ar na pictiúir seo.**

Freagra samplach:

Tá ceathrar déagóirí bailithe le chéile sa seomra ríomhaireachta. Tá siad ag féachaint ar scáileán an ríomhaire. Tá fógra do cheolchoirm miotail throm air. Beidh sé ar siúl sa Chlub Vortex oíche Dé Sathairn ag a deich a chlog. Tá pictiúr den ghrúpa Metal Cage ar an bhfógra. Tá triúr sa ghrúpa. Tá beirt acu ag seinm giotár leictreach agus tá duine eile ag seinm drumaí.

Tá an ceathrar anois ina seasamh lasmuigh de Chlub Vortex. Tá a lán daoine óga bailithe ann. Tá gruaig fhada orthu. Tá cuid acu ag caitheamh tobac. Tá beirt fhear ina seasamh i ndoras an chlub. Fir mhóra, láidre iad. Tá siad gléasta i seaicéid dhubha agus tá carbhait chuachóige (bow-ties) á gcaitheamh acu.

Tá an ceathrar acu laistigh den chlub anois. Tá slua mór daoine bailithe mórthimpeall an stáitse. Tá siad ag damhsa agus ag léimneach san aer. Tá an grúpa Metal Cage ag seinm ceoil ar an stáitse. Tá an ceathrar druidte siar píosa maith ón stáitse. Tá an chuma orthu nach bhfuil siad róthógtha (too impressed) leis an rud ar fad.

Tagann duine garbh, míshlachtmhar chuig an gceathrar. Tá geansaí cochaill (hooded jersey) á chaitheamh aige. Tá cuma amhrasach air. Tá sé ag iarraidh rud éigin a dhíol leo. Níl suim acu aon rud a cheannach uaidh.

Nuair nach bhfuil suim acu ann, tosnaíonn sé ag sleamhnú uathu. Tá an ceathrar acu ag labhairt lena chéile. Tá siad ag croitheadh a gceann. Tá sé soiléir gur baineadh geit mhór astu. Tuigeann siad go bhfuil drugaí ag an bhfear seo agus go raibh sé ag iarraidh na drugaí a dhíol leo.

Tá siad lasmuigh den chlub arís. Insíonn siad don bheirt fhear dorais faoin eachtra a tharla laistigh den chlub. Déanann siad cur síos ar an duine a rinne iarracht na drugaí a dhíol leo. Tá aithne ag duine de na fir dhorais ar an duine seo. Cuireann an fear dorais eile glao ar na Gardaí ansin.

**An Scrúdú Cainte** | **Aonad a hOcht**

# Sraith Pictiúr 5 – Lá faoin tor!

 62

 Téigh chuig Aonad a Ceathair chun breis oibre a dhéanamh ar an ábhar seo.

**Éist leis an dlúthdhiosca agus déan cur síos ar na pictiúir seo.**

Freagra samplach:

Tá an bus tar éis stopadh os comhair na scoile. Tá na daltaí tar éis teacht amach as an mbus. Tá siad ag dul isteach sa scoil. Tá buachaill agus cailín fós istigh sa bhus. Tá siad ag féachaint amach an fhuinneog. Tá cuma shásta orthu. Tá siad ag gáire. Tá an bus ag bogadh ar aghaidh ó stad an bhus.

Tá an bheirt atá istigh sa bhus ar mhuin na muice ar fad. Tá siad ag baint a mbléasar scoile díobh agus ag cur geansaithe eile orthu. Tá an buachaill ag cur geansaí de chuid Man Utd air agus tá an cailín ag cur geansaí de chuid Jedward uirthi. Tá lúcháir ar an mbuachaill agus deir sé go mbeidh lá faoin tor (on the mitch) acu.

Stopann an bus lasmuigh d'Ionad Siopadóireachta na Coille. Feicimid go bhfuil an buachaill agus an cailín ag teacht amach as an mbus. Tá siad ag sciotaíl gáire agus tá sceitimíní áthais orthu.

Tá siad istigh san ionad siopadóireachta anois. Feicimid go bhfuil an cailín istigh i siopa éadaigh. Tá cuid mhaith éadaí le feiceáil: sciortaí, seaicéid, T-léine agus mar sin de. Tá mionsciorta deinim ag an gcailín agus tá sé i gceist aici é a thriail uirthi. Tá an buachaill istigh i siopa spóirt. Tá a lán earraí spóirt sa siopa: liathróidí peile, clubanna gailf, meáchain, mála dornála agus mar sin de. Tá an buachaill ag preabadh liathróid cispheile ar an urlár.

Tá an bheirt acu istigh i siopa caife anois. Tá siad ag ól caife agus ag ithe muifíní. Tá cuma ghealgháireach ar an mbeirt acu agus tá siad ar a sáimhín só. Tá mála in aice leis an gcailín. Tá sciorta deinim istigh ann. Tá mála ag an mbuachaill freisin. Tá liathróid chispheile istigh ann.

Tá an bheirt fós sa siopa caife. Tá an chuma orthu anois gur baineadh geit uafásach astu. Tá siad ag féachaint i dtreo an dorais. Tá an príomhoide ina sheasamh sa doras. Tá sé soiléir óna aghaidh go bhfuil sé thar a bheith crosta leo. Síneann sé a mhéar go feargach ina dtreo. Oops!

# Aonad a Naoi — An Chluastuiscint

# An Chluastuiscint

## Clár

### Treoir don Chluastuiscint
Ceisteanna, Focail choitianta, Eagraíochtaí tábhachtacha, Contaetha na tíre .................................................. 369

### Triail a hAon
Cuid A (Fógra a hAon, Fógra a Dó),
Cuid B (Comhrá a hAon, Comhrá a Dó),
Cuid C (Píosa a hAon, Píosa a Dó) ................................................................................................................ 372

### Triail a Dó
Cuid A (Fógra a hAon, Fógra a Dó),
Cuid B (Comhrá a hAon, Comhrá a Dó),
Cuid C (Píosa a hAon, Píosa a Dó) ................................................................................................................ 376

### Triail a Trí
Cuid A (Fógra a hAon, Fógra a Dó),
Cuid B (Comhrá a hAon, Comhrá a Dó),
Cuid C (Píosa a hAon, Píosa a Dó) ................................................................................................................ 380

### Triail a Ceathair
Cuid A (Fógra a hAon, Fógra a Dó),
Cuid B (Comhrá a hAon, Comhrá a Dó),
Cuid C (Píosa a hAon, Píosa a Dó) ................................................................................................................ 384

### Triail a Cúig
Cuid A (Fógra a hAon, Fógra a Dó),
Cuid B (Comhrá a hAon, Comhrá a Dó),
Cuid C (Píosa a hAon, Píosa a Dó) ................................................................................................................ 388

# An Chluastuiscint — Aonad a Naoi

## Treoir don Chluastuiscint

Tá sé an-tábhachtach go dtuigeann tú na ceisteanna difriúla. Seo iad na cinn is coitianta.

**Ceisteanna**

| | |
|---|---|
| Cathain? | When? |
| Cén lá? | What day? |
| Cén t-am? | What time? |
| Cén uair? | When? |
| Cá fhad? | How long? |
| Cad é an dáta deireanach? | What is the last date? |
| Cad é an spriocdháta? | What is the closing date? |
| Cén dáta a bheidh …? | On what day will … be? |
| Cén bhliain …? | In what year …? |
| An lá a bheidh … | The day that … will be |
| An oíche a bheidh … | The night that … will be |
| Cén? | What/which? |
| Cad? | What? |
| Céard? | What? |
| Cén fáth? | Why? |
| Tuige? | Why? |
| Cad chuige? | Why? |
| Cá? | Where? |
| Cá háit? | Where? |
| Cén áit? | Where? |
| Cé? | Who? |
| Cén duine? | Who? |
| Conas? | How? |
| Cén chaoi? | How? |
| Cén sórt? | What sort of? |
| Cén táille? | What fee? |
| Cad a bheidh ar siúl? | What will be happening/taking place? |
| An méid | The amount/how many/how much |
| Cé mhéad? | How many/how much? |
| Ainmnigh … | Name … |
| Luaigh … | Mention/state … |
| Cé a sheol …? | Who launched …? |

# Aonad a Naoi — An Chluastuiscint

**Focail choitianta**

| | | | |
|---|---|---|---|
| administration | riarachán | official | feidhmeannach |
| Appointments Section | Rannóg na gCeapachán | pay | tuarastal |
| apprentice | printíseach | personnel officer | oifigeach pearsanra |
| broadcaster | craoltóir | pleasant personality | pearsantacht thaitneamhach |
| candidates | iarrthóirí | presenter | láithreoir |
| centre | ionad | prize | duais |
| chairman | cathaoirleach | producer | léiritheoir |
| closing date | spriocdháta | qualifications | cáilíochtaí |
| competition | comórtas | recruit | earcach |
| computing | ríomhaireacht | representative | ionadaí |
| experience | taithí | researcher | taighdeoir |
| fluent | líofa | secretarial work | rúnaíocht |
| head | ceannasaí | skills | scileanna |
| institute of technology | institiúid teicneolaíochta | technical college | coláiste teicniúil |

**Eagraíochtaí tábhachtacha**

| | |
|---|---|
| Foras na Gaeilge, Cearnóg Mhuirfean | |
| Coimisinéirí Ioncaim | Revenue Commissioners |
| Coiste Réigiúnach | Regional Committee |
| Coistí Forbartha | Development Committees |
| Gael Linn | |
| Glór na nGael | |
| Ionad Fiontair | Enterprise Centre |
| Ionad Pobail | Community Centre |
| Raidió Teilifís Éireann, Domhnach Broc | |
| Rannóg na gCeapachán | Appointments Section |
| Taibhdhearc na Gaillimhe, Gaillimh | |
| TG4, Baile na hAbhann, Co. na Gaillimhe | |
| Údarás na Gaeltachta, Na Forbacha, Co. na Gaillimhe | |

# An Chluastuiscint — Aonad a Naoi

### Cúige Uladh – Ulster
Dún na nGall – Donegal
Doire – Derry
Aontroim – Antrim
An Dún – Down
Ard Mhacha – Armagh
Muineachán – Monaghan
An Cabhán – Cavan
Fear Manach – Fermanagh
Tír Eoghain – Tyrone

### Cúige Laighean – Leinster
Lú – Louth
An Mhí – Meath
Baile Átha Cliath – Dublin
Cill Mhantáin – Wicklow
Loch Garman – Wexford
Cill Dara – Kildare
Ceatharlach – Carlow
Cill Chainnigh – Kilkenny
Laois – Laois
Uíbh Fhailí – Offaly
An Iarmhí – Westmeath
An Longfort – Longford

### Cúige Mumhan – Munster
Corcaigh – Cork
Ciarraí – Kerry
Tiobraid Árann – Tipperary
An Clár – Clare
Luimneach – Limerick
Port Láirge – Waterford

### Cúige Chonnacht – Connacht
Gaillimh – Galway
Maigh Eo – Mayo
Ros Comáin – Roscommon
Sligeach – Sligo
Liatroim – Leitrim

**Nótaí**

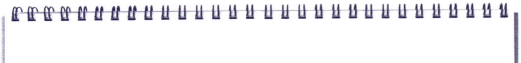

# Aonad a Naoi — An Chluastuiscint

 1-5

## Triail a hAon

### Cuid A

Cloisfidh tú **dhá cheann** d'fhógraí raidió sa chuid seo. Cloisfidh tú gach fógra díobh **faoi dhó**. Beidh sos le haghaidh scríobh na bhfreagraí tar éis na chéad éisteachta agus tar éis an dara héisteacht.

#### Fógra a hAon

> Bí ag faire amach do na focail seo:
>
> tonnfhad ............... wavelength  meascán ............... mixture  le buachan ............ to be won
> taithí ...................... experience  agallamh ............... interview  urraithe ................... sponsored
> cheana féin ............ already  duais ....................... prize  teagmháil ............... contact
> plé .......................... discussion

1. *when* Cathain a bheidh an clár ar siúl? _6-7 deardaoin_
2. *what/which* Cén stáisiún raidió atá i gceist? _Raidio na Life._
3. *who* Cé atá ag cur urraíochta ar fáil? _Foras na Gaeilge_
4. *one way to contact* Bealach amháin chun teagmháil a dhéanamh. _seol ríomhpoist._

#### Fógra a Dó

> Bí ag faire amach do na focail seo:
>
> cé is moite ........... except  cnuasach ............... collection  craoladh ............... broadcast
> gaisce ..................... achievement  foilsithe ................. published

1. Ainm an scannáin. _____
2. Cár rugadh Dara Beag? _____
3. Ábhar amháin sna dánta. _____
4. An stáisiún ar a mbeidh an clár ar siúl. _____

# An Chluastuiscint — Aonad a Naoi

## Triail a hAon

### Cuid B

Cloisfidh tú **dhá chomhrá** sa chuid seo. Cloisfidh tú gach comhrá díobh **faoi dhó**. Beidh sos le haghaidh scríobh na bhfreagraí tar éis na chéad éisteachta agus tar éis an dara héisteacht.

### Comhrá a hAon

Bí ag faire amach do na focail seo:

| | | |
|---|---|---|
| curtha in áirithe ........ booked | monarcha feola ......... meat factory | éarlais leabhair .......... book token |
| ceachtar ...................... either | ragairneacht ............... debauchery | |

**An chéad mhír**

1. Cá bhfuil Nuala agus Séamas ag dul?

2. Cathain a chuirfidh Rang a Sé na ticéid in áirithe?

**An dara mír**

1. Cá raibh Nuala ag obair sa samhradh?

2. Cá raibh Séamas ag obair?

# Aonad a Naoi — An Chluastuiscint

## Comhrá a Dó

Bí ag faire amach do na focail seo:

| | | | |
|---|---|---|---|
| otharlann | hospital | brúite | bruised |
| taisme | accident | bradmharcach | joy-rider |
| ag pilleadh/filleadh | returning | dearg-ghráin | fierce hatred |
| bail | condition | | |

### An chéad mhír

1. Cá raibh Áine ar maidin?

2. Cén fáth ar tharla an timpiste (fáth amháin)?

### An dara mír

1. Cén chaoi a bhfuil máthair Áine?

2. Cad a cheapann Feargal faoi na bradmharcaigh?

# An Chluastuiscint — Aonad a Naoi

## Triail a hAon

### Cuid C

Cloisfidh tú **dhá phíosa** nuachta raidió/teilifíse sa chuid seo. Cloisfidh tú gach píosa díobh **faoi dhó**. Beidh sos le haghaidh scríobh na bhfreagraí tar éis na chéad éisteachta agus tar éis an dara héisteacht.

#### Píosa a hAon

> Bí ag faire amach do na focail seo:
>
> ag athlonnú..................... relocating  
> costais táirgiúlachta...... production costs  
> malairt fostaíochta........ alternative employment

1. Cé mhéad post a chaillfear?

2. Cá bhfuil an mhonarcha ag dul?

#### Píosa a Dó

> Bí ag faire amach do na focail seo:
>
> príomhaire ............................. prime minister  
> próiseas na síochána ........... peace process

1. Cé a bhí sa ghrúpa in éineacht leis an Uachtarán?

2. Cé hí príomhaire na tíre?

# Aonad a Naoi — An Chluastuiscint

 16-20

## Triail a Dó

### Cuid A

Cloisfidh tú **dhá cheann** d'fhógraí raidió sa chuid seo. Cloisfidh tú gach fógra díobh **faoi dhó**. Beidh sos le haghaidh scríobh na bhfreagraí tar éis na chéad éisteachta agus tar éis an dara héisteacht.

#### Fógra a hAon

> Bí ag faire amach do na focail seo:
>
> bronn.................. present      cartlann.................. archives
> bailiúchán............ collection    ba cháiliúla............. most famous

1. An áit a raibh na daoine bailithe. _____
2. Rud amháin a bronnadh ar an leabharlann. _____
3. An líon rudaí a bhí ann. _____
4. Post Sheáin Kyne. _____

#### Fógra a Dó

> Bí ag faire amach do na focail seo:
>
> faisnéis.................. report      lacáiste.................. reduction
> scartha................... apart

1. a  Cad is ainm don scannán?
   _____

   b  Cé a chuireann an clár i láthair?
   _____

2. a  Cé mhéad atá ar na ticéid?
   _____

   b  Cén uimhir fóin a luaitear?
   _____

# Aonad a Naoi — An Chluastuiscint

 **21-25**

## Triail a Dó

### Cuid B

Cloisfidh tú **dhá chomhrá** sa chuid seo. Cloisfidh tú gach comhrá díobh **faoi dhó**. Beidh sos le haghaidh scríobh na bhfreagraí tar éis na chéad éisteachta agus tar éis an dara héisteacht.

### Comhrá a hAon

Bí ag faire amach do na focail seo:

| | | | |
|---|---|---|---|
| buaicphointe | high point | corróg | hip |
| spéirbhean | beautiful woman | seoltóireacht | sailing |
| nach méanar duit? | aren't you lucky? | | |

**An chéad mhír**

1. Cá raibh Eoin ag obair?

2. Inis rud amháin a deir Eoin faoina chailín.

**An dara mír**

1. Cén fáth a raibh Eibhlín i gCiarraí?

2. Luaigh rud amháin a bhí ar siúl aici ann.

# Aonad a Naoi — An Chluastuiscint

## Comhrá a Dó

> Bí ag faire amach do na focail seo:
>
> | | | | |
> |---|---|---|---|
> | díospóireacht | debate | cogadh san Iaráic | war in Iraq |
> | eagraithe | organised | oibrithe deonacha | voluntary workers |
> | agóidí | protests | | |

### An chéad mhír

1. Cé atá ag eagrú na díospóireachta?
   _____

2. Cathain a bheidh an díospóireacht ar siúl?
   _____

### An dara mír

1. Luaigh tír amháin ina bhfuil saighdiúirí Éireannacha ag obair.
   _____

2. Cá mbíonn oibrithe deonacha ag obair?
   _____

# An Chluastuiscint — Aonad a Naoi

## Triail a Dó

### Cuid C

Cloisfidh tú **dhá phíosa** nuachta raidió/teilifíse sa chuid seo. Cloisfidh tú gach píosa díobh **faoi dhó**. Beidh sos le haghaidh scríobh na bhfreagraí tar éis na chéad éisteachta agus tar éis an dara héisteacht.

### Píosa a hAon

> Bí ag faire amach do na focail seo:
> crua-earraí .................... hardware
> fairtheoir oíche ............ night watchman
> luach ............................ value
> úinéirí .......................... owners
> athoscailt .................... reopen
> monarcha .................... factory

1. Cá bhfuil Brian Ó Domhnaill ag obair?

2. Cé mhéad oibrí a chaill a bpost?

### Píosa a Dó

> Bí ag faire amach do na focail seo:
> stairiúil ........................ historical
> in adharca a chéile ...... at loggerheads
> breis ............................ extra
> go beo .......................... quickly

1. Cathain a bheidh an cluiche ar siúl?

2. Cé a bheidh ag imirt sa chluiche?

# Aonad a Naoi — An Chluastuiscint

## Triail a Trí

### Cuid A

Cloisfidh tú **dhá fhógra** raidió sa chuid seo. Cloisfidh tú gach fógra díobh **faoi dhó**. Beidh sos le haghaidh scríobh na bhfreagraí tar éis na chéad éisteachta agus tar éis an dara héisteacht.

### Fógra a hAon

> Bí ag faire amach do na focail seo:
>
> ag seoladh ............... launching      i gcéin ............... abroad
> dlúthdhiosca ............... CD           coirmeacha ceoil ............... concerts
> cnuasach ............... collection

1. Ainm an dlúthdhiosca. _____
2. Cathain a sheolfar an dlúthdhiosca? _____
3. Cár fhás Lasairfhíona aníos? _____
4. Cá mbíonn Lasairfhíona le cloisteáil? _____

### Fógra a Dó

> Bí ag faire amach do na focail seo:
>
> urlabhraí ............... spokesperson
> ag cailliúint ............... losing

1. **a** Luaigh áit amháin a mbíodh an tseirbhís le fáil.
   _____

   **b** Cé mhéad lá a mbíodh an tseirbhís ar fáil?
   _____

2. Cén t-am a fhágfaidh an bus Ailt an Chorráin agus Anagaire?
   **a** Ailt an Chorráin
   _____

   **b** Anagaire
   _____

# An Chluastuiscint — Aonad a Naoi

## Triail a Trí

### Cuid B

Cloisfidh tú **dhá chomhrá** raidió sa chuid seo. Cloisfidh tú gach comhrá díobh **faoi dhó**. Beidh sos le haghaidh scríobh na bhfreagraí tar éis na chéad éisteachta agus tar éis an dara héisteacht.

### Comhrá a hAon

> Bí ag faire amach do na focail seo:
>
> ardmholadh...............high praise        aistriú...........................move
> ar imirce......................emigrated     lonnaithe.....................set
> sraith............................series         samhlaíocht................imagination
> is áiféisí.......................silliest        clár staire ....................history programme
> todhchaí......................future

**An chéad mhír**

1. Cén fáth nach féidir le Stiofán dul go dtí an phictiúrlann?

2. Cén t-aisteoir atá sa scannán?

**An dara mír**

1. Luaigh cúis amháin nach maith le Tríona *Star Trek*.

2. Cén cineál scannán a thaitníonn le Tríona, dar le Stiofán?

# Aonad a Naoi  An Chluastuiscint

## Comhrá a Dó

> Bí ag faire amach do na focail seo:
> curtha in áirithe ....... booked    puball ......................... tent    salachar ........................ dirt
> liúdramán .................... idiot    láib ............................... mud    beo ............................... live

### An chéad mhír

1. Cathain a bheidh Oxegen ar siúl?

2. Conas a bhí Cathal nuair a tháinig sé abhaile ó Oxegen?

### An dara mír

1. Cén grúpa iontach a bheidh ag seinm ann?

2. Cén fáth nach féidir le Siobhán dul go dtí Oxegen?

# An Chluastuiscint — Aonad a Naoi

 **41-45**

## Triail a Trí

### Cuid C

Cloisfidh tú **dhá phíosa** nuachta raidió/teilifíse sa chuid seo. Cloisfidh tú gach píosa díobh **faoi dhó**. Beidh sos le haghaidh scríobh na bhfreagraí tar éis na chéad éisteachta agus tar éis an dara héisteacht.

### Píosa a hAon

> Bí ag faire amach do na focail seo:
>
> sméar mhullaigh............... high point
> fíoraíonn............................ proves
> dúchas................................ nature

1. Cá raibh an tOireachtas ar siúl? _____
2. Cé mhéad a d'fhreastail ar an Oireachtas? _____
3. Cad a bhuaigh Mícheál Ó Confhaola? _____
4. Cathain a bhuaigh Sarah Ghriallais an comórtas? _____

### Píosa a Dó

> Bí ag faire amach do na focail seo:
>
> le linn máirseála............ during a march    chuir sé i leith................ he accused
> críochfort......................... terminal          lámh láidir........................ violence
> agóid................................. protest

1. Cá bhfuil Béal Átha Bhuí?

    _____

2. Cé mhéad a ghlac páirt san agóid?

    _____

# Aonad a Naoi — An Chluastuiscint

**46-50**

## Triail a Ceathair

### Cuid A

Cloisfidh tú **dhá fhógra** raidió sa chuid seo. Cloisfidh tú gach fógra díobh **faoi dhó**. Beidh sos le haghaidh scríobh na bhfreagraí tar éis na chéad éisteachta agus tar éis an dara héisteacht.

#### Fógra a hAon

> Bí ag faire amach do na focail seo:
>
> comóradh/ceiliúradh....... celebration    buacach................................ winning
> dúshlán................................ challenge    sólaistí................................ delicacies

**1.** **a** Cén aois é an Cumann Lúthchleas Gael?
_____

  **b** Cá mbeidh an Cumann ag dul?
_____

**2.** **a** Ainmnigh an bád.
_____

  **b** Cé mhéad a bheidh ar thicéid fillte?
_____

#### Fógra a Dó

> Bí ag faire amach do na focail seo:
>
> ceiliúradh, comóradh ...... celebration    léacht................................ lecture
> cuimhneachán................... commemoration    tionchar............................ influence
> oidhreacht.......................... heritage    logainmneacha................... placenames
> Lochlannaigh..................... Vikings

**1.** Cá bhfuil Ionad an Bhlascaoid Mhóir?    _____

**2.** Cathain a bheidh an ceiliúradh ar siúl?    _____

**3.** Rud amháin a bheidh ar siúl ann.    _____

**4.** Bealach amháin chun teagmháil a dhéanamh.    _____

An Chluastuiscint | Aonad a Naoi

 51-55

# Triail a Ceathair

## Cuid B

Cloisfidh tú **dhá chomhrá** sa chuid seo. Cloisfidh tú gach comhrá díobh **faoi dhó**. Beidh sos le haghaidh scríobh na bhfreagraí tar éis na chéad éisteachta agus tar éis an dara héisteacht.

### Comhrá a hAon

> Bí ag faire amach do na focail seo:
>
> | | | |
> |---|---|---|
> | bob nó bia ............ trick or treat | tinte cnámh .......... bonfires | bithiúnaigh ............ troublemakers |
> | sceitimíní ............... excitement | gasóga ..................... scouts | eochair ................... key |
> | taibhse ..................... ghost | d'aon ghnó ............ deliberately | béasa ....................... manners |

**An chéad mhír**

1. Cén oíche atá i gceist?

2. Cad a rinne Ciara?

3. Conas a ghléas Cormac bliain amháin?

4. Cad a bhí ar siúl sa teach?

**An dara mír**

1. Cad a bhí ar siúl sna sléibhte?

2. Cad a tharla i gCorcaigh?

# Aonad a Naoi — An Chluastuiscint

## Comhrá a Dó

Bí ag faire amach do na focail seo:

| | | | |
|---|---|---|---|
| dearmadach | forgetful | tithe altranais | nursing homes |
| sorn | cooker | obair dheonach | voluntary work |
| ródhian | too hard | idirbhliain | transition year |
| duine ná deoraí | not a soul | míchumasach | disabled |

### An chéad mhír

1. Cén aois í an tseanmháthair?

2. Luaigh rud amháin a rinne an tseanmháthair.

### An dara mír

1. Luaigh rud amháin a rinne Ciarán leis na seandaoine.

2. Cá ndearna Cáit a cuid obair dheonach?

# Triail a Ceathair

## Cuid C

Cloisfidh tú **dhá phíosa** nuachta raidió/teilifíse sa chuid seo. Cloisfidh tú gach píosa díobh **faoi dhó**. Beidh sos le haghaidh scríobh na bhfreagraí tar éis na chéad éisteachta agus tar éis an dara héisteacht.

### Píosa a hAon

Bí ag faire amach do na focail seo:

feighlí ..................... attendant
cómhaoinithe ...... jointly funded
cáil ............................ fame

1. Cad is ainm don scannán?

2. Cén post atá ag Josie?

3. Cé a scríobh an scannán?

4. Luaigh obair eile atá déanta ag Pat Shortt.

### Píosa a Dó

Bí ag faire amach do na focail seo:

searmanas ................... ceremony
iarcheannaire ............. former leader
cearta daonna ........... human rights
éagóir ........................... injustice
tuaisceart .................... north

1. Cé a bhuaigh pearsa na bliana?

2. Luaigh gradam eile a bhuaigh sé.

# Aonad a Naoi — An Chluastuiscint

 **61-65**

## Triail a Cúig

### Cuid A

Cloisfidh tú **dhá fhógra** raidió sa chuid seo. Cloisfidh tú gach fógra díobh **faoi dhó**. Beidh sos le haghaidh scríobh na bhfreagraí tar éis na chéad éisteachta agus tar éis an dara héisteacht.

#### Fógra a hAon

Bí ag faire amach do na focail seo:
céim.............................degree
cumarsáid.................communication

1. **a** Cén stáisiún atá i gceist?
   _____

   **b** Luaigh áit amháin a raibh Aoife ag obair cheana féin.
   _____

2. Luaigh dhá bhealach le teagmháil a dhéanamh.
   **a** _____
   **b** _____

#### Fógra a Dó

Bí ag faire amach do na focail seo:
naíonra..........................playschool    clárú...............................register
lonnaithe.....................situated       scairt................................call

1. Cá bhfuil an naíonra nua? _____
2. An líon páistí a bheidh ag dul ann. _____
3. Uaireanta oscailte an naíonra. _____
4. Uimhir fóin Áine. _____

# An Chluastuiscint — Aonad a Naoi

## Triail a Cúig

### Cuid B

Cloisfidh tú **dhá chomhrá** sa chuid seo. Cloisfidh tú gach comhrá díobh **faoi dhó**. Beidh sos le haghaidh scríobh na bhfreagraí tar éis na chéad éisteachta agus tar éis an dara héisteacht.

#### Comhrá a hAon

> Bí ag faire amach do na focail seo:
>
> | | | | |
> |---|---|---|---|
> | timpeallacht | environment | ag tuar | predicting |
> | coiscéim carbóin | carbon footprint | san fhaopach | in trouble |
> | áibhéil | exaggeration | aineolach | ignorant |
> | saineolaithe | experts | téamh domhanda | global warming |
> | ciontach | guilty | | |

**An chéad mhír**

1. Cathain a bheidh Seachtain na Timpeallachta ar siúl?

2. Cad a dhéanfaidh Muireann don timpeallacht?

**An dara mír**

1. Luaigh rud amháin a bheidh ar siúl i gceann caoga bliain.

2. Cad a dhéanfaidh Muiris ar an Luan?

# Aonad a Naoi — An Chluastuiscint

## Comhrá a Dó

Bí ag faire amach do na focail seo:

| | |
|---|---|
| ardmholadh..................high praise | réaltacht..........................reality |
| léirmheastóir................critic | coiriúlacht......................crime |
| feabhas..........................improvement | náireach..........................shameful |
| dúnmharú......................murder | oiriúnach........................suitable |
| go rialta..........................regularly | |

### An chéad mhír

1. Cén clár atá i gceist?

2. Luaigh fadhb amháin atá i ngach baile beag in Éirinn.

### An dara mír

1. Cén t-am a bhíonn an clár ar siúl?

2. Cad a cheapann a hiníon féin faoin gclár?

# An Chluastuiscint — Aonad a Naoi

 **71-75**

## Triail a Cúig

### Cuid C

Cloisfidh tú **dhá phíosa** nuachta raidió/teilifíse sa chuid seo. Cloisfidh tú gach píosa díobh **faoi dhó**. Beidh sos le haghaidh scríobh na bhfreagraí tar éis na chéad éisteachta agus tar éis an dara héisteacht.

### Píosa a hAon

Bí ag faire amach do na focail seo:

| | |
|---|---|
| scáileán | screen |
| imirce | emigration |
| dátheangach | bilingual |

**1.** Cé a scríobh an dráma *Kings*?

**2.** Cad atá stairiúil faoin scannán?

### Píosa a Dó

Bí ag faire amach do na focail seo:

| | | | |
|---|---|---|---|
| gan dídean | homeless | tinneas buinní | diarrhoea |
| cioclón | cyclone | tubaiste | disaster |
| dúshláin | challenges | daonra | population |
| ganntanas | shortage | | |

**1.** Cé mhéad a fuair bás de dheasca an chioclóin?

**2.** Luaigh fadhb amháin atá sa tír anois.

# Aonad a Deich — Gramadach

# Gramadach

## Clár

| | | |
|---|---|---|
| 1 | **An Aidiacht Shealbhach** | 393 |
| 2 | **Séimhiú** | 396 |
| 3 | **Urú** | 398 |
| 4 | **An Aimsir Chaite** | 400 |
| | An chéad réimniú – briathar leathan | 400 |
| | An chéad réimniú – briathar caol | 402 |
| | An dara réimniú – briathar leathan | 404 |
| | An dara réimniú – briathar caol | 406 |
| | An dara réimniú – briathra a chríochnaíonn le -(a)ir, -(a)il, -(a)is, -(a)in | 408 |
| | Na briathra neamhrialta | 410 |
| 5 | **An Aimsir Láithreach** | 412 |
| | An chéad réimniú – briathar leathan | 412 |
| | An chéad réimniú – briathar caol | 414 |
| | An dara réimniú – briathar leathan | 416 |
| | An dara réimniú – briathar caol | 418 |
| | An dara réimniú – briathra a chríochnaíonn le -(a)ir, -(a)il, -(a)is, -(a)in | 420 |
| | Na briathra neamhrialta | 422 |
| 6 | **An Aimsir Fháistineach** | 424 |
| | An chéad réimniú – briathar leathan | 424 |
| | An chéad réimniú – briathar caol | 426 |
| | An dara réimniú – briathar leathan | 428 |
| | An dara réimniú – briathar caol | 430 |
| | An dara réimniú – briathra a chríochnaíonn le -(a)ir, -(a)il, -(a)is, -(a)in | 432 |
| | Na briathra neamhrialta | 434 |
| 7 | **An Modh Coinníollach** | 436 |
| | An chéad réimniú – briathar leathan | 436 |
| | An chéad réimniú – briathar caol | 438 |
| | An dara réimniú – briathar leathan | 440 |
| | An dara réimniú – briathar caol | 442 |
| | An dara réimniú – briathra a chríochnaíonn le -(a)ir, -(a)il, -(a)is, -(a)in | 444 |
| | Na briathra neamhrialta | 446 |
| 8 | **Céimeanna Comparáide na hAidiachta** | 448 |
| 9 | **Na Réamhfhocail** | 450 |
| 10 | **Na hUimhreacha** | 455 |

# Gramadach — Aonad a Deich

## 1 An Aidiacht Shealbhach

**Riail le foghlaim: roimh chonsan**

| | | | |
|---|---|---|---|
| mo + séimhiú | mo chóta | mo dheartháir | mo mháthair |
| do + séimhiú | do chóta | do dheartháir | do mháthair |
| a (*his*) + séimhiú | a chóta | a dheartháir | a mháthair |
| a (*her*) – | a cóta | a deartháir | a máthair |
| ár + urú | ár gcótaí | ár ndeartháireacha | ár máthair |
| bhur + urú | bhur gcótaí | bhur ndeartháireacha | bhur máthair |
| a (*their*) + urú | a gcótaí | a ndeartháireacha | a máthair |

## Cleachtadh ag scríobh

**A | Athscríobh na habairtí seo gan na lúibíní.**

1. Chuaigh mé abhaile le mo (cara) _chara_ ón scoil inné.
2. Thit a (peann) _pheann_ ar an urlár agus phioc sé suas é.
3. Bhí a (múinteoir) _múinteoir_ crosta léi mar nár thug sí a (mála) _mála_ ar scoil.
4. D'itheamar ár (béile) _mbéile_ go tapa mar go raibh ocras orainn.
5. Tá mo (deirfiúr) _dheirfiúr_ seacht mbliana d'aois.

**B | Athscríobh na habairtí seo a leanas gan na lúibíní.**

1. Tá a (teach) _theach_ suite faoin tuath agus bíonn sé ann go minic.
2. Téim ar mo chuid laethanta saoire gach samhradh le mo (muintir) _mhuintir_ agus le mo (cara) _chara_ Úna.
3. Is aoibhinn léi a (múinteoir) _múinteoir_ Béarla ach ní maith léi a (príomhoide) _phríomhoide_.
4. 'Tá bhur (bróg) _mbróg_ in aice an dorais,' a dúirt Mam leis na páistí.
5. Thug siad a (bronntanas) _bhronntannas_ don mhúinteoir ag an Nollaig.

**C | Cuir Gaeilge ar na focail seo.**

1. mo mhúinteoir
   his teacher _a mhúinteoir_
   her teacher _a múinteoir_
   their teacher _a múinteoir_

2. mo theach
   his house _a theach_
   her house _a teach_
   their house _a dteach_

# Aonad a Deich — Gramadach

**Riail le foghlaim: roimh ghuta**  *(n for vowels)*

| | | | |
|---|---|---|---|
| m' | m'athair | ár + n- | ár n-athair |
| d' | d'athair | bhur + n- | bhur n-athair |
| a *(his)* | a athair | a *(their)* + n- | a n-athair |
| a *(her)* + h | a hathair | | |

## Cleachtadh ag scríobh

**A | Athscríobh na habairtí seo gan na lúibíní.**

1. Scríobh sí a (ainm) **hainm** ar a (cóipleabhar) **cóipleabhar** nua.
2. D'éirigh a (aghaidh) **aaghaidh** an-dearg mar gur thit sé ar an talamh.
3. Chaill mé mo (airgead) **Mairgead** ar mo bhealach ar scoil.
4. Bhí an cailín an-álainn agus thit an fear i ngrá lena (áilleacht) _____.
5. Léigh gach duine a (alt) **nalt** nuair a scríobh siad sa pháipéar é.

**B | Athscríobh na habairtí seo gan na lúibíní.**

1. Thug a (aintín) **naintín** bronntanas dóibh ag an Nollaig.
2. Scríobh sé a (aiste) **haiste** Bhéarla ar an Domhnach.
3. Tá a (áit) **háit** dúchais go hálainn agus téann sí ann go minic.
4. Is maith liom mo (eastát) **méastát** tithíochta mar go bhfuil sé an-deas.
5. Ní maith leo a (éide) **néide** scoile mar go bhfuil dath dubh uirthi.

**C | Cuir Gaeilge ar na focail seo.**

1. m'áit dhúchais
   - your native place **d'áit dhúchais**
   - his native place _____
   - her native place _____
   - their native place _____

2. m'airgead
   - your money **d'airgead**
   - his money **a airgead**
   - her money **a hairgead**
   - their money **a n-airgead**

# Gramadach — Aonad a Deich

**Riail le foghlaim**

| mo … agus **i** | mo … agus **le** | mo … agus **do** |
|---|---|---|
| Táim **i mo chónaí** | **le mo chara** | **do mo chara** |
| Tá tú **i do chónaí** | **le do chara** | **do do chara** |
| Tá sé **ina chónaí** | **lena chara** | **dá chara** |
| Tá sí **ina cónaí** | **lena cara** | **dá cara** |
| Táimid **inár gcónaí** | **lenár gcairde** | **dár gcairde** |
| Tá sibh **in bhur gcónaí** | **le bhur gcairde** | **do bhur gcairde** |
| Tá siad **ina gcónaí** | **lena gcairde** | **dá gcairde** |

## Cleachtadh ag scríobh

**A | Athscríobh na habairtí seo gan na lúibíní.**

1. Tá Seán ina (cónaí) _chónaí_ i mBaile Átha Cliath.
2. Bhí tuirse orm mar go raibh mé i mo (seasamh) _____ ar feadh cúpla uair an chloig.
3. Thug an buachaill cic dá (deartháir) _____ mar go raibh sé ag cur isteach air.
4. Is aoibhinn le mo (cara) _____ ceol agus thug mé ticéad don cheolchoirm di dá (breithlá) _____.
5. Tá sí ina (cónaí) _ina cónaí_ i nGaillimh ach tá uaigneas uirthi mar go bhfuil a (cara) _cara_ Eoin ina (cónaí) _cónaí_ i Sligeach.

**B | Athscríobh na habairtí seo gan na lúibíní.**

1. Uaireanta bíonn Máistir de Barra ina (seasamh) _____ agus uaireanta bíonn sé ina (suí) _____.
2. Thug Máire bláthanna dá (máthair) _____ dá breithlá.
3. Níor lig an mháthair dá (iníon) _____ dul amach.
4. Is aoibhinn liom a bheith i mo (suí) _____ os comhair na teilifíse.
5. D'fhág mo (cairde) _____ an baile seo agus anois tá siad ina (cónaí) _____ faoin tuath.

## Aonad a Deich — Gramadach

## 2 Séimhiú

### Le foghlaim

Leanann séimhiú na focail seo a leanas má chuirtear roimh chonsan iad.
mo, do, a (*his*): mo **mh**áthair, do **mh**áthair, a **mh**áthair

**ar, de, do, sa**
→ bhí áthas **ar Mh**áire
→ d'fhiafraigh mé **de Sh**eán
→ thug mé an leabhar **do Ph**ádraig
→ tá mo chlann go léir **sa bh**aile

**nuair a …**
→ **nuair a dh**éanaim m'obair bhaile …
→ **nuair a th**agaim abhaile …

**faoi, ó, trí, thar, don, roimh**
→ bhí sé ag magadh **faoi Ph**ádraig
→ tháinig sé **ó Gh**aillimh
→ chuaigh an teach **trí th**ine
→ léim sé **thar bh**alla amach
→ d'ith mé úll **don bh**ricfeasta
→ chuir mé fáilte **roimh Sh**eán

**ró** (*too*) **agus an-** (*very*)
**ró**hór/**róbh**eag, **an-mh**aith/**an-ch**rosta

**uimhreacha 1–6**
**aon ch**apall, **dhá ch**apall, **trí ch**apall,
**ceithre ch**apall, **cúig ch**apall, **sé ch**apall

## Cleachtadh ag scríobh

**A |** Athscríobh na habairtí seo gan na lúibíní.

1. Bhí fearg ar (Seán) _____ nuair a bhris a chara a rothar.
2. Ní raibh aon (bád) _____ amuigh mar go raibh an fharraige ró (garbh) _____ .
3. In Éirinn bíonn sé an-(meirbh) _____ agus an-(fliuch) _____ ar an lá céanna.
4. Nuair a (tar) _____ Úna abhaile gach lá bíonn uirthi a lán oibre a dhéanamh.
5. Bhí tine mhór sa (baile) _____ aréir ach ní raibh sé sa (caisleán) _____ .

**B |** Athscríobh na habairtí seo a leanas gan na lúibíní.

1. Bíonn mo (máthair) _____ ró (crosta) _____ i gcónaí.
2. Bhí trí (fón) _____ póca ag mo chara.
3. Tháinig siad ó (Sasana) _____ don (cóisir) _____ .
4. Bhí gach duine ag caint faoi (Siobhán) _____ .
5. Nuair a (cabhraím) _____ le mo Mham bíonn áthas uirthi.

## Gramadach — Aonad a Deich

**C | Athscríobh na habairtí seo gan na lúibíní.**

1. Nuair a (féachann) _____ Máire ar an teilifís bíonn áthas agus brón uirthi.
2. Chuir mé fáilte roimh (Pól) _____ nuair a tháinig sé abhaile ón Spáinn.
3. Is maith le mo (cara) _____ ainmhithe agus tá trí (cat), _____ dhá (capall) _____ agus ceithre (madra) _____ aici.
4. Nuair a (téigh mé) _____ ar scoil gach lá éirím ag a seacht.
5. Chuala mé ráfla faoi (Máire) _____.

**D | Athscríobh na habairtí seo gan na lúibíní.**

1. Nuair a bhí a (cara) _____ ag caint leis thit sé ina (codladh) _____.
2. Ní thuigim an cheist sin mar go bhfuil sí ró (deacair) _____ agus ró (casta) _____.
3. Chuaigh trí (teach) _____ trí (tine) _____ aréir sa (cathair) _____.
4. Thug mé an leabhar do (Cian) _____ agus chuir sé ina (mála) _____ é.
5. Bhí an rang ag magadh faoi (buachaill) _____ nua a tháinig isteach agus bhí an múinteoir an-(feargach) _____ leis an rang.

**E | Cuir Gaeilge ar na habairtí seo.**

1. I gave Seán the book and he put it in his bag.
2. There were five cats in the garden.
3. The house is too small for the family but too big for my grandmother.
4. Colm was delighted when his friends came.
5. I do my homework when I come home.

**F | Athscríobh na habairtí seo gan a leanas na lúibíní.**

1. Chuaigh sé go dtí ceithre (cluiche) _____ inné.
2. Briseadh a (croí) _____ nuair a d'fhág a (buachaill) _____ í.
3. Bhí tuirse an domhain ar (Pádraig) _____ ar maidin.
4. Deir an múinteoir go bhfuil ár rang an-(cainteach) _____.
5. Cuireann mo (máthair) _____ fáilte roimh (Gearmánaigh) _____ i gcónaí.

## Aonad a Deich — Gramadach

### 3 Urú

**Le foghlaim**

**Leanann urú na focail seo a leanas má chuirtear roimh chonsan iad:
ár, bhur, a (*their*): ár gcara, bhur gcara, a gcara**

**i**
→ **i d**trioblóid
→ **i g**cónaí
→ **i n**Gaillimh

**uimhreacha 7–10**
**seacht g**capall, **ocht g**capall,
**naoi g**capall, **deich g**capall

**ag an, ar an, as an, roimh an**
→ bhí Máire **ag an g**cluiche
→ bhí áthas **ar an bh**fear
→ baineadh geit **as an g**cailín
→ chuir mé fáilte **roimh an g**cuairteoir

**Urú**
→ 'm' roimh 'b' — ar an **m**bád
→ 'g' roimh 'c' — ar an **g**capall
→ 'n' roimh 'd' — naoi **n**doras
→ 'bh' roimh 'f' — ar an **bh**farraige
→ 'n' roimh 'g' — roimh an **n**garda
→ 'b' roimh 'p' — ar an **b**páiste
→ 'd' roimh 't' — i **d**tír

**ón, tríd an, leis an, faoin**
→ thóg mé bainne **ón g**cuisneoir
→ rith sé **tríd an b**páirc
→ bhí mé ag caint **leis an m**buachaill
→ bhí sé i bhfolach **faoin m**bord

### Cleachtadh ag scríobh

**A | Athscríobh na habairtí seo gan na lúibíní.**

1. Bhí fearg ar an (bean) _____ nuair a goideadh a (carr) _____.
2. Bhí áthas an domhain ar an (fear) _____ nuair a fuair sé a (duais) _____.
3. Bíonn Seán i (cónaí) _____ ag caint sa rang agus bíonn sé i (trioblóid) _____ an t-am ar fad.
4. D'éalaigh na gadaithe ón (príosún) _____ aréir agus d'fhág siad a (cótaí) _____ ann.
5. Is aoibhinn le mo (máthair) _____ ainmhithe: tá seacht (cat), _____ trí (capall) _____ agus naoi (coinín) _____ aici.

## Gramadach — Aonad a Deich

**B | Athscríobh na habairtí seo gan na lúibíní.**

1. Nuair a chuaigh an teach trí (tine) _____ chuir an bhean glaoch ar an (briogáid) _____ dóiteáin ar an (fón) _____.
2. Chuir an bhean fáilte roimh an (cuairteoir) _____ nuair a tháinig sé anseo ar cuairt ar a (teach) _____.
3. Bhí fearg ar an (fear) _____ a bhí in aice leis an (fuinneog) _____.
4. Nuair a bhíomar ar laethanta saoire d'fhanamar ag féachaint ar an (farraige) _____ an lá ar fad.
5. Bhí sé ag caint leis an (garda) _____ faoin (carr) _____ a goideadh.

**C | Athscríobh na habairtí seo gan na lúibíní.**

1. Bhí áthas ar an (file) _____ mar go raibh an cailín i (grá) _____ leis.
2. D'éalaigh na hainmhithe as an (gairdín) _____ agus chuir siad eagla ar an (cailín) _____ óg.
3. Chonaic siad a (cairde) _____ ag caint lena (deartháireacha) _____.
4. Bhain sé geit as an (cailín) _____ nuair a léim sé amach ar an (bóthar) _____.
5. Bhí an chlann ar a laethanta saoire i (Dún) _____ na nGall.

**D | Cuir Gaeilge ar na habairtí seo.**

1. The girl was sad because her friends were laughing at the boy.
   _____
2. There are eight cats in my house and they make my father angry.
   _____
3. Pádraig is always in trouble because he's always talking and laughing.
   _____
4. Their friends were at the party.
   _____
5. The children were playing on the road.
   _____

**E | Athscríobh na habairtí seo a leanas gan na lúibíní.**

1. Tháinig na daoine i (tír) _____ ag an (caladh) _____ beag.
2. Bhí díomá orainn mar go raibh ár (torthaí) _____ go dona.
3. Bhí áthas ar an (príomhoide) _____ nuair a d'fhág sé an scoil.
4. Bhí ocht (capall) _____ amuigh sa pháirc.
5. Ní raibh éinne amuigh ar an (bóthar) _____ aréir.

# Aonad a Deich — Gramadach

## 4 An Aimsir Chaite

**inné, aréir, an tseachtain seo caite, anuraidh**

**An chéad réimniú – briathar leathan, m.sh., dún, fág, iarr**

### Le foghlaim

| Dún | Fág | Iarr |
|---|---|---|
| **Dh**ún me | **D'fh**ág mé | **D'i**arr mé |
| **Dh**ún tú | **D'fh**ág tú | **D'i**arr tú |
| **Dh**ún sé/sí | **D'fh**ág sé/sí | **D'i**arr sé/sí |
| **Dh**ún**amar** | **D'fh**ág**amar** | **D'i**arr**amar** |
| **Dh**ún sibh | **D'fh**ág sibh | **D'i**arr sibh |
| **Dh**ún siad | **D'fh**ág siad | **D'i**arr siad |
| **Níor dhún** mé | **Níor fhág** mé | **Níor iarr** mé |
| **Ar dhún** tú? | **Ar fhág** tú? | **Ar iarr** tú? |

## Cleachtadh ag scríobh

**A |  Cuir na briathra seo san Aimsir Chaite.**

1. fás  2. ceap  3. féach  4. glan  5. íoc

**B |  Cuir na briathra seo san Aimsir Chaite.**

1. (Féach) _____ sé ar an teilifís aréir.
2. (Pós) _____ sí a grá geal anuraidh.
3. (Ól) _____ mé bainne ar maidin ach níor (ól) _____ mé tae.
4. (Gearr) _____ siad adhmad inné.
5. (Díol) _____ sé na leabhair inné.

**C |  Athscríobh na habairtí seo a leanas gan na lúibíní.**

1. Níor (fág) _____ mé an teach in am agus bhí mé déanach.
2. (Pléasc) _____ na píobáin uisce sa drochaimsir.
3. (Ceap) _____ an múinteoir go raibh mé as láthair.
4. Ar (gearr) _____ sé an féar go fóill?
5. (Fan) _____ siad dá gcairde ag an scoil.

## Gramadach — Aonad a Deich

**D | Cuir Gaeilge ar na habairtí seo.**

1. I watched television last night.
2. He left the house at eight this morning.
3. We cleaned the house from top to bottom.
4. He thought that he was in love.
5. Máire stayed in last night.

**E | Cuir Béarla ar na habairtí seo.**

1. Cheap sé go raibh an clár go hiontach.
2. D'fhéach mé ar *Eastenders* aréir.
3. D'fhág sí an teach ag a hocht ar maidin.
4. Thóg mé an bus ar scoil nuair a bhí sé ag cur báistí.
5. Níor ól mé bainne riamh mar gur fuath liom é.

**F | Athscríobh na habairtí seo a leanas gan na lúibíní.**

1. Níor (glan:muid) _____ an teach agus bhí ár máthair ar buile.
2. (Scríobh) _____ sí aiste mhaith aréir.
3. (Iarr) _____ an múinteoir orm an scéal a léamh.
4. Níor (ól) _____ sé bainne ina shaol.
5. (Croch) _____ mo mháthair an pictiúr ar an mballa.

# Aonad a Deich — Gramadach

## An Aimsir Chaite – ar lean

An chéad réimniú – briathar caol, m.sh., cuir, fill, éist, caith, buail

 **Le foghlaim**

| Fill | Bris | Úsáid |
|---|---|---|
| **D'fh**ill mé | **Bh**ris mé | **D'ú**sáid mé |
| **D'fh**ill tú | **Bh**ris tú | **D'ú**sáid tú |
| **D'fh**ill sé/sí | **Bh**ris sé/sí | **D'ú**sáid sé/sí |
| **D'fh**ill**eamar** | **Bh**ris**eamar** | **D'ú**sáid**eamar** |
| **D'fh**ill sibh | **Bh**ris sibh | **D'ú**sáid sibh |
| **D'fh**ill siad | **Bh**ris siad | **D'ú**sáid siad |
| **Níor fhill** mé | **Níor bhris** mé | **Níor úsáid** mé |
| **Ar fhill** tú? | **Ar bhris** tú? | **Ar úsáid** tú? |

 ## Cleachtadh ag scríobh

**A | Cuir na briathra seo san Aimsir Chaite.**

1. éist   2. buail   3. caith   4. caill   5. cuir

**B | Cuir na briathra seo san Aimsir Chaite.**

1. (Úsáid) _____ sé a rothar ag dul ar scoil.
2. (Éist) _____ sí leis an múinteoir ar scoil.
3. (Caith) _____ mé an lá ar fad sa chathair.
4. (Buail) _____ siad lena gcairde inné.
5. (Caill) _____ sí a peata madra inné agus bhí brón uirthi.

**C | Athscríobh na habairtí seo a leanas gan na lúibíní.**

1. Níor (creid) _____ an múinteoir mo scéal.
2. (Goid) _____ na gadaithe an t-airgead ón mbanc.
3. Ar (caith) _____ tú an t-airgead a fuair tú ag an Nollaig?
4. (Caill) _____ siad a gcuid cóipleabhar inné.
5. (Cuir) _____ an múinteoir ceist orm inné.

## Gramadach — Aonad a Deich

**D | Cuir Gaeilge ar na habairtí seo.**

1. He broke the window yesterday.
2. He hit the man last week.
3. I returned home at five today.
4. We lost our money yesterday.
5. I put my books in my bag this morning.

**E | Cuir Béarla ar na habairtí seo.**

1. Bhuail mé le mo chairde an Satharn seo caite.
2. Lig mo mháthair dom fáinne a chur i mo theanga.
3. Níor chaith mo Dhaid aon toitíní anuraidh.
4. Ghoid na buachaillí úlla sa ghairdín sin an samhradh seo caite.
5. Níor shroich an buachaill an scoil go dtí a deich ar maidin.

**F | Athscríobh na habairtí seo a leanas gan na lúibíní.**

1. (Múin) _____ mo Dhaid dom conas carr a thiomáint.
2. (Fill) _____ sé ar Éirinn anuraidh.
3. (Bris) _____ an tseanbhean a lámh nuair a (tit) _____ sí.
4. Níor (buail) _____ mé le mo chara le fada.
5. (Éist:muid) _____ leis an múinteoir ag caint.

# Aonad a Deich — Gramadach

## An Aimsir Chaite – ar lean

An dara réimniú – briathar leathan, m.sh., tosaigh, ceannaigh, críochnaigh

 **Le foghlaim**

| Tosaigh | Ceannaigh | Críochnaigh |
|---|---|---|
| **Th**osaigh mé | **Ch**eannaigh mé | **Ch**ríochnaigh mé |
| **Th**osaigh tú | **Ch**eannaigh tú | **Ch**ríochnaigh tú |
| **Th**osaigh sé/sí | **Ch**eannaigh sé/sí | **Ch**ríochnaigh sé/sí |
| **Th**os**aíomar** | **Ch**eann**aíomar** | **Ch**ríochn**aíomar** |
| **Th**osaigh sibh | **Ch**eannaigh sibh | **Ch**ríochnaigh sibh |
| **Th**osaigh siad | **Ch**eannaigh siad | **Ch**ríochnaigh siad |
| **Níor thosaigh** mé | **Níor cheannaigh** mé | **Níor chríochnaigh** mé |
| **Ar thosaigh** tú? | **Ar cheannaigh** tú? | **Ar chríochnaigh** tú? |

 ## Cleachtadh ag scríobh

**A | Cuir na briathra seo san Aimsir Chaite.**

1. sleamhnaigh  2. cabhraigh  3. socraigh  4. ullmhaigh  5. cónaigh

**B | Cuir na briathra seo san Aimsir Chaite.**

1. (Gortaigh) _____ sé a chos nuair a thit sé.
2. (Ullmhaigh) _____ mé béile deas do mo Mham.
3. (Brostaigh) _____ an páiste abhaile ón scoil inné.
4. (Tosaigh) _____ an clár sin ag leathuair tar éis a seacht aréir.
5. (Mothaigh) _____ mé tinn nuair a d'ith mé an sicín.

**C | Athscríobh na habairtí seo a leanas gan na lúibíní.**

1. (Cabhraigh) _____ mé le mo thuismitheoirí inné.
2. Níor (tosaigh) _____ an scoil go dtí a deich inné.
3. (Fiafraigh) _____ mo mháthair díom cá raibh mé inné.
4. (Sleamhnaigh) _____ a lán carranna ar an leac oighir.
5. Níor (brostaigh) _____ sé abhaile ón gcluiche.

# Gramadach — Aonad a Deich

**D | Cuir Gaeilge ar na habairtí seo.**

1. He helped his mother in the house yesterday.
   _____
2. The programme started at eight last night.
   _____
3. I hurried home after school.
   _____
4. He hurt his foot when he fell.
   _____
5. We slipped on the ice last winter.
   _____

**E | Cuir Béarla ar na habairtí seo.**

1. Chónaigh mo chara thíos faoin tuath anuraidh.
   _____
2. Mhothaigh sí brónach nuair a d'fhéach sí ar scannán brónach aréir.
   _____
3. Bhrostaigh mé ar scoil ar maidin mar go raibh mé déanach.
   _____
4. Chabhraigh mo mháthair liom le mo chuid obair bhaile.
   _____
5. Cheartaigh an múinteoir na cóipleabhair an tseachtain seo caite.
   _____

**F | Athscríobh na habairtí seo a leanas gan na lúibíní.**

1. (Socraigh) _____ mé ar eolaíocht a dhéanamh sa choláiste.
2. (Cónaigh) _____ mo chara sa Fhrainc anuraidh.
3. Níor (maolaigh) _____ an carr a luas agus bhí timpiste ann.
4. (Mothaigh) _____ mé tinn aréir.
5. (Ullmhaigh) _____ sí an dinnéar dom.

# Aonad a Deich — Gramadach

## An Aimsir Chaite – ar lean

An dara réimniú – briathar caol, m.sh., imigh, dúisigh, éirigh

**Le foghlaim**

| Imigh | Dúisigh | Éirigh |
|---|---|---|
| D'imigh mé | Dhúisigh mé | D'éirigh mé |
| D'imigh tú | Dhúisigh tú | D'éirigh tú |
| D'imigh sé/sí | Dhúisigh sé/sí | D'éirigh sé/sí |
| D'imíomar | Dhúisíomar | D'éiríomar |
| D'imigh sibh | Dhúisigh sibh | D'éirigh sibh |
| D'imigh siad | Dhúisigh siad | D'éirigh siad |
| Níor imigh mé | Níor dhúisigh mé | Níor éirigh mé |
| Ar imigh tú? | Ar dhúisigh tú? | Ar éirigh tú? |

## Cleachtadh ag scríobh

**A | Cuir na briathra seo san Aimsir Chaite.**

1. bailigh   2. cuidigh   3. oibrigh   4. mínigh   5. cuimhnigh

**B | Cuir na briathra seo san Aimsir Chaite.**

1. (Imigh) _____ sí abhaile ag a haon inné.
2. (Dúisigh) _____ na páistí go moch inné.
3. Ar (éirigh) _____ tú in am inné?
4. (Bailigh) _____ an múinteoir na cóipleabhair inné.
5. (Cuidigh) _____ sé lena mháthair inné.

**C | Athscríobh na habairtí seo a leanas gan na lúibíní.**

1. (Mínigh) _____ mé an obair bhaile do mo chara inné.
2. Níor (oibrigh) _____ sé go dian ar scoil.
3. (Airigh) _____ mé an madra ag tafann.
4. Ar (dúisigh) _____ tú in am ar maidin?
5. (Cuidigh) _____ sé leis na múinteoirí ar scoil.

## Gramadach  Aonad a Deich

**D | Cuir Gaeilge ar na habairtí seo.**

1. She made the bed this morning.
   _____
2. They woke up at ten this morning.
   _____
3. He worked all day.
   _____
4. I remembered my friend's birthday.
   _____
5. They got up in time.
   _____

**E | Cuir na briathra seo san Aimsir Chaite.**

1. (Dúisigh) _____ an leanbh i rith na hoíche aréir.
2. (Oibrigh) _____ siad an deireadh seachtaine seo caite.
3. (Cóirigh) _____ sí an leaba ar maidin.
4. (Bailigh) _____ siad sméara dubha an fómhar seo caite.
5. (Cuimhnigh) _____ sé ar a sheanmháthair an Nollaig seo caite.

**F | Athscríobh na habairtí seo a leanas gan na lúibíní.**

1. (Éirigh) _____ go hiontach liom sa scrúdú.
2. Níor (cuimhnigh) _____ mé ar bhreithlá mo charad.
3. Ar (cóirigh) _____ tú an leaba ar maidin?
4. (Imigh:muid) _____ ar scoil in am.
5. (Cruinnigh) _____ na daoine sa teach.

# Aonad a Deich — Gramadach

## An Aimsir Chaite – ar lean

An dara réimniú – briathra a chríochnaíonn le -(a)ir, -(a)il, -(a)is, -(a)in, m.sh., imir, codail, inis, cosain

**Le foghlaim**

| Codail | Imir | Freagair |
|---|---|---|
| **Ch**odail mé | **D'im**ir mé | **D'fh**reagair mé |
| **Ch**odail tú | **D'im**ir tú | **D'fh**reagair tú |
| **Ch**odail sé/sí | **D'im**ir sé/sí | **D'fh**reagair sé/sí |
| **Chodlaíomar** | **D'imríomar** | **D'fhreagraíomar** |
| **Ch**odail sibh | **D'im**ir sibh | **D'fh**reagair sibh |
| **Ch**odail siad | **D'im**ir siad | **D'fh**reagair siad |
| **Níor chodail** mé | **Níor imir** mé | **Níor fhreagair** mé |
| **Ar chodail** tú? | **Ar imir** tú? | **Ar fhreagair** tú? |

## Cleachtadh ag scríobh

**A | Cuir na briathra seo san Aimsir Chaite.**

1. oscail   2. bagair   3. inis   4. labhair

**B | Cuir na briathra seo san Aimsir Chaite.**

1. (Inis) _____ sí bréag inné.
2. Ar (codail) _____ tú go maith aréir?
3. (Oscail) _____ mé an doras do mo chara inné.
4. (Freagair) _____ an múinteoir na ceisteanna ar maidin.
5. (Imir) _____ sé peil Ghaelach an Satharn seo caite.

**C | Athscríobh na habairtí seo a leanas gan na lúibíní.**

1. Níor (freagair) _____ sí aon cheisteanna ar scoil.
2. (Imir) _____ sé cluiche maith inné.
3. (Bagair) _____ an gadaí gunna orm.
4. Níor (codail:muid) _____ go maith aréir.
5. (Oscail) _____ mé an doras don fhear.

## Gramadach — Aonad a Deich

**D | Cuir Gaeilge ar na habairtí seo.**

1. She answered all the questions yesterday.
2. I played football last year.
3. He never told a lie.
4. They slept until one o'clock yesterday.
5. We opened the shop yesterday.

**E | Cuir Béarla ar na habairtí seo.**

1. Níor inis sé an fhírinne riamh.
2. Cheangail a mháthair a bhróga dó nuair a bhí sé óg.
3. D'fhreagair sé na ceisteanna ar fad inné.
4. Níor imir siad go maith sa chluiche inné.
5. Níor chodail sé go sámh mar go raibh sé tinn.

**F | Athscríobh na habairtí seo a leanas gan na lúibíní.**

1. Ar (inis) _____ sé an scéal duit?
2. (Codail) _____ siad go déanach inné.
3. Ar (cosain) _____ an fear an teach?
4. Níor (labhair) _____ mé léi le fada.
5. Cén fáth nár (freagair) _____ tú an fón?

## An Aimsir Chaite – ar lean
## Na briathra neamhrialta

 Le foghlaim

**Bí**
bhí mé/tú/sé/sí
bhíomar
bhí sibh/siad
**ní raibh mé/ní rabhamar**
**an raibh tú?**

**Abair**
dúirt mé/tú/sé/sí
dúramar
dúirt sibh/siad
**ní dúirt mé/ní dúramar**
**an ndúirt tú?**

**Feic**
chonaic mé/tú/sé/sí
chonaiceamar
chonaic sibh/siad
**ní fhaca mé/ní fhacamar**
**an bhfaca tú?**

**Faigh**
fuair mé/tú/sé/sí
fuaireamar
fuair sibh/siad
**ní bhfuair mé/ní bhfuaireamar**
**an bhfuair tú?**

**Téigh**
chuaigh mé/tú/sé/sí
chuamar
chuaigh sibh/siad
**ní dheachaigh mé/ní dheachamar**
**an ndeachaigh tú?**

**Déan**
rinne mé/tú/sé/sí
rinneamar
rinne sibh/siad
**ní dhearna mé/ní dhearnamar**
**an ndearna tú?**

**Beir**
rug mé/tú/sé/sí
rugamar
rug sibh/siad
**níor rug mé/níor rugamar**
**ar rug tú?**

**Clois**
chuala mé/tú/sé/sí
chualamar
chuala sibh/siad
**níor chuala mé/níor chualamar**
**ar chuala tú?**

# Gramadach

## Aonad a Deich

**Ith**
d'ith mé/tú/sé/sí
d'itheamar
d'ith sibh/siad
**níor ith mé/níor itheamar**
**ar ith tú?**

**Tabhair**
thug mé/tú/sé/sí
thugamar
thug sibh/siad
**níor thug mé/níor thugamar**
**ar thug tú?**

**Tar**
tháinig mé/tú/sé/sí
thángamar
tháinig sibh/siad
**níor tháinig mé/níor thángamar**
**ar tháinig tú?**

## Cleachtadh ag scríobh

### A | Aistrigh go Gaeilge.

Seán woke up at seven yesterday. He went downstairs and he ate his breakfast. He left the house and he went to school. When he got to school he went into the classroom and he listened to the teacher. He was talking to his friend but the teacher caught him. He said he was sorry. He ate his lunch at one. He didn't see his friend Pádraig that day because he was sick. He didn't get much homework in Irish but the English teacher gave him an essay. He went home at four but he didn't do his homework.

### B | Aistrigh go Béarla.

Rinne mé scrúdú inné. Chonaic mé mo chara. D'ith sé a lón. Ní dhearna sé an scrúdú. Ní fhaca an múinteoir é. Chuala an múinteoir é ag gáire ansin agus tháinig sé trasna go dtí a bhord agus rug sé air. Bhí sé i dtrioblóid ansin. Chuaigh sé go dtí an príomhoide. Thug sí amach dó. Ní raibh cead aige spórt a imirt ar feadh seachtaine. Dúirt sé go raibh brón air.

# Aonad a Deich — Gramadach

## 5 An Aimsir Láithreach

inniu, gach seachtain, gach bliain, gach samhradh
An chéad réimniú – briathar leathan, m.sh., dún, ceap, iarr

**Le foghlaim**

| **Dún** | **Ceap** | **Iarr** |
|---|---|---|
| Dún**aim** | Ceap**aim** | Iarr**aim** |
| Dún**ann** tú | Ceap**ann** tú | Iarr**ann** tú |
| Dún**ann** sé/sí | Ceap**ann** sé/sí | Iarr**ann** sé/sí |
| Dún**aimid** | Ceap**aimid** | Iarr**aimid** |
| Dún**ann** sibh | Ceap**ann** sibh | Iarr**ann** sibh |
| Dún**ann** siad | Ceap**ann** siad | Iarr**ann** siad |
| **Ní dhúnaim** | **Ní cheapaim** | **Ní iarraim** |
| **An ndúnann** tú? | **An gceapann** tú? | **An iarrann** tú? |

## Cleachtadh ag scríobh

**A | Cuir na briathra seo san Aimsir Láithreach.**

1. fás   2. fág   3. féach   4. glan   5. íoc

**B | Cuir na briathra seo san Aimsir Láithreach.**

1. (Féach) _____ sé ar an teilifís gach oíche.
2. (Fág) _____ sí an teach in am i gcónaí.
3. (Ól:mé) _____ bainne gach maidin ach ní (ól:mé) _____ tae.
4. (Gearr) _____ siad adhmad gach lá.
5. (Díol) _____ sé na leabhair gach samhradh.

**C | Athscríobh na habairtí seo a leanas gan na lúibíní.**

1. Ní (fág:mé) _____ an teach in am agus bím i gcónaí déanach.
2. (Pléasc) _____ na píobáin uisce sa drochaimsir.
3. (Ceap) _____ an múinteoir go mbím as láthair go minic.
4. An (gearr) _____ sé an féar go minic?
5. (Fan) _____ siad dá gcairde ag an scoil.

## Gramadach — Aonad a Deich

**D | Cuir Gaeilge ar na habairtí seo.**

1. I watch television every night.
   _____
2. He leaves the house at eight every morning.
   _____
3. We clean the house from top to bottom.
   _____
4. He thinks that he's in love.
   _____
5. Máire stays in every night.
   _____

**E | Cuir Béarla ar na habairtí seo.**

1. Ceapann sé go bhfuil an clár go hiontach.
   _____
2. Féachaim ar *Eastenders* gach seachtain.
   _____
3. Fágann sí an teach ag a hocht ar maidin.
   _____
4. Tógaim an bus ar scoil nuair a bhíonn sé ag cur báistí.
   _____
5. Ní ólaim bainne riamh mar gur fuath liom é.
   _____

**F | Athscríobh na habairtí seo a leanas gan na lúibíní.**

1. Ní (glan:muid) _____ an teach agus bíonn ár máthair ar buile.
2. (Scríobh) _____ sí aiste mhaith go minic.
3. (Iarr) _____ an múinteoir orm an scéal a léamh.
4. Ní (ól) _____ sé bainne riamh.
5. (Croch) _____ mo mháthair an pictiúr ar an mballa.

# Aonad a Deich — Gramadach

## An Aimsir Láithreach – ar lean

**An chéad réimniú – briathar caol, m.sh., fill, bris, úsáid**

 **Le foghlaim**

| **Fill** | **Bris** | **Úsáid** |
|---|---|---|
| Fill**im** | Bris**im** | Úsáid**im** |
| Fill**eann** tú | Bris**eann** tú | Úsáid**eann** tú |
| Fill**eann** sé/sí | Bris**eann** sé/sí | Úsáid**eann** sé/sí |
| Fill**imid** | Bris**imid** | Úsáid**imid** |
| Fill**eann** sibh | Bris**eann** sibh | Úsáid**eann** sibh |
| Fill**eann** siad | Bris**eann** siad | Úsáid**eann** siad |
| **Ní fhillim** | **Ní bhrisim** | **Ní úsáidim** |
| **An bhfilleann** tú? | **An mbriseann** tú? | **An úsáideann** tú? |

 ## Cleachtadh ag scríobh

**A | Cuir na briathra seo san Aimsir Láithreach.**

1. éist   2. buail   3. caith   4. caill   5. cuir

**B | Cuir na briathra seo san Aimsir Láithreach.**

1. (Úsáid) _____ sé a rothar ag dul ar scoil gach lá.
2. (Éist) _____ sí leis an múinteoir ar scoil gach lá.
3. (Caith:mé) _____ an lá ar fad sa chathair gach Satharn.
4. (Buail) _____ siad lena gcairde gach Domhnach.
5. (Caill) _____ sí a peata madra go minic.

**C | Athscríobh na habairtí seo a leanas gan na lúibíní.**

1. Ní (creid) _____ an múinteoir mo scéal.
2. (Goid) _____ na gadaithe an t-airgead ón mbanc.
3. An (caith) _____ tú an t-airgead a fhaigheann tú ag an Nollaig?
4. (Caill) _____ siad a gcuid cóipleabhar go minic.
5. (Cuir) _____ an múinteoir ceist orm gach lá.

### Gramadach — Aonad a Deich

**D | Cuir Gaeilge ar na habairtí seo.**

1. He breaks the window often.
   _____
2. He often hits the man.
   _____
3. I return home at five every evening.
   _____
4. We always lose our money in the shops.
   _____
5. I put my books in my bag every morning.
   _____

**E | Cuir Béarla ar na habairtí seo.**

1. Buailim le mo chairde gach Satharn.
   _____
2. Ligeann mo mháthair dom fáinne a chur i mo theanga.
   _____
3. Ní chaitheann mo Dhaid aon toitíní anois.
   _____
4. Goideann na buachaillí úlla sa ghairdín gach samhradh.
   _____
5. Ní shroicheann an buachaill an scoil go dtí a deich gach maidin.
   _____

**F | Athscríobh na habairtí seo a leanas gan na lúibíní.**

1. (Múin) _____ mo Dhaid dom conas carr a thiomáint.
2. (Fill) _____ sé ar Éirinn gach samhradh.
3. (Bris) _____ Pól a chamán gach uair a imíonn sé iománaíocht.
4. Ní (buail:mé) _____ le mo chara rómhinic.
5. (Éist:muid) _____ leis an múinteoir ag caint.

## Aonad a Deich — Gramadach

## An Aimsir Láithreach – ar lean

An dara réimniú – briathar leathan, m.sh., tosaigh, ceannaigh, críochnaigh

**Le foghlaim**

| Tosaigh | Ceannaigh | Críochnaigh |
|---|---|---|
| Tos**aím** | Ceann**aím** | Críochn**aím** |
| Tos**aíonn** tú | Ceann**aíonn** tú | Críochn**aíonn** tú |
| Tos**aíonn** sé/sí | Ceann**aíonn** sé/sí | Críochn**aíonn** sé/sí |
| Tos**aímid** | Ceann**aímid** | Críochn**aímid** |
| Tos**aíonn** sibh | Ceann**aíonn** sibh | Críochn**aíonn** sibh |
| Tos**aíonn** siad | Ceann**aíonn** siad | Críochn**aíonn** siad |
| **Ní thosaím** | **Ní cheannaím** | **Ní chríochnaím** |
| **An dtosaíonn** tú? | **An gceannaíonn** tú? | **An gcríochnaíonn** tú? |

## Cleachtadh ag scríobh

**A | Cuir na briathra seo san Aimsir Láithreach.**

1. sleamhnaigh   2. cabhraigh   3. socraigh   4. ullmhaigh   5. cónaigh

**B | Cuir na briathra seo san Aimsir Láithreach.**

1. (Gortaigh) _____ sé a chos nuair a thiteann sé.
2. (Ullmhaigh:mé) _____ béile deas do mo Mham gach Domhnach.
3. (Brostaigh) _____ an páiste abhaile ón scoil gach tráthnóna.
4. (Tosaigh) _____ an clár sin ag leathuair tar éis a seacht gach oíche.
5. (Mothaigh:mé) _____ tinn nuair a ithim sicín.

**C | Athscríobh na habairtí seo a leanas gan na lúibíní.**

1. (Cabhraigh:mé) _____ le mo thuismitheoirí gach lá.
2. Ní (tosaigh) _____ an scoil go dtí a deich gach Máirt.
3. (Fiafraigh) _____ mo mháthair díom cá mbím gach nóiméad den lá.
4. (Sleamhnaigh) _____ a lán carranna ar an leac oighir.
5. Ní (brostaigh) _____ sé abhaile ón gcluiche.

## Gramadach — Aonad a Deich

**D | Cuir Gaeilge ar na habairtí seo.**

1. He helps his mother in the house every day.
   _____
2. The programme starts at eight every night.
   _____
3. I hurry home after school every day.
   _____
4. He hurts his foot when he falls.
   _____
5. We slip on the ice every winter.
   _____

**E | Cuir Béarla ar na habairtí seo.**

1. Cónaíonn mo chara thíos faoin tuath anois.
   _____
2. Mothaíonn sí brónach nuair a fhéachann sí ar scannán brónach.
   _____
3. Brostaím ar scoil ar maidin má bhím déanach.
   _____
4. Cabhraíonn mo mháthair liom le mo chuid obair bhaile.
   _____
5. Ceartaíonn an múinteoir na cóipleabhair gach seachtain.
   _____

**F | Athscríobh na habairtí seo a leanas gan na lúibíní.**

1. (Socraigh:mé) _____ ar eolaíocht a dhéanamh sa choláiste.
2. (Cónaigh) _____ mo chara sa Fhrainc gach samhradh.
3. Ní (maolaigh) _____ an carr a luas agus bíonn timpiste ann.
4. (Mothaigh:mé) _____ tinn go minic.
5. (Ullmhaigh) _____ sí an dinnéar dom.

# Aonad a Deich — Gramadach

## An Aimsir Láithreach – ar lean

**An dara réimniú – briathar caol, m.sh., imigh, dúisigh, éirigh**

**Le foghlaim**

| Imigh | Dúisigh | Éirigh |
|---|---|---|
| Im**ím** | Dúis**ím** | Éir**ím** |
| Im**íonn** tú | Dúis**íonn** tú | Éir**íonn** tú |
| Im**íonn** sé/sí | Dúis**íonn** sé/sí | Éir**íonn** sé/sí |
| Im**ímid** | Dúis**ímid** | Éir**ímid** |
| Im**íonn** sibh | Dúis**íonn** sibh | Éir**íonn** sibh |
| Im**íonn** siad | Dúis**íonn** siad | Éir**íonn** siad |
| **Ní imím** | **Ní dhúisím** | **Ní éirím** |
| **An imíonn** tú? | **An ndúisíonn** tú? | **An éiríonn** tú? |

## Cleachtadh ag scríobh

**A | Cuir na briathra seo san Aimsir Láithreach.**

1. bailigh   2. cuidigh   3. oibrigh   4. mínigh   5. cuimhnigh

**B | Cuir na briathra seo san Aimsir Láithreach.**

1. (Imigh) _____ sí abhaile ag a haon gach lá.
2. (Dúisigh) _____ na páistí go moch gach maidin.
3. An (éirigh) _____ tú in am gach lá?
4. (Bailigh) _____ an múinteoir na cóipleabhair gach Aoine.
5. (Cuidigh) _____ sé lena mháthair gach aon lá.

**C | Athscríobh na habairtí seo a leanas gan na lúibíní.**

1. (Mínigh:mé) _____ an obair bhaile do mo chara gach lá.
2. Ní (oibrigh) _____ sé go dian ar scoil.
3. (Airigh:mé) _____ an madra ag tafann.
4. An (dúisigh) _____ tú in am gach maidin?
5. (Cuidigh) _____ sé leis na múinteoirí ar scoil.

## Gramadach — Aonad a Deich

**D | Cuir Gaeilge ar na habairtí seo.**

1. She makes the bed every morning.
   _____
2. They wake up at ten every morning.
   _____
3. He works all day.
   _____
4. I remember my friend's birthday every year.
   _____
5. They never get up in time.
   _____

**E | Cuir na briathra seo san Aimsir Láithreach.**

1. (Dúisigh) _____ an leanbh i rith na hoíche go minic.
2. (Oibrigh) _____ siad go dian ag an deireadh seachtaine.
3. (Cóirigh) _____ sí an leaba gach maidin.
4. (Bailigh) _____ siad sméara dubha gach fómhar.
5. (Cuimhnigh) _____ sé ar a sheanmháthair gach Nollaig.

**F | Athscríobh na habairtí seo a leanas gan na lúibíní.**

1. (Éirigh) _____ go hiontach liom sa scrúdú.
2. Ní (cuimhnigh:mé) _____ ar bhreithlá mo charad.
3. An (cóirigh) _____ tú an leaba gach maidin?
4. (Imigh:muid) _____ ar scoil in am.
5. (Cruinnigh) _____ na daoine sa teach.

## An Aimsir Láithreach – ar lean

An dara réimniú – briathra a chríochnaíonn le -(a)ir, -(a)il, -(a)is, -(a)in, m.sh., imir, codail, inis, cosain

 **Le foghlaim**

| Codail | Imir | Inis |
|---|---|---|
| Codl**aím** | Imr**ím** | Ins**ím** |
| Codl**aíonn** tú | Imr**íonn** tú | Ins**íonn** tú |
| Codl**aíonn** sé/sí | Imr**íonn** sé/sí | Ins**íonn** sé/sí |
| Codl**aímid** | Imr**ímid** | Ins**ímid** |
| Codl**aíonn** sibh | Imr**íonn** sibh | Ins**íonn** sibh |
| Codl**aíonn** siad | Imr**íonn** siad | Ins**íonn** siad |
| **Ní chodlaím** | **Ní imrím** | **Ní insím** |
| **An gcodlaíonn** tú? | **An imríonn** tú? | **An insíonn** tú? |

 ## Cleachtadh ag scríobh

**A |** Cuir na briathra seo san Aimsir Chaite.

1. oscail   2. bagair   3. freagair   4. labhair

**B |** Cuir na briathra seo san Aimsir Láithreach.

1. (Inis) _____ sí bréag go minic.
2. An (codail) _____ tú go maith?
3. (Oscail:mé) _____ an doras do mo chara anois.
4. (Freagair) _____ an múinteoir na ceisteanna gach maidin.
5. (Imir) _____ sé peil Ghaelach gach Satharn.

**C |** Athscríobh na habairtí seo a leanas gan na lúibíní.

1. Ní (freagair) _____ sí aon cheisteanna ar scoil.
2. (Imir) _____ sé cluiche maith i gcónaí.
3. (Bagair) _____ an gadaí gunna orm.
4. Ní (codail:muid) _____ go maith aon oíche.
5. (Oscail:mé) _____ an doras don fhear.

## Gramadach — Aonad a Deich

**D | Cuir Gaeilge ar na habairtí seo.**

1. She answers all the questions every day.
   _____
2. I play football every weekend.
   _____
3. He never tells a lie.
   _____
4. They sleep till one o'clock every weekend.
   _____
5. We open the shop at nine every morning.
   _____

**E | Cuir Béarla ar na habairtí seo.**

1. Ní insíonn sé an fhírinne riamh.
   _____
2. Ceanglaíonn a mháthair a bhróga dó mar go bhfuil sé óg.
   _____
3. Freagraíonn sé na ceisteanna ar fad anois.
   _____
4. Ní imríonn siad go maith sa chluiche go minic.
   _____
5. Ní chodlaíonn sé go sámh nuair a bhíonn sé tinn.
   _____

**F | Athscríobh na habairtí seo a leanas gan na lúibíní.**

1. An (inis) _____ sé an scéal duit?
2. (Codail) _____ siad go déanach go minic.
3. An (cosain) _____ an fear an teach?
4. Ní (labhair:mé) _____ léi go minic.
5. Cén fáth nach (freagair) _____ tú an fón?

# Aonad a Deich — Gramadach

## An Aimsir Láithreach – ar lean
## Na briathra neamhrialta

 **Le foghlaim**

| Bí | Bí – An Aimsir Ghnáthláithreach |
|---|---|
| táim | bím |
| tá tú/sé/sí | bíonn tú/sé/sí |
| táimid | bímid |
| tá sibh/siad | bíonn sibh/siad |
| **nílim/nílimid** | **ní bhím/ní bhímid** |
| **an bhfuil tú** | **an mbíonn tú** |

| Abair | Feic |
|---|---|
| deirim | feicim |
| deir tú/sé/sí | feiceann tú/sé/sí |
| deirimid | feicimid |
| deir sibh/siad | feiceann sibh/siad |
| **ní deirim/ní deirimid** | **ní fheicim/ní fheicimid** |
| **an ndeir tú** | **an bhfeiceann tú** |

| Faigh | Téigh |
|---|---|
| faighim | téim |
| faigheann tú/sé/sí | téann tú/sé/sí |
| faighimid | téimid |
| faigheann sibh/siad | téann sibh/siad |
| **ní fhaighim/ní fhaighimid** | **ní théim/ní théimid** |
| **an bhfaigheann tú** | **an dtéann tú** |

| Déan | Beir |
|---|---|
| déanaim | beirim |
| déanann tú/sé/sí | beireann tú/sé/sí |
| déanaimid | beirimid |
| déanann sibh/siad | beireann sibh/siad |
| **ní dhéanaim/ní dhéanaimid** | **ní bheirim/ní bheirimid** |
| **an ndéanann tú** | **an mbeireann tú** |

| Clois | Ith |
|---|---|
| cloisim | ithim |
| cloiseann tú/sé/sí | itheann tú/sé/sí |
| cloisimid | ithimid |
| cloiseann sibh/siad | itheann sibh/siad |
| **ní chloisim** | **ní ithim** |
| **an gcloiseann tú/an gcloisimid?** | **an itheann tú/an ithimid?** |

| Tabhair | Tar |
|---|---|
| tugaim | tagaim |
| tugann tú/sé/sí | tagann tú/sé/sí |
| tugaimid | tagaimid |
| tugann sibh/siad | tagann sibh/siad |
| **ní thugaim** | **ní thagaim** |
| **an dtugann tú?** | **an dtagann tú?** |

## Cleachtadh ag scríobh

**A | Aistrigh go Gaeilge.**

Seán wakes up at seven every morning. He goes downstairs and he eats his breakfast. He leaves the house and he goes to school. When he gets to school he goes into the classroom and he listens to the teacher. He talks to his friend but the teacher catches him. He says he's sorry. He eats his lunch at one. He doesn't see his friend Pádraig because he is sick. He doesn't get much homework in Irish but the English teacher gives him an essay. He goes home at four but he doesn't do his homework.

**B | Aistrigh go Béarla.**

Déanaim scrúdú gach Aoine. Feicim mo chara. Itheann sé a lón. Ní dhéanann sé an scrúdú. Ní fheiceann an múinteoir é. Cloiseann an múinteoir é ag gáire ansin agus tagann sé trasna go dtí a bhord. Beireann sé air. Bíonn sé i dtrioblóid ansin. Téann sé go dtí an príomhoide. Tugann sí amach dó. Ní bhíonn cead aige spórt a imirt ar feadh seachtaine. Deir sé go bhfuil brón air.

## 6 An Aimsir Fháistineach

amárach, anocht, an bhliain seo chugainn, an tseachtain seo chugainn

An chéad réimniú – briathar leathan, m.sh., dún, fág, pós, iarr

**Le foghlaim**

| Dún | Ceap | Iarr |
|---|---|---|
| Dún**faidh** mé | Ceap**faidh** mé | Iarr**faidh** mé |
| Dún**faidh** tú | Ceap**faidh** tú | Iarr**faidh** tú |
| Dún**faidh** sé/sí | Ceap**faidh** sé/sí | Iarr**faidh** sé/sí |
| Dún**faimid** | Ceap**faimid** | Iarr**faimid** |
| Dún**faidh** sibh | Ceap**faidh** sibh | Iarr**faidh** sibh |
| Dún**faidh** siad | Ceap**faidh** siad | Iarr**faidh** siad |
| **Ní dhúnfaidh** mé | **Ní cheapfaidh** mé | **Ní iarrfaidh** mé |
| **An ndúnfaidh** tú? | **An gceapfaidh** tú? | **An iarrfaidh** tú? |

## Cleachtadh ag scríobh

**A |** Cuir na briathra seo san Aimsir Fháistineach.

1. fás  2. fág  3. féach  4. glan  5. íoc

**B |** Cuir na briathra seo san Aimsir Fháistineach.

1. (Féach) _____ sé ar an teilifís amárach.
2. (Pós) _____ sí a grá geal an bhliain seo chugainn.
3. (Ól) _____ mé bainne amárach ach ní (ól) _____ mé tae.
4. (Gearr) _____ siad adhmad amárach.
5. (Díol) _____ sé na leabhair anocht.

**C |** Athscríobh na habairtí seo a leanas gan na lúibíní.

1. Ní (fág) _____ mé an teach in am amárach.
2. (Pléasc) _____ na píobáin uisce sa drochaimsir.
3. (Ceap) _____ an múinteoir nach mbeidh mé ar scoil.
4. An (gearr) _____ sé an féar amárach?
5. (Fan) _____ siad dá gcairde ag an scoil.

## D | Cuir Gaeilge ar na habairtí seo.

1. I will watch television tonight.
2. He will leave the house at eight tomorrow morning.
3. We will clean the house from top to bottom.
4. He will pay for the books tomorrow.
5. Máire will stay in tonight.

## E | Cuir Béarla ar na habairtí seo.

1. Dúnfaidh sé an siopa ag a naoi anocht.
2. Féachfaidh mé ar *Eastenders* amárach.
3. Fágfaidh sí an teach ag a hocht ar maidin.
4. Tógfaidh mé an bus ar scoil má bhíonn sé ag cur báistí.
5. Ní ólfaidh mé bainne riamh mar gur fuath liom é.

## F | Athscríobh na habairtí seo a leanas gan na lúibíní.

1. Ní (glan:muid) _____ an teach agus beidh ár máthair ar buile.
2. (Scríobh) _____ sí aiste mhaith amárach.
3. (Iarr) _____ an múinteoir orm an scéal a léamh.
4. Ní (ól) _____ sé bainne riamh.
5. (Croch) _____ mo mháthair an pictiúr ar an mballa amárach.

# Aonad a Deich — Gramadach

## An Aimsir Fháistineach – ar lean

An chéad réimniú – briathar caol, m.sh., cuir, fill, éist, caith, buail

**Le foghlaim**

| Fill | Bris | Úsáid |
|---|---|---|
| **Fill**fidh mé | **Bris**fidh mé | **Úsáid**fidh mé |
| **Fill**fidh tú | **Bris**fidh tú | **Úsáid**fidh tú |
| **Fill**fidh sé/sí | **Bris**fidh sé/sí | **Úsáid**fidh sé/sí |
| **Fill**fimid | **Bris**fimid | **Úsáid**fimid |
| **Fill**fidh sibh | **Bris**fidh sibh | **Úsáid**fidh sibh |
| **Fill**fidh siad | **Bris**fidh siad | **Úsáid**fidh siad |
| **Ní fhillfidh** mé | **Ní bhrisfidh** mé | **Ní úsáidfidh** mé |
| **An bhfillfidh** tú? | **An mbrisfidh** tú? | **An úsáidfidh** tú? |

## Cleachtadh ag scríobh

**A |** Cuir na briathra seo san Aimsir Fháistineach.

1. éist   2. buail   3. caith   4. caill   5. cuir

**B |** Cuir na briathra seo san Aimsir Fháistineach.

1. (Úsáid) _____ sé a rothar ag dul ar scoil amárach.
2. (Éist) _____ sí leis an múinteoir ar scoil amárach.
3. (Caith) _____ mé an lá ar fad sa chathair amárach.
4. (Buail) _____ siad lena gcairde anocht.
5. (Caill) _____ sí a peata madra amárach agus beidh brón uirthi.

**C |** Athscríobh na habairtí seo a leanas gan na lúibíní.

1. Ní (creid) _____ an múinteoir mo scéal.
2. (Goid) _____ na gadaithe an t-airgead ón mbanc.
3. An (caith) _____ tú an t-airgead a gheobhaidh tú ag an Nollaig?
4. (Caill) _____ siad a gcuid cóipleabhar amárach.
5. (Cuir) _____ an múinteoir ceist orm ar scoil amárach.

## Gramadach — Aonad a Deich

**D | Cuir Gaeilge ar na habairtí seo.**

1. He will break the window tomorrow.
2. He will hit the man next week.
3. I will return home at five tomorrow.
4. We will lose our money next week.
5. I will put my books in my bag this morning.

**E | Cuir Béarla ar na habairtí seo.**

1. Buailfidh mé le mo chairde an Satharn seo chugainn.
2. Ligfidh mo mháthair dom fáinne a chur i mo theanga.
3. Ní chaithfidh mo Dhaid toitíní arís.
4. Goidfidh na buachaillí úlla sa ghairdín sin an samhradh seo chugainn.
5. Ní shroichfidh an buachaill an scoil go dtí a deich maidin amárach.

**F | Athscríobh na habairtí seo a leanas gan na lúibíní.**

1. (Múin) _____ mo Dhaid dom conas carr a thiomáint.
2. (Fill) _____ sé ar Éirinn an samhradh seo chugainn.
3. (Bris) _____ an tseanbhean a lámh má thiteann sí.
4. Ní (buail) _____ mé le mo chara amárach.
5. (Éist:muid) _____ leis an múinteoir ag caint.

## An Aimsir Fháistineach – ar lean

**An dara réimniú – briathar leathan, m.sh., tosaigh, críochnaigh, gortaigh, sleamhnaigh**

 **Le foghlaim**

| Tosaigh | Ceannaigh | Críochnaigh |
|---|---|---|
| Tos**óidh** mé | Ceann**óidh** mé | Críochn**óidh** mé |
| Tos**óidh** tú | Ceann**óidh** tú | Críochn**óidh** tú |
| Tos**óidh** sé/sí | Ceann**óidh** sé/sí | Críochn**óidh** sé/sí |
| Tos**óimid** | Ceann**óimid** | Críochn**óimid** |
| Tos**óidh** sibh | Ceann**óidh** sibh | Críochn**óidh** sibh |
| Tos**óidh** siad | Ceann**óidh** siad | Críochn**óidh** siad |
| **Ní thosóidh** mé | **Ní cheannóidh** mé | **Ní úsáidfidh** mé |
| **An dtosóidh** tú? | **An gceannóidh** tú? | **An úsáidfidh** tú? |

 ## Cleachtadh ag scríobh

**A | Cuir na briathra seo san Aimsir Fháistineach.**

1. sleamhnaigh   2. cabhraigh   3. socraigh   4. ullmhaigh   5. cónaigh

**B | Cuir na briathra seo san Aimsir Fháistineach.**

1. (Gortaigh) _____ sé a chos nuair a thitfidh sé.
2. (Ullmhaigh) _____ mé béile deas do mo Mham anocht.
3. (Brostaigh) _____ an páiste abhaile ón scoil amárach.
4. (Tosaigh) _____ an clár sin ag leathuair tar éis a seacht anocht.
5. (Mothaigh) _____ mé tinn má ithim an sicín.

**C | Athscríobh na habairtí seo a leanas gan na lúibíní.**

1. (Cabhraigh) _____ mé le mo thuismitheoirí amárach.
2. Ní (tosaigh) _____ an scoil go dtí a deich Dé Máirt seo chugainn.
3. (Fiafraigh) _____ mo mháthair díom cá mbeidh mé ag dul.
4. (Sleamhnaigh) _____ a lán carranna ar an leac oighir.
5. Ní (brostaigh) _____ sé abhaile ón gcluiche amárach.

## Gramadach — Aonad a Deich

**D | Cuir Gaeilge ar na habairtí seo.**

1. He will help his mother in the house tomorrow.
2. The programme will start at eight tonight.
3. I will hurry home after school tomorrow.
4. He will hurt his foot when he falls.
5. We will slip on the ice in the winter.

**E | Cuir Béarla ar na habairtí seo.**

1. Cónóidh mo chara thíos faoin tuath an bhliain seo chugainn.
2. Mothóidh sí brónach má fhéachann sí ar scannán brónach anocht.
3. Brostóidh mé ar scoil maidin amárach.
4. Cabhróidh mo mháthair liom le m'obair bhaile.
5. Ceartóidh an múinteoir na cóipleabhair an tseachtain seo chugainn.

**F | Athscríobh na habairtí seo a leanas gan na lúibíní.**

1. (Socraigh) _____ mé ar eolaíocht a dhéanamh sa choláiste.
2. (Cónaigh) _____ mo chara sa Fhrainc an samhradh seo chugainn.
3. Ní (maolaigh) _____ an carr a luas agus beidh timpiste ann.
4. (Mothaigh) _____ mé tinn amárach.
5. (Ullmhaigh) _____ sí an dinnéar dom amárach.

## An Aimsir Fháistineach – ar lean

**An dara réimniú – briathar caol, m.sh., éirigh, dúisigh, cuidigh, bailigh**

### Le foghlaim

| Imigh | Dúisigh | Éirigh |
|---|---|---|
| Imeoidh mé | Dúiseoidh mé | Éireoidh mé |
| Imeoidh tú | Dúiseoidh tú | Éireoidh tú |
| Imeoidh sé/sí | Dúiseoidh sé/sí | Éireoidh sé/sí |
| Imeoimid | Dúiseoimid | Éireoimid |
| Imeoidh sibh | Dúiseoidh sibh | Éireoidh sibh |
| Imeoidh siad | Dúiseoidh siad | Éireoidh siad |
| **Ní imeoidh** mé | **Ní dhúiseoidh** mé | **Ní éireoidh** mé |
| **An imeoidh** tú? | **An ndúiseoidh** tú? | **An éireoidh** tú? |

## Cleachtadh ag scríobh

**A | Cuir na briathra seo san Aimsir Fháistineach.**

1. bailigh   2. cuidigh   3. oibrigh   4. mínigh   5. cuimhnigh

**B | Cuir na briathra seo san Aimsir Fháistineach.**

1. (Imigh) _____ sí abhaile ag a haon amárach.
2. (Dúisigh) _____ na páistí go moch maidin amárach.
3. An (éirigh) _____ tú in am amárach?
4. (Bailigh) _____ an múinteoir na cóipleabhair Dé hAoine seo chugainn.
5. (Cuidigh) _____ sé lena mháthair amárach.

**C | Athscríobh na habairtí seo a leanas gan na lúibíní.**

1. (Mínigh) _____ mé an obair bhaile do mo chara anocht.
2. Ní (oibrigh) _____ sé go dian ar scoil.
3. (Airigh) _____ mé an madra ag tafann.
4. An (dúisigh) _____ tú in am maidin amárach?
5. (Cuidigh) _____ sé leis na múinteoirí ar scoil amárach.

## Gramadach — Aonad a Deich

**D | Cuir Gaeilge ar na habairtí seo.**

1. She will make the bed this morning.
   _____
2. They will wake up at ten this morning.
   _____
3. He will work all day tomorrow.
   _____
4. I will remember my friend's birthday next month.
   _____
5. They will get up in time.
   _____

**E | Cuir na briathra seo san Aimsir Fháistineach.**

1. (Dúisigh) _____ an leanbh i rith na hoíche amárach.
2. (Oibrigh) _____ siad ag an deireadh seachtaine seo chugainn.
3. (Cóirigh) _____ sí an leaba ar maidin.
4. (Bailigh) _____ siad sméara dubha an fómhar seo chugainn.
5. (Cuimhnigh) _____ sé ar a sheanmháthair an Nollaig seo chugainn.

**F | Athscríobh na habairtí seo a leanas gan na lúibíní.**

1. (Éirigh) _____ go hiontach liom sa scrúdú.
2. (Cuimhnigh) _____ mé ar bhreithlá mo charad amárach.
3. An (cóirigh) _____ tú an leaba maidin amárach?
4. (Imigh:muid) _____ ar scoil in am Dé Luain seo chugainn.
5. (Cruinnigh) _____ na daoine sa teach.

# An Aimsir Fháistineach – ar lean

**An dara réimniú – briathra a chríochnaíonn le -(a)ir, -(a)il, -(a)is, -(a)in, m.sh., imir, taistil, inis, cosain**

### Le foghlaim

| Codail | Imir | Inis |
|---|---|---|
| Codl**óidh** mé | Imr**eoidh** mé | Ins**eoidh** mé |
| Codl**óidh** tú | Imr**eoidh** tú | Ins**eoidh** tú |
| Cod**óidh** sé/sí | Imr**eoidh** sé/sí | Ins**eoidh** sé/sí |
| Codl**óimid** | Imr**eoimid** | Ins**eoimid** |
| Codl**óidh** sibh | Imr**eoidh** sibh | Ins**eoidh** sibh |
| Codl**óidh** siad | Imr**eoidh** siad | Ins**eoidh** siad |
| **Ní chodlóidh** mé | **Ní imreoidh** mé | **Ní éireoidh** mé |
| **An gcodlóidh** tú? | **An imreoidh** tú? | **An éireoidh** tú? |

## Cleachtadh ag scríobh

**A | Cuir na briathra seo san Aimsir Fháistineach.**

1. oscail   2. bagair   3. freagair   4. labhair

**B | Cuir na briathra seo san Aimsir Fháistineach.**

1. (Inis) _____ sí bréag amárach.
2. An (codail) _____ tú go maith anocht?
3. (Oscail) _____ mé an doras do mo chara amárach.
4. (Freagair) _____ an múinteoir na ceisteanna maidin amárach.
5. (Imir) _____ sé peil Ghaelach an Satharn seo chugainn.

**C | Athscríobh na habairtí seo a leanas gan na lúibíní.**

1. Ní (freagair) _____ sí aon cheisteanna ar scoil.
2. (Imir) _____ sé cluiche maith amárach.
3. (Bagair) _____ an gadaí gunna orm amárach.
4. Ní (codail:muid) _____ go maith san oíche amárach.
5. (Oscail) _____ mé an doras don fhear.

## Gramadach — Aonad a Deich

**D | Cuir Gaeilge ar na habairtí seo.**

1. She will answer all the questions tomorrow.
   _____
2. I will play football next year.
   _____
3. He will never tell a lie.
   _____
4. They will sleep till one o'clock tomorrow.
   _____
5. We will open the shop tomorrow.
   _____

**E | Cuir Béarla ar na habairtí seo.**

1. Ní inseoidh sé an fhírinne riamh.
   _____
2. Ceanglóidh a mháthair a bhróga dó amárach.
   _____
3. Freagróidh sé na ceisteanna ar fad amárach.
   _____
4. Ní imreoidh siad go maith sa chluiche amárach.
   _____
5. Ní chodlóidh sé go sámh nuair a bheidh sé tinn.
   _____

**F | Athscríobh na habairtí seo a leanas gan na lúibíní.**

1. An (inis) _____ sé an scéal duit go luath?
2. (Codail) _____ siad go déanach an deireadh seachtaine seo chugainn.
3. An (cosain) _____ an fear an teach amárach?
4. Ní (labhair) _____ mé léi riamh arís.
5. Cén fáth nach (freagair) _____ tú an fón?

# Aonad a Deich — Gramadach

## An Aimsir Fháistineach – ar lean
## Na briathra neamhrialta

 **Le foghlaim**

**Bí**
beidh mé/tú/sé/sí
beimid
beidh sibh/siad
**ní bheidh mé/ní bheimid**
**an mbeidh tú?**

**Abair**
déarfaidh mé/tú/sé/sí
déarfaimid
déarfaidh sibh/siad
**ní déarfaidh mé/ní déarfaimid**
**an ndéarfaidh tú?**

**Téigh**
rachaidh mé/tú/sé/sí
rachaimid
rachaidh sibh/siad
**ní rachaidh mé/ní rachaimid**
**an rachaidh tú?**

**Déan**
déanfaidh mé/tú/sé/sí
déanfaimid
déanfaidh sibh/siad
**ní dhéanfaidh mé/ní dhéanfaimid**
**an ndéanfaidh tú?**

**Feic**
feicfidh mé/tú/sé/sí
feicfimid
feicfidh sibh/siad
**ní fheicfidh mé/ní fheicfimid**
**an bhfeicfidh tú?**

**Beir**
béarfaidh mé/tú/sé/sí
béarfaimid
béarfaidh sibh/siad
**ní bhéarfaidh mé/ní bhéarfaimid**
**an mbéarfaidh tú?**

**Faigh**
gheobhaidh mé/tú/sé/sí
gheobhaimid
gheobhaidh sibh/siad
**ní bhfaighidh mé/tú/sé/sí**
**ní bhfaighimid**
**ní bhfaighidh sibh/siad**
**an bhfaighidh tú?**

# Gramadach — Aonad a Deich

| Clois | Ith |
|---|---|
| cloisfidh mé/tú/sé/sí | íosfaidh mé/tú/sé/sí |
| cloisfimid | íosfaimid |
| cloisfidh sibh/siad | íosfaidh sibh/siad |
| **ní chloisfidh mé/ní chloisfimid** | **ní íosfaidh mé/ní íosfaimid** |
| **an gcloisfidh tú?** | **an íosfaidh tú?** |

| Tar | Tabhair |
|---|---|
| tiocfaidh mé/tú/sé/sí | tabharfaidh mé/tú/sé/sí |
| tiocfaimid | tabharfaimid |
| tiocfaidh sibh/siad | tabharfaidh sibh/siad |
| **ní thiocfaidh mé/ní thiocfaimid** | **ní thabharfaidh mé/ní thabharfaimid** |
| **an dtiocfaidh tú?** | **an dtabharfaidh tú?** |

## Cleachtadh ag scríobh

### A | Aistrigh go Gaeilge.

Seán will wake up at seven tomorrow. He will go downstairs and will eat his breakfast. He will leave the house and will go to school. When he gets to school he will go into the classroom and will listen to the teacher. He will talk to his friend but the teacher will catch him. He will say he is sorry. He will eat his lunch at one. He will not see his friend Pádraig because he will be sick. He will not get much homework in Irish but the English teacher will give him an essay. He will go home at four but he won't do his homework.

### B | Aistrigh go Béarla.

Déanfaidh mé scrúdú amárach. Feicfidh mé mo chara. Ní dhéanfaidh sé an scrúdú. Ní fheicfidh an múinteoir é. Cloisfidh an múinteoir é ag gáire ansin agus tiocfaidh sé trasna go dtí a bhord agus béarfaidh sé air. Beidh sé i dtrioblóid ansin. Rachaidh sé go dtí an príomhoide. Tabharfaidh sí amach dó. Ní bheidh cead aige spórt a imirt ar feadh seachtaine. Déarfaidh sé go bhfuil brón air.

## 7 An Modh Coinníollach

'would' – 'could' – dá

An chéad réimniú – briathar leathan, m.sh., dún, fág, pós, iarr

**Le foghlaim**

| Dún | Ceap | Iarr |
|---|---|---|
| Dhún**fainn** | Cheap**fainn** | D'iarr**fainn** |
| Dhún**fá** | Cheap**fá** | D'iarr**fá** |
| Dhún**fadh** sé/sí | Cheap**fadh** sé/sí | D'iarr**fadh** sé/sí |
| Dhún**faimis** | Cheap**faimis** | D'iarr**faimis** |
| Dhún**fadh** sibh | Cheap**fadh** sibh | D'iarr**fadh** sibh |
| Dhún**faidís** | Cheap**faidís** | D'iarr**faidís** |
| **Ní dhúnfainn** | **Ní cheapfainn** | **Ní iarrfainn** |
| **An ndúnfá?** | **An gceapfá?** | **An iarrfá?** |

## Cleachtadh ag scríobh

**A | Cuir na briathra seo sa Mhodh Coinníollach.**

1. fás   2. fág   3. féach   4. glan   5. íoc

**B | Cuir na briathra seo sa Mhodh Coinníollach.**

1. (Féach) _____ sé ar an teilifís dá mbeadh an t-am agam.
2. (Pós) _____ sí a grá geal dá mbeadh an t-airgead aige.
3. (Ól:mé) _____ bainne ar maidin dá mbeadh tart orm.
4. (Gearr:siad) _____ adhmad dá mbeadh sé ag teastáil.
5. (Díol) _____ sé na leabhair dá mbeadh airgead uaidh.

## Gramadach — Aonad a Deich

**C | Athscríobh na habairtí seo a leanas gan na lúibíní.**

1. Ní (fág) _____ sé an teach in am fiú dá mbeadh scoil agam.
2. (Pléasc) _____ na píobáin uisce dá mbeadh drochaimsir ann.
3. (Ceap) _____ an múinteoir nach mbeinn ar scoil.
4. An (gearr) _____ sé an féar dá mbeadh sé rófhada?
5. (Fan:siad) _____ dá gcairde dá mbeidís ar scoil.

**D | Cuir Béarla ar na habairtí seo.**

1. Cheapfadh sé go mbeadh an clár go hiontach dá mbeadh sé ag féachaint air.
   _____
2. D'fhéachfainn ar *Eastenders* dá mbeadh sé ar siúl.
   _____
3. D'fhágfadh sí an teach ag a hocht ar maidin dá mbeadh sí dúisithe.
   _____
4. Thógfainn an bus ar scoil dá mbeadh sé ag cur báistí.
   _____
5. Ní ólfainn bainne riamh mar gur fuath liom é.
   _____

**E | Athscríobh na habairtí seo a leanas gan na lúibíní.**

1. Ní (glan:muid) _____ an teach agus bheadh ár máthair ar buile.
2. (Scríobh) _____ sí aiste mhaith dá mbeadh an t-am aici.
3. (Iarr) _____ an múinteoir orm an scéal a léamh.
4. Ní (ól) _____ sé bainne fiú mura mbeadh aon deoch eile ann.
5. (Croch) _____ mo mháthair an pictiúr ar an mballa dá mbeadh tairne aici.

## An Modh Coinníollach – ar lean

An chéad réimniú – briathar caol, m.sh., cuir, fill, éist, caith, buail

 **Le foghlaim**

| Fill | Bris | Úsáid |
|---|---|---|
| D'fhill**finn** | Bhris**finn** | D'úsáid**finn** |
| D'fhill**feá** | Bhris**feá** | D'úsáid**feá** |
| D'fhill**feadh** sé/sí | Bhris**feadh** sé/sí | D'úsáid**feadh** sé/sí |
| D'fhill**fimis** | Bhris**fimis** | D'úsáid**fimis** |
| D'fhill**feadh** sibh | Bhris**feadh** sibh | D'úsáid**feadh** sibh |
| D'fhill**fidís** | Bhris**fidís** | D'úsáid**fidís** |
| **Ní fhillfinn** | **Ní bhrisfinn** | **Ní úsáidfinn** |
| **An bhfillfeá?** | **An mbrisfeá?** | **An úsáidfeá?** |

 ## Cleachtadh ag scríobh

**A | Cuir na briathra seo sa Mhodh Coinníollach.**

1. éist   2. buail   3. caith   4. caill   5. cuir

**B | Cuir na briathra seo sa Mhodh Coinníollach.**

1. (Úsáid) _____ sé a rothar ag dul ar scoil dá mbeadh rothar aige.
2. (Éist) _____ sí leis an múinteoir dá mbeadh sí ar scoil.
3. (Caith:mé) _____ an lá ar fad sa chathair dá mbeadh cead agam.
4. (Buail:siad) _____ lena gcairde dá mbeidís ann.
5. (Cuir) _____ sí a cóipleabhair ina mála dá mbeadh sí ag dul ar scoil.

## Gramadach — Aonad a Deich

**C | Athscríobh na habairtí seo a leanas gan na lúibíní.**

1. Ní (creid) _____ an múinteoir mo scéal.
2. (Goid) _____ na gadaithe an t-airgead dá mbeadh gunnaí acu.
3. An (caith:tú) _____ an t-airgead dá mbeadh sé agat?
4. (Caill:siad) _____ a gcuid cóipleabhar dá mbeadh deifir orthu.
5. (Cuir) _____ an múinteoir ceist orm ar scoil dá mbeinn ann.

**D | Cuir Béarla ar na habairtí seo.**

1. Bhuailfinn le mo chairde an Satharn dá mbeinn ann.
   _____
2. Ligfeadh mo mháthair dom fáinne a chur i mo theanga dá mbeadh an t-airgead agam.
   _____
3. Ní chaithfeadh mo Dhaid aon toitíní dá mbeadh sé tinn.
   _____
4. Ghoidfeadh na buachaillí úlla sa ghairdín sin dá mbeadh úlla ann.
   _____
5. Ní shroichfeadh an buachaill an scoil in am dá mbeadh an bus déanach.
   _____

**E | Athscríobh na habairtí seo a leanas gan na lúibíní.**

1. (Múin) _____ mo Dhaid dom conas carr a thiomáint dá mbeinn seacht déag.
2. (Fill) _____ sé ar Éirinn an samhradh seo chugainn dá mbeadh an t-airgead aige.
3. (Bris) _____ an tseanbhean a lámh dá dtitfeadh sí.
4. Ní (buail:mé) _____ le mo chara amárach dá mbeinn tinn.
5. (Éist:muid) _____ leis an múinteoir dá mbeadh sí ag caint.

## An Modh Coinníollach – ar lean

An dara réimniú – briathar leathan, m.sh., tosaigh, críochnaigh, gortaigh, sleamhnaigh

### Le foghlaim

| Tosaigh | Ceannaigh | Críochnaigh |
|---|---|---|
| Thos**óinn** | Cheann**óinn** | Chríochn**óinn** |
| Thos**ófá** | Cheann**ófá** | Chríochn**ófá** |
| Thos**ódh** sé/sí | Cheann**ódh** sé/sí | Chríochn**ódh** sé/sí |
| Thos**óimis** | Cheann**óimis** | Chríochn**óimis** |
| Thos**ódh** sibh | Cheann**ódh** sibh | Chríochn**ódh** sibh |
| Thos**óidís** | Cheann**óidís** | Chríochn**óidís** |
| **Ní thosóinn** | **Ní cheannóinn** | **Ní chríochnóinn** |
| **An dtosófá?** | **An gceannófá?** | **An gcríochnófáí?** |

### Cleachtadh ag scríobh

**A | Cuir na briathra seo sa Mhodh Coinníollach.**

1. sleamhnaigh   2. cabhraigh   3. socraigh   4. ullmhaigh   5. cónaigh

**B | Cuir na briathra seo sa Mhodh Coinníollach.**

1. (Gortaigh) _____ sé a chos dá dtitfeadh sé.
2. (Ullmhaigh:mé) _____ béile deas do mo Mham dá mbeadh an t-am agam.
3. (Brostaigh) _____ an páiste abhaile ón scoil dá mbeadh deifir air.
4. (Tosaigh) _____ an rang in am dá mbeadh gach duine ann.
5. (Mothaigh:mé) _____ tinn dá n-íosfainn an sicín.

## Gramadach — Aonad a Deich

### C | Athscríobh na habairtí seo a leanas gan na lúibíní.

1. (Cabhraigh:mé) _____ le mo thuismitheoirí dá mbeadh an t-am agam.
2. Ní (tosaigh) _____ an scoil go dtí a deich dá mbeadh sneachta ann.
3. (Fiafraigh) _____ mo mháthair díom cá mbeinn ag dul.
4. (Sleamhnaigh) _____ a lán carranna dá mbeadh leac oighir ann.
5. Ní (brostaigh) _____ sé abhaile ón gcluiche dá mbeadh a chos briste.

### D | Cuir Béarla ar na habairtí seo.

1. Chónódh mo chara thíos faoin tuath dá mbeadh sí ábalta.
   _____
2. Mhothódh sí brónach dá bhféachfadh sí ar scannán brónach.
   _____
3. Bhrostóinn ar scoil ar maidin dá mbeinn déanach.
   _____
4. Chabhródh mo mháthair liom le mo chuid obair bhaile.
   _____
5. Cheartódh an múinteoir na cóipleabhair dá mbeadh an t-am aici.
   _____

### E | Athscríobh na habairtí seo a leanas gan na lúibíní.

1. (Socraigh:mé) _____ ar eolaíocht a dhéanamh dá mbeadh na pointí agam.
2. (Cónaigh) _____ mo chara sa Fhrainc dá mbeadh rogha aici.
3. Mura (maolaigh) _____ an carr a luas bheadh timpiste ann.
4. (Mothaigh:mé) _____ tinn amárach dá n-íosfainn an bia lofa.
5. (Ullmhaigh) _____ sí an dinnéar dom amárach dá mbeadh sí ábalta.

## An Modh Coinníollach – ar lean

An dara réimniú – briathar caol, m.sh., éirigh, dúisigh, cuidigh, bailigh

**Le foghlaim**

| Imigh | Dúisigh | Éirigh |
|---|---|---|
| D'im**eoinn** | Dhúis**eoinn** | D'éir**eoinn** |
| D'im**eofá** | Dhúis**eofá** | D'éir**eofá** |
| D'im**eodh** sé/sí | Dhúis**eodh** sé/sí | D'éir**eodh** sé/sí |
| D'im**eoimis** | Dhúis**eoimis** | D'éir**eoimis** |
| D'im**eodh** sibh | Dhúis**eodh** sibh | D'éir**eodh** sibh |
| D'im**eoidís** | Dhúis**eoidís** | D'éir**eoidís** |
| **Ní imeoinn** | **Ní dhúiseoinn** | **Ní éireoinn** |
| **An imeofá?** | **An ndúiseofá?** | **An éireofá?** |

## Cleachtadh ag scríobh

**A | Cuir na briathra seo sa Mhodh Coinníollach.**

1. bailigh   2. cuidigh   3. oibrigh   4. mínigh   5. cuimhnigh

**B | Cuir na briathra seo sa Mhodh Coinníollach.**

1. (Imigh) _____ sí abhaile ag a haon dá mbeadh gá léi sa bhaile.
2. (Dúisigh) _____ na páistí go moch dá mbeidís tinn.
3. An (éirigh:tú) _____ in am dá mbeifeá ag dul ar scoil?
4. (Bailigh) _____ an múinteoir na cóipleabhair dá mbeadh na daltaí ann.
5. (Cuidigh) _____ sé lena mháthair dá mbeadh cabhair uaithi.

## Gramadach — Aonad a Deich

**C | Athscríobh na habairtí seo a leanas gan na lúibíní.**

1. (Mínigh:mé) _____ an obair bhaile do mo chara dá mbeadh sí as láthair.
2. Ní (oibrigh) _____ sé go dian ar scoil dá mbeadh sé tinn.
3. (Airigh:mé) _____ an madra ag tafann dá mbeinn ann.
4. An (dúisigh:tú) _____ in am maidin amárach dá mbeadh scoil agat?
5. (Cuidigh) _____ sé leis na múinteoirí dá mbeadh sé ar scoil amárach.

**D | Cuir Béarla ar na habairtí seo.**

1. Dhúiseodh an leanbh i rith na hoíche dá mbeadh sé tinn.
   _____
2. D'oibreoidís ag an deireadh seachtaine dá mbeadh an t-am acu.
   _____
3. Chóireodh sí an leaba ar maidin dá mbeadh sí ag dul amach.
   _____
4. Bhaileoidís sméara dubha dá mbeidís ann.
   _____
5. Chuimhneodh sé ar bhreithlá a sheanmháthar dá mbeadh a breithlá ann.
   _____

**E | Athscríobh na habairtí seo a leanas gan na lúibíní.**

1. (Éirigh) _____ go hiontach liom sa scrúdú dá ndéanfainn aon staidéar.
2. Ní (cuimhnigh:mé) _____ ar bhreithlá mo charad dá mbeinn dearmadach.
3. An (cóirigh:tú) _____ an leaba maidin amárach dá mbeadh an t-am agat?
4. (Imigh:muid) _____ ar scoil Dé Luain seo chugainn dá mbeadh scoil againn.
5. (Cruinnigh) _____ na daoine le chéile sa teach dá mbeadh cóisir ann.

## An Modh Coinníollach – ar lean

An dara réimniú – briathra a chríochnaíonn le -(a)ir, -(a)il,
-(a)is, -(a)in, m.sh., imir, oscail, inis, cosain

**Le foghlaim**

| Codail | Imir | Inis |
|---|---|---|
| Chodlóinn | D'imreoinn | D'inseoinn |
| Chodlófá | D'imreofá | D'inseofá |
| Chodlódh sé/sí | D'imreodh sé/sí | D'inseodh sé/sí |
| Chodlóimis | D'imreoimis | D'inseoimis |
| Chodlódh sibh | D'imreodh sibh | D'inseodh sibh |
| Chodlóidís | D'imreoidís | D'inseoidís |
| **Ní chodlóinn** | **Ní imreoinn** | **Ní inseoinn** |
| **An gcodlófá?** | **An imreofá?** | **An inseofá?** |

## Cleachtadh ag scríobh

**A | Cuir na briathra seo sa Mhodh Coinníollach.**

1. oscail   2. bagair   3. freagair   4. labhair

**B | Cuir na briathra seo sa Mhodh Coinníollach.**

1. (Inis) _____ sí bréag dá mbeadh sí i dtrioblóid.
2. An (codail) _____ sé go maith dá mbeadh sé tinn?
3. (Oscail:mé) _____ an doras do mo chara dá mbeadh sí ann.
4. (Freagair) _____ an múinteoir na ceisteanna dá mbeadh sí ábalta.
5. (Imir) _____ sé peil Ghaelach dá mbeadh sí ar an bhfoireann.

# Gramadach — Aonad a Deich

**C | Athscríobh na habairtí seo a leanas gan na lúibíní.**

1. Ní (freagair) _____ sí aon cheisteanna dá mbeadh sí ar scoil.
2. (Imir) _____ sé cluiche maith dá mbeadh sé ag imirt.
3. (Bagair) _____ an gadaí gunna orm dá mbeadh gunna aige.
4. Ní (codail:muid) _____ go maith san oíche amárach dá mbeimis tinn.
5. (Oscail:mé) _____ an doras don fhear dá mbeinn in ann.

**D | Cuir Béarla ar na habairtí seo.**

1. Ní inseodh sé an fhírinne riamh.
   _____
2. Cheanglódh a mháthair a bhróga dó dá mbeadh a lámh briste.
   _____
3. D'fhreagródh sé na ceisteanna ar fad dá mbeadh sé in ann.
   _____
4. Ní imreoidís go maith sa chluiche dá mbeidís tinn.
   _____
5. Ní chodlódh sé go sámh dá mbeadh sé tinn.
   _____

**E | Athscríobh na habairtí seo a leanas gan na lúibíní.**

1. An (inis) _____ sé an scéal duit dá mbeifeá ann?
2. (Codail:siad) _____ go déanach an deireadh seachtaine seo chugainn dá mbeadh seans acu.
3. An (cosain) _____ an fear an teach dá mbeadh gadaí ann?
4. Ní (labhair:mé) _____ léi riamh arís dá ndéarfadh sí rud mar sin.
5. Cén fáth nach (freagair:tú) _____ an fón dá mbeadh sé ag bualadh?

# Aonad a Deich — Gramadach

## An Modh Coinníollach – ar lean
## Na briathra neamhrialta

 Le foghlaim

| Bí | Abair |
|---|---|
| bheinn | déarfainn |
| bheifeá | déarfá |
| bheadh sé/sí | déarfadh sé/sí |
| bheimis | déarfaimis |
| bheadh sibh | déarfadh sibh |
| bheidís | déarfaidís |
| **ní bheinn/ní bheimis** | **ní déarfainn/ní déarfaimis** |
| **an mbeifeá?** | **an ndéarfá?** |

| Feic | Téigh |
|---|---|
| d'fheicfinn | rachainn |
| d'fheicfeá | rachfá |
| d'fheicfeadh sé/sí | rachadh sé/sí |
| d'fheicfimis | rachaimis |
| d'fheicfeadh sibh | rachadh sibh |
| d'fheicfidís | rachaidís |
| **ní fheicfinn/ní fheicfimis** | **ní rachainn/ní rachaimis** |
| **an bhfeicfeá?** | **an rachfá?** |

| Faigh | | Déan | Beir |
|---|---|---|---|
| gheobhainn | **ní bhfaighinn** | dhéanfainn | bhéarfainn |
| gheofá | **ní bhfaighfeá** | dhéanfá | bhéarfá |
| gheobhadh sé/sí | **ní bhfaigheadh sé/sí** | dhéanfadh sé/sí | bhéarfadh sé/sí |
| gheobhaimis | **ní bhfaighimis** | dhéanfaimis | bhéarfaimis |
| gheobhadh sibh | **ní bhfaigheadh sibh** | dhéanfadh sibh | bhéarfadh sibh |
| gheobhaidís | **ní bhfaighidís** | dhéanfaidís | bhéarfaidís |
| **an bhfaighinn?** | **an bhfaighfeá?** | **ní dhéanfainn** | **ní bhéarfainn** |
| | | **an ndéanfá?** | **an mbéarfá?** |

# Gramadach — Aonad a Deich

| Clois | Ith | Tabhair | Tar |
|---|---|---|---|
| chloisfinn | d'íosfainn | thabharfainn | thiocfainn |
| chloisfeá | d'íosfá | thabharfá | thiocfá |
| chloisfeadh sé/sí | d'íosfadh sé/sí | thabharfadh sé/sí | thiocfadh sé/sí |
| chloisfimis | d'íosfaimis | thabharfaimis | thiocfaimis |
| chloisfeadh sibh | d'íosfadh sibh | thabharfadh sibh | thiocfadh sibh |
| chloisfidís | d'íosfaidís | thabharfaidís | thiocfaidís |
| **ní chloisfinn** | **ní íosfainn** | **ní thabharfainn** | **ní thiocfainn** |
| **an gcloisfeá?** | **an íosfá?** | **an dtabharfá?** | **an dtiocfá?** |

## Cleachtadh ag scríobh

### A | Aistrigh go Gaeilge.

If it was Monday, Seán would wake up at seven. He would go downstairs and would eat his breakfast. He would leave the house and would go to school. When he got to school he would go into the classroom and would listen to the teacher. He would talk to his friend but the teacher would catch him. He would say that he was sorry. He would eat his lunch at one. He wouldn't see his friend Pádraig that day because he would be sick. He wouldn't get much homework in Irish but the English teacher would give him an essay. He would go home at four but he wouldn't do his homework.

### B | Aistrigh go Béarla.

Dá rachainn ar scoil, dhéanfainn scrúdú. D'fheicfinn mo chara. Bheadh sé ag ithe a lóin. Ní dhéanfadh sé an scrúdú. Ní fheicfeadh an múinteoir é. Chloisfeadh an múinteoir é ag gáire ansin agus thiocfadh sé trasna go dtí a bhord agus bhéarfadh sé air. Bheadh sé i dtrioblóid ansin. Rachadh sé go dtí an príomhoide. Thabharfadh sí amach dó. Ní bheadh cead aige spórt a imirt ar feadh seachtaine. Déarfadh sé go raibh brón air.

# Aonad a Deich — Gramadach

## 8 Céimeanna Comparáide na hAidiachta

Tá trí chéim den aidiacht ann: bunchéim, breischéim agus sárchéim.

 **Le foghlaim**

| Bunchéim | Breischéim | Sárchéim |
|---|---|---|
| leadrán**ach** | níos leadrán**aí** | is leadrán**aí** |
| uaign**each** | níos uaign**í** | is uaign**í** |
| sláint**iúil** | níos sláint**iúla** | is sláint**iúla** |
| leisc**iúil** | níos leisc**iúla** | is leisc**iúla** |
| óg | níos ó**ig**e | is ó**ig**e |
| sean | níos si**n**e | is si**n**e |
| cliste | níos cliste | is cliste |

 ## Cleachtadh ag scríobh

Líon an tábla seo tú féin anois!

| Bunchéim | Breischéim | Sárchéim |
|---|---|---|
| tábhachtach | níos | is tábhachtaí |
| brónach | níos brónaí | is |
| feargach | | |
| santach | | |
| cáiliúil | níos | is cáiliúla |
| flaithiúil | níos flaithiúla | is |
| misniúil | | |
| ciallmhar | níos | is ciallmhaire |
| láidir | níos láidre | is |
| saibhir | | |
| bocht | níos boichte | is |
| ciúin | | |
| minic | | |
| luath | | |

Foghlaim na samplaí seo: céimeanna comparáide neamhrialta.

 **Le foghlaim**

| Bunchéim | Breischéim | Sárchéim |
|---|---|---|
| te | níos teo | is teo |
| tapúil | níos tapúla | is tapúla |
| beag | níos lú | is lú |
| fada | níos faide | is faide |
| maith | níos fearr | is fearr |
| mór | níos mó | is mó |
| olc | níos measa | is measa |

# Gramadach  Aonad a Deich

## Cleachtadh ag scríobh

**A | Cuir Gaeilge ar na habairtí seo.**

1. Máire is cleverer than Úna.
   _____
2. The windows are cleaner than the floor.
   _____
3. The pupils are younger than the teacher.
   _____
4. Spain is hotter than Ireland.
   _____
5. A mouse is smaller than a rat.
   _____

**B | Athscríobh na habairtí seo gan na lúibíní.**

1. Éiríonn an dán níos (suimiúil) _____ agus níos (maith) _____ tar éis tamaill.
2. Is é Eoin an t-imreoir is (leisciúil) _____ ar an bhfoireann.
3. Is é an múinteoir Gaeilge an múinteoir is (cliste) _____ ach is (feargach) _____ sa scoil ar fad.
4. Is é seo an leabhar is (mór) _____ agus is (maith) _____ a léigh mé riamh.
5. Is é Ruairí an buachaill is (dathúil) _____ sa rang.

**C | Athscríobh na habairtí seo gan na lúibíní.**

1. Tagaim abhaile ón scoil níos (luath) _____ ná mo dheirfiúr.
2. Bhí sí níos (bán) _____ ná an sneachta nuair a bhí sí tinn.
3. Tá m'athair níos (láidir) _____ ná mo dheartháir óg.
4. Tá Rang a Dó níos (ciúin) _____ ná Rang a Trí ach tá siad níos (ciallmhar) _____.
5. Tá Aoife níos (sean) _____ ná Caoimhe.

**D | Athscríobh na habairtí seo a leanas gan na lúibíní.**

1. Tá an páiste beag ábalta rith níos (tapúil) _____ ná a mháthair.
2. Tá an fhadhb ag éirí níos (práinneach) _____ anois.
3. Is é an seomra ranga seo an ceann is (salach) _____ agus is (mínéata) _____ sa scoil ar fad.
4. Is é seo an scrúdú is (fada) _____ den Ardteist ar fad.
5. Táimse níos (óg) _____ ná mo dheartháir agus níos (sean) _____ ná mo dheirfiúr.

# Aonad a Deich — Gramadach

## 9 Na Réamhfhocail
## Ar

**Le foghlaim**

| orm   | Tá tuirse orm.      | áthas **ar Mháire**      |
|-------|---------------------|--------------------------|
| ort   | Bhí eagla ort.      | díomá **ar Chian**       |
| air   | Tá ocras air.       | tart **ar an gcailín**   |
| uirthi| Tá slaghdán uirthi. | dath **ar an mbád**      |
| orainn| Bhí fearg orainn.   | fearg **ar na daoine**   |
| oraibh| Bhí brón oraibh.    | brón **ar mo chara**     |
| orthu | Tá uaigneas orthu.  | ocras **ar do chara**    |

## Cleachtadh ag scríobh

**A | Líon na bearnaí sna habairtí seo.**

1. D'ól sé a lán uisce beatha agus bhí tinneas cinn _____.
2. Bhí uaigneas _____ an bhfile mar nach raibh an cailín i ngrá leis.
3. Bhí fearg _____ an mbean nuair a goideadh a mála.
4. Níor ith sí le seachtain agus bhí ocras an domhain _____.
5. Rug na gardaí _____ an ngadaí nuair a bhí sé ag éalú ón siopa.

**B | Líon na bearnaí sna habairtí seo.**

1. Bhí áthas _____ an gcailín mar gur éirigh go han-mhaith léi sa scrúdú.
2. Rinne mé dearmad _____ mo leabhar scoile agus bhí fearg ____ an múinteoir liom.
3. Bhí eagla _____ an gcailín beag nuair a bhí sí ar strae sa bhaile mór.
4. Bhuaigh mo mháthair a lán airgid agus bhí áthas an domhain _____.
5. Bhí tinneas cinn _____ mar nár ól siad aon uisce le trí lá.

# Gramadach — Aonad a Deich

## Na Réamhfhocail – ar lean
## Do

### Le foghlaim

| | | |
|---|---|---|
| dom | Thug sé airgead dom. | Thug sé an leabhar nua **do Sheán**. |
| duit | D'inis mé bréag duit. | Thug sé an leabhar nua **don bhuachaill**. |
| dó | Rinne mé cáca dó. | Thug sé an leabhar nua **dó**. |
| di | Thaispeáin mé an teach di. | Thug sé an leabhar nua **dá chara**. |
| dúinn | Thug sé bronntanas dúinn. | Thug sé na leabhair nua **do na daoine**. |
| daoibh | Dia daoibh, a chairde. | Thug mé na labhair nua **do mo chara**. |
| dóibh | Lig sí dóibh teacht isteach. | |

## Cleachtadh ag scríobh

**A | Líon na bearnaí sna habairtí seo.**

1. Thug mé bronntanas _____ mo mháthair nuair a bhí a breithlá ann.
2. Thaispeáin sé a charr nua _____ agus cheap mé go raibh sé go deas.
3. Rinne mé an obair bhaile _____ mo dheartháir mar go raibh sé tinn.
4. Thug an múinteoir íde béil _____ mar nach ndearna mé mo chuid obair bhaile.
5. Níor lig a mháthair _____ dul go dtí an dioscó agus bhí fearg air.

**B | Líon na bearnaí sna habairtí seo.**

1. Thaispeáin a athair _____ conas carr a thiomáint.
2. Thug an banc iasacht airgid _____ fheirmeoir nuair a theip ar na barraí.
3. Ní raibh na páistí ag obair ar scoil agus thug an múinteoir a lán obair bhaile _____.
4. Thaispeáin an páiste a lámh bhriste _____ dochtúir.
5. Thug ár máthair céad euro _____ nuair a bhíomar ag dul ar ár laethanta saoire.
6. Bhí an bhean ar strae san áit agus thaispeáin mé an bealach ceart _____.

# Na Réamhfhocail – ar lean
## Le

### Le foghlaim

| | | | |
|---|---|---|---|
| liom | Bhí sé ag caint liom. | Bhí sé ag caint **le Seán**. |
| leat | An maith leat bainne? | Bhí sé ag caint **leis an mbuachaill**. |
| leis | Bhí mé ag éisteacht leis. | Bhí sé ag caint **leis**. |
| léi | Is fearr léi an teilifís. | Bhí sé ag caint **lena chara**. |
| linn | Is fuath linn obair bhaile. | Bhí sí ag caint **lena cara**. |
| libh | An cuimhin libh an lá sin? | Bhí siad ag caint **lena gcairde**. |
| leo | Bhuail mé leo inné. | |

## Cleachtadh ag scríobh

**A | Líon na bearnaí sna habairtí seo.**

1. Is aoibhinn _____ (mé) Gaeilge ach is fuath _____ Mata.
2. Ní féidir _____ leadóg a imirt mar nach bhfuil aon raicéad aige.
3. Ní raibh mé ag éisteacht _____ an múinteoir agus bhí mé i dtrioblóid leis.
4. Bhí mo chara ar buile _____ mar gur chaill mé a fón póca.
5. Is cuimhin _____ na laethanta nuair a bhí sí ina cónaí faoin tuath.

**B | Líon na bearnaí sna habairtí seo.**

1. Bhí Máire in éad _____ mar go bhfuair sí a lán airgid.
2. Is fuath _____ brocailí ach deir a mháthair leis go gcaithfidh sé é a ithe.
3. Is aoibhinn _____ an Fhrainc agus téann siad ann gach samhradh.
4. Is fearr (iad) _____ tíreolaíocht ná aon ábhar eile.
5. Is fuath _____ an bhfile torann Bhaile Átha Cliath.

# Na Réamhfhocail – ar lean
# Ag

**Le foghlaim**

| | | | |
|---|---|---|---|
| agam | Tá a lán cairde agam. | Tá airgead **ag Seán**. | |
| agat | Tá an ceart agat. | Tá airgead **ag an gcailín**. | |
| aige | Tá aithne aige ar Eoin. | Tá airgead **aige**. | |
| aici | Tá a fhios aici cá bhfuil sí. | Tá airgead **ag a chara**. | |
| againn | Tá trua againn do na páistí. | Tá airgead **ag a cara**. | |
| agaibh | An bhfuil stair agaibh anois? | Tá airgead **ag a gcairde**. | |
| acu | Níl aon suim acu sa scoil. | | |

## Cleachtadh ag scríobh

**A | Líon na bearnaí sna habairtí seo.**

1. Tá carr _____(sé) ach níl aon teach _____.
2. Tá an leabhar sin léite _____ agus cheap mé go raibh sé go hiontach.
3. Tá súil _____ go mbeidh an lá amárach go maith mar gur mhaith liom dul go dtí an trá.
4. Bhí trua _____ don fhear bocht agus thug sé airgead dó.
5. Tá suim _____ sa léitheoireacht agus bíonn sí i gcónaí ag léamh.

**B | Líon na bearnaí sna habairtí seo.**

1. Tá a fhios _____ go mbeidh mo chara ann mar go raibh mé ag caint léi ar an bhfón.
2. Tá aithne _____ ar a cara ó bhí sí an-óg.
3. Tá suim _____ sa pheil agus téann sé go dtí a lán cluichí.
4. Tá súil _____ go gceannóidh mo chara bronntanas deas dom ar mc bhreithlá.
5. Tá trua _____ don chailín mar nach bhfuil aon chairde.

# Aonad a Deich — Gramadach

## Na Réamhfhocail – ar lean
## Roimh, Faoi, Ó, I

### Le foghlaim

| | | | |
|---|---|---|---|
| romham | Chuir sé fáilte romham. | fúm | Bhí sé ag magadh fúm. |
| romhat | | fút | |
| roimhe | Bhí mé ann **roimh an mb**uachaill. | faoi | Bhí siad ag caint **faoin mb**uachaill. |
| roimpi | | fúithi | |
| romhainn | Bhí siad ann romhainn. | fúinn | |
| romhaibh | | fúibh | |
| rompu | | fúthu | |

| | | | | |
|---|---|---|---|---|
| uaim | Tá airgead uaim. | ionam | | |
| uait | | ionat | | |
| uaidh | Tá leabhar ag teastáil **ón mb**uachaill. | ann | Doctúir atá ann. | |
| uaithi | | inti | Dlíodóir atá inti. | |
| uainn | | ionainn | | |
| uaibh | | ionaibh | | |
| uathu | | iontu | | |

## Cleachtadh ag scríobh

**A | Líon na bearnaí sna habairtí seo.**

1. Chaill sé a leabhar agus mar sin bhí ceann nua ag teastáil _____.
2. Tháinig fear grinn isteach sa rang agus bhí gach duine ag gáire _____.
3. 'Altra iontach atá _____,' a dúirt an bhean faoi Chaitríona.
4. 'Fáilte _____,' a dúirt an bhean leis na cuairteoirí.
5. Bhí mé ag an bpictiúrlann _____ mo chara agus cheannaigh mise na ticéid.

**B | Líon na bearnaí sna habairtí seo.**

1. Bíonn ocras air i gcónaí agus mar sin bíonn bia _____ go minic.
2. Chuir an scoil fáilte _____ an Uachtarán.
3. Tá an tír ar fad ag caint _____ Taoiseach nua.
4. Daoine deasa atá _____, gan amhras.
5. Níl sé deas nuair a bhíonn daoine ag caint agus ag gáire _____ dhaoine eile.

# 10 Na hUimhreacha

**Ag comhaireamh rudaí (ag tosú le consan)**

| 1–6 + séimhiú | 11–16 |
|---|---|
| 1. aon chapall amháin | 11. aon chapall déag |
| 2. dhá chapall | 12. dhá chapall déag |
| 3. trí chapall | 13. trí chapall déag |
| 4. ceithre chapall | 14. ceithre chapall déag |
| 5. cúig chapall | 15. cúig chapall déag |
| 6. sé chapall | 16. sé chapall déag |
| **7–10 +urú** | **17–20** |
| 7. seacht gcapall | 17. seacht gcapall déag |
| 8. ocht gcapall | 18. ocht gcapall déag |
| 9. naoi gcapall | 19. naoi gcapall déag |
| 10. deich gcapall | 20. fiche capall |

| 1–6 | 11–16 |
|---|---|
| 1. aon bhliain amháin | 11. aon bhliain déag |
| 2. dhá bhliain | 12. dhá bhliain déag |
| 3. trí bliana | 13. trí bhliain déag |
| 4. ceithre bliana | 14. ceithre bhliain déag |
| 5. cúig bliana | 15. cúig bhliain déag |
| 6. sé bliana | 16. sé bhliain déag |
| **7–10 +urú** | **17–20** |
| 7. seacht mbliana | 17. seacht mbliana déag |
| 8. ocht mbliana | 18. ocht mbliana déag |
| 9. naoi mbliana | 19. naoi mbliana déag |
| 10. deich mbliana | 20. fiche bliain |

**Ag comhaireamh daoine**

| | |
|---|---|
| 1. duine | 11. aon duine dhéag |
| 2. beirt fhear | 12. dháréag |
| 3. triúr buachaillí | 13. trí bhuachaill déag |
| 4. ceathrar cailíní | 14. ceithre chailín déag |
| 5. cúigear filí | 15. cúig fhile dhéag |
| 6. seisear dochtúirí | 16. sé dhochtúir déag |
| 7. seachtar Gardaí | 17. seacht ngarda dhéag |
| 8. ochtar múinteoirí | 18. ocht múinteoir déag |
| 9. naonúr dlíodóirí | 19. naoi ndlíodóir déag |
| 10. deichniúr sagart | 20. fiche sagart |

# Aonad a Deich / Gramadach

## Cleachtadh ag scríobh

**A |** Athscríobh na leaganacha seo gan figiúirí a úsáid.

1. 12 cat _____
2. 6 teach _____
3. 8 dán _____
4. 17 bliain _____
5. 5 timpiste _____
6. 14 capall _____
7. 9 cipín _____
8. 10 post _____
9. 2 fadhb _____
10. 7 cruinniú _____

**B |** Athscríobh na leaganacha seo gan figiúirí a úsáid.

1. 4 buachaill _____
2. 7 múinteoir _____
3. 20 sagart _____
4. 8 file _____
5. 2 cailín _____
6. 2 bliain _____
7. 5 cara _____
8. 6 feirmeoir _____
9. 8 deartháir _____
10. 3 deirfiúr _____

**C |** Athscríobh na leaganacha seo gan figiúirí a úsáid.

1. 3 deirfiúr _____
2. 18 bliain _____
3. 4 seomra leapa _____
4. 20 teach _____
5. 2 timpiste _____
6. 3 peata _____
7. 10 col ceathrar _____
8. 5 cara _____
9. 3 altra _____
10. 5 mála _____